Abgrenzung der wirtschaftlichen Einheit
nach US-GAAP

Europäische Hochschulschriften

Publications Universitaires Européennes
European University Studies

Reihe V
Volks- und Betriebswirtschaft

Série V Series V
Sciences économiques, gestion d'entreprise
Economics and Management

Bd./Vol. 2528

PETER LANG
Frankfurt am Main · Berlin · Bern · Bruxelles · New York · Wien

Silke Sürken

Abgrenzung der wirtschaftlichen Einheit nach US-GAAP

Neuere Entwicklungen und Vergleich mit den deutschen Vorschriften

PETER LANG
Europäischer Verlag der Wissenschaften

Die Deutsche Bibliothek - CIP-Einheitsaufnahme

Sürken, Silke:

Abgrenzung der wirtschaftlichen Einheit nach US-GAAP : neuere Entwicklungen und Vergleich mit den deutschen Vorschriften / Silke Sürken. - Frankfurt am Main ; Berlin ; Bern ; Bruxelles ; New York ; Wien : Lang, 1999
(Europäische Hochschulschriften : Reihe 5, Volks- und Betriebswirtschaft ; Bd. 2528)
Zugl.: Bochum, Univ., Diss., 1999
ISBN 3-631-35507-6

D 294
ISSN 0531-7339
ISBN 3-631-35507-6

Meinen Eltern

Geleitwort

In der vorliegenden Arbeit beschäftigt sich Frau Sürken mit der Abgrenzung der wirtschaftlichen Unternehmenseinheit in der US-amerikanischen und deutschen Konzernrechnungslegung. Damit greift sie ein Thema auf, das vom Financial Accounting Standards Board (FASB) seit 1982 im sogenannten Reporting Entity Project diskutiert wird. Anstoß dieses Projektes war die Erkenntnis, daß das bisherige Abgrenzungskonzept der Stimmrechtsmehrheit nicht mehr den vielfältigen Unternehmenskooperationsformen der heutigen Zeit genügt.

Frau Sürken beleuchtet neben dem geltenden US-amerikanischen Abgrenzungskonzept insbesondere den aktuellen Änderungsvorschlag des FASB. Danach soll die wirtschaftliche Einheit aus Mutter- und Tochterunternehmen (Parent-Subsidiary Relationship) ausschließlich nach dem Kriterium der Beherrschungsmöglichkeit abgegrenzt werden. Die Autorin präsentiert nicht nur die in Comment Letters und Public Hearings vorgebrachte Kritik an dem FASB-Vorschlag, sondern versucht diesen auch mit Hilfe theoretischer Ansätze zur Unternehmensabgrenzung kritisch zu hinterfragen. Sie kommt zu dem Ergebnis, daß die Beherrschungsmöglichkeit als alleiniges Abgrenzungskriterium der wirtschaftlichen Einheit von Mutter- und Tochterunternehmen zwar nicht unumstritten ist, daß es aber gegenüber dem bisherigen Konzept der Abgrenzung nach der Stimmrechtsmehrheit viele Vorteile aufweist.

Die Diskussion des US-amerikanischen Änderungsvorschlags ist aufgrund des § 292a HGB auch unmittelbar für deutsche Unternehmen relevant. Darüber hinaus könnte der FASB-Vorschlag in die aktuelle Arbeit des Deutschen Standardisierungsrates (DSR) einfließen. Frau Sürken vergleicht daher das geltende sowie das vorgeschlagene US-amerikanische Abgrenzungskonzept auch mit den korrespondierenden deutschen Vorschriften. Dabei leitet sie ab, daß die Umsetzung des FASB-Vorschlags die Unterschiede zwischen den US-amerikanischen und deutschen Konzernabgrenzungsregeln vermindern dürfte.

Mit der vorliegenden Arbeit leistet Frau Sürken einen wertvollen Beitrag zur Diskussion der Abgrenzung der wirtschaftlichen Einheit in der Konzernrechnungslegung. Mit Spannung bleibt abzuwarten, welchen Ausgang das fast 20 Jahre andauernde Reporting Entity Projekt des FASB nehmen wird.

Bochum, im Juni 1999 Univ.-Prof. Dr. Bernhard Pellens

Vorwort

Die vorliegende Arbeit wurde im April 1999 von der Fakultät für Wirtschaftswissenschaft der Ruhr-Universität Bochum als Dissertation angenommen. An dieser Stelle möchte ich all jenen danken, die mich auf dem Weg bis zur Fertigstellung meiner Arbeit begleitet und somit zum Gelingen meines Promotionsvorhabens beigetragen haben.

Besonderen Dank spreche ich meinem Doktorvater Herrn Prof. Dr. Bernhard Pellens aus, der durch wertvolle Anregungen und konstruktive Kritik die Entstehung meiner Arbeit stark unterstützt hat. Ich hatte eine schöne Assistentenzeit und kann versichern, daß es sich beim Lehrstuhl für Internationale Unternehmensrechnung nicht um einen Lehrstuhl „von der Stange" handelt!

Des weiteren bedanke ich mich bei Herrn Prof. Dr. Dr. h.c. mult. Walther Busse von Colbe für die freundliche Übernahme des Zweitgutachtens und seine hilfreichen Anmerkungen zu meiner Arbeit.

Sehr herzlich danke ich meinen Kollegen und Freunden Dr. Rolf Uwe Fülbier und Joachim Gassen, die mir durch ihre Diskussionsbereitschaft und Anregungen sehr geholfen haben. Unsere vielen gemeinsamen Unternehmungen werden mir in äußerst guter Erinnerung bleiben. Auch allen anderen Kollegen des Lehrstuhls für Internationale Unternehmensrechnung sowie Frau Christina Semptner danke ich.

Besonderer Dank gebührt meinem Freund Dr. Rudolf Alves. Er hat mit hohem Interesse und viel Geduld die Erstellung der einzelnen Seiten meiner Arbeit verfolgt und mich immer wieder neu motiviert.

Schließlich danke ich von ganzem Herzen meinen Eltern, die meine persönliche Entwicklung in allen Belangen immer gefördert und begleitet haben. Aus Dankbarkeit für Ihre Unterstützung widme ich Ihnen dieses Buch.

Bochum, im Juni 1999 Silke Sürken

Inhaltsverzeichnis

Abkürzungsverzeichnis

AAA	American Accounting Association
AAER	Accounting and Auditing Enforcement Release
AcSEC	Accounting Standards Executive Committee of the American Institute of Certified Public Accountants
AG	Aktiengesellschaft (Zeitschrift)
AICPA	American Institute of Certified Public Accountants
AIMR	Association for Investment Management and Research
AIN	AICPA Accounting Interpretation
AK	Anschaffungskosten
APB	Accounting Principles Board
ARB	Accounting Research Bulletin
ASR	Accounting Series Release
BB	Betriebs-Berater (Zeitschrift)
BBK	Betrieb und Rechnungswesen: Buchführung, Bilanz, Kostenrechnung (Zeitschrift)
BFuP	Betriebswirtschaftliche Forschung und Praxis (Zeitschrift)
BT	Bundestag
BWL	Betriebswirtschaftslehre
CAP	Committee on Accounting Procedures
CPA	Certified Public Accountant
Del.Gen.Corp.L.	General Corporation Law of Delaware
DB	Der Betrieb (Zeitschrift)
DBW	Die Betriebswirtschaft (Zeitschrift)
DRSC	Deutsches Rechnungslegungs Standards Committee
DRS	Deutscher Rechnungslegungsstandard
DStR	Deutsches Steuerrecht (Zeitschrift)
EU	Europäische Union
FASB	Financial Accounting Standards Board
FASC	Financial Accounting Standards Committee
FIN	FASB Interpretation
FRR	Financial Reporting Release
GAAP	Generally Accepted Accounting Principles

http	hypertext transfer protocol
IASC	International Accounting Standards Committee
IdW/IDW	Institut der Wirtschaftsprüfer in Deutschland e.V.
i.e.S.	im engeren Sinne
Inc.	Incorporation
i.S.	im Sinne
i.w.S.	im weiteren Sinne
Jg.	Jahrgang
KA	Konzernabschluß
LC	Letter of Comment
LLP	Limited Liability Partnership
MU	Mutterunternehmen
No.	Number
NPO	Not-for-Profit Organization
NYSE	New York Stock Exchange
Par.	Paragraph
RegE	Regierungsentwurf
RIW	Recht der Internationalen Wirtschaft (Zeitschrift)
R.M.B.C.A.	Revised Model Business Corporation Act
S.	Seite
SA	Securities Act
SAB	Staff Accounting Bulletins
SABI	Sonderausschuß Bilanzrichtlinien-Gesetz des IdW
SEA	Securities Exchange Act
SAS	Statement of Auditing Standards
Sec(s).	Section(s)
SEC	Securities and Exchange Commission
SFAC	Statement of Financial Accounting Concepts
SFAS	Statement of Financial Accounting Standards
SOP	Statement of Position
Sp.	Spalte
SPE	Special Purpose Entity
TIS	Technical Information Service
TU	Tochterunternehmen
Tz.	Textziffer

US	United States
URL	Unified Resource Locator
Vol.	Volume
WiSt	Wirtschaftswissenschaftliches Studium (Zeitschrift)
WISU	Das Wirtschaftsstudium (Zeitschrift)
WPg	Die Wirtschaftsprüfung (Zeitschrift)
ZfB	Zeitschrift für Betriebswirtschaft
ZfbF	Zeitschrift für betriebswirtschaftliche Forschung
ZGR	Zeitschrift für Unternehmens- und Gesellschaftsrecht
ZHR	Zeitschrift für das gesamte Handels- und Wirtschaftsrecht

Abbildungsverzeichnis

Tabellenverzeichnis

Kapitel I

Einführung

1. Problemstellung

"Scharfe Konkurrenz für Lufthansa-Allianz: Angeführt von British Airways und American Airlines haben sich fünf Fluggesellschaften zusammengetan, um ihren Kunden das Reisen rund um den Globus zu erleichtern"[1]. "Bank und Versicherer kooperieren: Die von Allianz und Dresdner Bank schon vor einiger Zeit angekündigte Zusammenarbeit im Asset Management ist endlich perfekt"[2]. Diese und zahlreiche weitere Meldungen lassen die Vielfalt von Unternehmenszusammenschlüssen im heutigen Wirtschaftsgeschehen nur erahnen. Statt rechtlich selbständiger Unternehmen treten vielfach Gruppen verbundener Unternehmen als wirtschaftliche Einheit auf. Die Vertragspartner eines Unternehmens, die an entscheidungsrelevanten Informationen interessiert sind, fragen folglich nicht alleine Informationen über das rechtlich selbständige Unternehmen, sondern auch über die wirtschaftliche Einheit nach[3].

Für die Rechnungslegung ist von Interesse, bei welchen Formen von Unternehmenszusammenschlüssen die beteiligten Unternehmen als wirtschaftliche Einheit zu betrachten sind. Die wirtschaftliche Einheit wird neben dem nach Rechtsformkriterien abgegrenzten rechtlich selbständigen Unternehmen in nahezu allen Rechnungslegungssystemen als rechnungslegende Einheit herangezogen[4]. Erst eine Abgrenzung der wirtschaftlichen Einheit ermöglicht es, dieser Einheit Informationen zuzuordnen bzw. Informationen für nicht relevant zu erklären. Aus der Definition kann abgeleitet werden, welche wirtschaftlichen Vorgänge für eine Abbildung durch die Rechnungslegung überhaupt in Betracht gezogen werden[5].

Besondere Aufmerksamkeit wird der Problematik der Abgrenzung der wirtschaftlichen Einheit in der US-amerikanischen Rechnungslegung geschenkt, wo derzeit

---

1 *O.V.* (1998, Lufthansa-Allianz), S. 13.

2 *O.V.* (1998, Asset Management), S. 23.

3 Vgl. *Adler/Düring/Schmaltz* (1996, Rechnungslegung), Vorbemerkungen zu den §§ 290 - 315 HGB, Par. 12 - 13; *Pellens* (1988, Informationswert), S. 33 - 43; *Ordelheide* (1987, Konzernerfolgskonzeption), S. 978 - 980; *Ordelheide* (1980, Konzern), S. 294, die ihre Aussagen auf die Rechnungslegung konzerngebundener Unternehmen beziehen.

4 Vgl. *Pellens* (1998, Rechnungslegung), S. 159.

5 Vgl. *AAA* (1965, Entity Concept); *Hendriksen/van Breda* (1991, Theory), S. 145; *AAA* (1957, Financial Statements), S. 537.

in dem bereits 1982 vom Financial Accounting Standards Board (FASB) aufgenommenen Reporting Entity Project ein neues Abgrenzungskonzept erarbeitet wird[6]. Hier steht die engste Form des bei der Rechnungslegung der wirtschaftlichen Einheit zu berücksichtigenden Unternehmenszusammenschlusses, die Parent-Subsidiary Relationship, zur Diskussion. Bisher erfolgt nach den US-amerikanischen Vorschriften, den United States-Generally Accepted Accounting Principles (US-GAAP), die Abgrenzung der wirtschaftlichen Einheit aus Mutter- und Tochterunternehmen nach den Kriterien der Stimmrechtsmehrheit und der Control[7]. Anstoß für die Überarbeitung dieser Abgrenzungsvorschriften gab die Einsicht, daß bisher Unternehmen nicht einbezogen werden, die unter ökonomischen Gesichtspunkten trotz nicht vorhandener Stimmrechtsmehrheit sehr wohl einen Teil der wirtschaftlichen Einheit darstellen[8]. Die zentrale Fragestellung des Projektes lautet demnach: Welches Abgrenzungskonzept ist vor dem Hintergrund der Informationsfunktion der Rechnungslegung besser geeignet als das geltende, auf Stimmrechtsmehrheit und Control basierende Konzept?

Einer möglichen Änderung der US-amerikanischen Rechnungslegungsvorschriften zur Abgrenzung von Parent-Subsidiary Relationships käme nicht nur in den USA, sondern auch in Deutschland eine hohe Bedeutung zu. Zum einen ist zu erwarten, daß die Anzahl der deutschen Unternehmen, die einen Abschluß nach US-GAAP erstellen, zunehmen wird[9]. Der Grund liegt insbesondere darin, daß gem. § 292a HGB börsennotierte Mutterunternehmen von der Pflicht zur Aufstellung und Veröffentlichung eines HGB-Konzernabschlusses und -lageberichts unter bestimmten Voraussetzungen befreit sein können, wenn sie einen entsprechenden Konzernabschluß und -lagebericht nach international anerkannten Rechnungslegungsgrundsätzen publizieren[10]. Die US-amerikanischen Rechnungslegungsvorschriften werden als international anerkannte Rechnungslegungsgrundsätze betrachtet[11].

Zum anderen werden in Deutschland vom Deutsche Rechnungslegungs Standards Committee (DRSC) bis zum Ablauf des Jahres 2004 Empfehlungen zur Anwendung der Grundsätze der Konzernrechnungslegung entwickelt (§ 342 bzw. § 342a

---

6 Vgl. *FASB* (1998, Consolidations and Related Matters); *FASB* (1997/98, SFAS No. 94); *FASB* (1995, ED); *Pacter* (1991, Consolidation), Par. 3 - 54.

7 Vgl. *FASB* (1997/98, ARB No. 51), Par. 2; *FASB* (1997/98, SFAS No. 94), Par. 13.

8 Vgl. *Pacter* (1991, Consolidations), Par. 119 - 203.

9 Vgl. *C&L Deutsche Revision* (1998, Kapitalmarktorientierung); *Förschle/Glaum/Mandler* (Internationale Rechnungslegung); *Pellens/Tomaszewski* (1998, Auswirkungen des Rechnungslegungswechsels).

10 Siehe zu der Regulierung des § 292a *Böcking/Orth* (1998, Offene Fragen); *Böcking/Orth* (1998, Rechnungslegung); *Pellens/Bonse/Gassen* (1998, Perspektiven), S. 785 - 788; *Peemöller/Geiger* (Kapitalaufnahmeerleichterungsgesetz), S. 1099 – 3104; *Busse von Colbe* (1997, Internationalisierung).

11 Vgl. *Deutscher Bundestag* (1998, Drucksache 13/9909), S. 16 - 17.

HGB)[12]. Das vom FASB überarbeitete Konzept zur Abgrenzung der wirtschaftlichen Einheit könnte bei der Arbeit des DRSC Berücksichtigung finden.

2. Zielsetzung und Gang der Untersuchung

Die Zielsetzung dieser Arbeit besteht darin, die Abgrenzung der wirtschaftlichen Einheit nach US-GAAP kritisch zu beleuchten. Es sollen die geltenden US-amerikanischen Abgrenzungsregulierungen im Vergleich zu den deutschen Vorschriften dargestellt werden. Daneben ist es Ziel der Arbeit, die vom FASB erarbeiteten Vorschläge zur Änderung dieser Regulierungen zu beschreiben, mit den deutschen Vorschriften zu vergleichen und auf der Grundlage theoretischer Ansätze zur Abgrenzung der wirtschaftlichen Einheit zu beurteilen. Im einzelnen wird folgender Gang der Untersuchung gewählt:

Im II. Kapitel wird die Grundidee der Abgrenzung der wirtschaftlichen Einheit aufgezeigt. Dazu wird zunächst dargelegt, welche grundsätzliche Funktion die Rechnungslegung erfüllen soll und welche Bedeutung der rechnungslegenden Einheit für die Rechnungslegung zukommt. Anknüpfend daran wird zunächst die konkrete Funktion der Rechnungslegung des Unternehmens als rechnungslegende Einheit beschrieben. Es wird aufgezeigt, daß die Rechnungslegung lediglich bei wirtschaftlich selbständigen Unternehmen, nicht bei Unternehmen mit fehlender wirtschaftlicher Selbständigkeit ihre Funktion erfüllt. Daraus wird die Notwendigkeit abgeleitet, daß bei Vorliegen von wirtschaftlich nicht selbständigen Unternehmen eine wirtschaftliche Einheit als rechnungslegende Einheit abgeleitet werden muß. Abschließend wird dargestellt, welche konkrete Funktion die Rechnungslegung der wirtschaftlichen Einheit erfüllt.

Im III. Kapitel werden die geltenden deutschen und US-amerikanischen Rechnungslegungsvorschriften zur Abgrenzung der wirtschaftlichen Einheit vergleichend beschrieben. Ausgehend von der Darstellung des Stufenkonzepts, dem sowohl die deutschen als auch die US-amerikanischen Abgrenzungsvorschriften folgen, werden die relevanten deutschen Vorschriften genannt und die Pflicht zur Aufstellung von Konzernabschlüssen sowie die Kreise der zu berücksichtigenden Unternehmen nach diesen Vorschriften erläutert. Daran anschließend folgen entsprechende Ausführungen zu den US-amerikanischen Vorschriften. Ein Vergleich der US-amerikanischen mit den deutschen Regulierungen folgt.

---

12 Siehe zum DRSC *Budde* (1998, Standard Setting Body); *Moxter* (1998, DRSC); *Pellens/Gassen* (1998, Bereitstellung von Rechnungslegungssystemen), S. 645 - 648.

Im IV. Kapitel wird das Ziel verfolgt, aus theoretischen Ansätzen Rückschlüsse für die Abgrenzung der wirtschaftlichen Einheit zu gewinnen. Zunächst werden aus der Transaktionskostentheorie Erkenntnisse für die Abgrenzung der wirtschaftlichen Einheit abgeleitet. Des weiteren erfolgt eine Untersuchung betriebswirtschaftlicher Ansätze. Behandelt werden die Theorien der Konzernrechnungslegung sowie die betriebswirtschaftlichen Definitionen der Unternehmung und des Konzerns. Den Abschluß stellt die Beschreibung von Merkmalen von Rechnungslegungsvorschriften bzw. Rechnungslegungsinformationen dar, aus denen zwar keine direkten Erkenntnisse über die Abgrenzung der wirtschaftlichen Einheit abgeleitet werden können, die aber eine Leitlinie für die informationsorientierte Ausgestaltung von Abgrenzungsvorschriften bilden.

Auf der Basis der im Kapitel IV. gewonnenen Erkenntnisse werden im V. Kapitel die vom FASB erarbeiteten Vorschläge zur Änderung der US-amerikanischen Abgrenzungsvorschriften im Vergleich zu den deutschen Vorschriften kritisch beleuchtet. Einleitend wird die Erarbeitung von Änderungsvorschlägen vor dem Hintergrund der theoretischen Ansätze zur Abgrenzung der wirtschaftlichen Einheit begründet, ehe anschließend das Consolidations and Related Matters Projects des FASB, das den Rahmen zur Erarbeitung der Vorschläge bildet, dargestellt wird.

Im Mittelpunkt des Kapitels steht die Beschreibung der Vorschläge zum Anwendungsbereich der Vorschriften und zur Ausgestaltung des für die Abgrenzung zentralen Control-Konzepts sowie die Darstellung alternativ diskutierter Abgrenzungskonzepte. Die Beurteilung dieser Aspekte erfolgt wiederum anhand der theoretischen Ansätze zur Abgrenzung der wirtschaftlichen Einheit. Daneben werden auch die beim FASB eingegangenen Letters of Comments und die Diskussionen bei den vom FASB veranstalteten Public Hearings ausgewertet.

Abschließend werden die US-amerikanischen Änderungsvorschläge und die deutschen Abgrenzungsvorschriften vergleichend beurteilt.

Im VI. Kapitel erfolgt eine Zusammenfassung der Ergebnisse der Arbeit.

Kapitel II
Grundidee der Abgrenzung der wirtschaftlichen Einheit

1. Metafunktion der Rechnungslegung und Bedeutung der rechnungslegenden Einheit

1.1. Metafunktion der Rechnungslegung

Auf den in der Realität vorliegenden unvollkommenen Märkten[1] wie z.B. den Aktien-, Kredit- oder Arbeitsmärkten, bestehen i.d.R. Informationsasymmetrien[2] zwischen den Unternehmensbeteiligten. Auf diesen Märkten agiert das Management von Unternehmen mit seinen Vertragspartnern. Es verfügt im Regelfall über einen höheren Informationsstand und kann die wirtschaftliche Entwicklung des geführten Unternehmens besser abschätzen als die übrigen Vertragspartner des Unternehmens[3]. Letztere sind an entscheidungsrelevanten und verläßlichen Informationen über die wirtschaftliche Lage des Unternehmens interessiert[4], z.B. Anteilseigner an Informationen zur Entwicklung des Anteilseignervermögens, Kreditgeber an Informationen zur Kreditvertragserfüllung und Arbeitnehmer an Informationen zur Arbeitsplatzsicherheit und Gehaltsentwicklung.

Liegen nur unzureichende Informationen über die wirtschaftliche Lage des Unternehmens vor, werden bei rationalem Verhalten z.B. die Eigenkapitalgeber mit einer im Vergleich zur risikolosen Kapitalanlage höheren Renditeforderung bei Vertragsabschlüssen reagieren. Im Extremfall der asymmetrischen Informationsverteilung unterbleiben die Vertragsabschlüsse[5]. Um den daraus resultierenden Nutzen- und Wohlfahrtseinbußen entgegenzuwirken und Tauschhandlungen zum

---

1 Vgl. zum neoklassischen Idealzustand vollkommener Märkte und den dort herrschenden Optimalitätsbedingungen *Arrow/Debreu* (1954, Existence of Equilibrium); *Wald* (1936, Gleichungssysteme der mathematischen Ökonomie); *Walras* (1874, Eléments d'économie politique).

2 Unter Informationsasymmetrien zwischen Unternehmensbeteiligten wird die unvollständige und ungleichmäßige Information der Beteiligten verstanden. Vgl. *Fülbier* (1998, Regulierung der Ad-hoc Publizität), S. 108.

3 Zur Kennzeichnung der asymmetrischen Informationsverteilung zwischen Management und Kapitalgebern siehe *Streim* (1988, Bilanzierung), S. 12.

4 Vgl. *Streim* (1988, Bilanzierung), S. 3.

5 Vgl. *Akerlof* (1970, Market for "Lemons").

Nutzen aller zu ermöglichen, kann ein Informationsaustausch zwischen dem Management und seinen Vertragspartnern eingerichtet werden[6].

Die Veröffentlichung von Rechnungslegungsdaten stellt eine vertraglich oder gesetzlich festgelegte Informationsweitergabe des Managements von Unternehmen an die aktuellen und potentiellen Vertragspartner von Unternehmen dar. Rechnungslegungsdaten sollen den Vertragspartnern Informationen über das Unternehmen vermitteln, auf deren Grundlage sie die künftigen Konsequenzen von Entscheidungen hinsichtlich ihres Unternehmensengagements abschätzen können. Sie haben die Aufgabe, asymmetrische Informationsverteilungen abzubauen und der Risikokoordination der Unternehmensbeteiligten zu dienen.

Die Rechnungslegung sowie die Veröffentlichung der Rechnungslegungsdaten führen zur Entstehung von Transaktionskosten, wie z.B. Kosten für die Erhebung, Weitergabe, Prüfung und Auswertung der Rechnungslegungsdaten[7]. Da diese Kosten mit steigendem Standardisierungsgrad abnehmen, ist eine gewisse Standardisierung vorteilhaft. Die Standardisierung der Rechnungslegung wird vor allem durch Rechnungslegungssysteme[8] vorgenommen. Zur Standardisierung der Erstellung und Veröffentlichung von Rechnungslegungsdaten werden in vielen Ländern gesetzliche Vorschriften erlassen.

Während sich die Ausgestaltung von Rechnungslegungssystemen unterscheidet und maßgeblich von den an die Rechnungslegung geknüpften Rechtsfolgen abhängt, stellt in allen Rechnungslegungssystemen der Abbau der asymmetrischen Informationsverteilung zwischen dem Management und den übrigen Vertragspartnern von Unternehmen die zentrale Funktion der Rechnungslegungsdaten dar. Deshalb wird diese Funktion als Metafunktion der Rechnungslegung bezeichnet[9]. Die Funktion der Rechnungslegung wird unter Berücksichtigung der vorliegenden sozio-ökonomischen Rahmenbedingungen in den einzelnen Rechnungslegungssystemen weiter konkretisiert[10].

---

6 Vgl. *Pellens* (1998, Rechnungslegung), S. 8; *Schildbach* (1997, Jahresabschluß), S. 62 - 71; *Schildbach* (1996, Konzernabschluß), S. 15 - 16; *Schildbach* (1989, Konzernrechnungslegung), S. 160; *Jensen/Meckling* (1976, Theory of the Firm).

7 Zum Begriff der Transaktionskosten sowie zum Effizienzkriterium der Transaktionskostengünstigkeit siehe die Ausführungen im Kapitel IV.1 zur Transaktionskostentheorie.

8 Als Rechnungslegungssystem wird die Gesamtheit aller die Ermittlung und Veröffentlichung von Rechnungslegungsdaten steuernden Regelungen und Auslegungen verstanden. Vgl. *Pellens* (1998, Rechnungslegung), S. 1.

9 Vgl. *Pellens* (1998, Rechnungslegung), S. 8.

10 Vgl. *Pellens* (1998, Rechnungslegung), S. 23.

1.2. Bedeutung der rechnungslegenden Einheit

Die Rechnungslegung stellt auf eine bestimmte Bezugsgröße, die rechnungslegende Einheit, ab. Erst die Abgrenzung der rechnungslegenden Einheit ermöglicht die Zuordnung von Informationen zu dieser Einheit bzw. die Abgrenzung von Informationen, die anderen rechnungslegenden Einheiten zuzuordnen sind[11]. Mit der Definition der rechnungslegenden Einheit wird festgelegt, *wer* zur Rechnungslegung verpflichtet ist und auf *wen* sich Rechnungslegungsinformationen beziehen. "The Reporting Entity provides a basis for identifying economic resources and activities with specific enterprises, and thus for defining the area of coverage appropriate to a given set of records or reports"[12]. Alle durch die Rechnungslegung abgebildeten Vorgänge werden aus dem Blickwinkel ihrer Auswirkungen auf diese Einheit betrachtet[13].

2. Funktion der Rechnungslegung des Unternehmens

2.1. Abgrenzung der rechnungslegenden Einheit nach der rechtlichen Selbständigkeit

Die Abgrenzung der rechnungslegenden Einheit kann anhand unterschiedlicher Kriterien erfolgen. "Entities ... may be described from a legal point of view; but they also may be defined from an economic, social, political, aesthetic, professional, or other point of view"[14].

Bei der Abgrenzung der rechnungslegenden Einheit nach der rechtlichen Selbständigkeit stellt das juristisch definierte rechtlich selbständige Unternehmen die rechnungslegende Einheit dar. Bestimmte gesetzlich definierte juristische Personen werden zur Rechnungslegung verpflichtet. Als Abgrenzungskriterien dieser juristischen Personen werden die entsprechenden juristischen Rechtsformkriterien herangezogen. Das rechtlich selbständige Unternehmen als rechnungslegende Einheit hat Financial Statements bzw. einen Einzelabschluß aufzustellen. Dabei spielt es keine Rolle, ob ein rechtlich selbständiges Unternehmen gleichzeitig auch wirtschaftlich selbständig ist.

---

11 Vgl. *Hendriksen/van Breda* (1991, Theory), S. 145; *Gingele* (1989, Abschluß), S. 81; *AAA* (1957, Financial Statements), S. 537.

12 *AAA* (1957, Financial Statements), S. 537.

13 Vgl. *Mason/Schindler/Davidson* (1959, Accounting), S. 19.

14 *AAA* (1965, Entity Concept), S. 359.

In den USA werden rechtlich selbständige Unternehmen bestimmter Rechtsform, z.B. die Corporation, durch Einzelstaatengesetze zur Erstellung der Financial Statements verpflichtet[15]. Zur Zielsetzung und inhaltlichen Ausgestaltung treffen diese Gesetze jedoch kaum Aussagen. Funktion sowie Umfang und Differenzierungsgrad der Rechnungslegung rechtlich selbständiger Unternehmen hängen statt dessen insbesondere vom Zugang der Unternehmen zum öffentlichen Kapitalmarkt ab[16].

Auch in Deutschland besteht die Pflicht zur Rechnungslegung für rechtlich selbständige Unternehmen. Die nach § 242 Abs. 1 HGB für jeden Kaufmann geltende Rechnungslegungspflicht differenziert insbesondere hinsichtlich Rechtsform, Tätigkeit sowie Größe eines rechtlich selbständigen Unternehmens. Die Börsennotierung spielt in diesem Zusammenhang eine weniger bedeutende Rolle als in den USA.

Mit der Abgrenzung der rechnungslegenden Einheit nach der rechtlichen Selbständigkeit wird der Fiktion gefolgt, daß ein rechtlich selbständiges Unternehmen gleichzeitig über wirtschaftliche Selbständigkeit verfügt und somit über Marktbeziehungen zur Umwelt in Verbindung steht. Die Rechnungslegungsdaten dieser Bezugsgröße stellen nach dieser Fiktion nicht nur Informationen über eine rechtliche, sondern gleichzeitig auch über eine wirtschaftliche Einheit dar.

Im folgenden wird die Konkretisierung der Metafunktion der Rechnungslegung, der Abbau von Informationsasymmetrien, im US-amerikanischen und deutschen Rechnungslegungssystem beschrieben. Im Anschluß wird aufgezeigt, daß die Rechnungslegung für das rechtlich selbständige Unternehmen ihre Funktionen nur eingeschränkt erfüllt, wenn die rechtlich selbständige rechnungslegende Einheit nicht wirtschaftlich selbständig ist.

2.2. Funktion der Rechnungslegung

2.2.1. US-amerikanisches Rechnungslegungssystem

Die Konkretisierung der Metafunktion der Rechnungslegung, die in dem Abbau asymmetrischer Informationsverteilungen zwischen dem Management von Unternehmen und den anderen Unternehmensbeteiligten besteht, wird im US-amerikanischen Rechnungslegungssystem im Conceptual Framework vorgenommen[17]. Gemäß SFAC No. 1 “Objectives of Financial Reporting by Business

---

15 Vgl. § 16.01(c) R.M.B.C.A.; § 220(b) Del.Gen.Corp.L.

16 Zu einem Überblick siehe *Pellens* (1998, Rechnungslegung), S. 309 - 336.

17 Ausführlicher zum Conceptual Framework *Kieso/Weygandt* (1998, Accounting), S. 33 - 53; *Storey* (1991/95, Framework).

Enterprises" stellt die Informationsvermittlung die zentrale Funktion von Financial Statements dar. Das Financial Reporting soll unternehmensspezifische Informationen für die Unternehmensbeteiligten bereitstellen, auf deren Grundlagen sie wirtschaftliche Entscheidungen hinsichtlich ihrer Zusammenarbeit mit dem Unternehmen treffen können. "Financial Reporting is not an end in itself but is intended to provide information that is useful in making business and economic decisions"[18]. Dabei wird davon ausgegangen, daß sich die potentiellen Nutzer von Unternehmensinformationen i.d.R. für die Möglichkeit eines Unternehmens, Cash Flows zu generieren, interessieren[19].

Als potentielle Nutzer von Rechnungslegungsinformationen werden Anteilseigner, Kreditgeber, Lieferanten, Kunden, Arbeitnehmer, Finanzanalysten, die Öffentlichkeit usw. gesehen. Bei der Ausgestaltung der Rechnungslegungsinformationen wird allerdings das Informationsinteresse aktueller und potentieller Eigen- und Fremdkapitalgeber mit der Begründung in den Vordergrund gestellt, die auf diese Adressatengruppe abgestellten Informationen seien auch für die übrigen Adressatengruppen von Nutzen[20].

Rechnungslegungsdaten sollen den Eigenkapitalgebern Informationen über die wirtschaftlichen Ressourcen, das Eigenkapital und die Schulden eines Unternehmens sowie über die Auswirkung von Geschäftsvorfällen auf diese Größen liefern. Besondere Bedeutung wird Informationen über die Gewinnsituation und Erfolgsquellen beigemessen. Anhand der Rechnungslegungsdaten sollen die Kapitalgeber die zukünftige Rendite-Risiko-Struktur ihres Unternehmensengagements ableiten können[21].

2.2.2. Deutsches Rechnungslegungssystem

Der Einzelabschluß einer rechtlich und wirtschaftlich selbständigen Einheit dient im deutschen Rechnungslegungssystem einerseits als Informations- und Kontrollinstrument für sämtliche Unternehmensbeteiligte. Andererseits werden an die in der Rechnungslegung vorgenommene Vermögenszuordnung auf Eigen- und Fremdkapitalgeber unmittelbare Verfügungsrechte[22] geknüpft[23]. Jahresabschlüsse

18 *FASB* (1997/98, SFAC No. 1), Par. 9.

19 Vgl. *FASB* (1997/98, SFAC No. 1) Par. 25.

20 Vgl. *FASB* (1997/98, SFAC No. 1), Par. 24, 30.

21 Vgl. *Kieso/Weygandt* (1995, Accounting), S. 7; zur Konkretisierung der Zielsetzung des Financial Reporting aus Sicht der Kapitalgeber siehe *FASB* (1997/98, SFAC No 1), Par. 32 - 54.

22 Verfügungsrechte sind "jene gesellschaftlich sanktionierten Verhaltensbeziehungen zwischen Menschen, die aus der Existenz von knappen Ressourcen und Gütern entstehen und ihre Verwendung betreffen". *Buhbe* (1980, Ökonomische Analyse), S. 1. Vgl. auch den Überblick bei *Ridder-Aab* (1980, Aktiengesellschaft), S. 36; *Furubotn/Pejovich* (1972, Property Rights).

haben im einzelnen neben der Informations- eine Dokumentations- und eine Einkommensbemessungsfunktion[24], wobei der Einkommensbemessungsfunktion in Deutschland teilweise ein besonderes Gewicht beigemessen wird[25].

Für Kapitalgesellschaften ergibt sich die Informationsaufgabe des Einzelabschlusses insbesondere aus § 264 Abs. 2 HGB, wonach der Jahresabschluß unter Beachtung der Grundsätze ordnungsmäßiger Buchführung ein den tatsächlichen Verhältnissen entsprechendes Bild der Vermögens-, Finanz- und Ertragslage zu vermitteln hat. Weitere explizite Nennungen der Aufgaben von Jahresabschlüssen finden sich im HGB nicht.

Adressaten der Rechnungslegung stellen sämtliche Unternehmensbeteiligte dar. Um ihre Vermögensinteressen und hier insbesondere die Interessen der Fremdkapitalgeber angemessen zu berücksichtigen, werden die Rechnungslegungsregeln vom Vorsichtsprinzip geprägt.

2.3. Auswirkungen fehlender wirtschaftlicher Selbständigkeit

2.3.1. Unternehmenszusammenschlüsse

Die Grundidee der Abgrenzung der rechnungslegenden Einheit nach der rechtlichen Selbständigkeit ist nicht erfüllt, wenn ein Einzelunternehmen eingeschränkt wirtschaftlich selbständig ist oder seine wirtschaftliche Selbständigkeit vollkommen aufgehoben ist. Die Ursache fehlender wirtschaftlicher Selbständigkeit stellen Unternehmenszusammenschlüsse dar. Ein Maß für die Einschränkung der wirtschaftlichen Selbständigkeit der an einem Unternehmungszusammenschluß beteiligten Unternehmen stellt die Bindungsintensität dar[26]. Bei der Systematisierung von Unternehmenszusammenschlüssen nach rechtlicher und wirtschaftlicher Selbständigkeit können, wie in Abbildung 1 dargestellt, drei große Gruppen unterschieden werden[27].

---

23 Vgl. *Coenenberg* (1997, Jahresabschluß), S. 10 - 11.

24 Vgl. zu den Funktionen des handelsrechtlichen Einzelabschlusses *Coenenberg* (1997, Jahresabschluß), S. 10 - 14; *Schildbach* (1997, Jahresabschluß), S. 32 - 62; *Baetge* (1996, Bilanzen), S. 50 - 65. Der Begriff der Einkommensbemessung wurde geprägt durch *Schneider*. Vgl. *Schneider* (1997, Rechnungswesen), S. 67 – 107.

25 Vgl. *Schneider* (1997, Rechnungswesen), S. 8 - 11; *Streim* (1988, Bilanzierung), S. 9 - 24.

26 Vgl. *Schubert/Küting* (1981, Unternehmungszusammenschlüsse), S. 3; *Beck* (1976, Unternehmensverbindungen), S. 21

27 Aufgrund der Vielzahl verschiedener Formen von Unternehmensverbindungen soll lediglich eine Auswahl genannt werden. Vgl. zu weiteren Formen von Unternehmungszusammenschlüssen sowie zu einer Erläuterung von Unternehmenszusammenschlüssen *Rumer* (1994, Koopera-

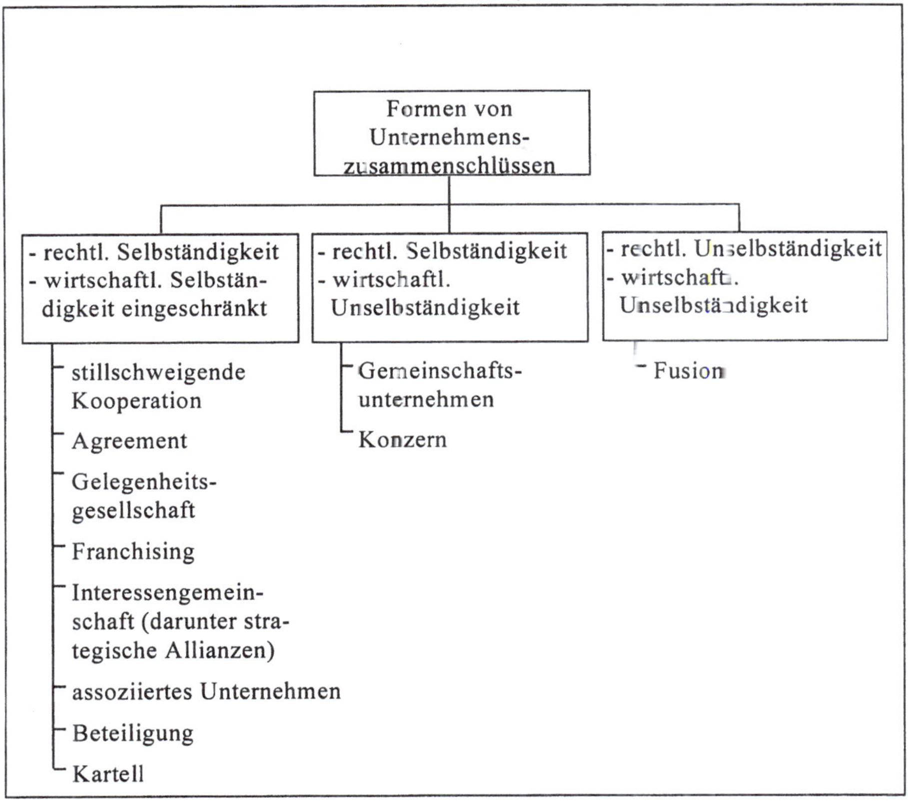

Abbildung 1: Überblick über die Gestaltungsformen von Unternehmenszusammenschlüssen

Quelle: In Anlehnung an *Pellens* (1988, Informationswert), S. 12

- Zur ersten Gruppe werden solche Zusammenschlüsse zusammengefaßt, die lediglich in Teilbereichen zu einer Einschränkung der wirtschaftlichen Selb-

---

tion und Joint Ventures); *Küting* (1990, Zusammenarbeit); *Backhaus/Piltz* (1989, Strategische Allianzen); *Pausenberger* (1989, Systematik von Unternehmenszusammenschlüssen); *Backhaus* (1987, Allianz); *Küting/Zink* (1983, Zusammenarbeit); *Pawlick* (1981, Gelegenheitsgesellschaf); *Schubert/Küting* (1981, Unternehmungszusammenschlüsse); *Beck* (1976, Unternehmensverbindungen); *Sölter/Zimmerer* (1972, Unternehmenszusammenschlüsse); *Ziegler* (1966, Unternehmungszusammenschlüsse); *Hintner* (1956, Betriebszusammenschlüsse); *Koberstein* (1955, Unternehmungszusammenschlüsse).

ständigkeit eines oder mehrerer beteiligter Unternehmen führen (schwache Bindungsintensität). Auf die gesamten Unternehmen bezogen bleibt ihre wirtschaftliche Selbständigkeit nahezu vollständig erhalten[28]. Auch die rechtliche Selbständigkeit aller Unternehmen besteht trotz des Zusammenschlusses weiter. Die Zusammenschlußformen dieser Gruppe werden häufig als Kooperationen oder Kooperationen i.w.S. bezeichnet[29]. Bedeutende Unternehmenszusammenschlüsse dieser Gruppe stellen Agreements, Gelegenheitsgesellschaften, Franchising, Interessengemeinschaften (darunter strategische Allianzen), assoiierte Unternehmen, Beteiligungen, Kartelle dar.

- Zur zweiten Gruppe zählen die Formen unternehmerischer Zusammenarbeit, die eine Einbuße der wirtschaftlichen Selbständigkeit mindestens eines beteiligten Unternehmens mit sich bringt (stärkere Bindungsintensität). Die rechtliche Selbständigkeit sämtlicher beteiligten Unternehmen bleibt bestehen. Beispiele wichtiger Formen dieser Gruppe sind Gemeinschaftsunternehmen und Konzerne.

- Die dritte Gruppe setzt sich aus Unternehmenszusammenschlüssen zusammen, die den vollständigen Verlust der wirtschaftlichen und rechtlichen Selbständigkeit mindestens eines der beteiligten Unternehmen bedingen (sehr starke Bindungsintensität). Zu dieser Gruppe zählt die Zusammenschlußform der Fusion.

Die rechtliche und wirtschaftliche Selbständigkeit fallen gegebenenfalls bei den Unternehmen auseinander, die an einem Unternehmenszusammenschluß der ersten und zweiten Gruppe (erster und zweiter Zweig in Abbildung 1) beteiligt sind. Die Grundidee der Abgrenzung der rechnungslegenden Einheit, wonach eine rechtliche gleichzeitig eine wirtschaftliche Einheit darstellt, ist dann nicht erfüllt. Hingegen geht aus einem Unternehmenszusammenschluß der dritten Gruppe (dem dritten Zweig in Abbildung 1) ein einziges rechtlich selbständiges Unternehmen mit wirtschaftlicher Selbständigkeit hervor.

2.3.2. Risiken der Unternehmensbeteiligten

Bei Einzelunternehmen ohne wirtschaftliche Selbständigkeit aufgrund der Zusammenarbeit mit anderen rechtlich selbständigen Unternehmen liegt zumindest in Teilbereichen ein gemeinsames unternehmerisches Handeln vor. Die mit der

---

28 Vgl. *Küting* (1990, Zusammenarbeit), S. 9.

29 Vgl. *Schierenbeck* (1993, Betriebswirtschaftslehre), S. 49; *Pausenberger* (1989, Systematik von Unternehmenszusammenschlüssen), S. 623. Es sei allerdings darauf hingewiesen, daß der Begriff der Kooperation einheitlich verwendet wird.

unternehmerischen Tätigkeit der zusammenarbeitenden Unternehmen verbundenen Risiken, z.B. das Absatz- oder Produktionsrisiko, werden aufgeteilt[30].

Die Unternehmensbeteiligten sind in diesen Fällen neben den Risiken, die mit einem Engagement in rechtlich und wirtschaftlich selbständige Unternehmen verbunden sind, weiteren Risiken, wie z.B. dem Vermögensverlagerungsrisiko, dem Zwischenerfolgsrisiko und dem Kreditausfallrisiko, ausgesetzt[31]. Diese zusätzlichen Risiken resultieren insbesondere aus der mit dem Zusammenschluß von Einzelunternehmen einhergehenden Verschiebung der Verfügungsrechte der Unternehmensbeteiligten. Sofern ein Unternehmen an der Spitze der zusammenarbeitenden Unternehmen steht, verschieben sich die Verfügungsrechte i.d.R. zugunsten der Leitung dieses Unternehmens.

Liegt beispielsweise ein Konzern im aktienrechtlichen Sinne vor, mehren sich die Rechte der Leitung des an der Spitze des Konzernverbunds stehenden Unternehmens, während die Rechte der übrigen Unternehmensbeteiligten eingeschränkt werden. Dies erfolgt trotz Berücksichtigung der auf die rechtlich selbständigen Unternehmen zugeschnittenen Unternehmensverfassungen[32]. Die Konzernleitung verfügt über Möglichkeiten, durch Transaktionen zwischen den Rechtssubjekten innerhalb der wirtschaftlichen Einheit, wie Kapital-, Kredit-, Lieferungs- und Leistungsbeziehungen, Nachteile für andere Unternehmensbeteiligte durchzusetzen[33]. Sie kann die Tätigkeit der konzerngebundenen Einzelgesellschaften auf das Interesse des Konzerns abstimmen, was ggf. zu einer Überlagerung der Interessen der Einzelunternehmen vom Konzerninteresse führt[34].

Das Ausmaß der Verschiebung von Verfügungsrechten durch Unternehmenszusammenschlüsse und damit des zusätzlichen Risikos in einer wirtschaftlichen Einheit hängt zum einen von der Ausgestaltung der Unternehmensverfassung der Einzelunternehmen der wirtschaftlichen Einheit ab, zum anderen vom Maß ihrer wirt-

---

30 Vgl. *Pellens* (1989, Informationswert), S. 11.

31 Vgl. *Busse von Colbe/Ordelheide* (1993, Konzernabschlüsse), S. 16 - 17; *Debus* (1990, Konzernrecht), S. 11 - 17; *Ordelheide* (1987, Konzernerfolgskonzeption), S. 978; *Lehertshuber* (1986, Konzernhandelsbilanz), S. 101 - 110.

32 Vgl. *Schildbach* (1996, Konzernabschluß), S. 39 - 45; *Busse von Colbe/Ordelheide* (1993, Konzernabschlüsse), S. 16. Siehe z.B. zu einer Darstellung der veränderten Rechtsstellung der Aktionäre des Mutterunternehmens durch Konzernbildung *Pellens* (1994, Aktionärsschutz), S. 52 - 69.

33 Vgl. *Ordelheide* (1987, Konzernerfolgskonzeption), S. 978. Siehe zu den konfligierenden Interessenlagen der Vertragspartner eines Konzerns *Lehertshuber* (1986, Konzernhandelsbilanz), S. 87 - 96.

34 Vgl. *Busse von Colbe/Ordelheide* (1993, Konzernabschlüsse), S. 16 - 17; *Ulmer* (1984, Gläubigerschutz), S. 396.

schaftlichen Verknüpfung[35]. Eine Begrenzung ist grundsätzlich durch den Abschluß von Verträgen zwischen den Unternehmensbeteiligten der Unternehmen der wirtschaftlichen Einheit oder durch rechtliche Schutzvorschriften möglich. In Deutschland bestehen z.B. gesetzliche Regulierungen, die die Aushöhlung der Verfügungsrechte von Unternehmensbeteiligten konzerngebundener Unternehmen einschränken[36]. Trotz Vertragsabschlüsse und gesetzlicher Schutzvorschriften lassen sich die zusätzlichen Risiken der Unternehmensbeteiligten von Unternehmen, die nicht wirtschaftlich selbständig sind, aber nicht vollkommen ausschalten.

Zusätzliche Risiken, die bei rechtlich, aber nicht wirtschaftlich selbständigen Unternehmen auftreten können, stellen u.a. das

- Vermögensverlagerungsrisiko,
- Zwischenerfolgsrisiko und
- Kreditausfallrisiko

dar[37].

Diese Risiken werden im folgenden anhand eines Beispiels erläutert. Von gesetzlichen Vorschriften sowie vertraglichen Absicherungen wird abstrahiert. Die zusätzlichen Risiken von Unternehmensbeteiligten aufgrund fehlender oder eingeschränkter wirtschaftlicher Selbständigkeit eines rechtlich selbständigen Unternehmens sind insbesondere für den aktienrechtlichen Unterordnungskonzern umfassend diskutiert worden. Deshalb wird häufig auf diese Untersuchungen hingewiesen, obwohl in den hier anschließenden Ausführungen nicht auf bestimmte Vorschriften, wie z.B. die des deutschen AktG, abgestellt wird.

Als Beispiel sollen die zwei rechtlich, aber nicht wirtschaftlich selbständigen Unternehmen A und B betrachtet werden, die zusammen eine wirtschaftliche Einheit bilden. A koordiniert die Aktivitäten von A und B. Es bestimmt die Geschäftspolitik und lenkt zentral die Finanzpolitik sowie die Absatzpolitik. A verfügt über die Möglichkeit, einen derartigen Einfluß auf B auszuüben, weil es 60 % der Stimmrechte an B hält.

---

35 Vgl. *Ordelheide* (1986, Konzern), S. 310.

36 Siehe z.B. zu der Wirkung deutscher konzernrechtlichen Schutzvorschriften aus der Sicht der Gläubiger eines Konzerns *Debus* (1990, Konzernrecht), S. 18 - 40.

37 Vgl. *Emmerich/Sonnenschein* (1997, Konzernrecht), S. 16; *Debus* (1989, Konzernrecht), S. 17; *Lehertshuber* (1986, Konzernhandelsbilanz), S. 101 - 110.

• Vermögensverlagerungsrisiko:

Ein Risiko, das aus der wirtschaftlichen Einheit von A und B resultiert, besteht darin, daß B zugunsten von A Bilanzvermögen oder nicht bilanziertes wirtschaftliches Potential entzogen werden kann[38]. Dieses Risiko wird als Vermögensverlagerungsrisiko bezeichnet[39]. Eine Vermögensverlagerung kann z.B. durch nicht marktorientierte Verrechnungspreise über oder unter dem Marktpreis erfolgen. Liefert A beispielsweise Gegenstände des Anlagevermögens über dem Marktpreis an B, dann werden Gewinne nach A verlagert. Weitere Beispiele für Maßnahmen zur Vermögensverlagerung stellen die Gewährung von Krediten zu nicht marktgerechten Konditionen, der Abschluß fingierter Berater- oder Lizenzverträge, die Veranlassung von B zur Auftragsabgabe an A oder die Unterlassung von Investitionen in A zugunsten der Durchführung aussichtsreicherer Investitionen in B dar[40].

Die Anteilseigner von A und B sind im Vergleich zu Anteilseignern rechtlich und wirtschaftlich selbständiger Unternehmen dem zusätzlichen Risiko ausgesetzt, daß das Reinvermögens des Unternehmens, an dem sie jeweils beteiligt sind, durch Maßnahmen zur Vermögensverlagerung geschmälert wird[41]. Die Gläubiger von A und B sind durch Maßnahmen der Vermögensverlagerung dann schlechter gestellt als die Gläubiger eines rechtlich und auch wirtschaftlich selbständigen Unternehmens, wenn die Haftungsmasse des Unternehmens, dem sie ihr Kapital befristet überlassen haben, verringert wird und A und B keinen Haftungsverbund bilden[42].

---

38 Vgl. *Ordelheide* (1987, Konzernerfolgskonzeption), S. 978.

39 Vgl. *Debus* (1989, Konzernrecht), S. 16 - 17; *Ordelheide* (1987, Konzernerfolgskonzeption), S. 978 - 979, der daneben auch den Begriff der Homo Non Oeconomicus-Risiken verwendet, da es sich um Risiken aufgrund von Maßnahmen handelt, die ein Homo Oeconomicus in einem rechtlich und wirtschaftlich selbständigen Einzelunternehmen nicht ergreifen würde, sowie *Lehertshuber* (1986, Konzernhandelsbilanz), S. 101 - 110.

40 Vgl. *Emmerich/Sonnenschein* (1997, Konzernrecht), S. 16; *Debus* (1989, Konzernrecht), S. 17; *Lehertshuber* (1986, Konzernhandelsbilanz), S. 101 - 110.

41 Im aktienrechtlichen Konzern werden die genannten Maßnahmen von der Konzernleitung als Mittel zur Gewinnverlagerung in von ihr alleine kontrollierten Tochtergesellschaften sowie für verdeckte Gewinnausschüttungen an Tochtergesellschaften genutzt, um den Anteilseignern das Verwendungsrecht über 50 % des Jahresüberschusses zu entziehen. Damit werden Konzernuntergesellschaften zu "Spardosen" des Konzerns. Vgl. *Emmerich/Sonnenschein* (1997, Konzernrecht), S. 15 - 16; *Pellens* (1994, Aktionärsschutz), S. 59 - 62; *Busse von Colbe/Ordelheide* (1993, Konzernabschlüsse), S. 17; *Ordelheide* (1987, Konzernerfolgskonzeption), S. 978 - 979.

42 Vgl. *Debus* (1989, Konzernrecht), S. 14 - 17.

- Zwischenerfolgsrisiko:

Als weiteres zusätzliches Risiko bei wirtschaftlich nicht selbständigen Unternehmen liegt ein Zwischenerfolgsrisiko vor. In den Einzelerfolgen von A und B werden möglicherweise Gewinne aus Lieferungen und Leistungen zwischen den beiden Unternehmen als Zwischenerfolge berücksichtigt, obwohl diese aus Sicht der wirtschaftlichen Einheit von A und B noch nicht mit Dritten realisiert sind[43]. Risiken wie das Absatzrisiko und, bei weiterzuverarbeitenden Gütern, das Produktionsrisiko werden bei Lieferungen und Leistungen zwischen A und B lediglich auf das andere Unternehmen verlagert, so daß anders als bei Lieferungen und Leistungen an Dritte die Zwischenerfolge noch mit diesen Risiken belastet sind[44]. Die Verletzung des Realisationsprinzips erfolgt unabhängig von der Richtung einer Lieferung zwischen A und B sowie der Art des übertragenen Vermögensgegenstandes. Des weiteren tritt sie nicht nur in Verbindung mit Lieferungen zu manipulierten Verrechnungspreisen[45], sondern auch bei Transaktionen zu Marktpreisen auf[46].

Anteilseigner von B sind ggf. schlechter gestellt als bei einer Beteiligung an einem wirtschaftlich selbständigen Unternehmen. Dies ist z.B. der Fall, wenn A an B Produkte liefert und Zwischengewinne bei A realisiert werden, B diese Produkte aber nicht sinnvoll nutzen oder veräußern kann. Bilden A und B z.B. einen Haftungsverbund, sind die Gläubiger der Unternehmen der Gefahr ausgesetzt, daß die nicht mit Dritten realisierten Zwischengewinne ausgeschüttet werden und die Haftungsmasse sich verringert.

- Kreditausfallrisiko:

Ein weiteres zusätzliches Risiko aufgrund der fehlenden wirtschaftlicher Selbständigkeit von A und B stellt für Gläubiger von A das Kreditausfallsrisiko dar[47]. A kann das von seinen Gläubigern überlassene Kapital zur Erhöhung des Eigenkapitals von B nutzen. Nimmt B wiederum Kredite auf und werden die Gläubiger von

---

43 Zum Realisationsprinzip siehe *Streim* (1988, Bilanzierung), S. 83 – 84.

44 Vgl. *Ordelheide* (1987, Konzernerfolgskonzeption), S. 979 - 980; *Lehertshuber* (1986, Konzernhandelsbilanz), S. 98 - 99.

45 In diesem Fall läge sowohl eine Vermögensverschiebung als auch eine Berücksichtigung von nicht mit Dritten realisierten Zwischengewinnen vor.

46 Vgl. *Debus* (1990, Konzernrecht), S. 11 - 13; *Ordelheide* (1987, Konzernerfolgskonzeption), S. 979.

47 Vgl. zum Kreditausfallrisiko *Ewert* (1986, Rechnungslegung), S. 17 - 18; *Rudolph* (1984, Kreditrisiken), S. 33 - 37; *Drukarczyk* (1981, Aktiengesellschaften), S. 308 - 309.

B vor den Gläubigern von A befriedigt, haben letztere das Problem der strukturellen Nachrangigkeit[48].

2.3.3. Eingeschränkte Funktion der Rechnungslegung

Transaktionen zwischen den Einzelunternehmen, die nicht über wirtschaftliche Selbständigkeit verfügen, sondern mit anderen Einzelunternehmen zusammen eine wirtschaftliche Einheit bilden, sind anders zu beurteilen als die geschäftlichen Beziehungen zwischen Unternehmen mit rechtlicher und wirtschaftlicher Selbständigkeit[49]. Der Grund liegt in den beschriebenen, mit diesen Transaktionen verbundenen, zusätzlich zu einem Engagement in ein rechtlich und wirtschaftlich selbständiges Unternehmen auftretenden Risiken der Unternehmensbeteiligten.

Ohne daß die Vorschriften zur Rechnungslegung der nach der rechtlichen Selbständigkeit abgegrenzten rechnungslegenden Einheit verletzt werden, beeinflussen die zusätzlichen Risiken die Eignung der Rechnungslegungsdaten, ihre Funktionen zu erfüllen. Die Ergebnisse der Transaktionen, die vom Management des an der Spitze einer wirtschaftlichen Einheit stehenden Unternehmens veranlaßt werden und ggf. nachteilig für andere Unternehmensbeteiligte sind, wirken sich in den Einzelabschlüssen aus. Die zusätzlichen Risiken aufgrund von Unternehmenszusammenschlüssen sind jedoch aus den Rechnungslegungsdaten der nach der rechtlichen Selbständigkeit abgegrenzten rechnungslegenden Einheit nicht ersichtlich und quantifizierbar.

Das Management des leitenden Unternehmens der wirtschaftlichen Einheit verfügt über Informationen, welche Transaktionen zum Nachteil bestimmter Unternehmensbeteiligter in der abgelaufenen Berichtsperiode stattgefunden haben und welche nachteiligen Transaktionen in Zukunft durchgeführt werden könnten. Den übrigen Unternehmensbeteiligten werden solche Informationen durch die Veröffentlichung von Rechnungslegungsdaten nicht zugänglich gemacht, wenn lediglich von den zur wirtschaftlichen Einheit gehörenden Einzelunternehmen ein Einzelabschluß publiziert wird.

Wird z.B. Vermögen von Unternehmen A nach B verlagert, dann weist A in seinem Einzelabschluß entsprechend weniger Vermögensgegenstände aus als vor der Verlagerung, B entsprechend mehr Vermögensgegenstände. Der Einzelabschluß läßt nicht unbedingt darauf schließen, daß Unternehmen A und B einen Unterneh-

48 Vgl. *Debus* (1990, Konzernrecht), S. 13; *Schneider* (1985, Negativklausel), S. 895; *Schneider* (1984, Konzernfinanzierung), S. 503.

49 Vgl. *Kropff* (1965, Aktiengesetz), S. 436 - 437.

menszusammenschluß gebildet haben. Weist B Vermögensgegenstände in wesentlich höherem Wert aus als in der vorhergehenden Berichtsperiode, kann der Nutzer der Einzelabschlußdaten nicht daraus ableiten, ob diese Vermögensgegenstände von Unternehmen A stammen. Darüber hinaus ermöglicht der Einzelabschluß von A oder B für sich gesehen nicht die Abschätzung der grundsätzlichen Möglichkeit von Vermögensverlagerungen und des Potentials zukünftiger Vermögensverlagerungen.

Der Einzelabschluß eines rechtlich aber nicht wirtschaftlich selbständigen Unternehmens kann also die Informationsasymmetrien zwischen dem Management des an der Spitze einer wirtschaftlichen Einheit stehenden Unternehmens und den anderen Beteiligten der zur wirtschaftlichen Einheit gehörenden Unternehmen schlechter als bei rechtlich und wirtschaftlich selbständigen Unternehmen abbauen. Die Metafunktion der Rechnungslegung wird nur eingeschränkt erfüllt. Die Einzelabschlußdaten büßen als Instrument der Risikokoordination der Unternehmensbeteiligten bei Vorliegen von Unternehmenszusammenschlüssen ggf. stark an Funktionsfähigkeit ein.

Der Einzelabschluß vermittelt weniger entscheidungsrelevante Informationen über die Vermögens- und Ertragslage eines rechtlich aber nicht wirtschaftlich selbständigen Unternehmens als der Einzelabschluß eines rechtlich und wirtschaftlich selbständigen Unternehmens[50]. Die Rechnungslegungsdaten stellen eine schlechtere Entscheidungsgrundlage dar als Rechnungslegungsdaten bei rechtlich und wirtschaftlich selbständigen Unternehmen (eingeschränkte Informationsfunktion).

Da die zusätzlichen Risiken im Einzelabschluß nicht erfaßt werden, ist bei ihrem Vorliegen die Eignung des Einzelabschlusses eingeschränkt, als Grundlage der Einkommensbemessung sowie zur Dokumentation der Geschäftstätigkeit herangezogen zu werden[51]. Bei der Ermittlung des Jahresüberschusses bzw. -fehlbetrags im Einzelabschluß bleibt unberücksichtigt, daß in einer wirtschaftlichen Einheit maßgeblich durch Transaktionen zwischen den zur wirtschaftlichen Einheit zählenden Unternehmen beeinflußt werden kann. Bei fehlender wirtschaftlicher Selbständigkeit eines Einzelunternehmens werden im Einzelabschluß lediglich Geschäftsvorfälle dokumentiert, die das Einzelunternehmen betreffen.

Im vorhergehenden Unterkapitel wurde anhand eines Beispiels (wirtschaftliche Einheit aus Unternehmen A und B) u.a. das Zwischenerfolgsrisiko beschrieben, das im Einzelabschluß nicht berücksichtigt wird. Werden im Einzelabschluß von A

---

50 *Kropff* (1965, Aktiengesetz), S. 436 - 437.

51 Vgl. *Pellens* (1994, Aktionärsschutz), S. 101 - 105; *Küting* (1990, Einheitsbesteuerung); *Busse von Colbe* (1987, Gewinnverwendung); *Ordelheide* (1987, Konzern); *Lehertshuber* (1986, Konzernhandelsbilanz); *Pick* (1985, Ausschüttungsregelung).

Gewinne aus Lieferungen und Leistungen zwischen A und B berücksichtigt, dann ist aus dem Einzelabschluß von A nicht ersichtlich, daß es sich hierbei - aus der Sicht der wirtschaftlichen Einheit - um nicht mit Dritten realisierte Zwischenerfolge handelt (eingeschränkte Informationsfunktion). Gleichzeitig gehen die nicht mit Dritten realisierten Zwischenerfolge in die Einkommensbemessung mit ein (eingeschränkte Einkommensbemessungsfunktion). Z.B. kann, obwohl ein Gewinn im Einzelabschluß von A dokumentiert wird, ein mit Dritten realisierter Gewinn ggf. nicht vorliegen (eingeschränkte Dokumentationsfunktion).

3. Funktion der Rechnungslegung der wirtschaftlichen Einheit

3.1. Abgrenzung der rechnungslegenden Einheit nach der wirtschaftlichen Selbständigkeit

Aufgrund der eingeschränkten Funktion der Rechnungslegung von Einzelunternehmen mit eingeschränkter oder fehlender wirtschaftlicher Selbständigkeit erfolgt nicht nur eine Abgrenzung der rechnungslegenden Einheit nach rechtlicher Selbständigkeit. Parallel dazu wird eine rechnungslegende Einheit nach der wirtschaftlichen Selbständigkeit abgegrenzt. Diese beiden Arten der Abgrenzung der rechnungslegenden Einheit werden auch als rechtliche und wirtschaftliche Abgrenzung bezeichnet. Entsprechend wird die rechnungslegende Einheit auch als rechtliche oder wirtschaftliche Einheit benannt[52].

Der Abgrenzung der rechnungslegenden Einheit als wirtschaftliche Einheit rechtlich selbständiger Unternehmen liegt die Idee zugrunde, daß Rechnungslegungsdaten, die für diese rechnungslegende Einheit erstellt werden, die wirtschaftliche Zusammengehörigkeit von Einzelunternehmen widerspiegeln sollen.

Die Annahme einer separierbaren rechnungslegenden Einheit als wirtschaftlicher Einheit, die auch als Economic Entity Assumption, Accounting Entity Postulate oder auch als Concept of Separate Entity bezeichnet wird, stellt eines der fundamentalen Konzepte der Rechnungslegung dar[53].

---

52 Aufgrund der seines Erachtens erheblichen Mißverständlichkeit der Begriffe der rechtlichen Einheit (Legal Entity) und wirtschaftlichen Einheit (Economic Entity) schlägt *Childs* alternativ die Begriffe Financial Entity und Operational Entity vor. Vgl. *Childs* (1949, Statements), S. 49 - 50.

53 Vgl. *Hendriksen/van Breda* (1991, Theory), S. 145; *Gingele* (1989, Abschluß), S. 81; *AAA* (1965, Entity Concept), S. 360; *Mason/Davidson/Schindler* (1959, Accounting), S. 19; *AAA* (1957, Financial Statements), S. 537.

In der Rechnungslegung wird bei der Abgrenzung der rechnungslegenden Einheit nach der wirtschaftlichen Selbständigkeit auf wirtschaftlich selbständige Gruppen rechtlich selbständiger Unternehmen abgestellt. Eine unter ökonomischen Gesichtspunkten abgegrenzte wirtschaftliche Einheit könnte daneben z.B. auch ein rechtlich und wirtschaftlich selbständiges Unternehmen (wirtschaftliche Einheit deckt sich mit dem rechtlich selbständigen Unternehmen) oder eine Abteilung eines rechtlich selbständigen Unternehmens (wirtschaftliche Einheit ist Teilbereich eines rechtlich selbständigen Unternehmens) darstellen. Letztgenannte wirtschaftliche Einheiten werden im Rahmen der Abgrenzung der wirtschaftlichen Einheit in der Rechnungslegung nicht berücksichtigt[54].

Bei der Abgrenzung der rechnungslegenden Einheit nach der wirtschaftlichen Selbständigkeit wird unter ökonomischen Gesichtspunkten eine wirtschaftliche Einheit als Bezugsgröße für die Rechnungslegung festgelegt[55]. Als Abgrenzungskriterien werden Rechte eines rechtlich selbständigen Unternehmens hinsichtlich anderer rechtlich selbständiger Unternehmen herangezogen, die Ausdruck der wirtschaftlichen Zusammengehörigkeit zwischen den betreffenden Unternehmen sind. Zu diesen Rechten können z.B. die Mehrheit der Stimmrechte und die Möglichkeit, die Mehrheit der Mitglieder des Verwaltung-, Leitungs oder Aufsichtsorgans zu bestellen oder abzuberufen, zählen. Es besteht die Möglichkeit, entweder rechtlich abgesicherte Kriterien ("de jure-Rechte") oder Rechte, die auf ökonomischen Tatbeständen beruhen, (de facto-Rechte) heranzuziehen.

Ein rechtlich selbständiges Unternehmen, das über die festgelegten Kriterien bzw. über einen Teil der festgelegten Rechte verfügt, ist zur Rechnungslegung verpflichtet. Die Zusammensetzung der wirtschaftlichen Einheit als Bezugsgröße der Rechnungslegung bestimmt sich danach, auf welche anderen rechtlich selbständigen Unternehmen sich die Rechte des zur Rechnungslegung verpflichteten Unternehmens beziehen.

Der Abschluß einer nach den US-amerikanischen Vorschriften abgegrenzten wirtschaftlichen Einheit wird als Consolidated Financial Statement oder Group Account bezeichnet. In Deutschland wird die zur Rechnungslegung verpflichtete wirtschaftliche Einheit als Konzern[56], die von ihr zu erstellenden Rechnungslegungsdaten als Konzernabschluß bezeichnet.

---

54 Vgl. ähnlich *Hendriksen/van Breda* (1991, Theory), S. 146.

55 Vgl. *AAA* (1965, Entity Concept), S. 356.

56 Vgl. *Forum Europaeum Konzernrecht* (1998, Konzernrecht), S. 691 - 692. Die Definition des zur Rechnungslegung verpflichteten Konzerns ist zu trennen von der Konzerndefinition des Aktienrechts. Zur Konzerndefinition gemäß AktG siehe *Emmerich/Sonnenschein* (1997, Kon-

Die Tatsache, daß mehrere rechtlich selbständige Unternehmen eine wirtschaftlichen Einheit bilden, resultiert wie beschrieben aus Zusammenschlüssen zwischen rechtlich selbständigen Unternehmen. Die Vielzahl unterschiedlicher Formen von Unternehmenszusammenschlüssen unterscheidet sich u.a. hinsichtlich der Einschränkung der wirtschaftlichen Selbständigkeit der Einzelunternehmen. Bei der Abgrenzung der rechnungslegenden Einheit unter ökonomischen Gesichtspunkten ist zu entscheiden, welche Formen von Unternehmenszusammenschlüssen eine derart enge wirtschaftliche Zusammengehörigkeit zwischen den rechtlich selbständigen Unternehmen implizieren, daß diese Unternehmen eine wirtschaftliche Einheit darstellen[57]. Zwischen den Unternehmen einer wirtschaftlichen Einheit können die im vorhergehenden Unterkapitel geschilderten, von Unternehmensbeteiligten bei Auseinanderfallen der rechtlichen und wirtschaftlichen Einheit zusätzlich getragenen Risiken (bzw. die zu befürchtenden Transaktionen) auftreten.

Im folgenden wird zunächst erläutert, welche konkrete, aus der Metafunktion der Rechnungslegung abgeleitete Funktion die Consolidated Financial Statements bzw. die Konzernabschlüsse im US-amerikanischen und deutschen Rechnungslegungssystem erfüllen.

3.2. Funktion der Rechnungslegung

Die Rechnungslegungsdaten in konsolidierten Abschlüssen für eine nach ökonomischen Gesichtspunkten abgegrenzte rechnungslegenden Einheit von Einzelunternehmen werden ungeachtet von rechtlichen Unternehmensgrenzen erhoben. Sie sollen möglichst die wirtschaftlichen Verhältnisse der wirtschaftlichen Gruppe so widerspiegeln, als würde es sich um ein einziges rechtlich selbständiges Unternehmen handeln.

Damit die aus Unternehmenszusammenschlüssen zusätzlich von den Unternehmensbeteiligten getragenen Risiken auf der Grundlage des konsolidierten Abschlusses einschätzbar sind, werden Lieferungs- und Leistungsbeziehungen zwischen den Einzelunternehmen der wirtschaftlichen Einheit nicht abgebildet. Dazu finden bei der Erstellung von konsolidierten Abschlüssen Konsolidierungsmaßnahmen (Kapitalkonsolidierung, Schuldenkonsolidierung, Zwischenerfolgseliminierung, Aufwands- und Ertragskonsolidierung) statt, sofern diese Erstellung auf der Grundlage

---

zernrecht), S. 54 – 71; *Koppensteiner* (1988, § 18); zum Konzernbegriff in der Rechnungslegung siehe Kapitel III. sowie die dort angegebene Literatur.

57 Vgl. *FASB* (1997/98; APB Opinion No. 4), Chapter 5 Par. 3.

der Einzelabschlüsse der zur wirtschaftlichen Einheit zählenden Unternehmen erfolgt[58].

Da konsolidierten Abschlüssen die wirtschaftliche Einheit als Bezugsgröße zugrundeliegt, finden keine Transaktionen zwischen der rechnungslegenden Einheit und anderen Unternehmen statt, aus denen die im vorhergehenden Kapitel geschilderten Risiken für Unternehmensbeteiligte resultieren. Diese Transaktionen kommen nur zwischen rechtlich selbständigen Unternehmen einer wirtschaftlichen Einheit vor.

Vermögensverlagerungen zwischen den Einzelunternehmen verfälschen das durch den konsolidierten Abschluß vermittelte Bild der wirtschaftlichen Lage beispielsweise nicht. Im konsolidierten Abschluß werden grundsätzlich sämtliche Vermögensgegenstände der Unternehmen der wirtschaftlichen Einheit angesetzt. Dabei ist unerheblich, welches Einzelunternehmen das rechtliche Eigentum an einem Vermögensgegenstand hält. Zwischenerfolge werden eliminiert und somit nur Erfolge erfaßt, wenn tatsächlich eine Realisation mit Dritten stattgefunden hat.

Nicht nur das Management des leitenden Unternehmens der wirtschaftlichen Einheit verfügt über Informationen, welche Transaktionen zum Nachteil bestimmter Unternehmensbeteiligter in der abgelaufenen Berichtsperiode stattgefunden haben und welche nachteiligen Transaktionen in Zukunft durchgeführt werden könnten. Auch den Unternehmensbeteiligten liegen mit dem konsolidierten Abschluß solche Informationen vor. Konsolidierte Abschlüsse dienen dem Abbau von asymmetrischer Information zwischen dem Management und Unternehmensbeteiligten und stellen ein Instrument zur Risikokoordination dar. Die Metafunktion der Rechnungslegung wird erfüllt.

Wie bei Einzelabschlüssen ist auch bei konsolidierten Abschlüssen die Metafunktion der Rechnungslegung in den einzelnen Rechnungslegungssystemen zu konkretisieren. Sowohl im US-amerikanischen als auch im deutschen Rechnungslegungssystem erfüllt der konsolidierte Abschluß ausschließlich eine Informationsfunktion. Die nach US-GAAP erstellten Consolidated Financial Statements dienen dem Zweck, "to present ... the results of operations and the financial position ... essentially as if the group were a single company with one or more branches or divisions"[59]. Wie der Einzelabschluß erfüllen auch die Consolidated Financial

58 Ausführlich zu den Konsolidierungsmaßnahmen nach US-GAAP *Baker/Lembke/King* (1996, Accounting), S. 127 - 541; *Beams* (1996, Accounting), S. 68 - 330; *Jensen et al.* (1994, Accounting), S. 65 - 401. Ausführlich zu den Konsolidierungsmaßnahmen nach dem HGB *Dusemond/Weber/Zündorf* (1998, § 301); *Eckes/Weber* (1998, § 302); *Harms* (1998, § 303); *Telkamp* (1998, § 305); *Trützschler* (1998, § 300); *Weber* (1998, § 304); *Adler/Düring/Schmaltz* (1996, Rechnungslegung), §§ 300 - 305, 310).

59 *FASB* (1997/98, ARB No. 51), Par. 1.

Statements ausschließlich eine Informationsfunktion. Rechtsfolgen werden an diese Rechnungslegungsdaten aufgrund gesetzlicher Regelungen nicht geknüpft.

Aufgrund der eingeschränkten Funktion von Financial Statements rechtlich selbständiger aber wirtschaftlich unselbständiger Unternehmen, wird in den USA dem Consolidated Financial Statement eine wesentlich höhere Bedeutung beigemessen. Es besteht die Annahme, daß konsolidierte Abschlüsse i.d.R. aussagekräftiger sind als Einzelabschlüsse und notwendig sind, damit dem Grundsatz der Fair Presentation entsprochen wird[60]. Da auch die Informationen des Consolidated Financial Statements über die wirtschaftliche Lage des an der Spitze der wirtschaftlichen Einheit stehenden Unternehmens für entscheidungsrelevanter gehalten werden als die Einzelabschlußinformationen dieses Unternehmens, verlangen die SEC und die jeweiligen Börsen grundsätzlich die Aufstellung und Veröffentlichung eines Consolidated Financial Statements und verzichten in mehreren Fällen auf die Veröffentlichung des Einzelabschlusses[61]. Das Consolidated Financial Statement stellt also das primäre Informationsinstrument dar, das den Kapitalgebern entscheidungsrelevante Informationen vermittelt[62].

Obwohl dem Konzernabschluß wie dem Einzelabschluß in den USA keine unmittelbare Einkommensbemessungsfunktion zukommt, wird die vom Board festzulegende Dividendenhöhe meist aus den Daten des Konzernabschlusses abgeleitet, was die dominante Bedeutung des US-amerikanischen Konzernabschlusses fördert[63].

Wie der US-amerikanische erfüllt auch der deutsche Konzernabschluß eine Informationsfunktion[64]. Er soll entscheidungsrelevante Informationen über die wirtschaftliche Lage des Konzerns zu liefern. § 297 Abs. 2 Satz 2 HGB schreibt vor,

---

60 *FASB* (1997/98, ARB No. 51), Par. 1; *Baker/Lembke/King* (1996, Accounting), S. 120 - 122.

61 Vgl. *FASB* (1997/98, ARB No. 51), Par. 1; *SEC* (1997, Regulation S-X), Rule 3-01 und Rule 3-02. Eine 1989 vom AICPA durchgeführte empirische Studie ergab, daß von 600 Industrie- und Handelsunternehmen 99 % den Aktionären ausschließlich einen Konzernabschluß vorlegen. Vgl. *AICPA* (1989, Trends and Techniques), S. 49. An der Regelung, ausschließlich Konzernabschlüsse veröffentlichen zu müssen, wird vereinzelt Kritik geübt. Vgl. *Wolk/Francis/Tearny* (1991, Theory) S. 560 - 561, die sich für eine gleichzeitige Veröffentlichung von Einzelabschlüssen einsetzen.

62 Vgl. *Childs* (1949, Statements), S. 33.

63 Zur Entscheidungsbefugnis des Board of Directors hinsichtlich der Dividendenausschüttung siehe *Merkt* (1991, Gesellschaftsrecht), S. 276 - 282.

64 Vgl. *Coenenberg* (1997, Jahresabschluß), S. 421 - 422; *Wysocki/Wohlgemuth* (1996, Konzernrechnungslegung), S. 4; *Busse von Colbe/Ordelheide* (1993, Konzernabschlüsse), S. 19 - 22. *Baetge* beschreibt ein Zwecksystem des Konzernabschlusses, wobei die Elemente dieses Zwecksystems (z.B. Dokumentations-, Kompensationsfunktion) aus der Informationsaufgabe des Konzernabschlusses abgeleitet werden können. Vgl. *Baetge* (1997, Konzernbilanzen), S. 21 - 42.

daß der Konzernabschluß unter Beachtung der Grundsätze ordnungsmäßiger Buchführung ein den tatsächlichen Verhältnissen entsprechendes Bild der Vermögens-, Finanz- und Ertragslage des Konzerns zu vermitteln hat. Dabei ist nach § 297 Abs. 3 HGB "im Konzernabschluß die Vermögens-, Finanz- und Ertragslage so darzustellen, als ob diese Unternehmen insgesamt ein einziges Unternehmen wären". Adressaten stellen die aktuellen und potentiellen Eigen- und Fremdkapitalgeber der Konzernunternehmen dar sowie alle übrigen externen Adressaten und Interessenten. Allerdings ersetzt der Konzernabschluß nach den deutschen Rechnungslegungsvorschriften nicht den Einzelabschluß, sondern soll die Aufgaben des Einzelabschlusses erfüllen, die durch die Konzernbildung besonders beeinträchtigt werden und ergänzend neben ihm stehen[65].

Obwohl in Deutschland dem Konzernabschluß de lege lata keine Einkommensbemessungsfunktion zukommt, basieren dennoch der Ausweis des Jahresergebnisses und die Bemessung der Ausschüttungen der Muttergesellschaft und anderer bedeutender Konzerngesellschaften materiell auf den Konzernabschlußdaten[66]. Vor dem Hintergrund der eingeschränkten Einkommensbemessungsfunktion von Einzelabschlüssen wirtschaftlich nicht selbständiger Einzelabschlüsse wird diskutiert, ob der Konzernabschluß auch de lege ferenda zur Grundlage der Gewinnausschüttung der Muttergesellschaft und ggf. auch wichtiger Tochtergesellschaften gemacht werden[67] oder zur Bemessungsgrundlage einer Einheitsbesteuerung dienen soll[68].

Nachdem in diesem Kapitel aufgezeigt wurde, inwiefern Rechnungslegungsdaten in Abhängigkeit von der rechnungslegenden Einheit zur Erfüllung bestimmter Funktionen geeignet sind und welche Funktionen ihnen im US-amerikanischen und deutschen Rechnungslegungssystem konkret zugewiesen werden, wird in den nächsten Kapiteln erörtert, wie die Abgrenzung der wirtschaftlichen Einheit in den US-amerikanischen und deutschen Rechnungslegungsregulierungen ausgestaltet ist.

---

65 Vgl. *Baetge* (1997, Konzernbilanzen), S. 29; zur empirischen Überprüfung siehe *Pellens* (1989, Informationswert), S. 107 – 268; *Schulte* (1996, Rechnungslegung), S. 264.

66 Vgl. *Busse von Colbe/Ordelheide* (1993, Konzernabschlüsse), S. 23.

67 Vgl. *Pellens* (1994, Aktionärsschutz), S. 101 - 105; *Busse von Colbe* (1987, Gewinnverwendung); *Ordelheide* (1987, Konzern); *Lehertshuber* (1986, Konzernhandelsbilanz); *Pick* (1985, Ausschüttungsregelung).

68 Vgl. zu dieser Forderung *Küting* (1990, Einheitsbesteuerung).

Kapitel III

Deutsche und US-amerikanische Rechnungslegungsvorschriften zur Abgrenzung der wirtschaftlichen Einheit

1. Stufenkonzept

In den deutschen und US-amerikanischen Rechnungslegungsvorschriften zur Abgrenzung der wirtschaftlichen Einheit wird zum einen festgelegt, welches rechtlich selbständige Unternehmen einen Konzernabschluß bzw. ein Consolidated Financial Statement aufzustellen hat (Mutterunternehmen/Parent Company). Zum anderen wird bestimmt, welche Formen von Unternehmenszusammenschlüssen zwischen dem zur Konzernrechnungslegung verpflichteten Unternehmen und weiteren rechtlich selbständigen Unternehmen eine derart hohe Bindungsintensität aufweisen, daß die jeweiligen rechtlich selbständigen Unternehmen in den Konzernabschluß einzubeziehen sind.

Anders als im AktG, wo von einem einstufigen Übergang vom Konzern zur Umwelt ausgegangen wird, folgen die deutschen und die US-amerikanischen Rechnungslegungsvorschriften dem Stufenkonzept des Konzerns. Danach erfolgt die Abgrenzung des Konzerns unter Berücksichtigung der Tatsache, daß "ein stufenweiser Übergang vom Kern der Unternehmensgruppe zur Umwelt"[1] besteht. Mehrere Formen von Unternehmenszusammenschlüssen mit unterschiedlichen Bindungsintensitäten werden berücksichtigt. Abhängig von der vorliegenden Form der Unternehmensverbindung erfolgt die Einbeziehung von Einzelunternehmen in den Konzernabschluß.

Im Rahmen der Konzernrechnungslegung sind das im HGB definierte Tochterunternehmen (Unternehmen, über die das Mutterunternehmen eine einheitliche Leitung ausübt oder bezüglich dessen dem Mutterunternehmen bestimmte konzerntypische Rechte zustehen), das Gemeinschaftsunternehmen (Unternehmen unter gemeinschaftlicher Führung des Mutterunternehmens und konzernfremden Unternehmen), das assoziierte Unternehmen (Unternehmen, über die ein maßgeblicher Einfluß ausgeübt wird) und das Beteiligungsunternehmen (Unternehmen, an denen eine Beteiligung gehalten wird) zu unterscheiden.

---

1 *Busse von Colbe/Chmielewicz* (1986, Bilanzrichtlinien-Gesetz), S. 326; dazu auch *Ordelheide* (1986, Konzern), S. 297 - 299.

Analog werden nach den US-amerikanischen Rechnungslegungsvorschriften bei der Erstellung des Consolidated Financial Statement Subsidiaries (Tochterunternehmen), an denen eine Stimmrechtsmehrheit gehalten wird, Joint Ventures (Gemeinschaftsunternehmen) bestimmter Rechtsform und Branchen, Associates (assoziierte Unternehmen) sowie Investments in Equity Securities (Beteiligungen) unterschieden.

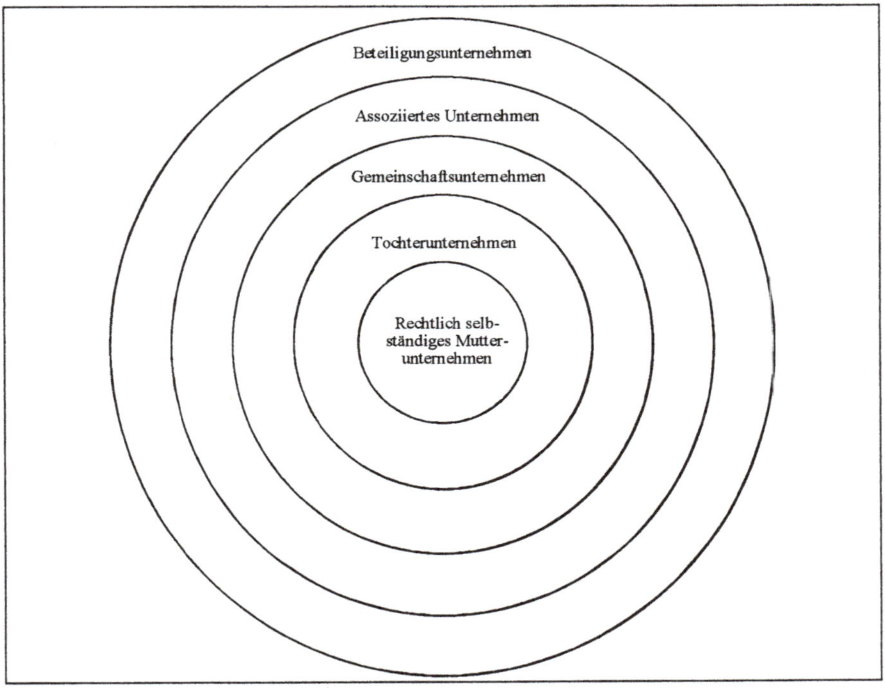

Abbildung 2: Stufenkonzept der Konzernrechnungslegung

Quelle: In Anlehnung an *Pellens* (1998, Rechnungslegung), S. 259.

Der Aufbau der in der Rechnungslegung erfaßten wirtschaftlichen Einheit geht beispielhaft für die deutsche Rechnungslegung aus Abbildung 2 hervor, die auch veranschaulicht, warum die Vorgehensweise als Stufenkonzept bezeichnet wird.

Tochterunternehmen/Subsidiaries werden im Wege der (Voll-)Konsolidierung berücksichtigt[2]. Gemeinschaftsunternehmen werden nach deutschem Recht wahlweise nach der Quotenkonsolidierung oder der Equity-Methode in den Konzernabschluß aufgenommen. Nach den US-amerikanischen Vorschriften erfolgt i.d.R. eine Equity-Bewertung. Auf assoziierte Unternehmen/Associates ist die Equity-Methode anzuwenden. Bei Vorliegen von Beteiligungsunternehmen erfolgt nach den deutschen Vorschriften eine Bewertung der Beteiligung nach der Anschaffungskostenmethode. Nach den US-amerikanischen Vorschriften sind in diesem Fall marktgängige Wertpapiere zu ihren Fair Values zu bewerten. Nur bei Vorliegen von nicht marktgängigen Investments erfolgt bei Beteiligungsunternehmen eine Bewertung der Investments nach der Anschaffungskostenmethode[3].

2. Deutsche Vorschriften

2.1. Relevante Vorschriften

In Deutschland bestehen umfassende gesetzlich verankerte Vorschriften zur Rechnungslegung der wirtschaftlichen Einheit Konzern. Maßgeblich sind die Vorschriften des zweiten Unterabschnitts des dritten Buches des Handelsgesetzbuches (HGB). Der erste Titel des zweiten Unterabschnitts des HGB (§§ 290 - 293 HGB) bezieht sich auf die Pflicht zur Konzernrechnungslegung, der zweite (§§ 294 - 296 HGB) auf den Konsolidierungskreis. In den folgenden sieben Titeln des zweiten Unterabschnitts des HGB (§§ 297 - 315 HGB) finden sich weitere relevante Regelungen. Für die Einbeziehung von Gemeinschaftsunternehmen in den Konzernabschluß ist § 310 HGB von Bedeutung. Für die Berücksichtigung von assoziierten Unternehmen im Konzernabschluß sind die §§ 311 - 312 HGB maßgeblich.

Über die Vorschriften des HGB hinaus sind auch im zweiten Abschnitt des Publizitätsgesetzes (PublG) (§§ 11 - 16 PublG) Vorschriften zur Konzernrechnungslegung kodifiziert.

Eine Änderung der deutschen gesetzlichen Vorschriften zur Konzernrechnungslegung ist im Zuge der Arbeit des Deutschen Rechnungslegungs Standards Com-

---

2 Im folgenden wird der Begriff der Konsolidierung als Synonym für den Begriff der Vollkonsolidierung verwendet. Er ist nicht als Oberbegriff für Voll- und Quotenkonsolidierung mißzuverstehen.

3 Vgl. zu den US-amerikanischen Vorschriften *Baker/Lembke/King* (1996, Accounting), S. 62 – 64; *Beams* (1996, Accounting), S. 39 – 43, 68 – 72; zu den deutschen Vorschriften vgl. *Schildbach* (1998, Konzernabschluß), S. 101 – 115; *Baetge* (1997, Konzernbilanzen), S. 116.

mittee (DRSC) möglich[4]. Entsprechend den durch das Gesetz zur Kontrolle und Transparenz im Unternehmensbereich (KontraG) geschaffenen §§ 342 bzw. 342a HGB erkannte das Bundesministerium der Justiz das DRSC als privatrechtlich organisierte Einrichtung als Rechnungslegungsgremium an. Neben der Vertretung Deutschlands in internationalen Standardisierungsgremien stellt die Entwicklung von Empfehlungen zur Anwendung der Grundsätze über die Konzernrechnungslegung eine Aufgabe des DRSC dar. Es ist wahrscheinlich, daß sich das DRSC dabei stark an anerkannte internationale Rechnungslegungsstandards, International Accounting Standards (IAS) und US-amerikanische Rechnungslegungsregulierungen, anlehnt und die US-amerikanischen Rechnungslegungsvorschriften auf diesem Wege auf die deutsche Rechnungslegung Einfluß ausüben.

International anerkannte Rechnungslegungsregulierungen haben für die deutsche Rechnungslegung daneben insbesondere aufgrund des durch das Kapitalaufnahmeerleichterungsgesetz (KapAEG) geschaffenen § 292a HGB große Bedeutung. Deutsche börsennotierte Mutterunternehmen können danach befristet bis zum Jahr 2004 von der Pflicht zur Erstellung und Veröffentlichung eines HGB-Konzernabschlusses und -lageberichts entbunden werden, sofern sie einen Konzernabschluß und -lagebericht nach international anerkannten Rechnungslegungsgrundsätzen publizieren[5]. Zu diesen international anerkannten Rechnungslegungsgrundsätzen, wie durch das Bundesministerium der Justiz sowie den Rechtsausschuß des Bundestages erklärt, zählen neben den International Accounting Standards (IAS) auch die US-GAAP[6].

Aufgrund der hohen Bedeutung der US-amerikanischen Rechnungslegungsvorschriften für die deutsche Rechnungslegung werden im folgenden nicht nur die deutschen gesetzlichen Vorschriften zur Abgrenzung der wirtschaftlichen Einheit erläutert. Daneben werden im Anschluß auch auf die entsprechenden US-amerikanischen Regulierungen dargestellt und abschließend die deutschen und US-amerikanischen Vorschriften verglichen.

---

4 Siehe zum DRSC *Moxter* (1998, DRSC); *Pellens/Gassen* (1998, Bereitstellung von Rechnungslegungssystemen), S. 645 - 648.

5 Siehe zu der Regulierung des § 292a *Pellens/Bonse/Gassen* (1998, Perspektiven), S. 785 - 788; eine Übersicht über die bisher nach US-GAAP oder IAS bilanzierenden Unternehmen bzw. der Unternehmen, die dies planen, liefern *Pellens/Tomaszewski* (1998, Auswirkungen des Rechnungslegungswechsels).

6 Vgl. *Bundesministerium der Justiz* (1998, Beschlußempfehlung), S. 16 – 17.

2.2. Pflicht zur Aufstellung eines Konzernabschlusses

Die gesetzliche Pflicht zur Aufstellung von Konzernabschlüssen ergibt sich in Deutschland aus § 290 HGB bzw. aus § 11 PublG. Sie ist an die Rechtsform des Mutterunternehmens (HGB) bzw. an die Größe des Konzerns (PublG) gebunden.

Grundsätzlich ist nach § 290 HGB die Konsolidierungspflicht gegeben, wenn ein Mutter-Tochter-Verhältnis vorliegt. In § 290 HGB sind seit der Transformation der 7. EG-Richtlinie in deutsches Recht im Jahr 1985 zwei Konzepte verankert, die festlegen, wodurch ein Mutter-Tochter-Verhältnis begründet wird: das Konzept der einheitlichen Leitung (§ 290 Abs. 1 HGB, ökonomisches Konzept) und das Control-Konzept (§ 290 Abs. 2 HGB, juristisches Konzept)[7]. I.d.R. stellen Unternehmen, zwischen denen nach dem Konzept der einheitlichen Leitung gem. § 290 Abs. 1 HGB eine Mutter-Tochter-Beziehung besteht, auch nach dem deutschen Control-Konzept gem. § 290 Abs. 2 HGB eine konzernrechnungslegungspflichtige wirtschaftliche Einheit dar et vice versa[8]. Es ist aber auch möglich, daß ein Mutter-Tochter-Verhältnis nur aufgrund eines der beiden Konzepte des § 290 HGB besteht[9].

Nach § 290 Abs. 2 HGB können lediglich Unterordnungskonzerne zur Aufstellung eines Konzernabschlusses verpflichtet werden[10]. Ob dies auch hinsichtlich § 290 Abs. 1 HGB gilt, ist umstritten. Zum einen wird die Meinung vertreten, eine Aufstellungspflicht bestehe aufgrund von § 290 Abs. 1 HGB ausschließlich für Unterordnungskonzerne[11]. Andere Autoren sehen die Möglichkeit, daß auch Gleichordnungskonzerne durch § 290 Abs. 1 HGB erfaßt werden, doch werden gleichzeitig Einschränkungen genannt[12]. So wird auf die geringe Bedeutung der Verpflichtung zur Aufstellung von Gleichordnungskonzernabschlüssen in der Praxis hingewiesen[13]. Daneben wird eingelenkt, obwohl § 290 Abs. 1 HGB grundsätzlich zwar auch Gleichordnungskonzerne betreffe, spräche gegen seine An-

---

7 Bei der Kodifizierung des Konzepts der einheitlichen Leitung machte der deutsche Gesetzgeber vom Mitgliedstaatenwahlrecht gem. Art. 1 Abs. 2 der 7. EG-Richtlinie Gebrauch. Die gesetzliche Verankerung des Control-Konzepts ist in der 7. EG-Richtlinie für alle Mitgliedstaaten zwingend vorgeschrieben. Zum Konzept der einheitlichen Leitung siehe *Adler/Düring/Schmaltz* (1996, Rechnungslegung), § 290 Rn. 12 - 26, zum deutschen Control-Konzept Rn. 27 - 61.

8 Vgl. *Havermann* (1986, Konzernrechnungslegung), S. 45.

9 Vgl. *Eisolt* (1992, Konzernrechnungslegung), S. 130.

10 Vgl. *Siebourg* (1998, § 290), Rn 118; *Busse von Colbe/Ordelheide* (1993, Konzernabschlüsse), S. 48.

11 Vgl. *Schnicke/Kilgert* (1995, § 290), Rn. 26; *Busse von Colbe/Ordelheide* (1993, Konzernabschlüsse), S. 48.

12 Vgl. *Baetge* (1997, Konzernbilanzen), S. 90 - 91; *Adler/Düring/Schmaltz* (1996, Rechnungslegung), § 290 Rn. 86 - 89.

13 Vgl. *Siebourg* (1998, § 290) Rn. 119.

wendbarkeit auf Gleichordnungskonzerne, daß das in Art. 12 der 7. EG-Richtlinie enthaltene Mitgliedstaatenwahlrecht zur Einführung einer Rechnungslegungspflicht für Gleichordnungskonzerne im HGB nicht umgesetzt wurde[14].

Nach dem aus dem AktG abgeleiteten Konzept der einheitlichen Leitung (§ 290 Abs. 1 HGB) liegt die Pflicht zur Konzernrechnungslegung vor, wenn eine Kapitalgesellschaft (Mutterunternehmen) mit Sitz im Inland an einer anderen Gesellschaft (Tochterunternehmen) - unabhängig von deren Rechtsform und Sitz - eine Beteiligung nach § 271 Abs. 1 HGB besitzt und diese Gesellschaft tatsächlich einheitlich leitet. Eine Beteiligung nach § 271 HGB ist gegeben, wenn Anteile an anderen Unternehmen gehalten werden, um dem eigenen Geschäftsbetrieb durch Herstellung einer dauernden Verbindung zu jenen Unternehmen zu dienen. Anteile, die ausschließlich eine Kapitalanlage darstellen, sind nicht als Beteiligung i.S.d. § 271 HGB einzustufen. Übersteigen die an einer Gesellschaft gehaltenen Anteile 20% des Nennkapitals dieser Gesellschaft, wird das Vorliegen einer Beteiligung gem. § 271 Abs. 1 HGB widerlegbar vermutet. Zur Ermittlung der Beteiligungshöhe ist § 16 Abs. 2 und 4 AktG entsprechend heranzuziehen[15].

Der unbestimmte Rechtsbegriff der einheitlichen Leitung bedarf weiterer Konkretisierung. Da die Vorschrift des § 290 Abs. 1 HGB aus § 18 AktG abgeleitet wurde, wo ebenfalls das Kriterium der einheitlichen Leitung zur Definition des Konzerns herangezogen wird, können die hinsichtlich des Aktiengesetzes erarbeiteten Auslegungen übertragen werden. Die Bedeutung des Begriffs der einheitlichen Leitung des HGB entspricht der des AktG[16]. Ist eine einheitliche Leitung gegeben, ist nicht von Bedeutung, ob diese gut oder schlecht ausgeübt wird oder ob sich das Tochterunternehmen dieser entziehen kann[17]. Der Gesetzgeber grenzte nicht die Mittel der einheitlichen Leitung ein[18]. Die einheitliche Leitung kann durch die Vorgabe von grundsätzlichen Richtlinien und Weisungen über die Geschäftspolitik erfolgen oder aber durch lockere Beratungen herbeigeführt werden[19]. Weder

---

14 Vgl. *Adler/Düring/Schmaltz* (1996, Rechnungslegung), § 290 Rn. 26. Vertreter der Auffassung, lediglich Unterordnungskonzerne seien durch § 290 Abs. 1 zur Konzernrechnungslegung verpflichtet, leiten aus dieser Tatsache den Schluß ab, eine Konzernrechnungslegungspflicht für Gleichordnungskonzerne bestehe nicht. Vgl. *Schnicke/Kilgert* (1995, § 290), Rn. 26; *Busse von Colbe/Ordelheide* (1993, Konzernbilanzen), S. 48.

15 Vgl. *Adler/Düring/Schmaltz* (1996, Rechnungslegung), § 290 Rn. 89.

16 Vgl. zu den Auslegungen *Adler/Düring/Schmaltz* (1996, Rechnungslegung), § 290 Rn. 14; *Sonderausschluß Bilanzrichtlinien-Gesezt (SABI)* (1988, Konzernabschluß), S. 340; *Biener/Schatzmann* (1983, Konzern-Rechnungslegung), S. 6.

17 Vgl. *Siebourg* (1998, § 290), Rn. 18.

18 Vgl. *Kropff* (1965, Aktiengesetz), S. 33.

19 Vgl. *Siebourg* (1998, § 290), Rn. 18.

die Mehrheit der Stimmrechte noch ein Weisungsrecht stellen eine zwingende Voraussetzung für eine einheitliche Leitung dar[20].

Das entscheidende Merkmal der einheitlichen Leitung besteht darin, daß die Konzernunternehmen ihr Einzelinteresse dem Konzerninteresse unterordnen[21]. Gegenstand der einheitlichen Leitung können alle wesentlichen Entscheidungsbereiche der unternehmerischen Tätigkeit sein. Nicht auf sämtliche Bereiche muß sich die Leitung beziehen, sondern bei einer einheitlichen Leitung werden Leitungsaufgaben übernommen, die der Koordination von Konzernaktivitäten dienen[22]. Diese muß sich auf die Geschäftspolitik und grundsätzliche Fragen der Geschäftsführung beziehen. Die zentrale Lenkung der gesamten unternehmerischen Tätigkeit ist nicht notwendig, sondern die Leitung einzelner unternehmerischer Aufgabenbereiche wie z.B. der Finanzpolitik oder der Personalpolitik ist ausreichend[23].

Da eine inhaltliche Übereinstimmung des Begriffs der einheitlichen Leitung im HGB und im AktG besteht, sind die aktienrechtlichen Vermutungsregeln für das Bestehen einer einheitlichen Leitung im Rahmen der Konzernrechnungslegung entsprechend anwendbar[24]. Bei entsprechender Anwendung des § 18 Abs. 1 Satz 2 AktG ist eine einheitliche Leitung bei Bestehen eines Beherrschungsvertrags und bei einer Eingliederung als gegeben anzusehen. Das Vorliegen einer einheitliche Leitung ist in diesen Fällen weder nachzuweisen, noch kann es widerlegt werden. Eine widerlegbare Konzernvermutung wird in § 18 Abs. 1 Satz 3 AktG vorgegeben. Danach wird von einem abhängigen Unternehmen vermutet, daß es mit dem herrschenden Unternehmen unter einheitlicher Leitung zusammengefaßt ist und folglich einen Konzern bildet. Nach § 17 Abs. 1 AktG wird von einem in Mehrheitsbesitz stehenden Unternehmen (§ 16 Abs. 1 AktG) widerlegbar vermutet, daß es von dem an ihm mit Mehrheit beteiligten Unternehmen abhängig ist.

Diskutiert wurde, ob der durch das Aktienrecht definierte faktische Konzern wegen der für ihn geltenden Schutzvorschriften überhaupt ein Konzern mit einheitlicher Leitung sein kann. Nach § 18 Abs. 1 AktG liegt ein Konzern vor, wenn ein herrschendes und ein oder mehrere abhängige Unternehmen unter der einheitlichen Leitung des herrschenden Unternehmens zusammengefaßt sind. Liegt kein

---

20 Vgl. *Kropff* (1965, Aktiengesetz), S. 33.

21 Vgl. *Siebourg* (1998, § 290), Rn. 18.

22 Vgl. *Baetge* (1997, Konzernbilanzen), S. 88; *Schnicke/Kilgert* (1995, § 290), Rn. 20.

23 Vgl. *Deutscher Bundestag* (1985, BT-Drucksache 4/171), S. 101; *Albach* (1966, Aktiengesetz), S. 33 - 34.

24 Vgl. *Siebourg* (1997, § 290), Rn. 29; *Adler/Düring/Schmaltz* (1996, Rechnungslegung), § 290 Rn. 15; *Schnicke/Kilgert* (1995, § 290), Rn. 23; *Sonderausschluß Bilanzrichtlinien-Gesezt (SABI)* (1988, Konzernabschluß), S. 340; *Biener/Bernecke* (1986, Bilanzrichtlinien-Gesetz), S. 286.

Beherrschungs- oder Eingliederungsvertrag wie beim Vertragskonzern vor, wird von einem faktischen Konzern gesprochen. Unter einem abhängigen Unternehmen wird ein rechtlich selbständiges Unternehmen verstanden, auf das ein als herrschendes Unternehmen bezeichnetes anderes Unternehmen unmittelbar oder mittelbar einen beherrschenden Einfluß ausüben kann (§ 17 Abs. 1 AktG). Sofern ein rechtlich selbständiges Unternehmen in Mehrheitsbesitz (§ 16 AktG) steht, wird vermutet, daß es von dem Unternehmen abhängig ist, das an ihm mit Mehrheit beteiligt ist (§ 17 Abs. 2 AktG). Es wird vermutet, daß ein abhängiges Unternehmen mit einem herrschenden Unternehmen einen Konzern bildet[25].

Die Rechtsvorschriften des faktischen Konzerns (§§ 311 – 318 AktG) sollen verhindern, daß zu Lasten der Eigner und Gläubiger eines konzerngebundenen Unternehmens Vermögen dieses Unternehmens auf ein anderes Konzernunternehmen übertragen wird[26]. Sofern ein beherrschendes Unternehmen nicht Nachteile ausgleicht, darf es eine abhängige Aktiengesellschaft oder Kommanditgesellschaft auf Aktien nicht zu einem für dieses Unternehmen nachteiligen Rechtsgeschäft veranlassen und nicht Maßnahmen zum Nachteil dieses Unternehmen treffen oder unterlassen (§ 311 AktG). Um den Nachteilsausgleich durchzusetzen, schreibt § 312 AktG einen Abhängigkeitsbericht vor, der vom Aufsichtsrat und ggf. vom Abschlußprüfer der Gesellschaft zu prüfen ist.

Aufgrund der aktienrechtlichen Schutzvorschriften für den faktischen Konzern vertritt eine gewichtige Minderheit die Ansicht, eine einheitliche Leitung sei im faktischen Konzern grundsätzlich ausgeschlossen[27] oder es könnten zumindest nur lockere Konzernformen geschaffen werden[28]. Nach herrschender Meinung impliziert jedoch § 311 AktG, daß das Recht einer einheitlichen Leitung gegeben ist[29].

Nach dem in § 290 Abs. 2 HGB kodifizierten Control-Konzept besteht eine Konzernrechnungslegungspflicht für eine Kapitalgesellschaft mit Sitz im Inland, wenn (1) ihr die Mehrheit der Stimmrechte an einer anderen Gesellschaft zusteht, (2) sie über das Recht zur Bestellung oder Abberufung der Mehrheit der Mitglieder des Verwaltungs-, Leitungs- oder Aufsichtsorgans verfügt und gleichzeitig Gesellschafter an dieser Gesellschaft ist oder (3) sie zur Ausübung eines beherrschenden Einflusses aufgrund eines Beherrschungsvertrags oder einer Satzungsbestimmung des Tochterunternehmens berechtigt ist. Das der Kapitalgesellschaft zustehende

---

25 Zum aktienrechtlichen Konzernbegriff siehe *Koppensteiner* (1986, § 17); *Koppensteiner* (1986, § 18); *Adler/Düring/Schmaltz* (1997, Rechnungslegung), § 18 AktG, Rn. 62 - 83; *Emmerich/Sonnenschein* (1993, Konzernrecht), S. 29 - 28, 82 - 91.

26 Vgl. *Schildbach* (1998, Konzernabschluß), S. 21.

27 So z.B. *Mestmäcker* (1967, Aktiengesetz), S. 141.

28 So z.B. *IDW* (1996, WP-Handbuch), Tz. 227.

29 Vgl. *Schildbach* (1998, Konzernabschluß), S. 21.

konzerntypische Recht darf nicht aufgrund von Zufällen vorliegen, sondern muß rechtlich begründet sein[30]. Das Control-Konzept stellt im Gegensatz zum Konzept der einheitlichen Leitung nicht auf eine tatsächliche Beherrschung, sondern auf eine rechtliche Möglichkeit der Beherrschung ab[31]. Dabei kommt es nicht darauf an, welcher Art die aufgrund des konzerntypischen Rechts gegebene Einflußnahme auf das Tochterunternehmen ist.

Dem Mutterunternehmen werden nach § 290 Abs. 3 S. 1 u. 2 HGB dem Tochterunternehmen zustehende Rechte und Rechte von Personen, die für Rechnung des Mutterunternehmens oder eines anderen Tochterunternehmens handeln, zugerechnet. Gleiches gilt für Rechte, über die das Mutterunternehmen oder ein Tochterunternehmen aufgrund einer Vereinbarung mit anderen Gesellschaftern dieses Unternehmens verfügen kann. Solche Rechte, die Tochterunternehmen zustehen, werden dem Mutterunternehmen nicht quotal, sondern in voller Höhe zugerechnet[32]. Gleichzeitig erfolgt nach § 290 Abs. 3 S. 3 HGB ein Abzug der Rechte, die mit Anteilen verbunden sind, die vom Mutterunternehmen oder einem anderen Tochterunternehmen für Rechnung einer anderen Person gehalten werden, und der Rechte, die mit als Sicherheit gehaltenen Anteilen verbunden sind wenn sie nach Weisung oder im Interesse des Sicherungsgebers ausgeübt werden.

Da nach dem Control-Konzept ausschließlich die formelle Stimmrechtsmehrheit ausschlaggebend ist, liegt gem. § 290 Abs. 2 Nr. 1 HGB eine Aufstellungspflicht auch dann vor, wenn die Kapitalgesellschaft das Tochterunternehmen nicht tatsächlich beherrscht oder beherrschen kann, weil es z.B. über eine absolute Stimmrechtsmehrheit verfügt, aber nicht über eine zur Beschlußfassung laut Satzung bzw. Gesellschaftervertrag notwendige qualifizierte Mehrheit[33]. Hat eine Kapitalgesellschaft dagegen die tatsächliche Möglichkeit der Beherrschung aufgrund einer Präsenzmehrheit auf der Hauptversammlung bzw. Gesellschafterversammlung, ohne daß eine formelle Stimmrechtsmehrheit gegeben ist, besteht - anders als beim Konzept der einheitlichen Leitung - keine Pflicht zur Aufstellung eines Konzernabschlusses[34].

Zur Berechnung des Stimmrechtsanteils wird gem. § 290 Abs. 4 HGB das Verhältnis zwischen den dem Mutterunternehmen zustehenden Stimmrechten und den

---

30 Vgl. *Baetge* (1997, Konzernbilanzen), S. 89; *Schnicke/Kilgert* (1995, § 290), Rn. 37.

31 Vgl. *Siebourg* (1998, § 290), Rn. 66.

32 Vgl. *Baetge* (1997, Konzernbilanzen), S. 82; *Biener/Bernecke* (1986, Bilanzrichtlinien-Gesetz), S. 288.

33 Vgl. *Schnicke/Kilgert* (1995, § 290), Rn. 70 - 75. Zu berücksichtigen ist allerdings das Konsolidierungswahlrecht nach § 296 HGB.

34 Vgl. *Adler/Düring/Schmaltz* (1996, Rechnungslegung), § 290 Rn. 42 - 43; *Sonderausschluß Bilanzrichtlinien-Gesezt (SABI)* (1988, Konzernabschluß), S. 341.

gesamten Stimmrechten bestimmt, wobei von der Gesamtzahl der Stimmrechte diejenigen zu subtrahieren sind, die dem Tochterunternehmen selbst, einem Tochterunternehmen des Tochterunternehmens oder einer anderen Person für Rechnung dieser Unternehmen gehören[35]. § 290 Abs. 2 Nr. 1 HGB kann auch zur Aufstellungspflicht führen, wenn eine Kapitalgesellschaft an einem Unternehmen Kapitalanteile von 50% oder weniger hält, sofern diese Beteiligung eine Stimmrechtsmehrheit einräumt. Allerdings dürfte dies nur in Ausnahmefällen auftreten, da Mehrheitsstimmrechte in Deutschland selten sind bzw. die Wahrscheinlichkeit niedrig ist, daß ein Unternehmen sämtliche Stammaktien hält und ansonsten nur stimmrechtslose Vorzüge ausgegeben wurden[36]. I.d.R. wird also an den nach § 290 Abs. 2 Nr. 1 als Tochterunternehmen klassifizierten Unternehmen eine Mehrheitsbeteiligung von den Mutterunternehmen gehalten.

Ein Bestellungs- oder Abberufungsrecht (§ 290 Abs. 2 Nr. 2 HGB) geht i.d.R. mit dem Recht der Stimmrechtsmehrheit einher. Es kann in Deutschland dann ohne Stimmrechtsmehrheit bestehen, wenn eine Gesellschaft über spezielle Entsendungsrechte verfügt oder andere Gesellschafter ihr ihre Rechte übertragen[37]. Die personelle Einflußnahme hat sich auf Vorstände, Geschäftsführer, geschäftsführende Gesellschafter, Aufsichtsräte, Beiräte sowie Personen mit ähnlichen Rechten zu beziehen. Sofern die Leitung und Überwachung der Geschäftstätigkeit wie in Deutschland von zwei Gremien wahrgenommen wird, ist das konzerntypische Recht bei einer personellen Einflußnahmemöglichkeit auf eines der Gremien bereits gegeben[38]. Grundsätzlich muß ein Gesellschafterverhältnis vorliegen, das allerdings mittelbar sein darf (§ 290 Abs. 3 HGB). Sofern es sich bei dem Tochterunternehmen um eine Personenhandelsgesellschaft handelt, kann das Mutterunternehmen auch ohne Leistung einer Kapitaleinlage Gesellschafter sein. In welcher Höhe eine Kapitalbeteiligung vorliegen muß, schreibt das HGB nicht vor. Eine Aufstellungspflicht ist auch bei Minderheitsbeteiligungen gegeben[39].

Ein Beherrschungsvertrag, durch den neben einer Satzungsbestimmung das Recht eines beherrschenden Einflusses gem. § 290 Abs. 2 Nr. 3 HGB begründet werden kann, legt fest, daß ein Unternehmen seine Leitung einem anderen Unternehmen (herrschendes Unternehmen) unterstellt. Gesetzliche Regelungen zum Beherr-

---

35 Siehe zur Berechnung der Stimmrechte *Schnicke/Kilgert* (1995, § 290), Rn. 80 - 84.

36 Mehrheitsstimmrechte sind gem. § 12 Abs. AktG grundsätzlich verboten. Lediglich die vor dem AktG 1965 rechtmäßig geschaffenen Mehrstimmrechts-Aktien sind bestehen geblieben (§ 5 Abs. 1 EGAktG 1965). Vgl. *Schnicke/Kilgert* (1995, § 290), Rn. 42; *Biener* (1983, Konzernabschluß).

37 Vgl. *Baetge* (1997, Konzernbilanzen), S. 93 - 94.

38 Vgl. *Siebourg* (1998, § 290), Rn. 86; *Schnicke/Kilgert* (1995, § 290), Rn. 53; *Sonderausschluß Bilanzrichtlinien-Gesezt SABI* (1988, Konzernabschluß), S. 341.

39 Vgl. *Baetge* (1997, Konzernbilanzen), S. 94.

schungsvertrag finden sich in § 291 AktG. Da auch Nicht-Kapitalgesellschaften Beherrschungsverträge i.S. des Aktiengesetzes analog abschließen können[40], gilt die Vorschrift des § 290 Abs. 2 HGB rechtsformunabhängig. Entsprechend können Satzungsbestimmungen von Tochterunternehmen unabhängig von deren Rechtsform das Recht eines beherrschenden Einflusses begründen[41]. Die Begründung eines Konzernverhältnisses aus § 290 Abs. 2 Nr. 3 HGB ist nicht an eine Kapitalbeteiligung oder eine Gesellschafterstellung des Mutterunternehmens gebunden[42].

Da in § 290 HGB mehrere unabhängige Kriterien genannt werden, die eine Konzernrechnungslegungspflicht begründen können, ist das Auftreten von Konkurrenzen möglich. So kann ein Unternehmen ein Tochterunternehmen zweier unterschiedlicher Mutterunternehmen darstellen, z.B. in einem Fall aufgrund einer Stimmrechtsmehrheit, in anderen Fall aufgrund einer vorliegenden einheitlichen Leitung. Es existiert keine Prioritätenregelung, nach der dann einem Kriterium Vorrang vor einem anderen Kriterium eingeräumt wird. Das Tochterunternehmen gehört zu beiden Konzernen[43].

Neben der handelsrechtlichen Konzernrechnungslegungspflicht für Kapitalgesellschaften besteht in Deutschland eine rechtsformunabhängige, an bestimmte Größenkriterien geknüpfte Konzernrechnungslegungspflicht in den §§ 11 - 15 PublG. Die Konzernrechnungslegungsvorschriften des Publizitätsgesetzes sind insbesondere auf das öffentliche Informationsinteresse ausgerichtet, da von der wirtschaftlichen Lage von Großunternehmen viele Gläubiger, Lieferanten und Arbeitnehmer, Kommunen und Regionen abhängen[44]. Nach § 11 Abs. 1 PublG hat ein Unternehmen einen Konzernabschluß zu erstellen, wenn es eine einheitliche Leitung über ein oder mehrere andere Unternehmen ausübt und an drei aufeinanderfolgenden Konzernabschlußstichtagen mindestens zwei der folgenden Größenmerkmale überschritten werden: 125 Mio. DM Konzernbilanzsumme, 250 Mio. DM Konzernaußenumsatzerlöse in den zwölf Monaten vor dem Abschlußstichtag und durchschnittliche Anzahl der in den Konzernunternehmen beschäftigten Arbeitnehmer 5.000[45]. Von der Konzernrechnungslegungspflicht des Publizitätsgesetzes

---

40 Vgl. *Siebourg* (1998, § 290), Rn. 91; *Adler/Düring/Schmaltz* (1996, Rechnungslegung), § 290 Rn. 56; *Sonderausschluß Bilanzrichtlinien-Gesezt SABI* (1988, Konzernabschluß), S. 341.

41 Vgl. *Siebourg* (1998, § 290), Rn. 91 - 92; *Sonderausschluß Bilanzrichtlinien-Gesezt (SABI)* (1988, Konzernabschluß), S. 341.

42 Vgl. *Siebourg* (1998, § 290), Rn. 90; *Eisolt* (1992, Konzernrechnungslegung), S. 131.

43 Vgl. *Siebourg* (1998, § 290), Rn. 88; *Baetge* (1997, Konzernbilanzen), S. 90 – 91; *Adler/Düring/Schmaltz* (1996, Rechnungslegung), § 290 Rn. 82 – 84.

44 Vgl. *Busse von Colbe/Ordelheide* (1993, Konzernabschlüsse), S. 62 - 63.

45 Die Aufstellungspflicht wie auch die Prüfungspflicht beziehen sich auf den Konzernabschluß (Konzernbilanz, Konzern-GuV sowie Anhang) und auf den Konzernlagebericht (§§ 13 Abs. 1, 14 Abs. 1 PublG). Die Offenlegungspflicht des publizitätsgesetzlichen Konzernabschlusses

sind bestimmte Unternehmen, die wichtigsten stellen die nach dem Handelsgesetz zur Konzernrechnungslegung verpflichteten Gesellschaften, ausgenommen[46].

Daneben haben nach § 340i HGB Kreditinstitute und nach § 341i HGB Versicherungsunternehmen, auch wenn sie nicht in der Rechtsform der Kapitalgesellschaft geführt werden, unabhängig von ihrer Größe einen Konzernabschluß und –lagebericht nach den §§ 290 ff. HGB zu erstellen.

Sowohl nach § 290 Abs. 2 HGB als auch nach dem PublG besteht bei einem mehrstufigen Konzern grundsätzlich für jedes Mutterunternehmen eine Konzernrechnungslegungspflicht, auch wenn es selbst ein 100%iges Tochterunternehmen (Zwischenholding) ist[47]. Ob sich aus § 290 Abs. 1 HGB eine Teilkonzernrechnungslegungspflicht ergibt, ist umstritten. Unterschiedlich wird zu der Frage Stellung genommen, ob Tochterunternehmen, die selbst unter einheitlicher Leitung stehen, die einheitliche Leitung über ein anderes Unternehmen ausüben können, ob also die einheitliche Leitung teilbar ist. *Busse von Colbe/Ordelheide* halten eine Delegierung der einheitlichen Leitung des obersten Mutterunternehmens auf eine Zwischenholding für möglich. Daraus folgt, daß Mutterunternehmen von Teilkonzernen aufgrund einheitlicher Leitung zur Erstellung von Konzernabschlüssen verpflichtet sein können, sofern diese Konzernunternehmen sind und keine Befreiungs- oder Ausnahmevorschrift (§§ 291 - 293 HGB) anzuwenden ist[48]. Vielfach wird hingegen die Position eingenommen, einheitliche Leitung sei unteilbar und Konzernabschlüsse seien aufgrund von § 290 Abs. 1 HGB folglich nur von dem Unternehmen an der Spitze eines Konzerns zu erstellen[49].

---

hängt von der Rechtsform des Mutterunternehmens ab (§§ 15 Abs. 1, 13 Abs. 3 S. 2 i.V.m. 5 Abs. 5 PublG).

46 Darüber hinaus sind auch die in § 2 Abs. 1 Nr. 1, 2 und 4 Kreditwesengesetz genannten Personen sowie Personenhandelsgesellschaften und Einzelkaufleute, sofern sie sich auf die Vermögensverwaltung beschränken, nicht nach dem PublG konzernrechnungslegungspflichtig. Vgl. § 11 Abs. 5 PublG.

47 Vgl. *Siegbourg* (1998, § 291), Rn. 1; *Schnicke/Kilgert* (1995, § 290), Rn. 2; *Busse von Colbe/Ordelheide* (1993, Konzernabschlüsse), S. 51; *Havermann* (1986, Konzernrechnungslegung), S. 44, § 11 Abs. 3 PublG.

48 Vgl. *Busse von Colbe/Ordelheide* (1993, Konzernabschlüsse), S. 50. Nach *Siegbourg* (1998, § 290), Rn. 9 spricht indirekt auch die Regierungsbegründung zum Fortfall von § 330 AktG 1965 für diese Argumentation. Siehe die Regierungsbegründung in *Biener/Bernecke* (1986, Bilanzrichtlinien-Gesetz), S. 291; *Havermann* (1986, Konzernrechnungslegung), S. 44 - 45.

49 Vgl. *Siebourg* (1998, § 290), Rn. 9; *Adler/Düring/Schmaltz* (1996, Rechnungslegung), § 290 Rn. 79; *Baetge* (1997, Konzernbilanzen), S. 90 - 91; *Schnicke/Kilgert* (1995, § 290), Rn. 2 und 25.

In den §§ 291, 292 HGB sind mehrere Befreiungsmöglichkeiten von der Pflicht zur Erstellung von Teilkonzernabschlüssen vorgesehen[50]. Für ein "untergeordnetes" Mutterunternehmen (z.B. die Zwischenholding eines ausländischen Mutterunternehmens) besteht ein Wahlrecht zur Aufstellung eines Konzernabschlusses, wenn ein ihr übergeordnetes Konzernunternehmen mit Sitz in der EU einen der 7. EG-Richtlinie und dem Recht des Sitzlandes entsprechenden, geprüften Konzernabschluß in deutscher Sprache veröffentlicht. Wenn das übergeordnete Unternehmen seinen Sitz außerhalb der EU hat, gilt § 291 HGB entsprechend unter der Voraussetzung, daß vom übergeordneten Mutterunternehmen ein Konzernabschluß nach dem der 7. EG-Richtlinie entsprechenden Recht eines Mitgliedstaates der EU oder ein gleichwertiger Konzernabschluß aufgestellt wird (§ 292 HGB).

Das Mutterunternehmen, das von der Pflicht zur Erstellung eines Teilkonzernabschlusses befreit werden soll, sowie seine Tochterunternehmen müssen in den befreienden Konzernabschluß einbezogen werden. Die Vorschriften des § 295 HGB (Konsolidierungsverbot) und des § 296 HGB (Konsolidierungswahlrechte) sind dabei zu berücksichtigen.

Zum Schutz der Minderheiten werden Mutterunternehmen von der Pflicht zur Erstellung eines Teilkonzernabschlusses trotz Vorliegen der genannten Voraussetzungen in zwei Fällen nicht befreit. Zum einen muß ein Teilkonzernabschluß erstellt werden, wenn Gesellschafter, die mindestens 10 % der Anteile einer AG oder KGaA bzw. 20 % der Anteile einer GmbH halten, spätestens sechs Monate vor Ablauf des Konzerngeschäftsjahres die Aufstellung eines Konzernabschlusses beantragt haben. Außerdem ist eine Befreiung von der Pflicht zur Erstellung eines Teilkonzernabschlusses nicht gegeben, wenn bei einer Beteiligung von mindestens 90 % die Minderheitsgesellschafter der Befreiung nicht zugestimmt haben.

Auch größenabhängige Befreiungsmöglichkeiten bietet das HGB[51]. Mutterunternehmen sind nach § 293 Abs. 1 HGB von der Aufstellungspflicht eines Konzernabschlusses befreit, wenn keine Wertpapiere eines der einzubeziehenden Konzernunternehmen innerhalb der EU zur Notierung zugelassen sind (§ 293 Abs. 1 HGB) und der Konzern an zwei aufeinanderfolgenden Abschlußstichtagen zwei der drei folgenden Größenkriterien nicht überschreitet: Konzernbilanzsumme ab-

---

50 Diese Befreiungsvorschriften gelten nicht nur für Unternehmen, die nach dem HGB konzernrechnungslegungspflichtig sind, sondern auch für nach dem PublG zur Aufstellung eines Konzernabschlusses verpflichtete Unternehmen. Vgl. § 11 Abs. 6 PublG und § 13 Abs. 4 PublG. Zu ausführlichen Erläuterungen zu den Befreiungsvorschriften der §§ 291 und 292 HGB siehe *Siebourg* (1998, § 291); *Siebourg* (1998, § 292); *Schnicke/Kilgert* (1995, § 291); *Schnicke/Kilgert* (1995, § 292); *Busse von Colbe/Ordelheide* (1993, Konzernabschlüsse), S. 55 - 61.

züglich eines auf der Aktivseite ausgewiesenen Fehlbetrags von 53,1 Mio. DM, Außenumsatzerlöse von 106,2 Mio. DM oder durchschnittliche Arbeitnehmerzahl von 500. Statt der konsolidierten Daten dürfen auch die Summen verwendet werden (Bilanzsumme: 63,72 Mio. DM und Umsatzsumme: 127,44 Mio. DM).

2.3. Kreise der zu berücksichtigenden Unternehmen

2.3.1. Konsolidierungskreis

Nach § 294 HGB ist grundsätzlich jedes Tochterunternehmen unabhängig von seinem Sitz (Weltabschlußprinzip) unter Berücksichtigung der in §§ 295, 296 HGB genannten Ausnahmen in den Konzernabschluß einzubeziehen. Unternehmen, die keine Tochterunternehmen sind, dürfen nicht konsolidiert werden[52].

Gemäß § 295 Abs. 1 HGB ist die Einbeziehung eines Tochterunternehmens verboten, wenn der Konzernabschluß aufgrund der abweichenden Tätigkeit dieses Tochterunternehmens kein den tatsächlichen Verhältnissen entsprechendes Bild der Vermögens-, Finanz- und Ertragslage, wie es die Generalnorm des § 297 Abs. 2 HGB erfordert, vermitteln würde. Dieser Vorschrift liegt die Idee zugrunde, daß die Aussagekraft von Konzernabschlüssen bei Einbeziehung von Tochterunternehmen mit abweichender Tätigkeit sehr stark beeinträchtigt werden kann.

Da es die Aufgabe des Konzernabschlusses ist, die wirtschaftliche Lage der zum Konzernverbund gehörenden Unternehmen widerzuspiegeln, diese aber gerade durch die unterschiedlichen Tätigkeiten des Konzernunternehmens geprägt wird, ist die Vorschrift des § 295 HGB stark kritisiert worden[53]. Konsens besteht dahingehend, daß § 295 HGB sehr eng auszulegen ist[54]. Dies läßt sich auch aus dem Wortlaut des § 295 HGB ableiten, wonach nicht die abweichende Tätigkeit allein, sondern die Tatsache, daß kein den tatsächlichen Verhältnissen entsprechendes Bild der Vermögens-, Finanz- und Ertragslage vermittelt werden kann, den Ausschluß eines Tochterunternehmens aus dem Konsolidierungskreis rechtfertigt (§ 295 Abs. 1 HGB). Ebenso spricht § 295 Abs. 2 HGB, wonach ein Einbeziehungs-

---

52 Ausführlich zu § 294 HGB siehe *Sahner/Sauermann* (1998, § 294); *Budde/Seif* (1995, § 294). Ausführlich zu den §§ 295 und 296 HGB siehe *Sahner/Sauermann* (1998, §§ 295, 296); *Budde/Seif* (1995, §§ 295, 296).

53 Vgl. *Sahner/Sauermann* (1998, § 295), Rn. 6; *Adler/Düring/Schmaltz* (1996, Rechnungslegung), Rn. 5; *Busse von Colbe/Ordelheide* (1993, Konzernabschlüsse), S. 88.

54 Vgl. *Sahner/Sauermann* (1998, § 295), Rn. 4 - 7; *Baetge* (1997, Konzernbilanzen), S. 117.

verbot nicht aufgrund einer unterschiedlichen Branchenangehörigkeit vorliegt, für die enge Interpretation des § 295 Abs. 1 HGB[55].

Ob überhaupt ein Tochterunternehmen aufgrund der Zugehörigkeit zu einer anderen Branche aus dem Konsolidierungskreis ausgeschlossen werden kann, wird kontrovers diskutiert. Es wird die Meinung vertreten, aufgrund der Angehörigkeit von Tochterunternehmen zu unterschiedlichen Branchen sei ein Ausschluß aus dem Konsolidierungskreis nach § 295 HGB fast nie geboten, da durch zusätzliche Angaben im Konzernabschluß der Generalnorm stets entsprochen werden könne. Lediglich bei Tochterunternehmen, die Konkurs angemeldet hätten, sei aufgrund der abweichenden Tätigkeit die Vermittlung eines tatsächliches Bildes der wirtschaftlichen Lage bei Konsolidierung dieser Unternehmen nicht möglich, so daß die Aufnahme in den Konsolidierungskreis folglich verboten sei[56]. Dieser sehr strengen Auslegung des § 295 HGB wird allerdings nicht einheitlich gefolgt. Nach anderen Interpretationen ist auch dann zu prüfen, ob die Vermittlung eines tatsächlichen Verhältnissen entsprechenden Bildes noch möglich ist, wenn in einem Konzern, in dem eine Branche überwiegt, ein Tochterunternehmen einer anderen Branche angehört und seine Tätigkeit die der übrigen Konzernunternehmen nicht unterstützt. Daß Tochterunternehmen anderer Branchen nicht konsolidiert werden, wird aber auch hier als sehr seltener Ausnahmefall betrachtet[57].

Liegt ein Einbeziehungsverbot vor, ist die Nichteinbeziehung im Konzernanhang anzugeben und zu begründen (§ 295 Abs. 3 HGB). Ein Hinweis auf § 295 Abs. 1 HGB reicht nicht aus[58].

In bestimmten Ausnahmesituationen werden Konsolidierungswahlrechte eingeräumt. Ein Tochterunternehmen braucht wahlweise nicht konsolidiert zu werden, wenn aufgrund erheblicher und andauernder Beschränkungen die Ausübung der Rechte des Mutterunternehmens in bezug auf das Vermögen oder die Geschäftsführung dieses Unternehmens nachhaltig beeinträchtigt ist[59]. Der Wortlaut der Vorschrift (erheblich, andauernd, nachhaltig) unterstreicht, daß eine sehr enge Auslegung zu erfolgen hat. Die Beschränkung der Rechte des Mutterunternehmens kann durch rechtliche Gründe oder tatsächliche Gegebenheiten verursacht

---

55 Auch die §§ 298 Abs. 1 HGB i.V.m. § 265 Abs. 4 HGB, 314 Abs. 1 Nr. 3 HGB und 308 Abs. 2 Nr. 2 HGB sprechen für die restriktive Auslegung des § 295 Abs. 1 HGB. Vgl. *Eisolt* (1992, Konzernrechnungslegung), S. 166 - 167.

56 Vgl. *Baetge* (1997, Konzernbilanzen), S. 120; *Adler/Düring/Schmaltz* (1996, Rechnungslegung), § 295 Rn. 21; *Sonderausschluß Bilanzrichtlinien-Gesezt (SABI)* (1988, Konzernabschluß), S. 342.

57 Vgl. zu dieser Stellungnahme z.B. *Busse von Colbe/Ordelheide* (1993, Konzernabschlüsse), S. 88 - 89.

58 Vgl. *Sonderausschluß Bilanzrichtlinien-Gesetz (SABI)* (1988, Konzernabschluß), S. 342.

59 Vgl. § 296 Abs. 1 Nr. 1 HGB.

werden[60]. Das Wahlrecht soll verhindern, daß Tochterunternehmen konsolidiert werden, obwohl eine tatsächliche Beherrschungsmöglichkeit nicht gegeben ist und sie bei ökonomischer Betrachtung nicht der rechnungslegenden Einheit Konzern zuzuordnen sind[61].

Auch aufgrund wirtschaftlicher Kosten-Nutzen-Überlegungen, daß die für die Konzernabschlußerstellung notwendigen Angaben nur durch unverhältnismäßig hohe Kosten oder Verzögerungen zu beschaffen sind (§ 296 Abs. 1 Nr. 2 HGB) bzw. ein Konzernabschluß für die Vermittlung eines den tatsächlichen Verhältnissen entsprechenden Bildes der Vermögens-, Finanz- und Ertragslage von untergeordneter Bedeutung ist (§ 296 Abs. 2 HGB), existiert nach den deutschen Vorschriften ein Wahlrecht hinsichtlich der Einbeziehung von Tochterunternehmen.

Darüber hinaus kann die Konsolidierung eines Tochterunternehmens nach HGB wahlweise erfolgen, wenn die Anteile an dem Tochterunternehmen ausschließlich zum Zwecke der Weiterveräußerung gehalten werden (§ 296 Abs. 1 Nr. 3 HGB).

Die Pflicht zur Aufstellung eines Konzernabschlusses entfällt, wenn nur Tochterunternehmen gegeben sind, die entweder nicht in den Konsolidierungskreis einbezogen werden müssen oder nicht einbezogen werden dürfen. In diesem Fall sind im Konzernanhang ggf. der Verzicht einer Konsolidierung sowie der Wegfall des Konzernabschlusses zu begründen[62].

2.3.2. Quotenkonsolidierungskreis

In den Quotenkonsolidierungskreis dürfen nach § 310 HGB wahlweise Gemeinschaftsunternehmen einbezogen werden. Die Quotenkonsolidierung kommt lediglich bei Konzernabschlüssen in Frage, die ohnehin aufzustellen sind[63]. Eine Entscheidung, ob eine Quotenkonsolidierung vorgenommen wird, darf fallweise für einzelne Unternehmen statt konzernweit entschieden werden[64]. Sofern bei einer Quotenkonsolidierung die Vermittlung eines den tatsächlichen Verhältnissen entsprechenden Bildes der Vermögens-, Finanz- und Ertragslage nicht gegeben ist, wird eine analoge Anwendung von § 295 HGB und der Ausschluß des entspre-

---

60 Vgl. *Adler/Düring/Schmaltz* (1996, Rechnungslegung), § 296 Rn. 9; *Biener/Bernecke* (1986, Bilanzrichtlinien Gesetz), S. 317.

61 Vgl. *Budde/Seif* (1995, § 296), Rn. 1.

62 Vgl. *Sonderfachausschluß Bilanzrichtlinien-Gesetz (SABI)* (1988, Konzernabschluß), S. 343.

63 Vgl. *Busse von Colbe/Ordelheide* (1993, Konzernabschlüsse), S. 454.

64 Vgl. *Sigle* (1998, § 310), Rn. 34.

chenden Gemeinschaftsunternehmens aus dem Quotenkonsolidierungskreis für möglich gehalten[65].

Unter Gemeinschaftsunternehmen werden gem. § 310 HGB solche Unternehmen verstanden, die gemeinsam von einem in den Konzernabschluß einbezogenen Mutter- oder Tochterunternehmen und einem oder mehreren anderen, nicht in den Konzernabschluß einbezogenen Unternehmen, geführt werden. Der Begriff der gemeinsamen Führung wird im Gesetz nicht definiert oder erläutert[66]. In Anlehnung an das deutsche Control-Konzept wird eine gemeinsame Führung dann als vorliegend angesehen, wenn den Gesellschafterunternehmen zusammen mindestens eines der in § 290 Abs. 2 HGB genannten konzerntypischen Rechte zusteht[67]. Ein wichtiges Charakteristikum des Gemeinschaftsunternehmens stellt neben der gemeinsamen Führung die Unternehmenseigenschaft dar, wobei der Unternehmensbegriff weit auszulegen und nicht auf bestimmte Rechtsformen zu begrenzen ist[68]. Eine Mindestbeteiligungshöhe der Gesellschafterunternehmen ist gesetzlich nicht festgeschrieben. Allerdings dürfte nicht jede noch so geringe Beteiligung die quotale Konsolidierung eines Unternehmens rechtfertigen[69]. In der Regel liegen die Anteile der Gesellschafterunternehmen an einem "typischen" Gemeinschaftsunternehmen zwischen 20 % und 50 %[70]. Die Beteiligungsquoten der Gesellschafterunternehmen brauchen sich nicht zu entsprechen[71]. Grundlage für die Berechnung der zu konsolidierenden Anteile stellen die Kapitalanteile dar[72].

2.3.3. Kreis der nach der Equity-Methode zu berücksichtigenden Unternehmen

Gem. § 312 HGB ist für Beteiligungen an assoziierten Unternehmen die Equity-Bewertung obligatorisch. Ein assoziiertes Unternehmen liegt vor, wenn eine Beteiligung an diesem Unternehmen i.S.v. § 271 Abs. 1 HGB gegeben ist und auf die

65 Zu diesem Schluß kommen u.a. *Busse von Colbe/Ordelheide* in Anlehnung an die Vorschriften zur Quotenkonsolidierung in Art. 32 Abs. 2 und 3 der 7. EG-Richtlinie. Vgl. *Busse von Colbe/Ordelheide* (1993, Konzernabschlüsse), S. 455.

66 Zu einer Konkretisierung des unbestimmten Rechtsbegriffs der gemeinsamen Führung siehe z.B. *Budde/Suhrbier* (1995, § 319), Rn. 15 - 27; *Sigle* (1998, § 310); *Zündorf* (1987, § 310 HGB).

67 Vgl. *Sigle* (1989, § 310), Rn. 25.

68 Vgl. *Budde/Suhrbier* (1995, § 310), Rn. 10; *Sigle* (1998, § 310), Rn. 15.

69 Vgl. *Sigle* (1998, § 310), Rn. 16.

70 Vgl. *Sigle* (1998, § 310), Rn. 36.

71 Vgl. *Sigle* (1998, § 310), Rn. 26.

72 Siehe zur Bestimmung der zu konsolidierenden Anteile *Budde/Suhrbier* (1995, § 310), Rn. 30 - 39; *Busse von Colbe/Ordelheide* (1993, Konzernabschlüsse), S. 456; *Sigle* (1998, § 310), Rn. 37 - 40.

Geschäfts- und Finanzpolitik dieses Beteiligungsunternehmens ein maßgeblicher Einfluß tatsächlich ausgeübt wird (§ 311 Abs. 1 HGB).

Soll durch das Halten von Anteilen am Nennkapital eine dauerhafte Verbindung zu der Gesellschaft geschaffen werden, um so dem eigenen Geschäftsbetrieb zu dienen, gilt die erste Voraussetzung als erfüllt. Ab einem Kapitalanteil von 20 % wird eine Beteiligung widerlegbar vermutet (§ 271 Abs. 1 HGB). Die Anteilsermittlung erfolgt entsprechend § 16 Abs. 2 und 4 AktG, so daß neben unmittelbarem auch mittelbarer Anteilsbesitz berücksichtigt wird (§ 371 Abs. 1 HGB).

Ein maßgeblicher Einfluß ist z.B. gegeben, wenn Grundsatzfragen der Geschäfts- und Finanzpolitik des jeweiligen Unternehmens mitentschieden werden oder die Möglichkeit besteht, die Gewinnverwendung in der Beteiligungsgesellschaft zu beeinflussen[73]. Bei einem maßgeblichen Einfluß liegt eine bedeutend weniger intensive Bindung zwischen den jeweiligen Unternehmen vor als zwischen Mutter- und Tochterunternehmen. Die wirtschaftliche Selbständigkeit des assoziierten Unternehmens ist eingeschränkt, nicht wie bei einem Tochterunternehmen vollkommen aufgehoben. Ein maßgeblicher Einfluß wird ab einem Stimmrechtsanteil von 20 % widerlegbar vermutet (§ 311 Abs. 1 HGB). Auch bei einem Stimmrechtsanteil unter 20 % ist bei einer Minderheitsbeteiligung at equity zu bewerten, wenn die Voraussetzungen des § 311 HGB erfüllt sind.

Gemeinschaftsunternehmen dürfen gem. § 310 HGB wahlweise quotenkonsolidiert werden. Sofern das Wahlrecht zur Quotenkonsolidierung nicht ausgeübt wird, hat im Konzernabschluß eine Equity-Bewertung zu erfolgen, da die Voraussetzungen des § 311 HGB bei Gemeinschaftsunternehmen regelmäßig gegeben sein dürften[74]. Ein maßgeblicher Einfluß kann auf ein unter gemeinsamer Leitung stehendes Unternehmen grundsätzlich ausgeübt werden. Allerdings setzt § 310 HGB keine Beteiligung an dem Gemeinschaftsunternehmen voraus, weshalb u.U. eine Quotenkonsolidierung, aber keine Equity-Bewertung gestattet ist[75].

Auf Tochterunternehmen ist die Equity-Methode nach den deutschen Vorschriften anzuwenden, wenn diese aufgrund eines Konsolidierungsverbots oder -wahlrechts nicht in den Konsolidierungskreis einbezogen werden und die Voraussetzungen des § 311 HGB erfüllt sind[76]. Ansonsten hat eine Bewertung zu Anschaffungskosten gem. § 253 HGB zu erfolgen. Die Voraussetzungen des § 311 HGB sind regelmäßig erfüllt, wenn ein Tochterunternehmen aufgrund von § 295 HGB aus dem

73 Zur Konkretisierung des Begriffs des maßgeblichen Einflusses siehe *Küting/Köthner/Zündorf* (1998, § 311), Rn. 15 - 67; *Budde/Raff* (1995, § 311), Rn. 15 - 18.

74 Vgl. *Budde/Raff* (1995, § 311), Rn. 7; *Havermann* (1986, Konzernrechnungslegung), S. 47.

75 Vgl. *Küting/Köthner/Zündorf* (1998, § 310), Rn. 98 - 99.

76 Vgl. *Sonderfachausschluß Bilanzrichtlinien-Gesetz (SABI)* (1988, Konzernabschluß), S. 343.

Konsolidierungskreis ausgeschlossen werden muß und das Mutter-Tochter-Verhältnis durch einheitliche Leitung (§ 290 Abs. 1 HGB) oder durch einen vertraglich verankerten beherrschenden Einfluß (§ 290 Abs. 2 Nr. 3 HGB) begründet wird[77].

Liegt dem Mutter-Tochter-Verhältnis § 290 Abs. 2 Nr. 1 oder 2 HGB zugrunde, ist zunächst zu prüfen, ob ein maßgeblicher Einfluß ausgeübt wird. Sofern ein Tochterunternehmen aufgrund eines Konsolidierungswahlrechts nicht konsolidiert wird, dürfte ein maßgeblicher Einfluß i.d.R. vorliegen, wenn das Wahlrecht des § 296 Abs. 1 Nr. 2 HGB (unverhältnismäßig hohe Kosten oder Verzögerungen bei der Beschaffung von Angaben zur Aufstellung des Konzernabschlusses) zugrundeliegt. Erfolgt keine Konsolidierung aufgrund des § 296 Abs. 1 Nr. 3 HGB (Halten der Anteile zum Zwecke der Weiterveräußerung), sind wahrscheinlich die Voraussetzungen des § 311 HGB i.d.R. nicht gegeben. Bei den weiteren Wahlrechten ist eine generelle Aussage darüber, ob i.d.R. eine Beteiligung vorliegt und ein maßgeblicher Einfluß ausgeübt wird, nicht möglich[78].

2.3.4. Kreis der "einfachen" Beteiligungsunternehmen

Werden Beteiligungen an Unternehmen gehalten, die nicht als Tochter-, Gemeinschafts- oder assoziierte Unternehmen klassifiziert worden sind, werden diese Unternehmen als "einfache" Beteiligungsunternehmen bezeichnet. Diese werden nicht in den Konsolidierungskreis einbezogen bzw. finden nicht nach der Quotenkonsolidierung oder Equity-Methode im Konzernabschluß Berücksichtigung. Statt dessen sind diese Wertpapiere unabhängig von ihrer Zugehörigkeit zum Anlage- oder Umlaufvermögen nach der Anschaffungskostenmethode zu behandeln (§ 253 HGB). Diese Vorgehensweise entspricht der Behandlung von Beteiligungen im Einzelabschluß (§ 271 Abs. 1 HGB).

Die Anschaffungs- oder (Herstellungs)kosten stellen die Bewertungsobergrenze für diese Wertpapiere dar. Ein Ausweis unrealisierter Gewinne, resultierend aus einem höheren Börsen- oder Marktpreis zum Stichtag, ist nicht gestattet. Bei Wertpapieren des Umlaufvermögens sind außerplanmäßige Abschreibungen auf niedrigere Börsen- oder Marktpreise bzw. niedrigere beizulegende Werte am Abschlußstichtag zwingend erforderlich (strenges Niederstwertprinzip gem. § 253 Abs. 3 Satz 1 und 2 HGB). Hingegen gewährt das HGB für Finanzanlagen des Anlagevermögens bei voraussichtlich nur vorübergehender Wertminderung ein Abschreibungswahlrecht (gemildertes Niederstwertprinzip gem. § 253 Abs. 2 Satz 3 i.V.m. § 279 Abs. 1 Satz 2 HGB). Sofern die Gründe für eine in früheren Ge-

---

77 Vgl. *Küting/Köthner/Zündorf* (1998, § 311), Rn. 102.
78 Vgl. *Küting/Köthner/Zündorf* (1998, § 311), Rn. 103 - 107.

schäftsjahren vorgenommene Wertberichtigung aufgrund wieder gestiegener Börsen- oder Marktpreise entfallen, hat gem. § 280 Abs. 1 HGB grundsätzlich eine Wertaufholung zu erfolgen. Der angesetzte Wert darf die Anschaffungskosten abzüglich etwaiger planmäßiger Abschreibungen dabei nicht überschreiten. 280 Abs. 2 HGB gestattet einen Verzicht auf die Wertaufholung, sofern der niedrigere Wertansatz in der Steuerbilanz beibehalten werden kann und aufgrund des Maßgeblichkeitsgrundsatzes der Ansatz des niedrigeren Wertes in der Handelsbilanz die Voraussetzung darstellt.

3. US-amerikanische Vorschriften

3.1. Relevante Vorschriften

In den USA existiert keine generelle gesetzliche Vorschrift zur Rechnungslegung. Sehr vereinzelte gesetzliche Vorschriften zur Rechnungslegung enthalten die Gesellschaftsrechte der US-amerikanischen Einzelstaaten[79]. Auch in den zur Rechtsvereinheitlichung zwischen den Einzelstaaten entwickelten Regelungen des Revised Model Business Corporation Act (R.M.B.C.A.) finden sich äußerst wenige Vorschriften zur Rechnungslegung, die nur zu Teilen in einzelstaatliche Gesetze umgesetzt wurden und ansonsten keine bindende Wirkung haben[80]. Die wenigen gesellschaftsrechtlichen Rechnungslegungsregulierungen beziehen sich auf den Einzelabschluß, nicht auf den Konzernabschluß.

Vorschriften zur Konzernrechnungslegung finden sich unter den kapitalmarktrechtlichen Regulierungen, die von der US-amerikanischen Börsenaufsichtsbehörde, der SEC (Securities and Exchange Commission)[81], veröffentlicht werden. Infolge des besonderen Charakters der SEC als unabhängige Bundesbehörde und der durch den Kongreß unmittelbar an sie delegierten Aufgabe, die

---

79 Ein bundeseinheitliches Gesellschaftsrecht, das Vorschriften zur Rechnungslegung enthält, existiert bisher nicht, da die gesellschaftsrechtliche Gesetzgebungskompetenz grundsätzlich bei den Einzelstaaten liegt. Dies ergibt sich als Umkehrschluß aus der Interstate Commerce Clause des Art. 1 Sec. 8 Clause 3 US Constitution, wonach der Kongreß nur dann Gesetze erlassen darf, wenn dadurch der Handel mit fremden Nationen und zwischen Einzelstaaten geregelt wird (Interstate or Foreign Commerce). Zu den gesellschaftsrechtlichen Grundlagen der USA siehe *Bungert* (1994, Gesellschaftsrecht); *Merkt* (1991, Gesellschaftsrecht); *Laule* (1989, Gesellschaftsrecht); *Schäfer* (1982, Konzernrechnungslegung), S. 206.

80 Vgl. *Merkt* (1991, Gesellschaftsrecht), S. 151 - 154; *Bungert* (1994, Gesellschaftsrecht), S. 1 - 4.

81 Zur SEC siehe *Larkin/Bebout/Lenz* (1991/95, SEC Reporting); *Skousen* (1991, SEC).

bundesgesetzlichen Regelungen des US-amerikanischen Kapitalmarktrechts[82] auszulegen und durchzusetzen, sind ihre Verlautbarungen verbindlich und haben z.T. sogar quasi-gesetzlichen Charakter[83]. Für die Rechnungslegung wirtschaftlicher Einheiten ist insbesondere Regulation S-X "Form and Content of and Requirements for Financial Statements", hier Article 3 "General Instructions as to Financial Statements" Rule 3-01 "Consolidated Balance Sheets" und Rule 3-02 "Consolidated Statements of Income and Changes in Cash Flows" sowie Article 3A "Consolidated and Combined Financial Statements" von Bedeutung. Darüber hinaus enthalten die Codification (frühere Accounting Series Releases (ASR)), die Financial Reporting Releases (FRR), die Accounting and Auditing Enforcement Releases (AAER) sowie die Staff Accounting Bulletins (SAB) der SEC Vorschriften und Hinweise zu Consolidated Financial Statements[84]. Auf die Abgrenzung der wirtschaftlichen Einheit beziehen sich insbesondere Regulation S-X Rule 1-02 und 3A-02.

Detaillierte Vorschriften zur materiellen und formellen Inhalten der Consolidated Financial Statements sind jedoch kaum in den SEC-Vorschriften enthalten, da die SEC ihre Kompetenz zur Erstellung von Rechnungslegungsnormen für börsennotierte Unternehmen an das FASB bzw. dessen Vorgängerorganisationen (Committee on Accounting Procedures (CAP) und Accounting Principles Board (APB))[85] delegiert hat[86]. Für die weitere Ausgestaltung der Rechnungslegung verweist die SEC auf die Verlautbarungen dieser Institutionen. Den vom FASB erlassenen SFAS und Interpretations sowie den APB Opinions und den ARB des CAP erkennt die SEC ihren Authoritative Support zu. Zusammen mit den SEC-Vorschriften stellen diese als Promulgated GAAP bezeichneten Verlautbarungen und die darüber hinaus existierenden allgemein anerkannten und weitverbreiteten Rechnungslegungspraktiken (Non-Promulgated GAAP) die von börsennotierten

---

82 Vgl. zu einem Überblick über das US-amerikanische Kapitalmarktrecht *Pellens* (1998, Rechnungslegung), S. 57 - 65; *Skousen* (1991, SEC), S. 21 - 40.

83 Vgl. *Haller* (1994, Rechnungslegung), S. 35; *Hopt* (1977, Kapitalmarktrecht), S. 206. Zu den US-GAAP i.e.S. zählen die Verlautbarungen des FASB bzw. seiner Vorgängerorganisationen, die den offiziellen Standard-Setting Prozeß durchlaufen haben, zu den GAAP i.w.S. zusätzlich noch die sonstigen rechnungslegungsbezogenen Verlautbarungen von FASB und AICPA, allgemein anerkannte Rechnungslegungspraktiken und auch die in der Rechnungslegungsliteratur zum Ausdruck kommende herrschende Meinung. Vgl. *Pellens* (1998, Rechnungslegung), S. 113 - 119.

84 Vgl. *Vigelius* (1997, Rechnungslegungsstandards), S. 6; *Eisolt* (1993, Grundlagen), S. 221.

85 Siehe zu ausführlichen Darstellungen des FASB und seiner Vorgängerorganisationen z.B. *Pellens* (1998, Rechnungslegung), S. 102 - 116; *Miller/Redding/Bahnson* (1994, FASB); *Haller* (1990, FASB).

86 Vgl. *SEC* (1997, ASR No. 4); *SEC* (1997, AST No. 150); *SEC* (1997, FRR No. 1).

Unternehmen zu berücksichtigenden Rechnungslegungsregulierungen dar[87]. Die US-GAAP treten zurück, wenn die SEC entsprechende eigene Vorschriften erläßt[88].

Die wichtigsten Regulierungen zur Abgrenzung der wirtschaftlichen Einheit enthalten ARB No. 51 "Consolidated Financial Statements" und SFAS No. 94 "Consolidation of All Majority-Owned Subsidiaries". Obwohl ARB No. 51, das erste umfassende Statement zu dem Gesamtkomplex der Konzernrechnungslegung aus dem Jahr 1959, schon in weiten Teilen durch nachfolgende APB Opinions und SFAS ersetzt wurde, enthält es immer noch grundsätzlich gültige Aussagen.

Mit SFAS No. 94 wurde im Oktober 1987 die wohl wichtigste Nachfolgeregelung zu ARB No. 51 erlassen. In diesem Statement werden insbesondere Fragen des Konsolidierungskreises neu geregelt. SFAS No. 94 ist anzuwenden auf Consolidated Financial Statements, die sich auf ein Geschäftsjahr beziehen, das nach dem 15. Dezember 1988 endet.

Weitere maßgebliche Vorschriften zur Abgrenzung der wirtschaftlichen Einheit enthalten APB Opinion No. 18 "The Equity Method of Accounting for Investments in Common Stock", die regelt, welche Unternehmen im Consolidated Financial Statement at equity zu bewerten sind, sowie die sich darauf beziehende Interpretation des AICPA AIN-Opinion No. 18 "The Equity Method of Accounting for Investments in Common Stock: Accounting Interpretations of APB Opinion No. 18", die auf die nach der Quotenkonsolidierung zu behandelnden Unternehmen eingeht.

3.2. Pflicht zur Aufstellung von Consolidated Financial Statements

3.2.1. Auslösung der Aufstellungspflicht durch Control

Für die nach den kapitalmarktrechtlichen Regulierungen des Securities Act (SA) 1933 und Securities Exchange Act (SEA) 1934 gegenüber der SEC berichtspflichtigen Unternehmen ergibt sich die Pflicht zur Aufstellung konsolidierter Jahresabschlüsse aus den Verlautbarungen der SEC sowie den US-GAAP.

Zu den berichtspflichtigen Unternehmen zählen solche, deren Wertpapiere an Börsen (Securities Exchanges) oder im Freiverkehr (Over-the-Counter Market) im Interstate oder Foreign Commerce gehandelt werden, wobei diese Bedingungen

---

87 Zum Teil werden auch die Verlautbarungen der SEC als Bestandteil der US-GAAP angesehen. Zu den US-GAAP siehe *Pellens* (1998, Rechnungslegung), S. 110 - 119.

88 Vgl. *SEC* (1997, Codification), Sec. 100 ASR 4, ASR 150; *SEC* (1997, Regulation S-X), Rule 4.01 (a) (1).

allerdings sehr weit ausgelegt und bereits als erfüllt angesehen werden, wenn erste Hinweise auf einen zwischenstaatlichen Handel vorliegen[89].

Die Pflicht zur Erstellung von Consolidated Financial Statements ist nach den US-amerikanischen Vorschriften also von der Börsennotierung abhängig, statt wie nach den deutschen Vorschriften an die Rechtsform des Mutterunternehmens (HGB) bzw. an die Größe des Konzerns (PublG) oder das Vorliegen eines Kreditinstitutes oder eines Versicherungsunternehmen (HGB) anzuknüpfen.

Sowohl die Regulation S-X der SEC als auch ARB No. 51 bzw. SFAS No. 94 folgen wie die deutschen Konzernrechnungslegungsvorschriften der Grundidee, daß eine Pflicht zur Erstellung eines Consolidated Financial Statements besteht, wenn ein rechtlich selbständiges Unternehmen (Parent) in der Lage ist, direkt oder indirekt einen beherrschenden Einfluß (Control) auf ein anderes rechtlich selbständiges Unternehmen (Subsidiary) auszuüben[90], also eine Parent-Subsidiary-Relationship gegeben ist. Regulation S-X Rule 3A-02 bestimmt, daß "consolidated statements ... are usually necessary for a fair presentation when one entity directly or indirectly has a controlling financial interest in another entity". In ARB No. 51 Par. 1 wird, der Vorschrift der SEC ähnlich, vorgeschrieben: "Consolidated statements ... are usually necessary for a fair presentation when one of the companies in the group directly or indirectly has a controlling financial interest in the other companies". Control ist damit das konstituierende Merkmal einer wirtschaftlichen Einheit und auch das auslösende Merkmal der Pflicht zur Erstellung eines Consolidated Financial Statements[91].

Da die Rechnungslegungspflicht an die Möglichkeit der Beherrschung geknüpft ist, kann sie nur für eine wirtschaftliche Einheit mit in einem Unterordnungsverhältnis stehenden Unternehmen bestehen. Wirtschaftliche Einheiten, in denen ein

---

89 Vgl. *Wiesmann* (1987, Unternehmenspublizität), S. 32. Zu einer genauen Definition des Interstate Commerce siehe SA, 15 U.S. Code, Secs. 77a - 77aa, Sec. 2, Par. 7, bzw. SEA, 15 U.S. Code, Secs. 78a - 78jj, Sec. 3, Par. 17.

90 Die Übersetzung des Begriffs der Control ins Deutsche wird sehr uneinheitlich gehandhabt. Neben beherrschendem oder kontrollierendem Einfluß (vgl. *Frankenberg* (1993, Jahresabschlüsse), S. 142; *Havermann* (1980, Rechnungslegung), S. 76) werden z.B. die Übersetzungen Beherrschung (vgl. *Bartholomew/Brown/Muis* (1981, Konzernabschlüsse), S. 138 - 139), Abhängigkeit und einheitliche Leitung (vgl. *Dreger* (1969, Konzernabschluß), S. 32, 37) oder Kontrolle (vgl. *Busse von Colbe/Ordelheide* (1993, Konzernabschlüsse), S. 46) herangezogen. Werden im Rahmen dieser Arbeit diese Übersetzungen verwendet, dann ausschließlich als Synonym für den US-amerikanischen Begriff der Control, nicht als Hinweis auf die inhaltliche Ausgestaltung des Control-Begriffs entsprechend dem deutschen Verständnis.

91 Vgl. *Baker/Lembke/King* (1996, Accounting), S. 120.

Gleichordnungsverhältnis zwischen den Unternehmen gegeben ist, sind von der Pflicht zur Erstellung von Consolidated Financial Statements nicht betroffen[92].

Die Auslegung und Deutung des Control-Konzepts basiert in den USA nicht auf der Konkretisierung einzelner Control-Verhältnisse, sondern auf der Bestimmung des Control-Begriffs an sich. Ein einheitliches diesbezügliches Verständnis existiert jedoch bisher (noch) nicht - die Control-Definition der SEC und die nach US-GAAP unterscheiden sich[93].

3.2.2. Control-Konzept nach Regulation S-X

Die Vorschrift der Regulation S-X Rule 3A-02, wonach "consolidated statements ... are usually necessary for a fair presentation when one entity directly or indirectly has a controlling financial interest in another entity" konkretisiert die SEC durch folgende Definition des Begriffs der Control: "The term "control" (including the terms "controlling," "controlled by" and "under common control with") means the possession, direct or indirect, of the power to direct or cause the direction of the management and policies of a person, whether through the ownership of voting shares, by contract, or otherwise"[94].

Die Pflicht zur Erstellung von Consolidated Financial Statements besteht nach der Control-Definition der SEC für ein Unternehmen, das über die Möglichkeit eines direkten oder indirekten beherrschenden Einflusses auf die Geschäftsführung und die Geschäftspolitik eines anderen Unternehmens verfügt. Die Wortwahl "possession of power" verdeutlicht, daß es nicht auf die tatsächliche Ausübung eines beherrschenden Einflusses, sondern auf die Möglichkeit der Beherrschung ankommt. Das Unternehmen, das nach der Control-Definition der Regulation S-X in der Lage ist, ein anderes Unternehmen zu kontrollieren, stellt das zur Erstellung eines Consolidated Financial Statements verpflichtete Mutterunternehmen (Parent), das beherrschte Unternehmen das Tochterunternehmen (Subsidiary) dar[95]. Sämtliche nach dem Control-Konzept zur wirtschaftlichen Einheit gehörenden Unternehmen werden als Affiliates bezeichnet[96].

Eine abschließende Erläuterung der Mittel, die zu der Möglichkeit eines beherrschenden Einflusses auf die Geschäftsführung und die Geschäftspolitik eines anderen Unternehmens führen, gibt die SEC nicht. Allerdings geht aus der Control-Definition explizit hervor, daß ein Control-Verhältnis nicht nur durch das Eigen-

---

92 Vgl. *Baker/Lembke/King* (1996, Accounting), S. 124 - 126.
93 Vgl. *Eisolt* (1992, Konzernrechnungslegungspflicht), S. 348 - 350.
94 *SEC* (1997, Regulation S-X), Rule 1-02 (g).
95 Vgl. *SEC* (1997, Regulation S-X), Rule 1-02 (p) und (w).
96 Vgl. *SEC* (1997, Regulation S-X), Rule 1-02 (b).

tum an Voting Shares, sondern auch durch andere Kriterien, z.B. Verträge, begründet sein kann[97]. Der Grund für diese explizite Formulierung liegt darin, daß die SEC vor der Verabschiedung ihrer Control-Vorschrift beobachtete, daß Unternehmen vermehrt mit damals sogenannten "Non-Subsidiary Subsidiaries" zusammengeschlossen sind. Darunter verstand sie Unternehmen, auf die ein beherrschender Einfluß ausgeübt werden konnte, der nicht auf einer Stimmrechtsmehrheit an diesen Unternehmen beruhte, sondern z.B. auf Loan oder Stock-Option Purchase Agreements. Dadurch wurden z.B. Marketing oder Forschungs- und Entwicklungsaktivitäten mit dem Ziel ausgelagert, die Operating Expenses der jeweiligen Unternehmen aus den Consolidated Financial Statements auszuschließen. Um in Zukunft zu verhindern, daß solche Unternehmen nicht als Tochterunternehmen klassifiziert werden, legte die SEC ihr Control-Konzept breit an[98].

Unter Voting Shares versteht die SEC die Summe aller Rechte zur Stimmabgabe bei der Wahl von Mitgliedern des Board of Directors und/oder die Summe aller Anteile an einem Unternehmen, das nicht in der Gesellschaftsform einer Corporation geführt wird[99]. Während bei nicht inkorporierten Unternehmen auf Beteiligungen abgestellt wird, wird bei Corporations die Summe der Stimmrechte betrachtet[100]. Bei Corporations können Stimmrechte grundsätzlich durch Equity Securities (Eigentumsrechte bzw. Anteile an der Corporation), auch Shares oder Stock genannt[101], verbrieft werden[102]. Der Ausgestaltung von Equity Securities sind kaum Grenzen auferlegt. Nach der Ausgestaltung wird unterschieden zwischen den zwei großen Gattungen (Classes of Shares) Stammaktien (Common Stock) und Vorzugsaktien (Preferred Stock), die gegebenenfalls in weitere Classes of Shares unterteilt werden. Common Shares verbriefen grundsätzlich neben einem Stimmrecht (Voting Right) bei der Wahl der Board Mitglieder sowie bei allen sonstigen Abstimmungen der Aktionärsversammlung das Recht auf anteilige Berücksichtigung bei der Ausschüttung von Gewinnen und der Verteilung des Liquidationserlöses. Während ein Stimmrecht nach dem traditionellen US-amerikanischen System hinsichtlich des Grundkapitals und des Nennwerts[103] durch Common Shares immer verbrieft wird, kann es im nennwertlosen System

---

97 Vgl. *Pahler/Mori* (1994, Accounting), S. 21; *Griffin et al.* (1991, Accounting), S. 59 - 60; *Claaßen* (1984, Control), S. 198.

98 Vgl. *Pahler/Mori* (1994, Accounting), S. 21.

99 *SEC* (1997, Regulation S-X), Rule 1-02 (z).

100 Siehe zum Stimmrecht von Aktionären der Corporation *Henn/Alexander* (1983, Corporations), S. 493 - 501.

101 Streng genommen fallen unter den Begriff der Equity Securities auch Optionsscheine (Options) und Wandelschuldverschreibungen (Convertible Bonds). Vgl. *Merkt* (1991, Gesellschaftsrecht), S. 234.

102 Vgl. *Solomon et al.* (1994, Corporations), S. 32.

103 Vgl. *Merkt* (1991, Gesellschaftsrecht), S. 243. Siehe zum traditionellen und modernen System des Grundkapitals und des Nennwertes *Merkt* (1991, Gesellschaftsrecht), S. 242 - 250.

bei Stammaktien durchaus ausgeschlossen werden (stimmrechtslose Stammaktien). Wird dem Aktionär durch eine Stammaktie ein Stimmrecht verliehen, dann handelt es sich um Common Voting Stock. Bei Preferred Shares sind grundsätzlich die verbrieften Rechte in einem oder mehreren Punkten abweichend ausgestaltet. Auch bei Preferred Shares kann das Stimmrecht ausgeschlossen werden. Shares ohne Stimmrecht werden als Non-Voting Stock bezeichnet.

Sofern eine Corporation nur eine Aktiengattung ausgibt, ist gesetzlich vorgeschrieben, daß es sich dabei um Stammaktien handeln muß, die ein Stimmrecht und ein Recht auf anteilige Berücksichtigung bei der Ausschüttung von Gewinnen und der Verteilung des Liquidationserlöses verkörpern[104]. Außerdem ist gesetzlich festgelegt, daß sich mindestens eine ein Stimmrecht verbriefende Aktie in den Händen des Publikums befinden muß, damit es keine Corporation ohne stimmberechtigten Aktionär gibt[105]. Die meisten Einzelstaatenrechte schreiben vor, daß stimmrechtslose Aktien dann stimmberechtigt sind, wenn es sich um grundlegende Veränderungen der Gesellschaftsstruktur handelt[106].

Während bei einem direkten beherrschenden Einfluß (Direct Control) aufgrund von Stimmrechtsmehrheit das Mutterunternehmen selber Anteile am betrachteten Tochterunternehmen hält, liegt ein indirekter beherrschender Einfluß (Indirect Control oder Pyramiding) aufgrund von Stimmrechtsmehrheit vor, wenn ein oder mehrere zum Konzern gehörende Unternehmen über Stimmrechtsanteile an dem betrachteten Tochterunternehmen in ausreichender Höhe verfügen (volle Zurechnung der Stimmrechte der Tochterunternehmen)[107].

3.2.3. Control-Konzept nach ARB No. 51 bzw. SFAS No. 94

In ARB No. 51 bzw. SFAS No. 94 wird der Control-Begriff nicht durch eine Definition konkretisiert. Die eine Pflicht zur Erstellung eines Consolidated Financial Statements begründende Vorschrift "Consolidated statements ... are usually necessary for a fair presentation when one of the companies in the group directly or indirectly has a controlling financial interest in the other companies"[108] wird nur durch die Festlegung näher spezifiziert, daß ein Controlling Financial Interest für gewöhnlich auf einer Stimmrechtsmehrheit beruht, die vorliegt, wenn ein Unternehmen direkt oder indirekt mehr als 50 % der stimmberechtigten Aktien eines

---

104 Vgl. § 6.01(b) R.M.B.C.A.

105 Vgl. § 6.03(b) R.M.B.C.A.

106 Vgl. *Merkt* (1991, Gesellschaftsrecht), S. 248, 255; *Henn/Alexander* (1983, Corporations), S. 405, 493, 499 - 500.

107 Vgl. *Beams* (1996, Accounting), S. 332 - 333.

108 *FASB* (1997/98, SFAS No. 94), Par. 13.

anderen Unternehmens hält[109]. Während zwar die Control-Definition des FASB heute weit ausgelegt wird, wurde diese weite Fassung des Control-Begriffs in den Vorschriften der SEC explizit formuliert. Daß gewöhnlich die Möglichkeit zur Beherrschung bei Vorliegen einer Stimmrechtsmehrheit gegeben ist, wird z.B. angenommen, weil bei einer Corporation das Mutterunternehmen dann seinen Einfluß bei der Wahl des Board of Directors des Tochterunternehmens geltend machen und dessen Zusammensetzung bestimmen kann[110]. Bei Partnerships ist auf die Gewinn- bzw. Verlustanteile der Gesellschafter abzustellen, sofern die Stimmrechtsverhältnisse nicht eindeutig bestimmbar sind[111]. Wie in Regulation S-X der SEC wird auch vom FASB in ARB No. 51 bzw. SFAS No. 94 auf die Möglichkeit einer Beherrschung, nicht auf die tatsächliche Beherrschung eines Tochterunternehmens abgestellt. Ein wesentlicher Unterschied der Vorschrift des FASB zu der der SEC liegt darin, daß nicht explizit darauf hingewiesen wird, daß Control auf anderen Gegebenheiten beruhen kann als auf einer Stimmrechtsmehrheit.

Die Auffassung darüber, wodurch ein Controlling Financial Interest begründet werden kann, hat sich im Zeitablauf gewandelt. Die heute zumeist weite Auslegung des ARB No. 51 bzw. SFAS No. 94 führt zu einer Annäherung des Control-Konzepts nach SEC-Vorschriften und SFAS No. 94. Bei der Erarbeitung des ARB No. 51 durch das CAP bestand bis auf eine Ausnahme unter den Mitgliedern des Komitees noch ein Konsens darüber, daß das Bestehen eines Controlling Financial Interest an Unternehmen aufgrund einer Minderheitsbeteiligung kaum möglich ist. Als einziges Mitglied des Komitees, das mit der Erarbeitung des ARB No. 51 beschäftigt war, sprach sich *Bedford* dafür aus, die Stimmrechtsmehrheit lediglich als eines unter vielen Kriterien zu betrachten, die einen Controlling Financial Interest begründen[112]. Auch in der Rechnungslegungspraxis wurde die Stimmrechtsmehrheit grundsätzlich als einziges eine Beherrschungsmöglichkeit begründendes Kriterium angesehen[113].

---

109 Vgl. *FASB* (1997/98, ARB No. 51), Par. 2 geändert durch *FASB* (1997/98, SFAS No 94), Par. 13.

110 Vgl. *Eisolt* (1992, Grundlagen), S. 139; *Debrin* (1982, Accounting), S. 272.

111 Vgl. *AICPA* (1990, SOP 78-9), Par. 10,240.07.

112 Vgl. *FASB* (1997/98, ARB No. 51), Stellungnahme von *Bedfort*. (Die Stellungnahmen von Mitgliedern des CAP, die an der Erarbeitung eines ARB beteiligt waren, werden im Anschluß an den Text des ARB abgedruckt. In diesen Stellungnahmen werden Vorbehalte der Mitglieder gegenüber einzelnen Vorschriften dargelegt.)

113 Vgl. *Pahler/Mori* (1994, Accounting), S. 6; *Finney/Miller* (1960, Accounting), S. 461.

Nach heutiger herrschender Meinung kann ein Controlling Financial Interest auch bei Fehlen einer Stimmrechtsmehrheit bestehen[114]. Der Wortlaut des ARB No. 51 Par. 2 "the *usual* condition for a controlling financial interest is ownership of a majority voting interest"[115] wird so interpretiert, daß die Stimmrechtsmehrheit zwar das gewöhnliche Kriterium für einen Controlling Financial Interest darstellt, aber nicht das einzige[116]. Dieser Auslegung unterstützte das FASB bei der Veröffentlichung des SFAS No. 94 im Jahr 1987, führte allerdings nicht in der Verlautbarung aus, welche alternativen Mittel bzw. Rechte eine kontrollierende finanzielle Beteiligung begründen können[117].

In anderen Verlautbarungen ließen seine Vorgängerorganisationen bzw. das FASB bereits vor 1987 die Auffassung einfließen, ein Controlling Financial Interest könne auch bei fehlender Stimmrechtsmehrheit vorliegen. 1971 legt das APB mit der Veröffentlichung des APB Opinion No. 18 fest, im Falle einer fehlenden Stimmrechtsmehrheit könne u.U. ein beherrschender Einfluß vorliegen, wenn entsprechende Umstände wie z.B. Verträge oder Gerichtsentscheide eine Kontrolle ermöglichen[118]. Diese Haltung fließt ebenso in die Control-Definition ein, die das FASB in dem von ihm im Jahr 1982 veröffentlichten SFAS No. 57 "Related Party Disclosures" zur Festlegung von Erläuterungspflichten hinsichtlich der Beziehung zu verbundenen Unternehmen vorgenommen hat[119]. Danach stellt Control "the possession, direct or indirect, of the power to direct or cause the direction of the management and policies of an enterprise"[120] dar und kann nicht ausschließlich durch Stimmrechtsmehrheit erlangt werden[121].

Es besteht weitgehender Konsens darüber, daß Control nicht teilbar ist, so daß eine Doppelerfassung von Unternehmen in zwei verschiedenen Konzernabschlüssen nicht erfolgen dürfte[122].

---

114 Diese Ansicht wurde schon sehr früh von *Childs* mit der Begründung vertreten, alleine der Einfluß auf die Geschäftspolitik sei für das Vorliegen eines Mutter-Tochter-Verhältnisses von Bedeutung. Vgl. *Childs* (1949, Statements), S. 4 - 5.

115 *FASB* (1997/98, ARB No. 51), Par. 2 (im Original nicht kursiv).

116 Vgl. *Baker/Lembke/King* (1996, Accounting), S. 125; *Jensen et al.* (1994, Accounting), S. 68 - 69; *Griffin* et al. (1991, Accounting), S. 59 - 60; *Drebin* (1982, Accounting), S. 273; *Accountants International Study Group* (1973, Statements), Par. 28.

117 Vgl. *FASB* (1997/98, SFAS No. 94), Par. 20.

118 Vgl. *FASB* (1997/98, APB Opinion No. 18), Par. 3 (c).

119 Vgl. *Eisolt* (1992, Grundlagen), S. 137.

120 *FASB* (1997/98, SFAS No. 57), Par. 24 (b).

121 Vgl. *FASB* (1997/98, SFAS No. 57), Par. 24 (b).

122 Vgl. *FASB* (1994, Consolidation Policy), S. 2; *Pacter* (1991, Consolidation), S. 42.

3.2.4. Rechtsform von Mutter- und Tochterunternehmen

Sowohl in den Vorschriften der SEC als auch in ARB No. 51 bzw. SFAS No. 94 werden Mutter- und Tochterunternehmen rechtsformunabhängig definiert[123]. Die SEC bezeichnet die ihr gegenüber berichtspflichtigen Unternehmen ohne Bezug auf eine bestimmte Rechtsform als Registrant, worunter Emittenten von Wertpapieren, für die eine Application, ein Registration Statement oder ein Report angefertigt wird, verstanden werden[124]. Darüber hinaus werden auch die Begriffe Parent und Subsidiary in Regulation S-X Rule 3-01 rechtsformunabhängig definiert. Ein Parent ist ein Unternehmen, das über eine direkte oder indirekte Beherrschungsmöglichkeit verfügt[125]. Ein Tochterunternehmen stellt ein Unternehmen, über das ein anderes Unternehmen direkt oder indirekt eine Beherrschung ausüben kann[126]. Als zur Rechnungslegung verpflichtete Unternehmen der wirtschaftlichen Einheit (Affiliates) kommen sämtliche Unternehmen in der Form einer "Person" im Sinne der Regulation S-X in Frage[127]. Darunter fallen Unternehmen jeder Rechtsform[128].

In ARB No. 51 Par. 1 bzw. SFAS No. 94 werden Mutterunternehmen als Parent Company bezeichnet[129]. Unter den Begriff der Company ((Handels-)Gesellschaft) sind im wesentlichen alle gesellschaftsrechtlichen Unternehmensformen zu subsumieren. Folglich können sämtliche im Gesellschaftsrecht definierten Formen unternehmerischer Tätigkeit (z.B. die Sole Proprietorship, Corporation, Partnership, Joint-Stock Company oder Business Trust) ein Mutterunternehmen darstellen[130], natürliche Personen hingegen nicht[131]. Subsidiaries werden in ARB No.

---

123 Die Bedeutung der Rechtsformunabhängigkeit der Mutter- und Tochterunternehmen in den US-amerikanischen Vorschriften ist insofern jedoch zu relativieren, als die Corporation die am weitesten verbreitete Gesellschaftsform darstellt und somit Mutter- und Tochterunternehmen besonders in der Form der Corporation vorliegen. Vgl. *United States Department of Commerce, Bureau of Census (Hrsg.)* (1992, Statistical Abstract), S. 534 - 537.

124 Vgl. *SEC* (1997, Regulation S-X), Rule 1-02 (t). Zu den Wertpapieren (Securities) zählen insbesondere Aktien, Schuldverschreibungen, bestimmte Optionsverträge und auch sonstige Gewinnbeteiligungsvereinbarungen, die nicht zwingend verbriefte Rechtspositionen der Kapitalanleger umfassen müssen. Siehe *Hopt* (1976, Kapitalmarktrecht), S. 208.

125 Vgl. *SEC* (1997, Regulation S-X), Rule 1-02 (p).

126 Vgl. *SEC* (1997, Regulation S-X), Rule 1-02 (x).

127 Vgl. *SEC* (1997, Regulation S-X), Rule 1-02 (b).

128 Vgl. *SEC* (1997, Regulation S-X), Rule 1-02 (q). Zu den aufgeführten Gesellschaftsformen siehe *Merkt* (1991, Gesellschaftsrecht), S. 113 - 133; *Henn/Alexander* (1983, Corporations), 57 - 143.

129 Vgl. *FASB* (1997/98, ARB No. 51), Par. 1.

130 Vgl. *Eisolt* (1992, Grundlagen), S. 125. Siehe zu den gesellschaftsrechtlichen Unternehmensformen ausführlich *Bungert* (1994, Gesellschaftsrecht); *Reuschlein/Gregory* (1990, Partnership) *Henn/Alexander* (1983, Corporations) und *von Samson-Himmelstjerna* (1983, Gesellschaftsformen).

51 nicht definiert. Im Zusammenhang mit den Vorschriften zur Equity-Bewertung legte das FASB im Jahr 1971 fest, dieser Begriff beziehe sich auf eine Corporation[132]. Insbesondere das AICPA hat allerdings mit seinen Verlautbarungen zur Bildung der heute herrschenden Meinung beigetragen, es kämen im wesentlichen alle gesellschaftsrechtlichen Unternehmensformen für ein Tochterunternehmen in Frage[133].

3.2.5. Befreiung von der Aufstellungspflicht

Sofern ein Control-Verhältnis gegeben ist, besteht nicht nur für das an der Spitze einer wirtschaftlich abgegrenzten rechnungslegenden Einheit stehende Mutterunternehmen grundsätzlich eine Pflicht zur Erstellung eines Consolidated Financial Statements. Auch sämtliche diesem Mutterunternehmen untergeordnete Unternehmen, die wiederum ein Mutterunternehmen darstellen, haben ein Consolidated Financial Statement zu erstellen, selbst wenn sie 100 %-ige Tochterunternehmen sind[134]. Eine Befreiung von der Pflicht zur Aufstellung eines Teil-Consolidated Financial Statements durch ein übergeordnetes Consolidated Financial Statement gewähren weder die SEC-Vorschriften noch ARB No. 51 bzw. SFAS No. 94. Dadurch soll u.a. den Minderheitsaktionären zur Beurteilung ihrer Beteiligung ein gegenüber dem Financial Statement eines Einzelunternehmens verbessertes Informationsinstrument geliefert werden[135].

Auch eine größenabhängige Befreiung von der Pflicht zur Aufstellung eines Consolidated Financial Statements liegt nach den SEC-Vorschriften oder ARB No. 51 bzw. SFAS No. 94 nicht vor.

3.3. Kreise der zu berücksichtigenden Unternehmen

3.3.1. Konsolidierungskreis

3.3.1.1. Grundsätzliche Einbeziehungspflicht

Ein Control-Verhältnis zwischen zwei Unternehmen determiniert eine Parent-Subsidiary-Relationship und ist das konstituierende Merkmal einer wirtschaftlichen Einheit. Während nach den deutschen Vorschriften bei Vorliegen einer

---

131 Vgl. *FASB* (1997/98, ARB No. 51), Par. 22.

132 Vgl. *FASB* (1997/98, APB Opinion No. 18), Par. 3 (c).

133 Vgl. *AICPA* (1990, SOP 78-9), Par. 10,240.01; 10,240.09; 10,240.10 und *AICPA* (1990, TIS), Par. 1400.19, S. 264 - 265.

134 Vgl. *FASB* (1997/98, ARB No. 51), Par. 1.

135 Vgl. zur Parent Company Theory Kapitel IV.2.1.

Mutter-Tochter-Beziehung zwangsläufig die Pflicht zur Einbeziehung von Subsidiaries in den Konsolidierungskreis besteht, ist dies nach den US-amerikanischen Vorschriften nicht zwangsläufig der Fall. Die Frage, welche Tochterunternehmen in das Consolidated Financial Statement einzubeziehen sind (Consolidated Subsidiaries) und welche nicht (Unconsolidated Subsidiaries), wird unter dem Begriff der "Consolidation Policy" diskutiert[136].

Es werden die Tochterunternehmen in den Konsolidierungskreis einbezogen, an denen das Mutterunternehmen eine Stimmrechtsmehrheit hält. Die relevanten Regulierungen, Regulation S-X Rule 3A-02 (a) der SEC und SFAS No. 94 Par. 13 gehen hier konform. Die Vorschriften spiegeln die Grundidee der US-amerikanischen Abgrenzung der wirtschaftlichen Einheit in der Rechnungslegung wider, daß bei Vorliegen einer Stimmrechtsmehrheit ein Beherrschungsverhältnis grundsätzlich gegeben ist. Die Konsolidierungspflicht bezieht sich auf Unternehmen, an denen eine Mehrheitsbeteiligung gehalten wird, unabhängig davon, ob diese ihren Sitz im In- oder Ausland haben (Weltabschlußprinzip)[137].

Werden keine Stimmrechtsanteile an einem Tochterunternehmen gehalten, ist nach den Vorschriften der SEC sowie nach SFAS No. 94 Par. 13 eine Konsolidierung nicht gestattet[138]. Die Pflicht zur Erstellung eines Consolidated Financial Statement ist z.B. nicht gegeben, wenn ein Unternehmen sein Recht, die Mehrheit der Mitglieder des Board of Directors eines anderen Unternehmens zu bestimmen, ausübt, allerdings an dem anderen Unternehmen keine Anteile hält[139].

Lediglich wenn ohne die Konsolidierung eines Tochterunternehmens, an dem keine Stimmrechtsmehrheit gehalten wird, dem Grundsatz der Fair Presentation nicht entsprochen werden würde, ist nach den Vorschriften der SEC die Konsolidierung dieses Tochterunternehmens bei fehlender Stimmrechtsmehrheit zwingend vorgeschrieben[140]. Auch aus den Verlautbarungen des FASB und seiner Vorgängerorganisationen ist abzuleiten, daß Tochterunternehmen, an denen eine Minderheit der Stimmrechte gehalten wird, dann zwingend in den Konsolidierungskreis einzubeziehen sind, wenn ansonsten gegen den Grundsatz der Fair Presentation ver-

---

136 Vgl. *FASB* (1997/98, SFAS No. 94), Par. 13; *FASB* (1997/98, ARB No. 51), Par. 4 und 5; *Rosenfield/Rubin* (1985, Consolidation), S. 2. Zum Begriff der Consolidated und Unconsolidated Subsidiaries vgl. *SEC* (1997, Regulation S-X), Article 3A; *FASB* (1997/98, ARB No. 51), Par. 22 - 23; *Rubin* (1991/95, Consolidation), S. 7 : 2.

137 Vgl. *Eisolt* (1992, Konzernrechnungslegung), S. 155.

138 Vgl. *SEC* (1997, Regulation S-X), Rule 3A-02; *FASB* (1997/98, ARB No. 51), Par. 1; *AICPA* (1990, TIS), § 1400.07, S. 262; *Haried/Imdieke/Smith* (1985, Accounting), S. 61.

139 Vgl. *AICPA* (1990, TIS), Par. 1400.07, S. 262.

140 Vgl. *SEC* (1997, Regulation S-X), Rule 3A-02 (a).

stoßen wird. Anders als in Regulation S-X besteht diesbezüglich aber keine explizite Vorschrift in ARB No. 51 bzw. SFAS No. 94[141].

Kontrovers wird die Frage diskutiert, ob eine Konsolidierung von Tochterunternehmen, an denen eine Minderheitsbeteiligung gehalten wird, gestattet ist, sofern sich eine Konsolidierungspflicht nicht aus dem Grundsatz der Fair Presentation ergibt. Äußerst umstritten ist die Meinung, eine Konsolidierung sei aufgrund der SEC- und FASB-Vorschriften, wonach *grundsätzlich* bei Vorliegen einer Stimmrechtsmehrheit eine Einbeziehungspflicht besteht, nicht ausgeschlossen[142]. In der Konsolidierungspraxis der USA erfolgte aufgrund der bisher grundsätzlich restriktiven Auslegung der Konsolidierungsvorschriften kaum eine Einbeziehung von Tochterunternehmen, an denen keine Stimmrechtsmehrheit gehalten wird. Wenn in sehr vereinzelten Ausnahmefällen solche Subsidiaries konsolidiert wurden, lagen jeweils sehr hohe Minderheitsanteile (zwischen 40 % und 50) vor[143].

3.3.1.2. Einbeziehungsverbote

In SFAS No. 94 sind zwei Fälle festgeschrieben, in denen ein in Stimmrechtsmehrheit befindliches Tochterunternehmen nicht zu konsolidieren ist[144]. Wie auch die SEC-Vorschriften untersagt SFAS No. 94 die Einbeziehung von Majority-Owned Subsidiaries in den Konsolidierungskreis bei einem voraussichtlich nur vorübergehenden Control-Verhältnis[145]. Eine temporäre Beherrschung liegt z.B. vor, wenn ein Mutterunternehmen beabsichtigt, die Beteiligung in naher Zukunft zu veräußern, wenn ein Mutterunternehmen aufgrund der politischen Verhältnisse im Sitzland eines ausländischen Tochterunternehmens erwartet, die Möglichkeit der Beherrschung in Kürze zu verlieren, oder wenn ein Mutterunternehmen nur bedingt durch den Erwerb eigener Aktien durch das Tochterunternehmen eine vorübergehende Mehrheitsbeteiligung hält[146].

Zum anderen dürfen solche Tochterunternehmen nicht in den Konsolidierungskreis einbezogen werden, an denen eine Mehrheitsbeteiligung gehalten wird, über die eine Beherrschung aber nicht ausgeübt werden kann[147]. Allerdings wird

---

141 Vgl. *Eisolt* (1992, Konzernrechnungslegung), S. 157 - 158.

142 Eine Konsolidierung von Tochterunternehmen, an denen keine Stimmrechtsmehrheit gehalten wird, halten für möglich bzw. dafür sprechen sich aus *Baker/Lembke/King* (1996, Accounting), S. 124; *Jensen et al.* (1994, Accounting), S. 71; *Rubin* (1991/95, Consolidation), S. 7 : 4; *Neuhausen* (1982, Consolidation), S. 59.

143 Vgl. *Baker/Lembke/King* (1996, Accounting), S. 124; *Jensen et al.* (1994, Accounting), S. 71; *Pacter/Rosman* (1992, Debate), S. 23.

144 Vgl. *FASB* (1997/98, SFAS No. 94), Par. 13.

145 Vgl. *SEC* (1997, Regulation S-X), Rule 3A-02 (a).

146 Vgl. *Baker/Lembke/King* (1996, Accounting), S. 126.

147 Vgl. *FASB* (1997/98, SFAS No. 94), Par. 13; *Larson* (1994, Accounting), S. 247 - 248.

nochmals auf die Einbeziehungspflicht bei in Mehrheitsbesitz stehenden Unternehmen hingewiesen, sofern Control vorliegt[148]. Die Vermutung, daß ein Unternehmen, an dem eine Stimmrechtsmehrheit gehalten wird, kontrolliert werden kann, ist z.B. widerlegbar, wenn es sich in einem Sanierungs- oder Konkursverfahren befindet[149].

Anders als nach den beschriebenen Vorschriften des SFAS No. 94 bestand nach ARB No. 51 im Falle einer lediglich temporären Beherrschungsmöglichkeit sowie mangelnder Beherrschungsmöglichkeit trotz Stimmrechtsmehrheit an einem Tochterunternehmen kein Verbot der Einbeziehung von Majority-Owned Subsidiaries. Statt dessen sprach ARB No. 51 lediglich die Empfehlung aus, die Einbeziehung solle unterbleiben[150]. Diese Sollvorschrift hatte nicht den zwingenden Charakter der heute geltenden Mußvorschrift.

3.3.1.3. Einbeziehungswahlrechte und -spielräume

Sowohl die Vorschriften der SEC als auch die des FASB sehen keine Einbeziehungswahlrechte vor. Diesbezüglich änderte das FASB mit der Erarbeitung des SFAS No. 94 die Regulierungen des ARB No. 51 grundsätzlich ab, nach denen es Mutterunternehmen in bestimmten Fällen gestattet war[151], auf die Einbeziehung von Majority-Owned Subsidiaries in den Konsolidierungskreis zu verzichten. Obwohl die Entscheidung, ein Tochterunternehmen ggf. aus dem Konsolidierungskreis auszuschließen, nach ARB No. 51 nicht willkürlich gefällt werden durfte, sondern so vorzugehen war, daß die Rechnungslegung möglichst nützliche und aussagekräftige Informationen lieferte[152], wurde diese Vorschrift zu weit ausgelegt. Die massive Kritik an der resultierenden Konsolidierungspraxis führte letztendlich zur Überarbeitung des ARB No. 51[153].

---

148 Vgl. *FASB* (1997/98, SFAS No. 94), Par. 21.

149 Vgl. *SEC* (1997, Regulation S-X), Rule 3A-02 (a); *FASB* (1997/98, SFAS No. 94), Par. 13.

150 Vgl. *FASB* (1997/98, ARB No. 51), Par. 2.

151 Z.B. bestand ein Ermessensspielraum hinsichtlich der Einbeziehung ausländischer Tochterunternehmen, die staatlichen Kontrollen ausgesetzt waren, sowie der Einbeziehung von Tochterunternehmen, deren Tätigkeit von der des Mutterunternehmens stark abweicht. Vgl. *FASB* (1997/98, ARB No. 51), Par. 2 - 3; *Sharp/Thompson* (1989, SFAS 94, S. 42; *Watt/Hammer/Burge* (1977, Accounting), S. 13.

152 Vgl. *FASB* (1997/98, ARB No. 51), Par. 2.

153 Siehe zur Kritik *Pahler/Mori* (1994, Accounting), S. 20 - 21; *Kubin* (1989, Konzernrechnungslegung), S. 107. Eine von *Sharp/Thompson* vor Änderung des ARB No. 51 durchgeführte empirische Studie, in der 90 Industriebetriebe auf ihre Consolidation Policy in den Geschäftsjahren 1986/1987 hin untersucht wurden, ergab, daß 32 % der 90 untersuchten Unternehmen von den Ausnahmeregelungen des ARB 51 Par. 2 und 3 Gebrauch gemacht hatten. Vgl. *Sharp/Thompson* (1989, SFAS 94), S. 42 - 43.

3.3.2. Quotenkonsolidierungskreis

In den Promulgated US-GAAP wird nicht explizit auf die Quotenkonsolidierung eingegangen. Es besteht weder die Pflicht noch ein Wahlrecht zur Quotenkonsolidierung. Lediglich in der AICPA Accounting Interpretation zur APB Opinion No. 18 "The Equity Method of Accounting for Investments in Common Stock: Accounting Interpretations of APB Opinion No. 18", die den Non-Promulgated US-GAAP zuzuordnen ist, wird auf die Pro Rata Consolidation Bezug genommen[154].

Nach AIN-Opinion No. 18, No. 2 dürfen unter besonderen Umständen wahlweise Undivided Interests bestimmter Branchen proportional konsolidiert werden. Die auch als Unincorporated Joint Ventures bezeichneten Undivided Interests stellen neben den Joint Ventures in der Gesellschaftsform der Partnership und der Corporation eine Form von Joint Ventures dar[155]. Grundsätzlich wird zwar die Equity-Bewertung von Unincorporated Joint Ventures als angemessen erachtet. Es besteht aber die Gefahr, daß bei Anwendung der Equity-Methode für bestimmte Industriezweige die gesellschaftsrechtlichen Besonderheiten von Undivided Interests nicht ausreichend berücksichtigt werden, denn obwohl bei Unincorporated Joint Ventures die Gesellschafter an den Vermögensgegenständen gesamthänderisch beteiligt sind und persönlich für die Schulden haften, wird bei Anwendung der Equity-Methode ausschließlich das anteilige Reinvermögen an dem Undivided Interest in der Bilanz ausgewiesen. Für bestimmte Industriezweige, in denen die Quotenkonsolidierung bereits gängige Praxis ist, darf die Quotenkonsolidierung deshalb weiterhin wahlweise herangezogen werden[156]. Zu diesen Industriezweigen zählen z.B. die Öl- und Gasindustrie[157]. Darüber hinaus werden Unincorporated Joint Ventures in der Baubranche (Construction Joint Ventures), im Bergbau (Mining Joint Ventures) und in der Immobilienbrache proportional konsolidiert[158].

In der Rechnungslegungspraxis wird dieses Wahlrecht uneinheitlich ausgeübt. Während Undivided Interests in viele Consolidated Financial Statements nach der

---

154 Vgl. *FASB* (1997/98, AIN-APB Opinion No. 18), No. 2.

155 Zum Begriff des Joint Venture siehe die Ausführung zum Kreis der nach der Equity-Methode zu berücksichtigenden Unternehmen. Während hier entsprechend der Vorgehensweise in AIN-APB Opinion No. 18, No. 2 unter den Unincorporated Joint Ventures lediglich Undivided Interests gefaßt werden, werden darunter teilweise auch sämtliche nicht als Corporate Joint Ventures einzustufenden Unternehmen, d.h. auch Gemeinschaftsunternehmen in der Rechtsform der Partnership, verstanden.

156 Vgl. *FASB* (1997/98, AIN-APB-Opinion No. 18), No. 2, 2.

157 Vgl. *FASB* (1997/98, AIN-APB-Opinion No: 18), No. 2, 2.

158 Vgl. *Pacter* (1991, Consolidation) Par. 12, S. 2; *AICPA* (1990. SOP 78 -9), § 10,240.11, S. 18,552; *Rosenfield/Rubin* (1985, Consolidation), S. 242.

Equity-Methode eingehen, werden sie teilweise auch quotal konsolidiert[159]. Auch Gemeinschaftsunternehmen in der Rechtsform der Partnership werden in der Praxis teilweise quotenkonsolidiert. Sogar die als Combination Approach bezeichnete Vorgehensweise, nach der ein Gemeinschaftsunternehmen in der Bilanz z.B. nach der Equity-Methode behandelt wird, in der GuV die entsprechenden Aufwendungen und Erträge aber quotal übernommen werden, war in der Vergangenheit vorzufinden[160].

3.3.3. Kreis der nach der Equity-Methode zu berücksichtigenden Unternehmen

Die Equity-Methode wurde bereits 1955 in ARB No. 51 als Alternative zur Bewertung von Beteiligungen nach der Cost Method zugelassen. Seit 1971 wird sie in APB Opinion No. 18 "The Equity Method of Accounting for Investments in Common Stock" geregelt[161]. APB Opinion No. 18 wurde 1987 im Rahmen des Reporting Entity Project durch SFAS No. 94 abgeändert.

Nach der Equity-Methode sind im Consolidated Financial Statement Investments in Common Voting Stock an Corporations (Investees) zu bewerten, wenn ein Unternehmen einen maßgeblichen Einfluß (Significant Influence) auf die Geschäftspolitik der Corporation, an der es sich beteiligt hat, ausüben kann, obwohl der Investor 50 % oder weniger der Stimmrechte des jeweiligen Unternehmens hält[162]. "The equity method of accounting for an investment in common stock should also be followed by an investor whose investment in voting stock gives it the ability to exercise significant influence over operating and financial policies of an investee even though the investor holds 50 % or less of the voting stock" [163]. Wie bei der Definition eines Mutter-Tochter-Verhältnisses, die auf die Möglichkeit eines beherrschenden Einflusses abstellt, kommt es auch hier auf die Möglichkeit statt die tatsächliche Ausübung eines maßgeblichen Einflusses an[164].

---

159 Vgl. *Neuhausen* (1982, Consolidation), S. 59. Unter Unincorporated Investments faßt *Neuhausen* sowohl Unincorporated Joint Ventures als auch Gemeinschaftsunternehmen in der Form der Partnership.

160 Vgl. *Neuhausen* (1982, Consolidation), S. 59.

161 Regelungen zur Equity-Methode finden sich darüber hinaus auch in SFAS No. 94 sowie FIN No. 35 "Criteria for Applying the Equity Method of Accounting for Investments in Common Stock". Vgl. zur Vorgehensweise der Equity-Bewertung nach APB No. 18 *Baker/Lembke/King* (1996, Accounting), S. 67 - 95; *Larsen* (1994, Accounting), S. 306 - 344.

162 Eine spezielle Bezeichnung für das Beteiligungsunternehmen (Investee), auf das ein maßgeblicher Einfluß ausgeübt werden kann, besteht nicht. Aus Vereinfachungsgründen sollen diese im folgenden als assoziierte Unternehmen bezeichnet werden.

163 *FASB* (1997/98, APB Opinion No. 18), Par. 17.

164 Vgl. *Hoyle* (1991, Accounting), S. 5.

Gem. APB Opinion No. 18 Par. 16 bzw. SFAS No. 94 sollen Beteiligungen an Corporate Joint Ventures nach der Equity-Methode bewertet werden[165]. Nach der Definition des FASB stellen Corporate Joint Ventures Corporations dar, die von einer kleinen Gruppe von Unternehmen, den Joint Venturern, zu deren Nutzen als rechtlich selbständige Unternehmen geführt werden. Sie dienen häufig der Teilung von Risiken und Chancen, die mit der Entwicklung neuer Produkte oder Technologien einhergehen, dem Poolen von Ressourcen oder der Zusammenführung technologischen Wissens. Grundsätzlich sind alle beteiligten Unternehmen, entweder direkt oder indirekt, am Management eines Corporate Joint Venture beteiligt. Das Eigentum an Corporate Joint Ventures wechselt i.d.R. selten, und die Aktien werden für gewöhnlich nicht öffentlich gehandelt. Allerdings schließt ein öffentlicher Minderheitenanteil nicht aus, daß eine Corporation ein Corporate Joint Venture darstellt[166]. Ein Joint Venture kann nicht gleichzeitig ein Tochterunternehmen sein.

Während der Begriff des Investors rechtsformunabhängig definiert ist[167], muß es sich bei dem nach der Equity-Methode bewerteten Investments um ein Investment in eine Corporation handeln. In seiner Interpretation zu APB Opinion No. 18 nimmt das FASB allerdings zur Equity-Bewertung von Investments in Gemeinschaftsunternehmen in der Rechtsform der Partnership und von Undivided Interest Stellung[168]. Wie beschrieben wird die Equity-Bewertung von Joint Ventures in der Rechtsform der Partnership für angemessen erachtet. Dies gilt mit der Ausnahme einiger Industriezweige, bei denen alternativ eine Quotenkonsolidierung gestattet ist, und entsprechend für Undivided Interests[169].

Tochterunternehmen, an denen keine Stimmrechtsmehrheit gehalten wird und die folglich nicht in den Konsolidierungskreis aufgenommen werden, sind at equity zu bewerten, sofern die Voraussetzungen zur Anwendung der Equity-Methode gegeben sind[170]. Da bei diesen Unternehmen die Möglichkeit einer Beherrschung (Control) vorliegt, wird regelmäßig auch die Möglichkeit eines maßgeblichen Einflusses gewährt sein[171].

---

165 Vgl. *FASB* (1997/98, SFAS No. 94), Par. 15 (e).

166 Vgl. zu dieser Definition des Corporate Joint Venture *FASB* (1997/98, APB Opinion No. 18), Par. 3 (d).

167 Vgl. *FASB* (1997/98, APB Opinion No. 18), Par. 3 (a).

168 Vgl. *FASB* (1997/98, AIN-APB Opinion No. 18), No. 2, 2. Siehe zur Behandlung von Joint Ventures in der Form der Partnership sowie zu Undivided Interests auch die Ausführungen zum Quotenkonsolidierungskreis.

169 Vgl. *FASB* (1997/98, AIN-APB Opinion No. 18), No. 2, 2.

170 FASB (1997/98, APB Opinion No. 18), Par. 14.

171 Siehe die Ausführungen zum Kreis der nach der Equity-Methode zu berücksichtigenden Unternehmen.

Hinsichtlich einer eventuellen Equity-Bewertung von Investments an Tochterunternehmen, an denen eine Stimmrechtsmehrheit gehalten wird, wurde APB Opinion No. 18 durch SFAS No. 94 wesentlich geändert. Majority-Owned Subsidiaries, die aufgrund eines Konsolidierungsverbots nicht in den Konsolidierungskreis einbezogen werden, sollen nicht at equity bewertet werden[172]. Dieser Vorschrift liegt die Idee zugrunde, daß auf nicht konsolidierte Tochterunternehmen kein maßgeblicher Einfluß ausgeübt werden kann.

Vor der Änderung der APB Opinion No. 18 durch SFAS No. 94 sollten sämtliche Tochterunternehmen at equity bewertet werden, die nicht in den Vollkonsolidierungskreis aufgenommen wurden[173]. Da sich mit der Verabschiedung des SFAS No. 94 die Möglichkeiten, Tochterunternehmen aus dem Vollkonsolidierungskreis auszuschließen, wesentlich vermindert haben und Beteiligungen an nicht konsolidierten Majority-Owned Subsidiaries nun mit Anschaffungskosten bewertet werden sollen, führte SFAS No. 94 zu einer starken Einschränkung der Fälle, in denen eine Equity-Bewertung von Tochterunternehmen vorgenommen wird.

Von zentraler Bedeutung im Zusammenhang mit der Equity-Bewertung ist die Bestimmung, ob die Möglichkeit der Ausübung eines maßgeblichen Einflusses vorliegt. Diese kann auf verschiedenen Gegebenheiten beruhen. Als Beispiele für Indizien eines wesentlichen Einflusses nennt das FASB die Vertretung im Board of Directors, wesentliche Lieferungs- und Leistungsverflechtungen, den Austausch von Führungskräften und die Abhängigkeit auf technologischem Gebiet. Außerdem kann das Verhältnis der Höhe der Beteiligung zur Konzentration der übrigen Anteile ein Hinweis für die Möglichkeit eines maßgeblichen Einflusses sein. Mit der Höhe des relativen Anteils steigt die Möglichkeit der Einflußnahme[174].

Eine fremde Mehrheitsbeteiligung an einer Corporation schließt die Einflußnahmemöglichkeit von Seiten eines anderen Investors nicht notwendigerweise aus[175]. Ist diese allerdings gegeben, dann wäre von dem Mehrheitsgesellschafter für den

---

172 Vgl. *FASB* (1997/98, SFAS No. 94), Par. 15; *FASB* (1997/98, APB Opinion No. 18), Par. 14 Footnote 4 geändert durch *FASB* (1997/98, SFAS No. 94), Par. 15 (d). Das FASB hatte ursprünglich geplant, statt einer Soll- eine Mußvorschrift zu formulieren. Weil dafür aber kein Konsens gefunden wurde, ist die Einführung einer Mußvorschrift auf die zukünftige Erarbeitung eines Standards zur Konzernrechnungslegung verschoben worden. Vgl. *FASB* (1997/98, SFAS No. 94), Par. 53.

173 Vgl. *FASB* (1997/98, APB Opinion No. 18), Par. 14.

174 Vgl. *FASB* (1997/98, APB Opinion No. 18), Par. 17. Zu weiteren Indizien vgl. *FASB* (1997/98, FIN No. 35).

175 Vgl. *FASB* (1997/98, APB Opinion No. 18), Par. 17.

Einzelfall zu prüfen, ob nicht die Einflußnahmemöglichkeit des Investors und der Minderheitsgesellschafter zu einem Konsolidierungsverbot führt[176].

Um die Entscheidung darüber, ob ein Significant Influence im Einzelfall gegeben ist, zu objektivieren, wird ab einem direkten oder indirekten Stimmrechtsanteil von 20 % die Möglichkeit zur Ausübung eines maßgeblichen Einflusses widerlegbar vermutet[177]. Sofern die Vermutung nicht widerlegt wird, ist die Equity-Methode zwingend anzuwenden[178]. Bei einem Stimmrechtsanteil von unter 20 % wird widerlegbar vermutet, daß keine Einflußmöglichkeit besteht[179].

Für die Widerlegung der Vermutung einer Einflußmöglichkeit hat das FASB in FIN No. 35 einen nicht abschließenden Katalog von Gründen vorgelegt. Danach kann die Möglichkeit eines maßgeblichen Einflusses auf ein Unternehmen z.B. dadurch verwehrt sein, daß dieses durch Erhebung einer Klage gegen den Investor opponiert oder daß einige Investoren zusammen über eine Konzentration von Stimmrechten an diesem Unternehmen verfügen und die Geschäftspolitik ohne Rücksicht auf die übrigen Investoren bestimmen[180]. Auch bei einer schriftlichen Vereinbarung zwischen dem Investor und einem Unternehmen, wonach der Investor seine Aktionärsrechte gegenüber dem Unternehmen begrenzt (Stand-Still Agreement), ist nach Auffassung des FASB beispielsweise die Möglichkeit des Investors, einen maßgeblichen Einfluß auf die Geschäftspolitik des Unternehmens auszuüben, wahrscheinlich eingeschränkt oder nicht mehr gegeben[181]. Das FASB räumt ein, daß die in FIN No. 35 aufgeführten Beispiele für Gründe einer Widerlegung der Einflußmöglichkeit nicht ohne Interpretation auf Einzelfälle anzuwenden sind, und daß sie die Ermessensspielräume der Bilanzierenden nicht sehr stark einzuschränken vermögen. Trotzdem hält das FASB die Beispiele für eine hilfreiche Leitlinie bei der Entscheidungsfindung[182].

3.3.4. Kreis der "einfachen" Beteiligungsunternehmen

Dem Kreis der "einfachen" Beteiligungsunternehmen wird ein Unternehmen zugeordnet, an dem Equity Securities gehalten werden, wenn es nicht in den Konso-

---

176 Vgl. *FASB* (1997/98, ARB No. 51), Par. 2 geändert durch *FASB* (1997/98, SFAS No. 94), Par. 13. Da das FASB nur in sehr wenigen Fällen einen Ausschluß von Majority-Owned Subsidiaries aus dem Konsolidierungskreis vorschreibt, ist damit zu rechnen, daß ein Tochterunternehmen, auf das ein anderer Investor einen maßgeblichen Einfluß ausüben kann, i.d.R. trotzdem vom Mutterunternehmen zu konsolidieren ist.

177 Vgl. *FASB* (1997/98, APB No. 18) Par. 17; *FASB* (1997/98, FIN No. 35), Par. 2.

178 Vgl. *FASB* (1997/98, FIN No. 35), Par. 3.

179 Vgl. *FASB* (1997/98, APB No. 18), Par. 17; *FASB* (1997/98, FIN No. 35), Par. 2.

180 Vgl. *FASB* (1997/98, FIN No. 35), Par. 4 i.V.m. Par. 8.

181 Vgl. *FASB* (1997/98, FIN No. 35), Par. 4 i.V.m. Par. 9.

182 Vgl. *FASB* (1997/98, FIN No. 35), Par. 14.

lidierungskreis, den Quotenkonsolidierungskreis oder in den Kreis der nach der Equity-Methode zu bewertenden Unternehmen einzubeziehen ist[183].

Nach welcher Methode diese Investments in Equity Securities im Konzernabschluß zu berücksichtigen sind, bestimmten die US-amerikanischen Vorschriften bis 1993 nicht explizit. Es kam lediglich die Bewertung nach der Cost Method in Frage[184]. Seit dem Inkrafttreten von SFAS No. 115 "Accounting for Certain Investments in Debt and Equity Securities" im Jahr 1993 hängt die Wahl der Methode zur Bewertung von Equity Securities davon ab, ob für diese Wertpapiere ein Fair Value ermittelbar ist[185]. Equity Securities, deren Fair Value nicht bestimmbar ist, sind grundsätzlich nach der Anschaffungskostenmethode zu bewerten[186].

Sofern sich der Fair Value von Wertpapieren bestimmen läßt, ist nach SFAS No. 115 vorzugehen[187]. Zu unterscheiden ist bei der Bewertung zwischen solchen Equity Securities, die der Klasse der Trading Securities angehören, und solchen, die als Available-for-Sale Securities zu klassifizieren sind. Den Trading Securities werden solche Wertpapiere zugeordnet, für die eine Verkaufsabsicht besteht und die von dem bilanzierenden Unternehmen nur vorübergehend gehalten werden. Sie gehören zum Umlaufvermögen. Die restlichen Equity Securities zählen zu den Available-for-Sale Securities. In Abhängigkeit von der Unternehmensstrategie stellen diese Bestandteile des Anlage- oder des Umlaufvermögens dar.

Trading und Available-for-Sale Securities werden nach SFAS No. 115 Par. 12 – 13 am Bilanzstichtag grundsätzlich zum Fair Value bewertet, der bei marktgängigen Wertpapieren dem Marktwert entspricht. Unrealisierte Gewinne und Verluste sind bei den Trading Securities unabhängig von der voraussichtlichen Dauer der Wertveränderung erfolgswirksam zu erfassen. Bei den Available-for-Sale Securities sind unrealisierte Gewinne und Verluste hingegen erfolgsneutral in einen im Eigenkapital gesondert auszuweisenden Posten einzustellen. Nur bei einer voraussichtlich dauernden Wertminderung ist erfolgswirksam vorzugehen. Kommt es

---

183 Vgl. *Baker/Lembke/King* (1996, Accounting), S. 63.

184 Vgl. *FASB* (1997/98, APB Opinion No. 18), Par. 6 (a), 7.

185 Vgl. *FASB* (1997/98, SFAS No. 115), Par. 3, wo auch die Umstände erläutert werden, unter denen die Bestimmbarkeit des Fair Value als gegeben angesehen wird.

186 Vgl. *FASB* (1997/98, APB Opinion No. 18), Par. 6 (a), 7; *Baker/Lembke/King* (1996, Accounting), S. 63; *Larsen* (1994, Accounting), S. 307. Zur Vorgehensweise nach der Cost Method siehe *Baker/Lembke/King* (1996, Accounting), S. 64 – 67; *Beams* (1996, Accounting), S. 119 – 127; *Jensen et al.* (1994, Accounting), S. 135 – 138; *Larsen* (1994, Accounting), S. 344 – 351.

187 Vgl. ausführlich zur Bewertung von Wertpapieren nach SFAS No. 115 *Kieso/Weygandt* (1998, Accounting), S. 912 - 920; *Nicolai/Bazley* (1994, Accounting), S. 588 – 609; *Willliams* (1995, GAAP), Chapter 29.

wider Erwarten zu einer Wertaufholung, hat diese über den Eigenkapitalposten erfolgsneutral zu erfolgen[188].

4. Vergleich der US-amerikanischen mit den deutschen Vorschriften

4.1. Pflicht zur Aufstellung eines Konzernabschlusses

Aufgrund der weiten Auslegung des Control-Begriffs durch das FASB und insbesondere die SEC ist das amerikanische Control-Konzept tendenziell als umfassender und flexibler einzustufen als die deutschen Konzepte des § 290 HGB. Nach beiden deutschen Konzepten ist die Konzernrechnungslegungspflicht an strengere Kriterien gebunden als nach den entsprechenden US-amerikanischen Vorschriften.

Beim Konzept der einheitlichen Leitung wird auf die tatsächliche Ausübung der einheitlichen Leitung abgestellt, nicht wie bei den US-amerikanischen Regulierungen auf die bloße Möglichkeit. Gleichzeitig hat nach dem Konzept der einheitlichen Leitung eine Beteiligung nach § 271 HGB vorzuliegen. Nach dem Control-Konzept der SEC ist im Gegensatz dazu die Aufstellungspflicht nicht von weiteren Bedingungen als der Möglichkeit eines beherrschenden Einflusses abhängig (z.B. vom Halten eines Kapitalanteils). Dagegen muß nach dem Control-Konzept des FASB - auch entsprechend der heutigen weiten Auslegung - das Mutterunternehmen hingegen ähnlich der deutschen Vorschrift Anteile an dem kontrollierten Unternehmen halten.

Verglichen mit dem US-amerikanischen Control-Konzept weist das Konzept der einheitlichen Leitung des § 290 Abs. 1 HGB insofern weniger Unterschiede als das deutsche Control-Konzept des § 290 Abs. 2 HGB auf, als auch hier auf wirtschaftliche, nicht auf rechtliche Mittel der Beherrschung abgestellt wird. Obwohl es bei dem deutschen Konzept der einheitlichen Leitung auf eine tatsächliche einheitliche Leitung, bei dem US-amerikanischen Control-Konzept um die Möglichkeit einer Beherrschung geht, wird der Unterschied zwischen diesen beiden Konzepten hinsichtlich der Kriterien, an die eine Pflicht zur Aufstellung eines Konzernabschlusses geknüpft wird, für unbedeutender befunden als der Unterschied zwischen dem deutschen und dem US-amerikanischen Control-Konzept[189]. Aller-

188 Vgl. *FASB* (1997/98, SFAS No. 115), Par. 16.
189 Vgl. *Eisolt* (1992, Konzernrechnungslegung), S. 147.

dings wird in den US-GAAP nicht wie in §§ 290 Abs. 1 i.V.m. 271 HGB eine Mindesthöhe der Anteile bestimmt[190].

Anders als beim US-amerikanischen Control-Konzept, wo die Mittel einer Beherrschungsmöglichkeit nicht abschließend aufgeführt werden, hat der deutsche Gesetzgeber im deutschen Control-Konzept gem. § 290 Abs. 2 HGB konkrete konzerntypische Rechte festgelegt, die eine Aufstellungspflicht determinieren. Außerdem stellt das deutsche Control-Konzept ausschließlich auf rechtliche Mittel der Beherrschung ab (de jure control), das US-amerikanische hingegen auf wirtschaftliche Verhaltensweisen (de facto control)[191]. Die in § 290 Abs. 2 HGB aufgeführten konzerntypischen Rechte führen i.d.R. auch nach den US-amerikanischen Rechnungslegungsvorschriften zur Konzernrechnungslegungspflicht. Sofern sie einem Mutterunternehmen zustehen, verfügt es grundsätzlich über die Möglichkeit, "to direct or cause the direction of the management and policies of a person"[192] bzw. - bei weiter Auslegung - über einen "controlling financial interest"[193].

Die deutschen Vorschriften zum Control-Konzept weisen eine höhere Rechtssicherheit als die US-amerikanischen auf. In den USA besteht die Möglichkeit, daß eine Beherrschung aufgrund nicht in § 290 Abs. 2 HGB aufgeführter Rechte begründet wird, z.B. aufgrund nicht in § 290 Abs. 2 HGB aufgeführter Verträge zwischen dem Unternehmen und seiner Umwelt oder personeller Verflechtungen. Dann verpflichtet § 290 Abs. 2 HGB nicht zur Konzernrechnungslegung, wohingegen dies nach den Regulierungen der SEC und - insbesondere bei weiter Auslegung - des FASB doch der Fall wäre.

Die Zurechnung von konzerntypischen Rechten des Tochterunternehmens zu den Rechten des Mutterunternehmens im Zusammenhang mit dem Control-Konzept erfolgt nach den deutschen wie auch nach den US-amerikanischen Vorschriften in voller Höhe.

In den US-amerikanischen Regulierungen erfolgt die Definition des Mutterunternehmens unabhängig von seiner Rechtsform, Größe und Branche. Die Anwendung der US-amerikanischen Rechnungslegungsvorschriften wird ausschließlich an die Börsennotierung geknüpft, während die Börsennotierung im Gegensatz dazu nach den deutschen Konzernrechnungslegungsvorschriften unerheblich ist. Nach § 290 HGB ist die Konzernrechnungslegungspflicht u.a. daran geknüpft, daß ein Mutterunternehmen in der Rechtsform der Kapitalgesellschaft vorliegt. Gemäß

190 Vgl. die Ausführungen zum Control-Konzept nach ARB No. 51 bzw. SFAS No. 94.

191 Vgl. *Eisolt* (1992, Konzernrechnungslegung), S. 146 - 147.

192 *SEC* (1997, Regulation S-X), Rule 1-02 (g).

193 *FASB* (1997/98, ARB No. 51) Par. 1 geändert durch *FASB* (1997/98, SFAS No. 94), Par. 13.

§ 11 PublG werden - mit Ausnahme der nach dem HGB bereits verpflichteten Kapitalgesellschaften - Mutterunternehmen großer Konzerne unabhängig von ihrer Rechtsform zur Konzernrechnungslegung verpflichtet. Daneben haben nach § 340i HGB Kreditinstitute und nach § 341i HGB Versicherungsunternehmen, auch wenn sie nicht in der Rechtsform der Kapitalgesellschaft geführt werden, unabhängig von ihrer Größe einen Konzernabschluß und –lagebericht nach den §§ 290 ff. HGB zu erstellen. Tochterunternehmen sind sowohl nach den deutschen als auch nach den US-amerikanischen Vorschriften rechtsformunabhängig definiert.

Vorschriften zur Befreiung von der Konzernrechnungslegungspflicht existieren, anders als nach den deutschen Regulierungen, nach den US-amerikanischen Vorschriften nicht. Der Grund liegt insbesondere darin, daß der Konzernabschluß hier nicht grundsätzlich in Ergänzung zum Einzelabschluß, sondern als Ersatz publiziert wird. Die Information der externen Unternehmensbeteiligten über die wirtschaftliche Lage des Unternehmens durch von der SEC eingeforderte Rechnungslegungsdaten wäre folglich bei einer Befreiung von der Konzernrechnungslegungspflicht nicht gewährleistet. In Deutschland sind Einzelabschlüsse hingegen unabhängig von der Erstellung von (Teil-)Konzernabschlüssen von rechtlich selbständigen Einheiten zu veröffentlichen. Konzernabschlüsse haben hier eine Ergänzungsfunktion, ersetzen den Einzelabschluß aber nicht[194]. Bei einer Befreiung von der Teilkonzernrechnungslegungspflicht liegen folglich die Einzelabschlüsse der befreiten Mutterunternehmen vor.

4.2. Kreise der zu berücksichtigenden Unternehmen

4.2.1. Konsolidierungskreis

Unterschiede in der Zusammensetzung des Konsolidierungskreises nach deutschen und US-amerikanischen Vorschriften können sich zum einen aus den unterschiedlichen Definitionen von Mutter-Tochter-Beziehungen ergeben. Zum anderen resultieren sie ggf. aus der Tatsache, daß nach den US-amerikanischen Vorschriften Tochterunternehmen, an denen nicht die Stimmrechtsmehrheit gehalten wird, nicht zwingend in den Konsolidierungskreis einbezogen werden müssen, wohingegen nach deutschen Vorschriften eine Konsolidierung erfolgen muß. Daß in deutschen Konzernabschlüssen Tochterunternehmen konsolidiert werden, an denen keine Stimmrechtsmehrheit gehalten wird, kann aus § 294 HGB i.V.m. § 290 Abs. 1 HGB resultieren. Dies ist z.B. bei einer Mutter-Tochter-Beziehung aufgrund einer Präsenzmehrheit in der Gesellschafterversammlung der Fall. Auch § 294 HGB i.V.m. § 290 Abs. 2 Nr. 2 und 3 HGB kann die Konsolidierung von Tochterunternehmen trotz fehlender Stimmrechtsmehrheit erfordern. Nach den

194 Vgl. *Busse von Colbe/Ordelheide* (1993, Konzernabschlüsse), S. 21.

deutschen Vorschriften ist gem. § 290 Abs. 2 Nr. 3 HGB sogar die Konsolidierung von Tochterunternehmen erforderlich, wenn weder eine Kapitalbeteiligung noch eine Gesellschafterstellung vorliegt. Obwohl das US-amerikanische Control-Konzept weiter gefaßt ist als das Konzept der einheitlichen Leitung und das deutsche Control-Konzept, kann es Fälle geben, wo nach HGB eine Konsolidierung und nach US-GAAP keine Konsolidierung erfolgt.

Ein Beispiel für eine Form des Unternehmenszusammenschlusses, bei der dieser Unterschied zum Tragen kommen kann, stellt das Franchising dar. Dabei räumt der Franchise-Geber dem Franchise-Nehmer gegen eine Gebühr die Rechte ein, ein rechtlich selbständiges Unternehmen unter Nutzung bestimmter Produkte, Markennamen, Know-how oder ähnlichem zu führen. Normalerweise schließen die Partner eine Art Lizenzvertrag ab, der durch weitere Verträge, wie z.B. Liefer-, Kauf- und Managementverträge, ergänzt wird. Dem Franchise-Nehmer werden durch den Franchise-Geber zumeist auch Pflichten auferlegt, bspw. auf die Zusammenarbeit mit anderen Franchise-Gebern zu verzichten oder außerhalb der Franchise-Aktivitäten keinen anderen Geschäftstätigkeiten nachzugehen[195]. Sind die Vereinbarungen zwischen Franchise-Nehmer und –Geber derart ausgestaltet, daß nach § 290 Abs. 1 HGB eine einheitliche Leitung vorliegt, verfügt der Franchise-Geber aber dennoch lediglich über einen Kapitalanteil an dem Franchise-Unternehmen von bspw. 30 %, muß der Franchise-Geber das Franchise-Unternehmen nach den deutschen Vorschriften in seinen Konsolidierungskreis einbeziehen. Nach den US-amerikanischen Vorschriften würde eine Konsolidierung aufgrund der fehlenden Stimmrechtsmehrheit hingegen nicht stattfinden.

Neben den Unterschieden in der Zusammensetzung des Konsolidierungskreises, die sich aus verschiedenen handelsrechtlichen und US-amerikanischen Vorschriften ergeben, führen auch die Regelungen des Publizitätsgesetzes ggf. zur unterschiedlichen Ausgestaltung des deutschen im Vergleich zum US-amerikanischen Konsolidierungskreis, da in den USA aufgrund von Größenkriterien keine Mutter-Tochter-Beziehungen determiniert werden.

Auch hinsichtlich der Vorschriften zu Konsolidierungsverboten bzw. -wahlrechten bestehen einige Unterschiede zwischen den deutschen und US-amerikanischen Regulierungen. Eine dem § 295 HGB entsprechende US-amerikanische Vorschrift existiert nicht. Das in ARB No. 51 bis zu seiner Überarbeitung bestehende Wahlrecht zum Ausschluß von Nonhomogeneous Subsidiaries aus dem Konsolidierungskreis ist aufgehoben worden. Wird davon ausgegangen, daß § 295 HGB eng

195 Vgl. *Rumer* (1994, Kooperationen und Joint Ventures), S. 25.

ausgelegt und somit de facto kaum angewandt wird[196], dürften sich die aus den verschiedenen deutschen und US-amerikanischen Rechnungslegungsregulierungen resultierenden Unterschiede jedoch in Grenzen halten.

Im Fall erheblicher andauernder Beschränkungen der Ausübung der Rechte des Mutterunternehmens (§ 296 Abs. 1 Nr. 1 HGB) und auch bei nur vorübergehender Beherrschungsmöglichkeit (§ 296 Abs. 1 Nr. 3 HGB) sehen die US-amerikanischen Regelungen kein Wahlrecht, sondern ein Einbeziehungsverbot vor[197].

Außerdem unterscheiden sich die US-amerikanischen von den deutschen Vorschriften dahingehend, daß hohe Kosten oder Verzögerungen der Informationsbeschaffung im Rahmen der Konzernabschlußerstellung (§ 296 Abs. 1 Nr. 2 HGB) und eine untergeordnete Bedeutung eines Tochterunternehmens für die Darstellung der wirtschaftlichen Lage des Konzerns (§ 296 Abs. 2 HGB) kein Wahlrecht begründen. In diesen Fällen ist die Einbeziehung der entsprechenden Tochterunternehmen nach US-GAAP zwingend erforderlich, sofern nicht der Materiality-Grundsatz einen Ausschluß der Tochterunternehmen aus dem Konsolidierungskreis rechtfertigt.

Einen zusammenfassenden Überblick über die US-amerikanischen Ausnahmevorschriften zur Einbeziehung von Tochterunternehmen in den Konsolidierungskreis im Vergleich zu den entsprechenden deutschen Vorschriften gibt Tabelle 1.

Tatbestand	**US-GAAP (SFAS No. 94 Par. 13)**	**HGB**
Abweichende Tätigkeit des TU	Konsolidierungspflicht	Konsolidierungsverbot (§ 295 HGB)
Beeinträchtigung der Ausübung der Rechte des MU in bezug auf das Vermögen oder die Geschäfte des TU durch erhebliche und andauernde Beschränkungen	Konsolidierungsverbot	Konsolidierungswahlrecht (§ 296 Abs. 1 Nr. 1 HGB)
Unverhältnismäßige Kosten oder Verzögerungen bei der Beschaffung der nötigen Angaben	Grundsätzlich Konsolidierungspflicht, aber Beachtung des Materiality-Grundsatzes	Konsolidierungswahlrecht (§ 296 Abs. 1 Nr. 2 HGB)

196 Einer Studie, in der 50 Konzernabschlüsse aus den Branchen Handel, Industrie und Verkehr untersucht wurden, ist zu entnehmen, daß lediglich in 7 Konzernen Tochterunternehmen aufgrund von § 295 HGB aus dem Konsolidierungskreis ausgeschlossen wurden. Vgl. *Heydemann/Koenen* (1992, Abgrenzung), S. 2254.

197 Vgl. *FASB* (1997/98, SFAS No. 94), Par. 13.

Tatbestand	US-GAAP (SFAS No. 94 Par. 13)	HGB
Halten der Anteile am TU zum Zwecke der Weiterveräußerung	Konsolidierungsverbot	Konsolidierungswahlrecht (§ 296 Abs. 1 Nr. 3 HGB)
Einbeziehung von untergeordneter Bedeutung	grundsätzlich Konsolidierungspflicht, aber Beachtung des Materiality-Grundsatzes	Konsolidierungswahlrecht (§ 296 Abs. 2 HGB)

Tabelle 1: Ausnahmen von der Vollkonsolidierung nach US-GAAP im Vergleich zum HGB

4.2.2. Quotenkonsolidierungskreis

Zwischen den US-amerikanischen und deutschen Regulierungen zum Quotenkonsolidierungskreis liegen bedeutende Unterschiede vor. Während nur in den Non-Promulgated US-GAAP auf die Quotenkonsolidierung eingegangen und ihre Anwendung sehr restriktiv nur für Gemeinschaftsunternehmen bestimmter Rechtsform und weniger Branchen für angemessen erachtet wird, besteht in den deutschen Vorschriften wie beschrieben ein Wahlrecht zur Quotenkonsolidierung von Gemeinschaftsunternehmen jeder Rechtsform und Branche. Gemeinsam ist den deutschen und US-amerikanischen Vorschriften allerdings, daß die Quotenkonsolidierung lediglich bei Konzernabschlüssen in Frage kommt, die ohnehin aufzustellen sind[198]. Die Rechnungslegungspraxis ist in den USA hinsichtlich der Quotenkonsolidierung sehr uneinheitlich. Deshalb dürfte, wie auch in Deutschland, gestattet sein, fallweise für einzelne Unternehmen statt konzernweit einheitlich zu entschieden, ob eine Quotenkonsolidierung vorgenommen wird[199]

Da die deutsche Definition des Gemeinschaftsunternehmens unabhängig von der Rechtsform und der Branchenzugehörigkeit formuliert ist, ergibt sich ein weiter gefaßter Quotenkonsolidierungskreis als nach US-GAAP, wonach lediglich Unincorporated Joint Ventures bestimmter Branchen wie z.B. der Öl- oder Gasindustrie wahlweise quotal konsolidiert werden dürfen[200]. Dies gilt ebenso in Anbetracht der Tatsache, daß in der US-amerikanischen Rechnungslegungspraxis teilweise auch Gemeinschaftsunternehmen in der Rechtsform der Partnership quotal konsolidiert werden. Auch daß in den USA teilweise Arbeitsgemeinschaften bestimmter Branchen quotal konsolidiert werden, die nach den deutschen Vor-

198 Vgl. *Busse von Colbe/Ordelheide* (1993, Konzernabschlüsse), S. 454.

199 Vgl. *Sigle* (1998, § 310), Rn. 34.

200 Vgl. *FASB* (1997/98, AIN-APB-Opinion No. 18), No. 2, 2; *Pacter* (1991, Consolidation) Par. 12, S. 2.

schriften z.T. nicht quotal einbezogen werden dürfen[201], ändert nichts an der Tatsache, daß insgesamt nach den deutschen Regulierungen der Quotenkonsolidierungskreis weiter gefaßt ist als der nach den US-amerikanischen Vorschriften. In Deutschland werden Gemeinschaftsunternehmen häufig in der Form von Gesellschaften bürgerlichen Rechts geführt, wobei die Arbeitsgemeinschaft die häufigste Erscheinungsform darstellt. Eine Quotenkonsolidierung kommt nicht in Frage, wenn Arbeitsgemeinschaften für die Durchführung bestimmter zeitlich begrenzter Projekte gegründet werden. Es wird aber als zulässig betrachtet, diese Arbeitsgemeinschaften quotal zu konsolidieren, wenn sie für mindestens drei Jahre bestehen, was den sich aus dem Gewerbesteuerrecht ergebenden Grundsätzen für einen "dauerhaften Geschäftsbetrieb" (§ 2a GewStG) entspricht[202].

4.2.3. Kreis der nach der Equity Methode zu berücksichtigenden Unternehmen

Die US-amerikanischen und deutschen Vorschriften stimmen darin überein, daß im Konzernabschluß für Beteiligungen an assoziierten Unternehmen die Equity-Bewertung obligatorisch ist. Die Definitionen des assoziierten Unternehmens dekken sich grundlegend. Ein wichtiger Unterschied der deutschen Vorschriften zu APB Opinion No. 18 besteht darin, daß die Anwendung der Equity-Bewertung nach § 311 HGB an die tatsächliche Ausübung des maßgeblichen Einflusses, nicht an die Möglichkeit der Ausübung eines maßgeblichen Einflusses gebunden ist.

Ein maßgeblicher Einfluß wird in Deutschland u.a. als gegeben angesehen, wenn Grundsatzfragen der Geschäfts- und Finanzpolitik des jeweiligen Unternehmens mitentschieden werden oder die Möglichkeit besteht, die Gewinnverwendung in der Beteiligungsgesellschaft zu beeinflussen[203]. Dies entspricht der US-amerikanischen Voraussetzung, daß sich der Significant Influence auf die "operating and financial policies of an investee"[204] beziehen muß. Die in APB Opinion No. 18 beispielhaft genannten Kriterien, die auf einen Significant Influ-

201 Bei Arbeitsgemeinschaften liegt nicht immer eine „dauernde Verbindung" zum Gesellschaftsunternehmen vor, die jedoch ein notwendiges Kriterium für eine Quotenkonsolidierung darstellt. Eine dauernde Verbindung ist auf unbestimmte Zeit angelegt. Arbeitsgemeinschaften, die insbesondere im Bereich der Bau- und Montagevorhaben verbreitet sind, werden aber häufig nur für begrenzte Dauer eingerichtet. Vgl. *Sigle* (1998, § 310), Rn. 22.

202 Vgl. *Sigle* (1998, § 310), Rn. 22.

203 Zur Konkretisierung des Begriffs des maßgeblichen Einflusses siehe *Küting/Köthner/Zündorf* (1998, § 311), Rn. 15 - 67.

204 Vgl. *FASB* (1997/98, APB Opinion No. 18), Par. 17.

ence hinweisen[205], stellen auch nach deutschem Verständnis Merkmale eines maßgeblichen Einflusses dar[206].

Ein weiterer Unterschied zwischen den US-amerikanischen und deutschen Vorschriften zum Kreis der im Konzernabschluß nach der Equity-Methode zu berücksichtigenden Unternehmen besteht darin, daß anders als nach den deutschen Vorschriften in den USA Gemeinschaftsunternehmen nicht wahlweise nach der Quotenkonsolidierung oder der Equity-Methode im Konzernabschluß berücksichtigt werden, sondern bis auf wenige Ausnahmen grundsätzlich die Equity-Methode heranzuziehen ist.

Hinsichtlich der Equity-Bewertung nicht konsolidierter Tochterunternehmen entsprechen sich die US-amerikanischen und deutschen Vorschriften weitgehend. Da ein Ausschluß von Majority-Owned Subsidiaries aufgrund abweichender Tätigkeit von der Vollkonsolidierung nach den US-amerikanischen Regulierungen nicht vorgesehen ist, werden die nach § 295 HGB auszuschließenden Tochterunternehmen nach den US-amerikanischen Vorschriften konsolidiert, statt nach der Equity-Methode bzw. nach der Anschaffungskostenmethode berücksichtigt zu werden.

Werden die Wahlrechte des § 296 Abs. 1 Nr. 2 oder 3 HGB ausgeübt, dann erfolgt im nach deutschen Vorschriften aufgestellten Konzernabschluß eine Equity-Bewertung der Beteiligung am Tochterunternehmen bzw. eine Bewertung der Beteiligung zu Anschaffungskosten. Hingegen muß nach US-amerikanischen Vorschriften bei Majority-Owned Subsidiaries eine Konsolidierung vorgenommen werden, da in diesen Fällen nach US-GAAP kein Konsolidierungsverbot oder -wahlrecht vorgesehen ist.

In den Fällen, in denen § 296 Abs. 1 Nr. 1 und Abs. 2 HGB ein Konsolidierungswahlrecht vorsehen, dürfen nach den US-amerikanischen Regulierungen Majority-Owned Subsidiaries nicht konsolidiert werden, sondern sollen at equity bewertet werden. Differenzen zwischen der deutschen und US-amerikanischen Vorgehensweise treten z.B. dann auf, wenn in den genannten Fällen nach SFAS No. 94 at equity bewertet wird, in der deutschen Rechnungslegung aber die Anschaffungskostenmethode nach § 253 HGB zur Anwendung kommt.

205 Vgl. *FASB* (1997/98, APB Opinion No. 18), Par. 17. Zu weiteren Indizien siehe *FASB* (1997/98, FIN No. 35).

206 Vgl. *IDW* (1996, WP-Handbuch), S. 396; *Busse von Colbe/Ordelheide* (1993, Konzernabschlüsse), S. 474; *Busse von Colbe/Chmielewicz* (1986, Bilanzrichtlinien-Gesetz), S. 342.

4.2.4. Kreis der "einfachen" Beteiligungsunternehmen

Nach den US-amerikanischen Vorschriften stellen die Anschaffungskosten von Wertpapieren nicht wie nach den deutschen Vorschriften die Bewertungsobergrenze dar (§ 253 Abs. 1 Satz 1 HGB). Sofern der Börsen- oder Marktpreis über die Anschaffungskosten steigt, unterscheiden sich die Bewertung von Wertpapieren nach den US-amerikanischen und deutschen Vorschriften in Abhängigkeit von der Wertpapierkatogerie.

Sofern der Börsen- oder Marktpreis hingegen unter die Anschaffungskosten sinkt, entpsrechen sich die Bewertung von Wertpapieren und Trading Securities nach US-GAAP und HGB. Unterschiede bei der Bewertung von Wertpapieren und Trading Securities bestehen hinsichtlich der Berücksichtigung von Wertsteigerungen. Während diese nach US-GAAP zwingend mit Zuschreibungen einhergehen, sind Zuschreibungen nach § 280 Abs. 1 HGB nur vorzunehmen, wenn durch den Anstieg des Börsen- oder Marktpreises der Grund für eine frühere Wertminderung entfällt. Die Zuschreibung hat bis maximal zu den Anschaffungskosten abzüglich etwaiger planmäßiger Abschreibungen zu erfolgen. § 280 Abs. 2 HGB räumt sogar die Möglichkeit ein, unter bestimmten Bedingungen auf die Zuschreibung zu verzichten[207].

Hinsichtlich des Wertansatzes von Available-for-Sale Securities gelten die gleichen Unterschiede zum Wertansatz von Wertpapieren nach deutschem Recht. Daneben treten Differenzen bezüglich der Höhe des Jahresüberschusses bzw. –fehlbetrags auf. Das Net Income im US-amerikanischen Abschluß ist höher bzw. niedriger als der Jahresüberschuß im deutschen Abschluß, wenn Wertaufholungen oder später erneut auftretende nur vorübergehende Wertminderungen vorliegen, da diese nach US-GAAP "lediglich" im gesonderten Eigenkapitalposten zu berücksichtigen sind (SFAS No. 115 Par. 16).

4.3. Fazit

Einen abschließenden Überblick über die Einbeziehung rechtlich selbständiger Unternehmen in die Consolidated Financial Statements nach US-GAAP und den Konzernabschluß nach HGB liefert Abbildung 3.

---

207 Ein Verzicht ist möglich, sofern der niedrigere Wertansatz in der Steuerbilanz beibehalten werden kann und dafür, aus Gründen der Umkehrmaßgeblichkeit, der niedrigere Wertansatz in der Handelsbilanz Voraussetzung ist (§ 280 Abs. 2 HGB).

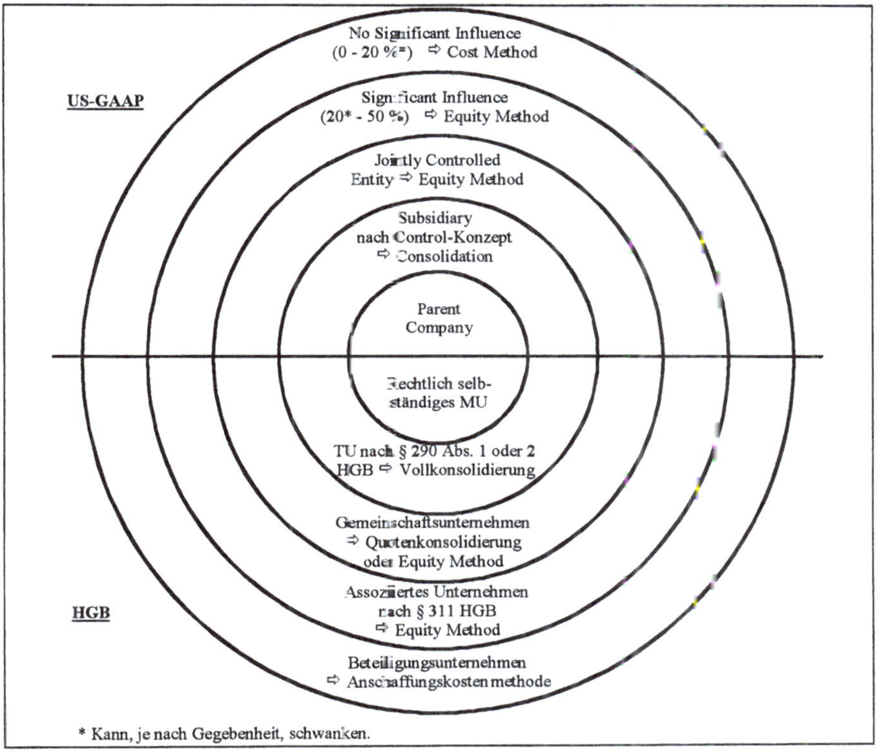

Abbildung 3: Einbeziehung rechtlich selbständiger Unternehmen in die Consolidated Financial Statements

Quelle: *Pellens* (1998, Internationale Rechnungslegung), S. 259.

Zusammenfassend ist festzuhalten, daß trotz der bestehenden Unterschiede zwischen den US-amerikanischen und deutschen Vorschriften zur Abgrenzung der wirtschaftlichen Einheit rechtlich selbständiger Unternehmen auch weitreichende Gemeinsamkeiten vorliegen. So wird z.B. bei der Definition des assoziierten Unternehmens in den US-amerikanischen Vorschriften auf die Möglichkeit eines maßgeblichen Einflusses abgestellt[208], während nach den deutschen Vorschriften die tatsächliche Ausübung des maßgeblichen Einflusses relevant ist. Ein maßgeblicher Einfluß wird jedoch jeweils ab einem Stimmrechtsanteil von über 20 % widerlegbar vermutet.

208 Vgl. *FASB* (1997/98, APB Opinion No. 18), Par. 17; *FASB* (1997/98, Fin No. 35), Par. 2; § 311 Abs. 1 HGB.

Außerdem ist den US-amerikanischen und deutschen Abgrenzungsvorschriften z.B. gemeinsam, daß die Kriterien der Leitungsmacht (einheitliche Leitung, konzerntypische Rechte gem. § 290 HGB und Beherrschungsmöglichkeit gem. SFAS No. 94) sowie der Beteiligung bzw. dem Stimmrechtsanteil (z.B. § 290 Abs. 1 HGB i.V.m. § 271 Abs. 1 HGB und Controlling Financial Interest nach SFAS No. 94) zur Charakterisierung von Mutter-Tochter-Verhältnissen herangezogen werden.

Einer der Unterschiede besteht hinsichtlich der Höhe der Beteiligung bzw. des Stimmrechtsanteils, die nach den deutschen und US-amerikanischen Vorschriften zur Einbeziehung eines Tochterunternehmens in den Konsolidierungskreis notwendig ist. In § 290 Abs. 1 HGB wird bspw. lediglich eine Beteiligung gem. § 271 Abs. 1 HGB gefordert. Als Beteiligung gilt danach im Zweifel ein Kapitalanteil an einer Kapitalgesellschaft über 20 %. Nach § 290 Abs. 2 Nr. 3 ist überhaupt keine Kapitalbeteiligung oder Gesellschafterstellung neben dem konzerntypischen Recht zur Ausübung eines beherrschenden Einflusses aufgrund eines Beherrschungsvertrags oder einer Satzungsbestimmung erforderlich, damit eine Einbeziehungspflicht in den Konsolidierungskreis besteht[209]. Nach den US-amerikanischen Vorschriften ist eine Einbeziehungspflicht in den Konsolidierungskreis hingegen grundsätzlich bei Stimmrechtsmehrheit gegeben[210].

In der Konsolidierungspraxis dürfte sich der Kreis der wesentlichen vollkonsolidierten Tochterunternehmen jedoch nach den deutschen und US-amerikanischen Vorschriften nicht stark unterscheiden. In der Konsolidierungspraxis der USA erfolgt zwar kaum eine Einbeziehung von Tochterunternehmen, an denen keine Stimmrechtsmehrheit gehalten wird. Nur in sehr vereinzelten Ausnahmefällen werden solche Subsidiaries konsolidiert, an denen sehr hohe Minderheitsbeteiligungen gehalten wurden (zwischen 40 und 50 %)[211]. Allerdings besteht an den wesentlichtlichen vollkonsolidierten Tochterunterunternehmen von Konzernen, die einen HGB-Konzernabschluß erstellen, häufig auch ein Kapitalanteil von über 50 %. Z.B. beträgt bei dem Kreis der von der Deutschen Telekom AG 1997 vollkonsolidierten Tochterunternehmen, deren Umsatz und Ergebnis

209 Vgl. *Siebourg* (1998, § 290), Rn. 90; *Adler/Düring/Schmaltz* (1996, Rechnungslegung), § 290 Rn. 61.

210 Lediglich die SEC verpflichtet mit ihren Vorschriften explizit zu einer Abweichung von dieser Vorschrift, sofern der Grundsatz der Fair Presentation dies erfordern sollte. Vgl. SEC (1997, Regulation S-X), Rule 3A-02 (a).

211 Vgl. *Baker/Lembke/King* (1996, Accounting), s. 124; *Jensen et al.* (1994, Accounting), S. 71; *Pacter/Rosman* (1992, Debate), S. 23.

zusammen mit der Deutschen Telekom AG mehr als 90 % des Konzerns ausmachen, der niedrigste Kapitalanteil an einem dieser Unternehmen 59,58 %[212].

Im II. Kapitel wurde beschrieben, daß von den Formen von Unternehmenszusammenschlüssen diejenigen als Bestandteil der wirtschaftlichen Einheit angesehen werden können, bei denen die rechtliche Selbständigkeit der Unternehmen erhalten bleibt, die wirtschaftliche Selbständigkeit jedoch eingeschränkt oder vollkommen aufgehoben ist.

Aus der Gruppe von Unternehmenszusammenschlüssen, in der die beteiligten Unternehmen ihre rechtliche Selbständigkeit behalten, ihre wirtschaftliche Selbständigkeit aber eingeschränkt ist, werden nach US-GAAP und den deutschen Vorschriften sehr ähnliche Formen in die rechnungslegende Einheit einbezogen. Es werden jeweils Unternehmen berücksichtigt, bei denen ein maßgeblicher Einfluß vorliegt (assoziierte Unternehmen, ggf. Franchising Unternehmen oder Arbeitsgemeinschaften).

Unterschiede bestehen hinsichtlich der Gruppe von Unternehmenszusammenschlüssen, bei denen die Unternehmen ihre rechtliche Selbständigkeit behalten, aber ihre wirtschaftliche Selbständigkeit aufgeben. Gemeinschaftsunternehmen sind nach den deutschen Vorschriften wahlweise im Wege der Quotenkonsolidierung zu berücksichtigen, während bis auf einige Ausnahmen gem. US-GAAP eine Equity-Bewertung vorzunehmen ist. Bei der Definition von Konzernunternehmen wird nach den deutschen Vorschriften und nach den US-amerikanischen Vorschriften neben dem Kriterium der Control auf das der Stimmrechtsmehrheit abgestellt. Verallgemeinernd kann festgehalten werden, daß nach den US-amerikanischen Vorschriften eine höhere Stimmrechtsmehrheit notwendige Voraussetzung für eine Konsolidierung ist als nach den deutschen Vorschriften.

Es stellt sich, insbesondere angesichts der Unterschiede zwischen den US-amerikanischen und deutschen Abgrenzungsvorschriften, die Frage, ob mit diesen Vorschriften das Ziel der Abgrenzung der rechnungslegenden Einheit nach der wirtschaftlichen Selbständigkeit erreicht wird. Zur Beantwortung dieser Frage ist zunächst – unabhängig von der Frage der Abgrenzung der wirtschaftlichen Einheit in der Rechnungslegung - zu klären, wodurch allgemein eine wirtschaftliche Einheit charakterisiert wird. Erst wenn Aufschlüsse darüber vorliegen, ist auf ihrer Grundlage eine Beurteilung der konkreten Rechnungslegungsvorschriften möglich. Im folgenden IV. Kapitel werden deshalb theoretische Ansätze erläutert, die sich allgemein mit der Frage der Beschreibung und somit auch der Abgren-

---

212 Vgl. *Deutsche Telekom AG* (1997, Geschäftsbericht), S. 79.

zung der wirtschaftlichen Einheit beschäftigen. Auf der Grundlage dieser Ansätze werden im V. Kapitel die bestehenden US-amerikanischen und deutschen Abgrenzungsvorschriften sowie Vorschläge zur Änderung der US-amerikanischen Abgrenzungsvorschriften kritisch beleuchtet.

Kapitel IV

Theoretische Ansätze zur Abgrenzung der wirtschaftlichen Einheit

Im IV. Kapitel werden theoretische Ansätze zur Abgrenzung der wirtschaftlichen Einheit beschrieben. Zu Beginn wird untersucht, inwieweit die Transaktionskostentheorie Aufschlüsse über die Abgrenzung der wirtschaftlichen Einheit liefert. Im Anschluß wird die Charakterisierung der wirtschaftlichen Einheit in den Theorien der Konzernrechnungslegung sowie den betriebswirtschaftlichen Unternehmens- und Konzerndefinitionen erläutert und überprüft, wie auf ihrer Grundlage die Abgrenzung der wirtschaftlichen Einheit erklärt werden kann. Die abschließend behandelten qualitativen Merkmale von Rechnungslegungsvorschriften beschreiben nicht wie die ersten theoretischen Ansätze die wirtschaftliche Einheit. Sie werden dennoch vorgestellt, da sie eine wesentliche Leitlinie für die Ausgestaltung von Rechnungslegungsvorschriften zur Abgrenzung der wirtschaftlichen Einheit darstellen.

1. Transaktionskostentheoretischer Ansatz

1.1. Grundlagen

Die Transaktionskostentheorie stellt neben der Theorie der Eigentumsrechte (Property-Rights Theorie)[1] und der Vertretungstheorie (Principal-Agent Theorie)[2] einen der nicht überschneidungs- und widerspruchsfreien Ansätze der Neuen Institutionenökonomik dar[3]. Die Ansätze der Neuen Institutionenökonomik beschäftigen sich mit der Erklärung, dem Wandel sowie der Gestaltung von Institutionen. Sie zielen darauf, Aussagen über die Effizienz alternativer Institutionen zu treffen.

Unter einer Institution wird ein das soziale Handeln von Individuen steuerndes Geflecht von Normen verstanden, das auf dem Einzelinteresse der Individuen basierend von Menschen bewußt geschaffen wird. Institutionen stellen Formen der Koordination von Aktivitäten dar. Sie sind auf eine bestimmte Zielsetzung ausge-

1 Vgl. grundlegend *Furubotn/Pejovich* (1974, Property Rights); *Alchian/Demsetz* (1972, Economic Organization); *Coase* (1960, Social Cost).

2 Vgl. grundlegend *Pratt/Zeckhauser* (1985, Principals and Agents); *Grossmann/Hart* (1983, Principal-Agent Problem).

3 Vgl. *Richter* (1990, Institutionenökonomik), S. 583.

richtet und schließen die Instrumente zur Aufrechterhaltung des Geflechts von Normen mit ein. In einem beidseitigen Vertrag, der die Übertragung von Verfügungs- und Kontrollrechten festlegt, konkretisieren sich Zielsetzung und Instrumente[4].

In der Neuen Institutionenökonomik wird die wirtschaftliche Einheit als Geflecht von Normen beschrieben. Im Rahmen der Transaktionskostentheorie wurde ein heuristisches Konzept zur Wahl der effizienten Form der Koordination entwickelt. Dabei erfolgte eine Beschreibung effizienter Koordinationsformen, die auch Aufschlüsse über die Grenzen dieser Institutionen gibt.

Den Grundstein zur Entwicklung einer Transaktionskostentheorie legte *Coase* mit seiner Erklärung der Existenz und Größe von Unternehmungen[5]. *Coase* berücksichtigt, daß neben dem Preismechanismus der Märkte Anweisungen in Unternehmungen als alternative Institution der Koordination ökonomischer Aktivitäten existieren[6]. Bei Nutzung des Preismechanismusses auf einem Markt treten Kosten (Costs of Using the Price Mechanism) auf. Darunter fallen Kosten für Informationen über Preise der zu produzierenden Güter und der einzusetzenden Faktorleistungen, für das Aushandeln und den Abschluß von Verträgen mit Abnehmern von produzierten Gütern und Lieferanten von Faktorleistungen sowie für Vertragsanpassungen.

Der Grund für die Existenz von Unternehmungen liegt darin, daß die bei Nutzung des Preismechanismusses anfallenden Kosten ggf. durch die Verlagerung der ökonomischen Aktivitäten vom Markt in eine Unternehmung (vertikale Integration) gesenkt werden können. Die Zusammenfassung von Transaktionen in der Form von dauerhaften Unternehmungen wird also zur Erzielung von Kostenersparnissen vorgenommen.

Da auch Kosten bei unternehmungsinterner Koordination entstehen, die mit der Zahl zusätzlicher in die Unternehmung verlagerter Marktaktivitäten überproportional steigen, bestehen Grenzen vertikaler Integration. Die optimale Unternehmungsgröße ist erreicht, wenn die Kosten, die in der Unternehmung durch die Übernahme und interne Koordination einer weiteren Transaktion vom Markt mit

---

4 Vgl. *Richter* (1990, Institutionenökonomik), S. 572.

5 Vgl. *Coase* (1937, Firm); *Williamson* (1985, Institutions), S. 3 - 4. Einen Überblick über den Erklärungsansatz von *Coase* vermittelt z.B. *Bössmann* (1981, Unternehmungen). Die Unternehmung stellt eine ökonomische Form der Koordination dar (wirtschaftliche Einheit) und ist nicht zu verwechseln mit einem Unternehmen als rechtlich selbständige Einheit.

6 Vgl. zu den folgenden Ausführungen *Coase* (1937, Firm), S. 388 - 395.

den Kosten der Koordination der Transaktion durch den Preismechanismus übereinstimmen[7].

Die Erkenntnisse von *Coase* bilden für die Abgrenzung unterschiedlicher Formen von Institutionen ohne Berücksichtigung weiterer Arbeiten zur Transaktionskostentheorie noch keine ausreichende Grundlage. *Coase* erläutert nicht den Begriff der Transaktion. Außerdem bezieht er außer den beiden Extremformen der Koordination ökonomischer Aktivitäten, Markt und Unternehmung, keine weiteren Koordinationsformen in seine Überlegung ein. Zwar weist *Coase* z.B. auf Franchising oder Leasing hin, sieht darin aber nur eine besondere Art langfristiger Verträge im Zusammenhang mit Markttransaktionen, keine separate Form einer Institution[8].

Von der Dichotomie der Alternativen Markt und Unternehmung wurde im Rahmen der Weiterentwicklung der Transaktionskostentheorie abgerückt. Statt dessen wurde berücksichtigt, daß ein Spektrum von Koordinationsformen besteht, die sowohl Merkmale marktlicher als auch hierarchischer Koordination tragen[9]. Grundsätzlich wird die Substitution eines Austausches über den Markt durch eine interne Organisationsform als Internalisierung bezeichnet. Neben der in der dichotomen Betrachtungsweise von *Coase* möglichen Internalisierung durch Integration (Substitution durch Verlagerung in eine Unternehmung) besteht nach diesen Arbeiten auch die Möglichkeit der Internalisierung durch Koordination (Substitution durch Verlagerung in eine hierarchische Organisationsform, die aber keine Unternehmung darstellt)[10].

Z.B. wies *Richardson* darauf hin, daß neben der rein marktlichen und rein hierarchischen Form der Koordination auch Zwischenformen existieren, insbesondere die "Koordination durch Kooperation"[11]. Darunter versteht *Richardson* eine Ex-ante-Koordination von Plänen wirtschaftlich selbständiger Unternehmungen, die wechselseitige Verpflichtungen hinsichtlich ihres zukünftigen Verhaltens übernehmen. Tiefergehende Überlegungen zur Wahl der Koordinationsform stellt *Richardson* allerdings nicht an.

---

7 Vgl. *Bössmann* (1983, Transaktionskosten), S. 107.

8 Vgl. *Bössmann* (1981, Unternehmungen), S. 672.

9 Vgl. insbesondere *Williamson* (1985, Institutions); *Williamson* (1975, Markets and Hierarchies).

10 Vgl. zu dieser Terminologie *Büchs* (1991, Markt und Hierarchie), S. 6; *Williamson* (1971, Integration), S. 112.

11 Vgl. *Richardson* (1972, Organization); dazu auch *Bössmann* (1983, Transaktionskosten), S 108 - 109.

Unter Berücksichtigung von Mischformen hat *Williamson* auf den Erkenntnissen von *Coase* aufbauend die Transaktionskostentheorie erweitert[12]. Eine Voraussetzung zum Verständnis des von ihm entwickelten heuristischen Ansatzes stellt die Kenntnis der getroffenen Verhaltensannahmen, der Definition des Begriffs der Transaktion und der Transaktionskosten sowie der die Höhe der Transaktionskosten beeinflussenden Transaktionsmerkmale dar.

- Verhaltensannahmen

Zum einen nimmt *Williamson* eingeschränkte oder begrenzte Rationalität (Bounded Rationality) der an Transaktionen beteiligten Personen an[13]. Dies bedeutet, daß Personen zwar in ihrem Eigeninteresse nutzenmaximierend handeln. Da sie aber nur über eine begrenzte Kapazität zur Aufnahme und Verarbeitung von Informationen verfügen, erfolgt die Nutzenmaximierung nicht vor dem Hintergrund der objektiv relevanten, sondern lediglich der subjektiv begrenzten Informationen[14]. Daneben geht *Williamson* von opportunistischem Verhalten der an Transaktionen beteiligten Personen, also starkem Eigeninteresse, aus. Dies ist die stärkste Stufe der Verfolgung von Eigeninteresse unter Anwendung von (Hinter-)List, worunter Verhaltensweisen wie z.B. Lügen und Stehlen fallen. Unter Opportunismus wird allgemein die lückenhafte oder verzerrte Informationsweitergabe zu Lasten anderer Wirtschaftssubjekte zur Maximierung des eigenen Nutzens verstanden. Im opportunistischen Verhalten liegt die Ursache für Informationsasymmetrien[15].

12 Vgl. insbesondere *Williamson* (1985, Institutions), wo *Williamson* zusammengefaßt seine Erkenntnisse zur Transaktionskostentheorie dargelegt, die er in Ausschnitten vorher in mehreren Publikationen veröffentlichte. Siehe z.B. *Williamson* (1983, Credible Commitments); *Williamson* (1981, Corporation); *Williamson* (1979, Transaction-Cost Economics); *Williamson* (1975, Markets and Hierarchies). Einen Überblick über die Erkenntnisse *Williamsons* vermitteln *Alchian/Woodward* (1988, Firm).

13 Implizit erkennt bereits *Coase* beschränkte Rationalität als Verhaltensannahme an, berücksichtigt aber nicht die zweite Verhaltensannahme *Williamsons*, die Annahme der Opportunität. Vgl. *Williamson* (1985), S. 78.

14 Vgl. *Williamson* (1985, Institutions), S. 45 - 46, der die begrenzte Rationalität auch als halbstarke Form der Rationalität bezeichnet. Er bezieht sich auf die bereits von *Simon* getroffene Annahme "intendedly rational" aber trotzdem limitiert rationaler Wirtschaftssubjekte. *Simon* stellt allerdings auf satisfizierendes Verhalten statt auf maximierendes Verhalten ab. Vgl. *Simon* (1976, Behavior), S. 38 - 41. Zur begrenzten Rationalität siehe ebenso *Alchian/Woodward* (1988, Firm), S. 66.

15 Vgl. *Alchian/Woodward* (1988, Firm), S. 66; *Williamson* (1985, Institutions), S. 47 - 49, 64 - 67.

- Definition des Begriffs der Transaktion und der Transaktionskosten

Eine Transaktion ist nach *Williamson* gegeben, wenn ein Gut oder eine Leistung[16] über eine technisch trennbare Schnittstelle hinweg übertragen wird. Sie umfaßt auch die Einbringung von Faktorleistungen in eine Fertigungsstufe[17].

Die Verständigung von an Transaktionen beteiligten Personen erfolgt durch den Abschluß expliziter oder impliziter Verträge und zusätzliche ergänzende Vorkehrungen[18]. Bei unvollständigen Verträgen sind im Gegensatz zu vollständigen Verträgen nicht für alle während ihrer Laufzeit denkbar eintretenden Ereignisse Regelungen enthalten[19]. Unvollständige Verträge bedürfen nach ihrem Abschluß ggf. der Konkretisierung, -ergänzung oder -anpassung.

Die Kosten der vertraglichen Beziehungen, die im Zuge von Transaktionen hergestellt werden, werden als Transaktionskosten bezeichnet[20]. Sie unterscheiden sich von Produktions- einschließlich der Transportkosten[21].

Hinsichtlich des zeitlichen Anfalls wird zwischen Ex-ante- und Ex-post-Transaktionskosten unterschieden[22]. Ex-ante-Transaktionskosten fallen vor Abschluß eines vollständigen Vertrags für Anbahnung, Entwurf, Verhandlung und Absicherung der vorgesehenen Vertragsausführung an. Die bei unvollständigen Verträgen auftretenden Kosten für die Konkretisierung, -ergänzung oder -anpassung sowie für die Absicherung der geänderten Vertragsausführung stellen Ex-post-Transaktionskosten dar[23].

---

16 Den Begriff des Gutes und der Leistung definiert *Williamson* nicht.

17 Vgl. *Williamson* (1985, Institutions), S. 1. Diese Definition umfaßt sowohl den Gütertausch auf einem Markt als auch im Rahmen einer nichtmarktlichen Koordinationsform. Unter Transaktionen werden davon abweichend von einigen anderen Autoren ausschließlich der Gütertausch auf dem Markt verstanden. Vgl. *Bössmann* (1983, Transaktionskosten), S. 107.

18 Vgl. *Williamson* (1985, Institutions), S. 20 - 22. *Williamson* (1983, Credible Commitments).

19 Vgl. zur Definition vollkommener und unvollkommener Verträge *Williamson* (1985, Institutions), S. 23 – 29; *Macniel* (1978, Contracts). Die Gründe für die Unvollständigkeit von Verträgen liegen insbesondere in der Vielfalt denkbarer eintretender Ereignisse und der eingeschränkten Rationalität der Beteiligten.

20 Vgl. *Williamson* (1985, Institutions), S. 22. Der Transaktionskostenbegriff umfaßt hier sämtliche Kosten der Koordination ökonomischer Aktivitäten, einige Autoren fassen darunter hingegen lediglich die Kosten der Koordination auf Märkten. Vgl. *Bössmann* (1983, Transaktionskosten), S. 107.

21 Vgl. *Bössmann* (1983, Transaktionskosten), S. 108.

22 Vgl. *Williamson* (1985, Institutions), S. 20 - 21.

23 Vgl. *Williamson* (1985, Institutions), S. 21. Verträge sind aufgrund der eingeschränkten Rationalität der Beteiligten sowie der bestehenden Unsicherheit fast immer unvollständig, d.h. sie enthalten nicht für alle während ihrer Ausführung denkbar eintretenden Ereignisse Regelungen.

- Transaktionsmerkmale mit starkem Einfluß auf die Transaktionskostenhöhe

Williamson unterscheidet drei Merkmale oder Dimensionen von Transaktionen, die einen Einfluß auf die Höhe der Transaktionskosten ausüben, um Aussagen über die Koordinationsformen für Transaktionen sowie die typische Vertragsausgestaltung für Transaktionen abzuleiten. Ein Merkmal von Transaktionen stellt Unsicherheit dar. Als weitere Dimension von Transaktionen nennt *Williamson* deren Häufigkeit[24].

Das wichtigste Merkmal von Transaktionen bildet die Faktorspezifität, die bezeichnet, in welchem Ausmaß eine Transaktion transaktionsspezifische Investitionen erfordert[25]. Je transaktionsspezifischer Faktorbestände sind, desto eingeschränkter ist die Möglichkeit ihrer alternativen Verwendung bzw. desto ertragsschwacher ist ihre alternative Verwendung und desto geringer sind die Opportunitätskosten. Die Differenz zwischen dem Wert der Leistungsabgabe transaktionsspezifischer Aktiva oder Faktorbestände in dem ursprünglichen Vertragsverhältnis zu dem Wert bei zweitbester Verwendung wird als Quasirente bezeichnet[26]. Da der Faktoreigentümer transaktionsspezifischer Faktorbestände dem Vertragspartner nicht im selben Maße wie bei nicht transaktionsspezifischen Aktiva eine alternative Anwendung androhen kann, ist er verletzlich und seine Quasirente ist der Beraubung durch den stärkeren Partner ausgesetzt[27].

1.2. Koordinationsformen

Der Neuen Institutionenökonomik liegt der methodologische Individualismus zugrunde. Bei jeder Untersuchung wird das kleinste Untersuchungssubjekt benannt und in den Mittelpunkt der Betrachtung gerückt[28]. Während die Transaktionskostentheorie auf sämtliche Individuen, z.B. auch natürliche Personen, angewendet werden kann, sollen im folgenden rechtlich selbständige Unternehmen in den

---

Die Absicherung, von *Williamson* als Geiseln (Hostages) bezeichnet, kann aus Sicherheitsleistungen in Geld oder anderen Vermögensgegenständen bestehen oder durch die Reputation eines Vertragspartners erfolgen. Vgl. *Williamson* (1983, Credible Commitments).

24 Vgl. *Williamson* (1985, Institutions), S. 60 – 61, 68. Unter Unsicherheit wird neben der Unsicherheit im Sinne der Möglichkeit der Zuordnung subjektiver oder objektiver Eintrittswahrscheinlichkeiten zu vertragsrelevanten denkbaren zukünftigen Ereignissen gefaßt, sondern auch die Verhaltensunsicherheit, daß viele zukünftige vertragsrelevante Ereignisse nicht benannt werden können und ihrem Eintritt somit auch keine Wahrscheinlichkeiten zuzuordnen sind. Vgl. *Williamson* (1985, Institutions), S. 56 - 59.

25 Vgl. *Williamson* (1985, Institutions), S. 52.

26 Vgl. zum Begriff der Quasirente *Alchian/Woodward* (1988, Firm), S. 67.

27 Vgl. *Schumann* (1992, Theorie), S. 440.

28 Vgl. *Richter* (1990, Institutionenökonomik), S. 573.

Mittelpunkt der Untersuchung gerückt werden. Der Grund liegt darin, daß bei der Abgrenzung der rechnungslegenden Einheit rechtlich selbständige Unternehmen zusammengefaßt werden sollen.

Aus ökonomischer Sicht ist eine Kritik an der Wahl des rechtlich selbständigen Unternehmens als Untersuchungssubjekt möglich. Das rechtlich selbständige Unternehmen kann als Vertragsnetz beschrieben werden. Allerdings bestehen hier nicht unbedingt Verträge, die eine sehr enge Bindung hervorrufen. Folglich stellt ein Unternehmen ggf. nicht eine Unternehmung im ökonomischen Sinne dar. Die Wahl solcher Unternehmungen für die folgende Untersuchung wäre bei ökonomischer Betrachtung sinnvoll. Da Konzernabschlüsse aus den Einzelabschlüssen von rechtlich selbständigen Unternehmen gewonnen werden und Gruppen rechtlich selbständiger Unternehmen zur rechnungslegenden Einheit zusammengefaßt werden sollen, ist die Wahl des Unternehmens als Untersuchungssubjekt hier aber notwendig.

Bevor die Verbindungen zwischen Unternehmen vor dem Hintergrund der Transaktionskostentheorie darauf geprüft werden können, ob sie aus transaktionskostentheoretischer Sicht eine Zugehörigkeit zur rechnungslegenden Einheit implizieren, ist zunächst zu klären, welche Verbindungen überhaupt zwischen Unternehmen bestehen. Zu klären ist, welche Koordinationsformen von Transaktionen (auch Beherrschungs- und Überwachungssysteme oder Governance Structures) zwischen Unternehmen vorliegen.

Welche Form der Koordination ökonomischer Aktivitäten von Unternehmen gewählt wird, kann unter Anwendung einer ansatzweise von *Coase* herangezogenen und von *Williamson* weiterentwickelten Heuristik ermittelt werden. Danach werden für eine Transaktion mit ihren Merkmalen die bei unterschiedlichen Formen der Koordination anfallenden Transaktionskosten verglichen. Die Form der Koordination, bei der die niedrigsten Transaktionskosten auftreten, ist als effizient einzustufen. Transaktionskostengünstigkeit stellt also das Effizienzkriterium dar. Nicht auf eine strenge Optimierung, sondern auf die Erzielung höchstmöglicher Transaktionskosteneinsparungen wird abgestellt[29].

Die Heuristik wird vor dem Hintergrund angewendet, daß die an Transaktionen beteiligten Unternehmen begrenzt rational sind und sich opportunistisch verhalten, und daß die Transaktionskosten von den Transaktionsmerkmalen Unsicherheit, Häufigkeit und Faktorspezifität bestimmt werden. Die Befolgung der Heuristik, d.h. die Wahl der transaktionskostengünstigsten Form der Koordination von Transaktionen zwischen Unternehmen, ergibt, daß grundsätzlich bei Transaktio-

---

29 Vgl. *Williamson* (1985, Institutions), S. 21 - 22, 68.

nen mit bestimmten Konstellationen von Merkmalen immer dieselbe Form der Koordination gewählt wird[30]. Für Transaktionen zwischen Unternehmen mit bestimmter Ausprägung wählen die Unternehmen grundsätzlich die gleiche Governance Structure.

Die Untersuchung der Wahl der Koordinationsform in Abhängigkeit der Merkmale der vorliegenden Transaktion kann auf die Transaktionskostenmerkmale Faktorspezifität und Häufigkeit konzentriert werden, wenn die vereinfachende Annahme ausreichender Unsicherheit getroffen wird, "um adaptive sequentielle Entscheidungen erforderlich zu machen"[31]. Zur weiteren Vereinfachung wird die Untersuchung auf drei Grade von Faktorspezifität (unspezifisch, gemischt und spezifisch) sowie auf zwei Ausprägungen von Häufigkeit (gelegentlich, ständig) beschränkt[32].

Den Zusammenhang zwischen Transaktionen mit bestimmten Merkmalsausprägungen sowie den ihnen aus Effizienzgründen zuzuordnenden Governance Structures verdeutlicht Abbildung 4.

Bei Transaktionen mit unspezifischen Investitionen haben die vertragsschließenden Unternehmen unabhängig von der Häufigkeit dieser Transaktionen kein Interesse an einem dauerhaften Vertragsverhältnis. Für diese Transaktionen bildet der Markt die typische Koordinationsform (Marktkontrolle)[33]. Der Markt stellt nach *Williamson* eine Annäherung an einen Vertrag dar, wie er in der Klassik definiert wurde (klassischer Vertrag oder Classical Contracting)[34]. Dies ist ein vollständiger Vertrag, d.h. für alle möglichen zukünftigen Umweltzustände während der Laufzeit des Vertrags sind die Leistungen und Gegenleistungen bestimmt[35]. Der Identität der Vertragspartner wird keine Bedeutung beigemessen, d.h. für ein Unternehmen spielt es keine Rolle, mit welchem anderen Unternehmen es sich über die Transaktion einigt. Positive Rechtsnormen, förmliche Schriftstücke und automatisch abgewickelte Transaktionen stehen im Vordergrund[36].

---

30 Vgl. *Williamson* (1985, Institutions), S. 68.

31 *Williamson* (1990, Institutionen), S. 81.

32 Daneben werden folgende weitere Annahmen getroffen: 1) Absicht dauerhafter Geschäftsbeziehungen bei Anbieter und Käufer, 2) Ausschluß eines ex-ante-Monopoleigentums, 3) Bezug des Häufigkeitskriteriums auf die Tätigkeit der Anbieter im Markt und 4) Bezug auf die Eigenschaft der Investition der Anbieter. Vgl. *Williamson* (1995, Institutions), S. 72.

33 Vgl. *Williamson* (1985, Institutions), S. 73 - 74.

34 Vgl. *Williamson* (1985, Institutions), S. 73.

35 *Williamson* lehnt sich mit der Unterscheidung klassischer, neoklassischer und relativer Verträge an die Vertragslehre MacNeils an. Vgl. *MacNeil* (1978, Contracts).

36 Vgl. *Williamson* (1985, Institutions), S. 69.

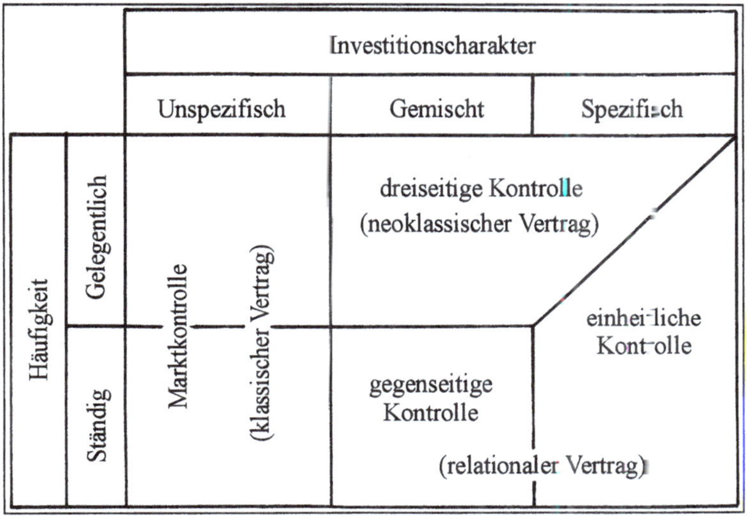

Abbildung 4: Governance Strukturen

Quelle: *Williamson* (1985, Institutions), S. 79.

Ein Beispiel für Marktkontrolle stellt ein Automobilhersteller dar, der für seine Fahrzeuge Schrauben einkauft. Er kann sich seinen Vertragspartner, den Hersteller und Verkäufer der Schrauben, aus einer Vielzahl von Anbietern aussuchen, da die Schrauben nicht besonders auf seine Automobile abgestimmt, sondern eine Standardanfertigung sind (keine spezifischen Investitionen beim Hersteller). Der Vertrag, den Automobilhersteller und Hersteller der Schrauben abschließen, bestimmt vollständig Leistung (Herstellung und Lieferung einer bestimmten Anzahl von Schrauben) und Gegenleistung (zu entrichtender Kaufpreis).

Trilaterale Kontrolle (Trilateral Governance) ist bei gelegentlichen Transaktionen mit mittelspezifischen und hochspezifischen Faktoren effizient. Die spezifischen Aktiva sind nur begrenzt anderweitig einsetzbar. Deshalb schließen Unternehmen bei solchen Transaktionen dauerhafte Vertragsbeziehungen und haben ein hohes Interesse, den Vertrag bis zu seinem Ablauf zu erfüllen. Insbesondere bei hochspezifischen Transaktionen ist dieses Interesse stark ausgeprägt. Die typische Vertragsform für gelegentliche mittel- und hochspezifische Transaktionen stellt der Vertrag dar, wie er in der Neoklassik definiert wurde. Der neoklassische Vertrag ist ein unvollständiger Vertrag, der für den Fall, daß Streitigkeiten geschlichtet

tet oder Leistungen bewertet werden müssen, die Mithilfe Dritter als Vermittlungs- und Schiedsinstanz vorsieht[37].

Ein Beispiel für dreiseitige Kontrolle stellt ein Automobilhersteller dar, der gelegentlich für den Umbau seiner Automobile zu Stretchlimousinen, die er unter seiner Marke verkaufen will, von einem Karosseriebauer das benötigte Mittelstück der Karosserie kauft. Das Mittelstück muß unter Einsatz spezifischer Investitionen (z.B. Mitarbeiter-Schulung, Modifizierung der Produktionsstätte) auf das Automobil des Herstellers abgestimmt werden, so daß Karosserie- und Automobilhersteller ihre Vertragspartner nicht ohne Vornahme spezifischer Investitionen wechseln können.

Gegenseitige Kontrolle (Bilateral Governance) wird von Unternehmen bei häufigen Transaktionen mit mittelspezifischen Faktoren als Form der Koordination gewählt[38]. Sie schließen dauerhafte bilaterale Verträge (zweiseitige Verträge). Bilaterale Verträge stellen eine Art des unvollständigen oder relationalen Vertrags dar[39]. Der relationale Vertrag ist ein eher ökonomisches als juristisches Vertragskonzept, das die aus den Verhaltensannahmen der begrenzten Rationalität und des Opportunismus resultierende zwangsläufige Lückenhaftigkeit von Verträgen berücksichtigt. Die Verträge stellen deshalb insbesondere bei langfristigen Vertragsbeziehungen zwischen Unternehmen eine Art Verfassung dar, vor deren Hintergrund weitere Vereinbarungen der vertragsschließenden Unternehmen in der Zukunft getroffen werden können. Die Verhandlungen zwischen den Unternehmen finden nicht wie beim klassischen und neoklassischen Vertrag ausschließlich in der Phase vor Vertragsabschluß, sondern auch während der Laufzeit statt[40]. Die Absicherung, nachträgliche Auslegung, Vertragsanpassung und die Lösung von auftretenden Konflikten wird alleine durch die Unternehmen vorgenommen. Zur Minderung der Gefahr, der eigenen Quasirente beraubt zu werden, dienen glaubhafte Bindungen (Credible Commitments)[41]. Bei Abschluß bilateraler Verträge bleibt die rechtliche Selbständigkeit der Unternehmen bestehen.

Ein Beispiel für gegenseitige Kontrolle stellt ein Automobilhersteller dar, der von einem Reifenproduzenten Reifen in einer Sonderanfertigung für sämtliche seiner

---

37 Vgl. *Williamson* (1985, Institutions), S. 70, 74 - 75.

38 Vgl. zu zweiseitigen Beherrschungs- und Überwachungssystemen *Williamson* (1985, Institutions), S. 75 - 77.

39 Vgl. *Williamson* (1985, Institutions), S. 71 - 72. *Williamson* traf zusammen mit *Goldberg* als erster die Unterscheidung von klassischen und relationalen Verträgen in wirtschaftswissenschaftlichen Arbeiten. Siehe *Goldberg* (1976, Regulation). Zu den Unterschieden zwischen dem klassischen und relationalen Vertrag siehe *Richter* (1990, Insitutionenökonomik), S. 583.

40 Vgl. *Williamson* (1985, Institutions), S. 71 - 72.

41 Vgl. *Williamson* (1983, Credible Commitments).

Automobile kauft. Der Reifenhersteller tätigt Investitionen, um die vom Automobilhersteller gewünschte Reifenqualität liefern zu können. Er kann diese Sonderanfertigung von Reifen nur in seltenen Fällen anderen Abnehmern verkaufen (mittlere Spezifität). Da die Reifenproduktion auf den Automobilhersteller abgestimmt ist und Investitionen voraussetzt, läßt der Reifenhersteller sich auf diese Transaktion nur bei Abschluß eines Vertrags ein, der auf längere Zeit die Produktion und Lieferung der Reifen garantiert (relationaler Vertrag). Eine Anpassung der Vertragsbedingungen, wie z.B. Neuverhandlungen über den Reifenpreis, ist während dieser Zeit möglich. Der Automobilhersteller kann die benötigten Reifen nicht von einem anderen Hersteller beziehen, ohne daß dieser mittelspezifische Investitionen vornimmt, d.h. der Hersteller ist nicht vollkommen beliebig austauschbar.

Bei gelegentlichen und insbesondere ständigen Transaktionen, die mit spezifischen Investitionen verbunden sind, ist das anbietende Unternehmen an dauerhaften Vertragsverhältnissen interessiert, da eine alternative Verwendung der spezifischen Aktiva kaum möglich ist. Die bisherigen Ausführungen haben bereits gezeigt, daß bei zunehmender Spezifität von Transaktionen Tauschanreize abnehmen. Der Grund dafür liegt darin, daß Skalenerträge vom liefernden Unternehmen wie auch vom kaufenden Unternehmen vollständig erzielt werden können. Auf die Anpassungseigenschaften der Organisationsform kommt es bei der Wahl der geeigneten Form immer stärker an. Das geeignete Beherrschungs- und Überwachungssystem bei Transaktionen, bei denen spezifische Investitionen getätigt werden, stellt die einheitliche Kontrolle (Unified Governance) dar. Die Unternehmen schließen relationale Verträge, deren Anpassung schrittweise ohne Modifikation oder Erweiterung von Vereinbarungen zwischen den Vertragspartnern erfolgen kann[42]. Die rechtliche Selbständigkeit der vertragsschließenden Unternehmen kann bestehen bleiben.

Ein Beispiel für einheitliche Kontrolle stellt ein Automobilhersteller dar, der in jedes seiner Automobile ein Getriebe einsetzt, das ein Zulieferer herstellt und an ihn verkauft. Der Zulieferer hat keinen anderen Abnehmer für seine Getriebe als diesen einen Automobilhersteller, da das Getriebe nicht in andere Fahrzeuge eingebaut werden kann (spezifische Investition) und sich die Geschäftstätigkeit auf die Herstellung dieses Getriebes beschränkt. Der Zuflieferer läßt sich auf die spezifische Investition nur bei Abschluß eines dauerhaften Vertrags ein. Dieser schließt Nachverhandlung bezüglich einzelner Vertragspunkte (z.B. des Preises) während der Laufzeit nicht aus. Der Automobilhersteller kann nicht ohne weiteres den Zulieferer wechseln, ohne daß ein anderer Zulieferer sich zu spezifischen Investitionen bereit erklärt.

---

42 Vgl. *Williamson* (1985, Institutions), S. 72 - 73.

Für die unterschiedlichen Governanceformen wurde jeweils ein Beispiel aus der Geschäftstätigkeit eines Automobilhersteller gegeben. Diese Beispiele verdeutlichen, daß der Automobilhersteller zu anderen selbständigen Unternehmen über unterschiedliche Verträge in Verbindung steht und zu ihnen verschieden starke wirtschaftliche Beziehungen unterhält. Im Falle des Schraubenherstellers (klassischer Vertrag) handelt es sich um eine sehr schwache, im Falle des Getriebeherstellers (relationaler Vertrag) um eine sehr starke Beziehung. Ein allgemeines Beispiel für die Ausgestaltung eines Vertragsgeflechts, das zwischen rechtlich selbständigen Unternehmen geschlossen werden könnte, wird in Abbildung 5 dargestellt.

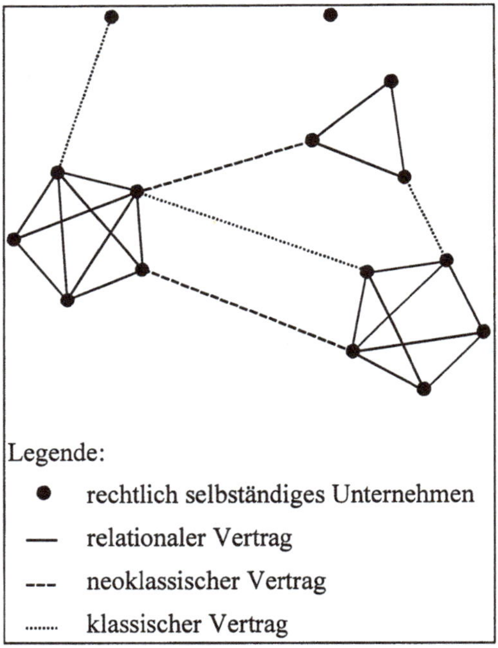

Abbildung 5: Beispiel für ein Vertragsgeflecht zwischen Unternehmen

Im folgenden Unterkapitel wird untersucht, welche der vorgestellten Beziehungen, die zwischen rechtlich selbständigen Unternehmen bestehen können (Marktkontrolle mit klassischen Verträgen, dreiseitige Kontrolle mit neoklassischen Verträgen sowie zweiseitige und einseitige Kontrolle mit relationalen Verträgen), so stark sind, daß die beteiligten Unternehmen eine wirtschaftliche Einheit darstellen. Auf das Beispiel des Automobilherstellers bezogen wird überprüft, ob zwischen ihm und dem Getriebe-, Reifen-, Karosserie- und Schraubenhersteller jeweils eine derart enge wirtschaftliche Beziehung besteht, daß eine wirtschaftliche Einheit vorliegt.

1.3. Wirtschaftliche Selbständigkeit in Abhängigkeit der Koordinationsform

Wie im vorhergehenden Kapitel gezeigt und am Beispiel eines Automobilherstellers verdeutlicht wurde, führen Transaktionen unterschiedlicher Häufigkeit und verschiedenen Grades an Spezifität zu unterschiedlichen Formen der Koordination (Marktkontrolle, dreiseitige, gegenseitige oder einheitliche Kontrolle). Den Formen der Koordination lassen sich typische Vertragsbeziehungen zuordnen (klassische, neoklassische oder relationale Verträge).

Die unterschiedlichen Koordinationsformen sowie die für sie typischen Vertragsformen beeinträchtigen verschieden stark die wirtschaftliche Selbständigkeit der beteiligten Unternehmen. Im Beispiel des Automobilherstellers ist die wirtschaftliche Selbständigkeit des Schraubenherstellers (Marktkontrolle, klassischer Vertrag) aufgrund der Zusammenarbeit der beiden rechtlich selbständigen Unternehmen nicht eingeschränkt. Anders verhält es sich jedoch bei dem Getriebehersteller (einseitige Kontrolle, relationaler Vertrag), der wirtschaftlich von dem Automobilhersteller abhängig ist.

Auch innerhalb einer Koordinationsformen kann in gewissem Maße die wirtschaftliche Selbständigkeit der beteiligten Unternehmen unterschiedlich stark eingeschränkt sein. Die Ausgestaltung der für die Koordinationsform typischen Vertragsform variiert dann leicht (z.B. bei dreiseitiger Kontrolle "enge" neoklassische Verträge oder "weite" neoklassische Verträge). Je nachdem, wie hoch im Beispiel der Zusammenarbeit des Automobilherstellers mit dem Karosseriehersteller die Investitionen sind, die der Karosseriehersteller tätigen muß, um andere Automobilhersteller zu beliefern, variiert seine wirtschaftliche Abhängigkeit von einem einzigen Automobilhersteller. Trotzdem handelt es sich grundsätzlich eine dreiseitige Kontrolle.

Zur Abgrenzung der wirtschaftlichen Einheit rechtlich selbständiger Unternehmen ist zu entscheiden, welche Koordinationsformen bzw. welche Vertragsformen die wirtschaftliche Selbständigkeit eines Einzelunternehmens so stark einschränken, daß das Einzelunternehmen zur wirtschaftlichen Einheit zu zählen ist. Ist die wirtschaftliche Selbständigkeit der beteiligten Unternehmen innerhalb einer Koordinationsform unterschiedlich eingeschränkt, muß entschieden werden, wie Vertragsbeziehungen ausgestaltet sein müssen, damit auf eine Zugehörigkeit zur wirtschaftlichen Einheit geschlossen wird.

Im folgenden wird zunächst dargestellt, wie sehr die wirtschaftliche Selbständigkeit von Unternehmen durch die von *Williamson* untersuchten Koordinationsformen beeinträchtigt wird. Bei der Unterscheidung von Governance Strukturen nach dem Maß der Einschränkung der wirtschaftlichen Selbständigkeit der Vertragspartner stellen die Marktkontrolle und die einheitliche Kontrolle die beiden Extreme dar. Dazwischen liegen die Mischformen der gegenseitigen und dreiseitigen Kontrolle[43].

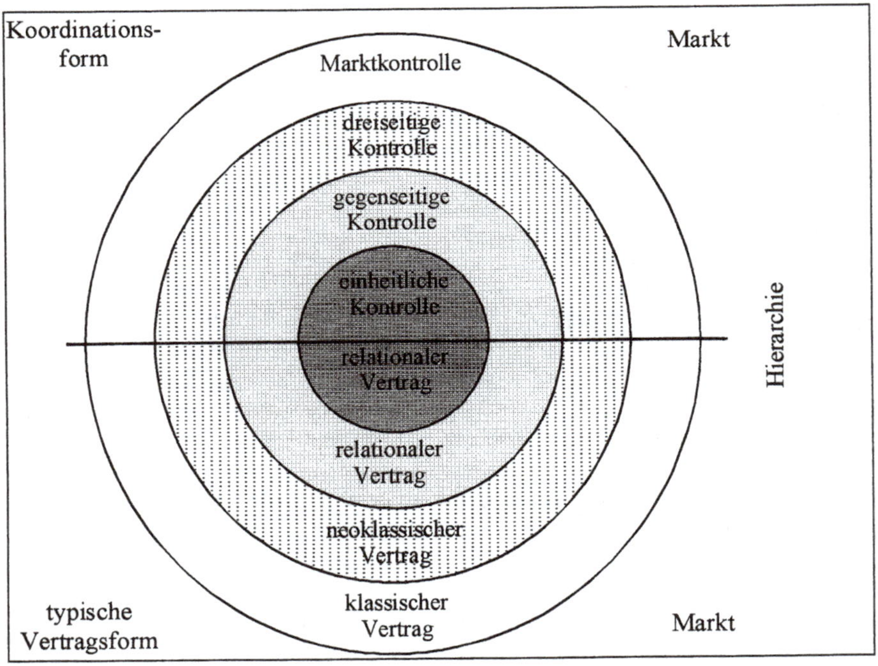

Abbildung 6: Wirtschaftliche Zusammengehörigkeit von Unternehmen in Abhängigkeit von der Koordinationsform bzw. Vertragsform

Die mit den betrachteten Koordinationsformen einhergehende wirtschaftliche Zusammengehörigkeit der beteiligten selbständigen Unternehmen könnte entsprechend Abbildung 6 dargestellt werden. Ersichtlich sind die Beherrschungs- und Überwachungssysteme sowie die typischen Vertragsformen für die jeweiligen Governancearten. Jede Governanceform wird als "Stufe" oder "Ring" abgebildet. Je

43 Vgl. *Williamson* (1985, Institutions), S. 83 - 84.

stärker die wirtschaftliche Zusammengehörigkeit aufgrund eines Vertragsabschlusses zwischen Unternehmen ist, desto dunkler sind das Kontrollsystem und die Vertragsform schattiert und desto näher liegt die entsprechende Fläche am "Kern" der Abbildung. Je heller die einzelnen "Stufen" der Abbildung sind, desto mehr nimmt die durch die abgebildete Koordinationsform implizierte wirtschaftliche Zusammengehörigkeit zwischen den an der Koordination beteiligten Unternehmen ab.

Folgende auf den Merkmalen der zugrundeliegenden Transaktion und der Vertragsform basierende Plausibilitätsüberlegungen liegen der Anordnung der Koordinationsformen in Abbildung 6 zugrunde.

- Marktkontrolle und klassische Verträge:

Bei der Marktkontrolle bestehen keine dauerhaften Vertragsverbindungen[44]. Bei klassischen Verträgen wird der Auswahl des Unternehmens, mit dem der Vertrag abgeschlossen wird, keine Bedeutung beigemessen. Der Grund dafür liegt darin, daß bei dieser theoretischen Betrachtung ein klassischer Vertrag als in sich geschlossen definiert wird und somit keine Unsicherheiten zu berücksichtigen sind. Der Vertragsinhalt wird auf jeden Fall erfüllt. Da der Vertragspartner z.B. auf jeden Fall eine vertraglich vereinbarte Zahlung tätigt bzw. tätigen kann und eine vereinbarte Lieferung erfolgt, brauchen Punkte wie Bonität und Liefertreue nicht berücksichtigt zu werden. Aufgrund des unspezifischen Investitionscharakters ist der Vertragspartner beliebig durch andere Unternehmen ersetzbar[45]. Dies verdeutlicht auch das im vorhergehenden Kapitel beschriebene Beispiel einer Zusammenarbeit zwischen Automobil- und Schraubenhersteller. Es liegt die ökonomische Wertung nahe, daß mit hoher Wahrscheinlichkeit keine kapitalmäßige oder personelle Verbindung zu dem Unternehmen besteht, mit dem der klassische Vertrag geschlossen wird. Außerdem ist kaum zu erwarten, daß beim Abschluß klassischer Verträge Einfluß auf Fragen der Geschäftspolitik oder Geschäftsführung des Vertragspartners gewonnen wird. Somit ergibt sich bei der Marktkontrolle i.d.R. keine Einschränkung der wirtschaftlichen Selbständigkeit der beteiligten Unternehmen.

- Trilaterale Kontrolle und neoklassische Verträge:

Neoklassische Verträge werden zwischen Unternehmen geschlossen, wenn gelegentlich Transaktionen mit mittel- oder sehr spezifischen Faktoren stattfinden. Die wirtschaftliche Zusammengehörigkeit der Vertragspartner dürfte höher ausfallen als bei der Koordination über den Markt, weil es sich zum einen um gelegentlich

---

44 Vgl. *Williamson* (1985, Institutions), S. 73 - 75.
45 Vgl. *Williamson* (1985, Institutions), S. 69.

wiederkehrende Transaktionen handelt und die Unternehmen insofern stärker zusammenarbeiten als bei über den Markt koordinierten Aktivitäten. Des weiteren werden mittel- bis sehr spezifische Investitionen getätigt, d.h. die Unternehmen legen sich hinsichtlich ihres Vertragspartners im Gegensatz zur Koordination von Transaktionen über den Markt in gewissem Maße fest. Die Transaktion kann i.d.R. nicht ohne weiteres abgebrochen und mit einem anderen Unternehmen fortgeführt werden[46]. Bei gelegentlichen Transaktionen werden neoklassische Verträge abgeschlossen, so daß es sich auch bei der dreiseitigen Kontrolle wahrscheinlich nicht um dauerhafte Vertragsbeziehungen handelt. Dies wurde im vorhergehenden Kapitel mit der Zusammenarbeit zwischen einem Automobil- und Karosseriehersteller beispielhaft dargestellt.

Aufgrund der Tatsache gelegentlicher Transaktionen sind kapitalmäßige oder personelle Verflechtungen kaum zu erwarten. Daneben ist schwerlich damit zu rechnen, daß ein Unternehmen durch den Abschluß eines neoklassischen Vertrags bedeutenden Einfluß auf Fragen der Geschäftspolitik oder der Geschäftsführung des anderen Unternehmens gewinnt. Allerdings dürften Unternehmen, zwischen denen neoklassische Verträge geschlossen werden, je nach konkreter Vertragsausgestaltung ggf. eine eingeschränkte wirtschaftliche Selbständigkeit hinsichtlich bestimmter Geschäftstätigkeiten aufweisen. Bezogen auf das Beispiel des Automobilherstellers bedeutet dies, daß der Karosseriehersteller zwar wirtschaftlich nicht unabhängig von dem Automobilhersteller ist. Sofern der Bau des auf den Automobilhersteller abgestimmten Karosserieteil betroffen ist, verfügt der Automobilhersteller sehr wohl über wirtschaftlichen Einfluß. Trotzdem bleibt der Karosseriehersteller aufgrund seiner übrigen Geschäftstätigkeit, die unabhängig von dem Automobilhersteller stattfindet, als Unternehmen wirtschaftlich selbständig.

- Gegenseitige Kontrolle und relationale Verträge:

Bei gegenseitiger Kontrolle binden sich Unternehmen durch den Abschluß bilateraler Verträge langfristig. Dies ist bei dem im vorhergehenden Kapitel beschriebenen Beispiel zwischen dem Automobil- und dem Reifenhersteller der Fall. Weitere Vereinbarungen können in der Zukunft vor dem Hintergrund dieser Verträge als eine Art Verfassung getroffen werden[47]. Da die bilaterale Kontrolle bei mittelspezifischen Transaktionen gewählt wird, können die Transaktionen nicht mit jedem beliebigen anderen Unternehmen durchgeführt werden (Sonderanfertigung der Reifen können nicht ohne besondere Investitionen von einem andern Hersteller bezogen werden). Deshalb besteht eine Abhängigkeit der Unternehmen, die in den Verhandlungen zwischen ihnen geltend gemacht werden kann. Je nach Ausge-

46 Vgl. *Williamson* (1985, Institutions), S. 70, 74 - 75.
47 Vgl. *Williamson* (1985, Institutions), S. 71 - 72.

staltung des vorliegenden relationalen Vertrags ist bei gegenseitiger Kontrolle eine Einflußnahme auf Entscheidungen betreffend der Geschäftspolitik oder Geschäftsführung wahrscheinlich. Es sind häufig kapitalmäßige und personelle Verflechtungen der Unternehmen gegeben. Credible Commitments liegen vor,[48] die die Unternehmen miteinander verbinden. Vermutlich ist die Bindung zwischen den Unternehmen so stark, daß ihre wirtschaftliche Selbständigkeit eingeschränkt ist.

- Einheitliche Kontrolle und relationale Verträge:

Die Zusammenarbeit zwischen rechtlich selbständigen Unternehmen, die unter einheitlicher Kontrolle stehen, ist i.d.R. auf Dauer angelegt. Da bei einheitlicher Kontrolle Transaktionen mit sehr spezifischen Faktoren durchgeführt werden, die kaum alternativ verwendbar sind, sind die Vertragspartner schwerlich auswechselbar. Die abgeschlossenen relationalen Verträge erlauben eine schrittweise Anpassung ohne Modifikation oder Erweiterung von Vereinbarungen der beteiligten Unternehmen. Aufgrund der starken Zusammenarbeit der Unternehmen sind kapitalmäßige und auch personelle Verflechtungen wahrscheinlich. Folglich dürfte eine sehr enge Bindung zwischen den beteiligten Unternehmen bestehen. Diese erlaubt höchst wahrscheinlich dem Management des an der Spitze dieser Unternehmensgruppe stehenden Unternehmens, Einfluß auf bedeutende Fragen der Geschäftspolitik und der Geschäftsführung der anderen Unternehmen auszuüben. Aus den starken Verflechtungen zwischen den Unternehmen resultiert vermutlich eine wirtschaftliche Unselbständigkeit dieser Unternehmen. Im Vergleich zu den anderen Formen der Kontrolle erscheint die einheitliche Kontrolle als Governanceform mit der stärksten Bindung zwischen den Unternehmen. Als Beispiel kann hier auf die im vorhergehenden Kapitel zur Veranschaulichung der einseitigen Kontrolle erläuterte Zusammenarbeit zwischen dem Automobil- und Getriebehersteller angeführt werden. Der Getriebehersteller arbeitet sehr stark mit dem Automobilhersteller zusammen. Daher liegt nicht fern, daß auch kapitalmäßige und personelle Verflechtungen zwischen diesen Unternehmen gebildet werden.

Sofern bei einer Form der Koordination die wirtschaftliche Selbständigkeit der beteiligten Unternehmen unterschiedlich stark eingeschränkt ist, z.B. bei der dreiseitigen Kontrolle „enge" bzw. „weite" neoklassische Verträge gegeben sind, „verschwimmen" die Grenzen zwischen den in Abbildung 6 dargestellten einzelnen Stufen.

Über diese allgemeinen Beschreibungen hinausgehende Aussagen über die effiziente Koordinationsform trifft *Williamson* nicht. Sein Ansatz wird insbesondere dafür kritisiert, daß keine Quantifizierung der Transaktionskosten einzelner Koordi-

---

48 Vgl. *Williamson* (1983, Credible Commitments).

nationsformen möglich ist. Deshalb kann ein Vergleich der bei unterschiedlichen Formen der Koordination anfallenden Transaktionen höchstens zu Schlußfolgerungen hinsichtlich der Transaktionskostengünstigkeit führen. Eine strenge Optimierung findet hingegen nicht statt. Diesen Mangel versuchen neuere spieltheoretische Modellierungen der Transaktionskostentheorie zu beheben[49].

1.4. Rückschlüsse auf die Abgrenzung

Wie beschrieben ist zur Abgrenzung der wirtschaftlichen Einheit zu entscheiden, welche Governance Strukturen bzw. welche Vertragsformen die wirtschaftliche Selbständigkeit eines Unternehmens so stark einschränken, daß es zur wirtschaftlichen Einheit zu zählen ist. Je stärker die wirtschaftliche Selbständigkeit eines Unternehmens aufgrund eines Vertragsabschlusses mit einem anderen Unternehmen eingeschränkt wird, desto eher ist es der wirtschaftlichen Einheit zuzurechnen. Bezogen auf Abbildung 6 bedeutet dies, daß die Koordinationsformen nahe des Kerns der Abbildung recht zweifelsfrei der wirtschaftlichen Einheit zugeordnet werden können. Fraglich ist, welche Stufe der Abbildung nicht mehr als wirtschaftliche Einheit, sondern als Umwelt betrachtet werden soll.

Der beschriebenen Vorgehensweise zur Abgrenzung der wirtschaftlichen Einheit liegt die Idee zugrunde, daß die wirtschaftliche Einheit zwar eine Mischform zwischen Markt und Hierarchie darstellt,[50] daß unter dem "Dach" der wirtschaftlichen Einheit aber unterschiedliche Kontroll- und Vertragsformen vorliegen können.

Bei einheitlicher Kontrolle verfügen die beteiligten Unternehmen mit sehr hoher Wahrscheinlichkeit nicht über wirtschaftliche Selbständigkeit oder aber zumindest über eine äußerst stark eingeschränkte wirtschaftliche Selbständigkeit. Folglich sollten sie i.d.R. als wirtschaftliche Einheit betrachtet werden. Gegenseite Kontrolle führt vermutlich zu einer nicht unwesentlichen Einschränkung der beteiligten Unternehmen, so daß auch bei dieser Koordinationsform eine Zugehörigkeit der beteiligten Unternehmen zur wirtschaftlichen Einheit vermutet werden kann. Nur wenig eindeutige Rückschlüsse erlaubt die Transaktionskostentheorie bei dreiseitiger Kontrolle und neoklassischen Verträgen. Die wirtschaftliche Selbständigkeit der Unternehmen kann dabei ggf. hinsichtlich einzelner Geschäftsbereiche eingeschränkt sein. Ob sie eine wirtschaftlichen Einheit bilden, erscheint vor dem Hintergrund der Transaktionskostentheorie kaum beantwortbar. Bei enger Ausgestaltung der Bindung der Unternehmen könnte eine wirtschaftliche Einheit eventuell vermutet werden. Einigkeit dürfte allerdings hinsichtlich der Unternehmen

49 Vgl. *Erlei* (1995, Institutionenökonomik); *Grossman/Hart* (1986, Costs and Benefits).

50 Vgl. *Schildbach* (1996, Konzernabschluß), S. 8 - 11; *Schildbach* (1989, Konzernrechnungslegung), S. 157 – 159; *Ordelheide* (1986, Konzern), insbesondere S. 293 - 297.

bestehen, die über den Markt miteinander verbunden sind. Diese sind aufgrund der geringen wirtschaftlichen Zusammenarbeit nicht als wirtschaftliche Einheit zu betrachten.

Eine konkretere Beschreibung und damit Abgrenzung der wirtschaftlichen Einheit ist auf der Grundlage der stark auf Plausibilitätsüberlegungen aufbauenden Transaktionskostentheorie nicht möglich. Lediglich allgemeine Aussagen über die grundsätzliche Möglichkeit der Zugehörigkeit von Unternehmen zu einer wirtschaftlichen Einheit bei den verschiedenen Governanceformen können getroffen werden. Diese sollen im folgenden noch einmal abschließend festgehalten werden, da sie für eine Zurechnung von rechtlich selbständigen Unternehmen zu einer wirtschaftlichen Einheit sprechen. Dies sind die Merkmale der Unternehmensverbindungen, die entsprechend der aus der Transaktionskostentheorie gezogenen Rückschlüsse zur wirtschaftlichen Einheit gehören. Sie implizieren bei starker Ausprägung eine starke Einschränkung der wirtschaftlichen Selbständigkeit der beteiligten Unternehmen und führen im Extremfall zur wirtschaftlichen Unselbständigkeit:

- dauerhaftes Vertragsverhältnis,
- Verhandlungen während der Laufzeit des Vertragsverhältnisses oder schrittweise Modifikation der Verträge ohne Modifikation oder Erweiterung von Vereinbarungen zwischen den Vertragspartnern,
- Transaktionen mit mittel- oder stark spezifischen Faktoren,
- Vertragspartner kann nicht leicht gewechselt werden,
- Möglichkeit eines Vertragspartners, starken Einfluß auf den anderen Vertragspartner auszuüben, z.B. Einfluß auf
  - Fragen der Geschäftspolitik und der Geschäftsführung,
  - die Besetzung wichtiger Positionen (z.B. Geschäftsführung, Board),
- starke kapitalmäßige oder personelle Verflechtung.

Abschließend verdeutlicht Abbildung 7 beispielhaft, wie das Vertragsgeflecht zwischen Einzelunternehmen aussehen könnte. Wie bereits in Abbildung 5 werden Unternehmen und ihrer Verbindungen dargestellt. Es könnte sich hier z.B. wiederum um einen Autohersteller und die unterschiedlichen Unternehmen handeln, mit denen dieser Lieferbeziehungen pflegt. Je nach Stärke der wirtschaftlichen Zusammenarbeit liegen unterschiedliche Vertragsformen zwischen dem Automobilhersteller und den mit ihm zusammenarbeitenden Unternehmen vor. Im Falle loser Zusammenarbeit (Schraubenhersteller) handelt es sich dabei um klassische, bei etwas stärkerer Zusammenarbeit um neoklassische (Karosseriehersteller) und bei starker wirtschaftlicher Verknüpfung (Reifen- und Getriebehersteller) um relationale Verträge.

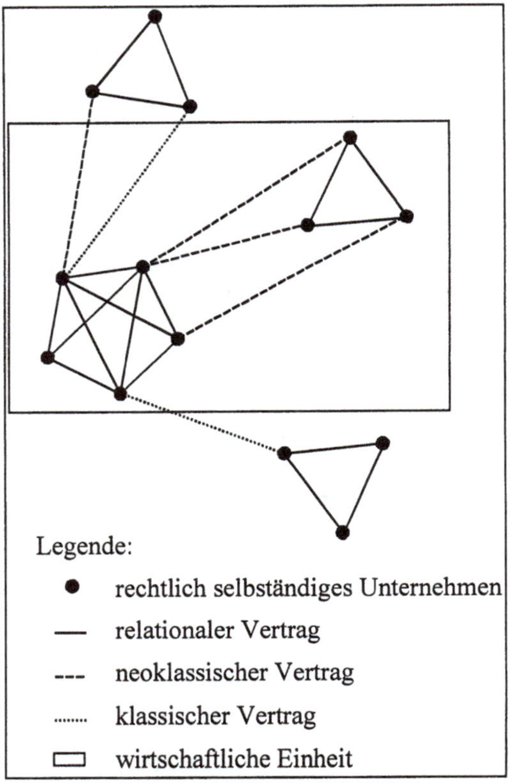

Abbildung 7: Mögliche Abgrenzung der wirtschaftlichen Einheit

Die in dem Kasten zusammengefaßten Unternehmen könnten eine wirtschaftliche Einheit bilden. Hier liegt nicht nur die stärkste Form der Verbindung zwischen den rechtlich selbständigen Unternehmen vor, sondern auch neoklassische Verträge wurden zwischen den hier zur wirtschaftlichen Einheit abgegrenzten Unternehmen abgeschlossen. Die nicht besonders gekennzeichneten zwei Gruppen von jeweils drei Unternehmen, die durch relationale Verträge verbunden sind, stellen ebenso wirtschaftliche Einheiten dar. Ihre Verbindungen zu der gekennzeichneten wirtschaftlichen Einheit werden als derart schwach angenommen, daß sie nicht mit zu der gekennzeichneten Einheit gehören.

Bezogen auf das Beispiel des Automobilherstellers bedeutet dies, daß dieser zu einer wirtschaftlichen Einheit mit dem Getriebe- und dem Reifenhersteller zusammengefaßt wird. Auch der Karosserieehersteller ist zu dieser wirtschaftlichen Einheit zu zählen, sofern er wirtschaftlich stark von den Aufträgen des Automobilherstellers abhängig ist.

1.5. Weiterentwicklung der Transaktionskostentheorie

1.5.1. Theorie Z

Die Transaktionskostentheorie *Williamsons* wurde zur Untersuchung neuer Koordinationsformen herangezogen und auch zur Erklärung neuer Formen der Koordination ökonomischer Aktivitäten weiterentwickelt[51]. Im folgenden soll auf zwei Arbeiten eingegangen werden.

Eine Weiterentwicklung wird z.B. von *Ouchi* vorgenommen[52]. In seiner Theorie Z zeigt er, daß bei zunehmender Unsicherheit und wachsendem Opportunismus die Transaktionskosten, insbesondere die Kontrollkosten, derart zunehmen, daß die von *Williamson* beschriebene Koordinationsform der einheitlichen Kontrolle nicht effizient ist[53]. *Ouchi* geht davon aus, daß eine von *Williamson* noch nicht beschriebene, als Clan bezeichnete Koordinationsform existiert, die ggf. effizienter ist. Bei der Wahl einer Governance Struktur verfolgt er das Ziel, ein möglichst hohes Maß an Gerechtigkeit, wobei vor allem die von den Beteiligten empfundene Gerechtigkeit gemeint ist, sowie ein hohes Maß an Wechselseitigkeit in einer Gruppe zu erreichen.

Zur Beurteilung, ob eine einheitliche Kontrolle oder ein Clan effizient ist, zieht *Ouchi* zwei transaktionskostenbeeinflussende Merkmale heran, die Zielkongruenz (Goal Congruence) und die Mehrdeutigkeit der Leistungskontrolle (Ambiguity of Individual Performance Measurement) [54]. Zielkongruenz drückt aus, inwieweit Arbeitnehmer und Arbeitgeber gleiche Ziele verfolgen und sich über den Weg der Zielerreichung einig sind. Mehrdeutigkeit steht für die Meßbarkeit der Leistungen, die von Arbeitnehmern erbracht werden und nach denen sich ihre die Entlohnung richtet.

---

51 Vgl. *Siebert* (1991, Analyse), S. 293 - 294.
52 Vgl. zu den folgenden Ausführungen *Ouchi* (1981, Theory Z); *Ouchi* (1980, Clans).
53 Vgl. *Ouchi* (1980, Clans), S. 139.
54 Vgl. *Ouchi* (1980, Clans), S. 130.

Nach *Ouchi* kommt es grundsätzlich bei hoher Mehrdeutigkeit zu einer Substitution eines Austausches über den Markt durch eine interne Organisationsform (Internalisierung von Transaktionen). Ob eine einheitliche Kontrolle oder ein Clan gewählt wird, hängt von der Ausprägung des Merkmals der Zielkongruenz ab. Bei hoher Mehrdeutigkeit und niedriger Zielkongruenz bzw. einem hohen Maß an Opportunismus stellt die einheitliche Kontrolle die effiziente Koordinationsform dar. Bei hoher Mehrdeutigkeit und hoher Zielkongruenz ist der Clan die effiziente Koordinationsform.

Unter einem Clan versteht *Ouchi* eine Organisationsform, in der eine Vielzahl sozialer Mechanismen die Unterschiede zwischen den individuellen Zielen der beteiligten Personen und dem Ziel der Organisation reduzieren. Soziale Mechanismen resultieren z.B. aus verwandtschaftlichen Beziehungen, Freundschaften oder der Zugehörigkeit zu derselben Religionsgemeinschaft. Sie rufen einen starken Gemeinschaftssinn hervor. Zwar mögen einige Personen in einem Clan über Autorität verfügen. Diese ist dann aber traditionell (z.B. ältestes Familienmitglied) statt rational-legal (z.B. Mitglied des Board of Directors einer Corporation) begründet und wird nicht zur expliziten Überwachung und Bewertung der Leistung der beteiligten Personen eingesetzt. Statt dessen erfolgen Überwachung und Leistungsbewertung durch die feste soziale Einbindung der Beteiligten[55].

Als Beispiel für eine Koordination durch einheitliche Kontrolle versus den Clan führt *Ouchi* die Automobilbranche in den USA und Japan an. Während in Japan eine hohe Zielkongruenz zwischen den Automobilherstellern und den Zulieferbetrieben besteht und diese als Clan verbunden sind, verhalten sich die Zulieferer in den USA opportunistisch, so daß sie zu großen Teilen integriert wurden, also eine einheitliche Kontrolle vorliegt[56]. Im allgemeinen finden Clans in Japan eine besonders hohe Verbreitung, wo das hierarchische Gefüge in den Familien bis heute, allerdings immer weiter abnehmend, auch die Grundstruktur für zwischenmenschliche Beziehungen im Wirtschaftsgeschehen bildet[57].

Eine Übertragung der Erkenntnisse *Ouchis* auf rechtlich selbständige Unternehmen als Untersuchungssubjekt ist möglich[58]. Die Koordination von Transaktionen zwischen Unternehmen in der Form der einheitlichen Kontrolle sollte danach erfolgen, wenn die von ihnen erbrachte Leistung im Rahmen der Zusammenarbeit gut meßbar ist und die Ziele der Unternehmen übereinstimmen. Bei guter Meß-

---

55 Vgl. *Ouchi* (1980, Clans), S. 136 - 137.
56 Vgl. *Ouchi* (1980, Clans), S. 135.
57 Vgl. *Sydow* (1991, Netwerke); *Gutenberg* (1960, japanische Unternehmungen), S. 12.
58 Vgl. *Sydow* (1991, Netzwerke), S. 240.

barkeit der Leistung aber unterschiedlichen Zielen der zusammenarbeitenden Unternehmen ist statt dessen die Koordinationsform des Clan effizient.

Ein Unternehmen, das einem Clan angehört, ist den sozialen Bindungen innerhalb dieses Clans unterworfen. Diese rufen einen starken Gemeinschaftssinn hervor. Es liegt der Schluß nahe, daß die wirtschaftliche Selbständigkeit der Unternehmen eines Clans, je nach der konkreten Ausgestaltung dieser Bindungen, stark eingeschränkt oder sogar aufgehoben ist. Für die Abgrenzung der wirtschaftlichen Einheit bedeutet dies, daß auch die Unternehmen, die einem Clan angehören, i.d.R. als wirtschaftliche Einheit betrachtet werden können. Der Clan kann aber nicht nach denselben Merkmalen identifiziert werden wie z.B. die einheitliche Kontrolle. Vielmehr charakterisieren soziale Bindungen wie z.B. Verwandtschaft, oder die Zugehörigkeit zu denselben Interessengruppen oder Vereinen die Verbindung zwischen einzelnen Unternehmen eines Clans.

1.5.2. Grenzenlose Unternehmung

Mit der Frage, ob die Festlegung klarer effizienter Unternehmungsgrenzen (Grenzen der Governance Struktur der einheitlichen Kontrolle), wie sie durch die Transaktionskostentheorie vorgenommen wurde, auch angesichts der immer stärker zunehmenden alternativen Formen von Unternehmenszusammenschlüssen möglich ist, beschäftigt sich insbesondere *Picot*[59].

Seiner Ansicht nach wird in Zukunft den Koordinationsformen zwischen den Extremen der Marktkontrolle und der einheitlichen Kontrolle eine höhere Bedeutung zukommen als bisher. *Picot* erwartet, daß vermehrt neoklassische oder relationale Verträge, z.B. im Zuge von Joint Ventures, Franchising-Abkommen oder anderen Unternehmenszusammenschlüssen, geschlossen werden. Gleichzeitig rechnet er mit einer Abnahme der Anzahl relationaler Verträge im Rahmen von Unternehmungen (weniger einheitliche Kontrolle). Diese Einschätzungen *Picots* widersprechen denen *Williamsons* nicht, der ebenfalls eine zunehmende Bedeutung und Anzahl von Koordinationsformen zwischen den Extremen der Marktkontrolle und einheitlicher Kontrolle beobachtet und in Zukunft erwartet[60].

Die neueren Ausführungen *Picots* stellen hingegen eine Weiterentwicklung der Transaktionskostentheorie *Williamsons* dar. Letzterer nahm an, daß bei unsicheren, häufigen und z.T. auch bei gelegentlichen Transaktionen mit hoher Faktorspezifität die einheitliche Kontrolle als Koordinationsform gewählt werde. *Picot*

---

59 Vgl. zu den diesbezüglichen Ausführungen *Picot* (1996, grenzenlose Unternehmung), S. 275 - 276; *Picot* (1982, Transaktionskostenansatz).

60 Vgl. *Williamson* (1985, Institutions), S. 83 - 84.

geht davon aus, daß die nach der Transaktionskostentheorie *Williamsons* unter einheitlicher Kontrolle koordinierten ökonomischen Aktivitäten in Zukunft immer weniger in einer Unternehmung (einheitlicher Kontrolle), sondern statt dessen im Rahmen anderer Koordinationsformen abgewickelt werden. An die Stelle relationaler Verträge würden andere Vertragsformen rücken, obwohl es sich um Transaktionen mit hochspezifischen Faktoren handelt. Die Unternehmung als Form der Koordination würde nicht mehr häufig gewählt. Da Transaktionen in Mischformen verlagert werden, die nach *Williamson* in einer Unternehmung abgewickelt worden wären, spricht *Picot* von einem Verwischen der Unternehmungsgrenzen bzw. einer Auflösung der Grenzen der Unternehmung. Würden keine hochspezifischen Transaktionen mehr durch einheitliche Kontrolle koordiniert, läge im Sinne *Picots* die grenzenlose Unternehmung vor.

Als Grund für das vermehrte Auftreten von Mischformen sowie die Verlagerung von Transaktionen mit hochspezifischen Investitionen in nicht hierarchische Koordinationsformen führt *Picot* veränderte Umweltbedingungen an. Diese können zu einer Steigerung der Transaktionskosten bei einheitlicher Kontrolle von Transaktionen hoher Spezifität führen bzw. eine Senkung der bei Mischformen anfallenden Kosten der Koordination von hochspezifischen Transaktionen zur Folge haben. Andere Koordinationsformen als die Unternehmung sind gegebenenfalls transaktionskostengünstiger. Veränderte Umweltbedingungen, die zu einer Zunahme der Transaktionskosten bei Koordination von ökonomischen Aktivitäten in einer Unternehmung führen, stellen z.B. die von *Picot* beobachtete Zunahme der Zutrittsbarrieren zu neuem Know-how und zu Kapitalmärkten sowie die Veränderung der Transaktionsatmosphäre an, denen unter einheitlicher Kontrolle stehende Institutionen ausgesetzt sind. Die Transaktionsatmosphäre wandelt sich aufgrund neuer Informations- und Kommunikationstechniken. Diese führen nach *Picot* insgesamt zu einer Verminderung gewisser Informations- und Kontrollkosten. Der Vorteil der einheitlichen Kontrolle, daß hier im Vergleich zu anderen Koordinationsformen relativ niedrige Informations- und Kontrollkosten anfallen, entfällt. Dann kommt es auf die übrigen anfallenden Transaktionskosten an, welche Koordinationsform als effizient einzustufen ist. I.d.R. führen die neuen Gegebenheiten nach Ansicht *Picots* zu einer Verringerung der Transaktionskosten bei Koordination ökonomischer Aktivitäten durch Mischformen zwischen Markt und Hierarchie im Vergleich zur rein hierarchischen Koordination[61].

Setzt die von *Picot* erwartete Entwicklung ein, werden immer mehr Unternehmen hochspezifische Transaktionen in Mischformen, wie z.B. unter dreiseitiger oder gegenseitiger Kontrolle, abwickeln. Die Anzahl der unter einheitlicher Kontrolle

---

61 Vgl. zu den Gründen für die zunehmende Verbreitung von Mischformen *Picot* (1996, grenzenlose Unternehmung), S. 269 - 274.

stehenden rechtlich selbständigen Unternehmen nähme ab. *Picot* leitet allerdings nicht wie *Williamson* her, welche Mischformen der Koordination für Transaktionen mit unterschiedlichen Merkmalen aus Effizienzgründen gewählt werden. Er beschreibt nicht das Ausmaß, in dem die einheitliche Kontrolle tatsächlich aus dem Wirtschaftsgeschehen verdrängt werden wird. Auch genauere Aussagen darüber, inwiefern die Grenzen zwischen den Mischformen und dem Markt verwischen könnten bzw. ob im Extremfall überhaupt eine wirtschaftliche Einheit vom Markt abgrenzbar ist, trifft *Picot* nicht. Folglich können auf der Grundlage seiner Arbeit die ggf. bestehenden Grenzen der wirtschaftliche Einheit sowie die Koordinationsformen innerhalb der wirtschaftlichen Einheit kaum Aussagen gewonnen werden.

Unter dem Hinweis, daß durch die abgebildeten Koordinationsformen Transaktionen mit anderen Merkmalen als den von *Williamson* beschriebenen koordiniert werden und einheitliche Kontrolle nur eingeschränkt vorliegt, könnte unter Berücksichtigung der Erkenntnisse *Picots* die wirtschaftliche Einheit z.B. wie in Abbildung 8 dargestellt werden. Im Vergleich zur Beschreibung allein auf der Grundlage der Erkenntnisse *Williamsons* (Abbildung 6) könnte ein verkleinerter "Kern" der wirtschaftlichen Einheit (einheitliche Kontrolle und relationale Verträge) das Verwischen der Unternehmungsgrenzen widerspiegeln, während die umliegenden "Stufen" sich hingegen vergrößern würden.

Es ist jedoch zu berücksichtigen, daß dies nur eine auf der Grundlage von *Picots* Ausführungen denkbare Variante der wirtschaftlichen Einheit darstellt, da eine allgemeingültige Beschreibung der wirtschaftlichen Einheit auf den zu wenig konkreten Aussagen *Picots* nicht möglich ist. So könnte auch eine wirtschaftliche Einheit vorliegen, bei der die einheitliche Kontrolle vollkommen entfiele , die also nur noch aus Mischformen bestünde. Unter Umständen wäre eine wirtschaftliche Einheit eventuell nicht mehr von der Umwelt abgegrenzbar. Dieser Fall könnte eintreten, wenn nur noch Mischformen vorliegen, die der Marktkontrolle recht nahe kommen und nur zu einer unwesentlichen Einschränkung der wirtschaftlichen Selbständigkeit der Einzelunternehmen führen.

Diese zahlreichen auf der Grundlage der Arbeit *Picots* denkbaren Varianten verdeutlichen, daß umfangreiche allgemeingültige Rückschlüsse auf die Abgrenzung der wirtschaftlichen Einheit aufgrund des fehlenden Konkretisierungsgrades seiner Aussagen kaum möglich sind. Lediglich die Aussage liegt nahe, daß durch ein Verwischen der Grenzen der Unternehmung bzw. bei Vorliegen grenzenloser Unternehmungen (vollständiger Ersatz der einheitlichen Kontrolle durch alternative Koordinationsformen) die Abgrenzung erschwert wird. Gerade wenn Unternehmen unter einheitlicher Kontrolle stehen, kann, wie gezeigt, von einer relativ weitreichenden Beeinträchtigung ihrer wirtschaftlichen Selbständigkeit und folglich von ihrer Zugehörigkeit zur wirtschaftlichen Einheit ausgegangen werden. Bei den nach *Picot* zunehmenden Mischformen der Koordination fällt die Entscheidung, ob die beteiligten Unternehmen eine wirtschaftliche Einheit bilden, schwerer als bei einheitlicher Kontrolle. Der Ansatz *Picots* stellt in seiner jetzigen Form noch keine Hilfe bei der Abgrenzung der wirtschaftlichen Einheit dar.

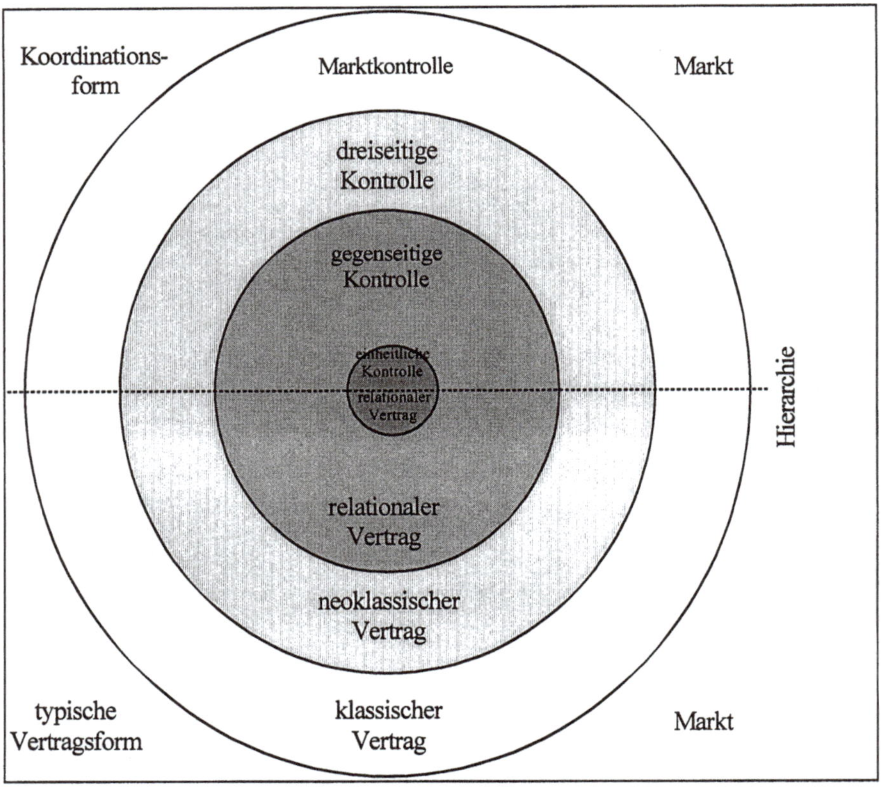

Abbildung 8: Wirtschaftliche Einheit unter Annahme einer sinkenden Bedeutung einheitlicher Kontrolle

2. Betriebswirtschaftliche Ansätze

2.1. Theorien der Konzernrechnungslegung

2.1.1. Systematisierung

Die Theorien der Konzernrechnungslegung stellen Bilanztheorien dar, die speziell für die rechnungslegende Einheit bestehend aus rechtlich selbständigen Unternehmen entwickelt wurden. Sie werden auch als Theorien des Konzernabschlusses, Konsolidierungstheorien oder Consolidation Theories bezeichnet. Zu den bedeutendsten Theorien der Konzernrechnungslegung gehören die Proprietory Theory (Eigner-Theorie), die Entity Theory (Einheitstheorie) sowie die Parent Company Theory (Interessentheorie)[62].

Die Theorien der Konzernrechnungslegung sind unter die Theorien der rechnungslegenden Einheit (Accounting Entity Theories) einzuordnen. Diese basieren auf der als Entity Concept (auch Economic Entity Assumption, Accounting Entity Postulate oder Concept of Separate Entity) bezeichneten Grundannahme, daß sich ein bestimmter Bereich wirtschaftlichen Interesses als rechnungslegende Einheit definieren läßt. Diese Theorien bringen zum Ausdruck, wie eine rechnungslegende Einheit in der Rechnungslegung verstanden werden soll, d.h. welche Sichtweise (Point of View) bei der Betrachtung der rechnungslegenden Einheit zugrunde gelegt wird.

Die Theorien der rechnungslegenden Einheit werden abgeleitet aus den klassischen Unternehmungstheorien[63]. In den Unternehmungstheorien erfolgt eine Betrachtung der Unternehmung als Entscheidungseinheit aus verschiedenen Blickwinkeln. Abhängig von der gewählten Sichtweise wird die Unternehmung durch

---

62 Vgl. ausführlich zu den Consolidation Theories *Hendriksen/van Breda* (1991, Theory), 765 - 793; *Kam* (1986, Theory), S. 302 - 319; *Mason/Davidson/Schindler* (1959, Accounting), S. 19 - 22. Nicht alle Autoren räumen der Parent Company Theory den Status einer eigenständigen Theorie ein. Einige Autoren ordnen die Parent Company Theory als besondere Ausgestaltung der Interessentheorie ein, weil sie sich wesentlich daran anlehnt. Vgl. *Baetge* (1995, Konzernbilanzen), S. 12; *Kubin* (1989, Konzernrechnungslegung), S. 98 - 99. Andere Autoren bezeichnen lediglich die Proprietary und die Entity Theory als Theorien des Financial Reporting und leiten daraus Konsolidierungskonzepte ab, nämlich das Proportionate Consolidation und das Economic-Unit Concept und zusätzlich - als Mischform - das Parent Company Concept. Vgl. hierzu *Jensen et al.* (1994, Accounting), S. 92 - 93. Zu einer gleichrangigen Darstellung der Theorien siehe z.B. *Baker/Lembke/King* (1996, Accounting), S. 135 - 143

63 Der Begriff der Unternehmungstheorie statt Unternehmenstheorie wird verwendet, weil keine Betrachtung des nach Rechtsformkriterien abgegrenzten rechtlich selbständigen Unternehmens erfolgt, sondern der Unternehmung aus ökonomischer Sicht.

den Eigner, durch eine fiktive Rechtsperson oder durch den Manager bzw. das Management personifiziert[64].

In den Theorien der Konzernrechnungslegung wird versucht, vor dem Hintergrund verschiedener Sichtweisen der rechnungslegenden Einheit Konzern unter betriebswirtschaftlichen Überlegungen den Zweck des konsolidierten Abschlusses und dessen Konzeption festzulegen. Dabei erfolgt eine Berücksichtigung der wirtschaftliche Verbundenheit der zur rechnungslegenden Einheit zählenden Unternehmen. Aus dem festgelegten Zweck des Konzernabschlusses werden Art und Umfang der Einbeziehung der Einzelabschlüsse der zum Konzern zählenden Unternehmen hergeleitet. Die Theorien der Konzernrechnungslegung dienen also der Ableitung von Lösungen konsolidierungstechnischer Fragen.

Die Theorien der Konzernrechnungslegung treffen kaum direkte Aussagen bezüglich der Abgrenzung der rechnungslegenden Einheit. Sie setzten an dem Punkt der Erstellung von konsolidierten Abschlüssen an, an denen bereits feststeht, welches rechtlich selbständige Unternehmen zur Erstellung eines konsolidierten Abschlusses verpflichtet ist und welche Unternehmen in den Konsolidierungskreis einzubeziehen sind. Es kann aber untersucht werden, ob die Theorien der Konzernrechnungslegung nicht doch Anhaltspunkte für die Abgrenzung der rechnungslegenden Einheit Konzern bieten. Es liegt ihnen jeweils eine bestimmte Sichtweise der rechnungslegenden Einheit Konzern zugrunde. Werden die Konsolidierungskonzepte auf der Grundlage dieser Sichtweise entwickelt, sollte auch die Abgrenzung der rechnungslegenden Einheit grundsätzlich mit dieser Sichtweise vereinbar sein.

Im folgenden wird eine Ableitung von Abgrenzungskriterien aus den Theorien der Konzernrechnungslegung versucht, die mit der jeweils zugrundeliegenden Idee bzw. Sichtweise der rechnungslegenden Einheit im Einklang steht. Berücksichtigt werden die drei wichtigsten Theorien der Konzernrechnungslegung, die Proprietory, Entity und Parent Company Theory.

2.1.2. Proprietary Theory

Bei der Proprietary Theory wird die Unternehmung als wirtschaftliche Einheit mit dem Unternehmungseigner personifiziert[65]. Es liegt die Idee zugrunde, daß mit der Eignerstellung auch eine Verfügungsgewalt über die in der Unternehmung eingesetzten Ressourcen verbunden ist[66]. Die Unternehmung wird als Einkommensquelle des Unternehmungseigners bzw. der Unternehmungseigner betrachtet.

---

64 Vgl. *Coenenberg* (1997, Jahresabschluß), S. 741 - 742.

65 Vgl. *Goldberg* (1965, Accounting), S. 116. Die Proprietary Theory wird hier auch als Economic Interest Approach, User Approach oder Financial-Unit Concept of Purpose bezeichnet.

66 Vgl. *Berle/Means* (1932, Corporation), S. 8.

Übertragen auf die Rechnungslegung wird daraus der Zweck der Rechnungslegung abgeleitet, Informationen über den Wert des Nettovermögens (Net Value) und dessen Veränderungen (Gewinn oder Verlust) zu vermitteln, da sich hierauf die Eigneransprüche richten[67]. Die Rechnungslegung dient also der Einkommens- und Vermögensermittlung des Eigners bzw. der Eignergruppe[68]. Das Nettovermögen des Proprietors bzw. der Proprietoren wird als Differenz zwischen der Summe der Vermögensgegenstände und der Summe der Schulden ermittelt[69]. Erträge und Aufwendung ergeben sich aus den geschäftlichen Aktivitäten des Eigners und schlagen sich saldiert als Steigerung bzw. Verminderung des Nettovermögens nieder, sofern sie nicht aus Kapitaleinlagen oder -entnahmen der Eignergruppe resultieren.

Hinsichtlich Kapitalgesellschaften bzw. Corporations werden je nach Zusammensetzung der Gruppe der Eigentümer zwei Varianten der Proprietary Theory unterschieden. Nach der Residual Equity Theory bilden nur die Halter von Stammaktien die Eigentümergruppe[70]. Dies ist vor dem Hintergrund verständlich, daß anders als die deutsche Vorzugsaktie die Vorzugsaktie nach dem US-amerikanischen Gesellschaftsrecht meist keine über die gewinnabhängige Dividende hinausgehenden Vermögensrechte auf den Liquidationserlös des Unternehmens beinhaltet[71]. Vorzugsdividenden stellen danach Aufwendungen dar. Die weiter gefaßte Variante der Proprietary Theory stuft sowohl die Halter von Stamm- als auch von Vorzugsaktien unter den Proprietoren ein[72].

Bezogen auf Consolidated Financial Statements folgt aus der Proprietary Theory, daß die rechnungslegende Einheit aus dem Blickwinkel der Anteilseigner des Mutterunternehmens betrachtet wird[73]. Den Anteilseignern des Mutterunternehmens sollen durch die Consolidated Financial Statements entscheidungsrelevante Informationen über den Teil des Vermögens und des Erfolgs derjenigen Unternehmen vermittelt werden, der dem Mutterunternehmen aufgrund ihrer Beteiligung zusteht[74]. Das divergierende Interesse von Minderheitsgesellschaftern der Tochterunternehmen findet keine Berücksichtigung, da Minderheitsgesellschafter

---

67 Vgl. *Chatfield* (1996, Proprietory Theory); *Belkaoui* (1992, Theory), S. 233; *Kam* (1986, Theory), S. 303; *AAA* (1965, Entity Concept), S. 361; *AAA* (1957, Financial Statements), S. 536.

68 Vgl. *Coenenberg* (1997, Jahresabschluß), S. 742.

69 Vgl. *Hendriksen/van Breda* (1991, Theory), S. 769 - 770.

70 Vgl. zur Residual Equity Theory insbesondere *Staubus* (1959, Residual Equity), auf den diese Variante der Proprietary Theory ursprünglich zurückgeht.

71 Vgl. *Merkt*, (1991, Gesellschaftsrecht), S. 253 – 256.

72 Vgl. *Belkaoui* (1992, Theory), S. 234.

73 Im deutschen Schrifttum beschäftigt sich *Bores* als erster Autor mit der Übertragung der Proprietary Theory auf den Konzernverbund. Siehe *Bores* (1935, Erfolgsbilanzen). Eine weitere wichtige frühe Arbeit veröffentlichten insbesondere *Fuchs/Gerloff* (1954, Bilanz).

74 Vgl. *Kam* (1986, Theory), S. 302; *AAA* (1965, Entity Concept), S. 362.

nicht zur Gruppe der Eigenkapitalgeber, sondern der Fremdkapitalgeber gezählt werden[75].

Die Consolidated Financial Statements der nach dem Economic Interest Approach definierten Accounting Entity stellen einen erweiterten Abschluß des Mutterunternehmens dar[76].

Nach der Proprietary Theory hat eine quotale Konsolidierung von Tochterunternehmen stattzufinden. Von einer Eignerstellung ist ab einem Kapitalanteil von 50 % auszugehen.

Die Aktiva und Passiva sowie die Aufwendungen und Erträge der Tochtergesellschaften sind anteilig entsprechend der Beteiligungsquote der Muttergesellschaft in die Consolidated Financial Statements aufzunehmen. Minderheitenanteile werden nicht berücksichtigt, sondern es werden der Anteil der Minderheitsgesellschafter an den Vermögensgegenständen und Schulden sowie am Jahresüberschuß aus dem Konzernabschluß ausgeschlossen[77].Bei der Eliminierung sonstiger konzerninterner Transaktionen ist nur der Anteil des Mutterunternehmens an diesen Transaktionen zu berücksichtigen, da Transaktionen mit den als außenstehend betrachteten Minderheitsgesellschaftern als realisiert gelten[78].

Für die Abgrenzung der rechnungslegenden Einheit ist aus der Proprietary Theory zu schließen, daß der Tatsache, wem die Anteile an einem Unternehmen gehören, eine wesentliche Bedeutung dafür haben, welcher rechnungslegenden Einheit dieses rechtlich selbständige Unternehmen zuzurechnen ist. Vor dem Hintergrund der Proprietary Theory hat also das Abgrenzungskriterium der Beteiligungshöhe (Ownership-Kriterium oder Economic Interest-Kriterium) eine maßgebliche Bedeutung.

---

75 Vgl. *Baetge* (1997, Konzernbilanzen), S. 11; *Beams* (1996, Accounting), S. 423; *Jensen et al.* (1994, Accounting), S. 94.

76 Vgl. *Childs* (1949, Statements), S. 49. So auch *Kohler* (1938, Consolidated Reports), S. 63, obwohl er gleichzeitig die Definition des Accounting Entity nach dem Economic Unit Approach vertritt.

77 Vgl. *Baker/Lembke/King* (1996, Accounting), S. 136 – 137.

78 Vgl. *Baetge* (1997, Konzernbilanzen), S. 11 - 13; *Baker/Lembke/King* (1996, Accounting), S. 136 - 137; *Beams* (1996, Accounting), S. 425; *Jensen et al.* (1994, Accounting), S. 93; *Bartholomew/Brown/Muis* (1981, Konzernabschlüsse), S. 26; *Fuchs/Gerloff* (1954, Bilanz), S. 88 - 114.

2.1.3. Entity Theory

Die Entity Theory entstand vor dem Hintergrund der immer stärkeren Trennung von Management und Kapitalgebern[79]. Die der Proprietary Theory zugrundeliegende Idee von der Einheit von Eigentum und Verfügungsgewalt wurde nicht mehr erfüllt. Statt dessen war die Eignerstellung zunehmend auf einen Ergebnis- und Kapitalanspruch beschränkt.

Die Unternehmung wird nach der Entity Theory losgelöst von der Sichtweise der Kapitalgeber betrachtet[80]. Sie steht als eigenständige Wirtschaftseinheit mit einer eigenen Identität im Mittelpunkt[81]. Ausgangspunkt für alle Unternehmungstätigkeiten ist nicht der Eigner bzw. die Eignergruppe, sondern "die fiktive Rechtsperson Unternehmung"[82].

Daraus folgt, daß auch die rechnungslegende Einheit als eine separate wirtschaftliche Einheit mit einer eigenen Identität betrachtet wird[83]. Auf die Zielvorstellungen einzelner Personen oder Personengruppen wird in der Rechnungslegung nach der Entitiy Theory nicht eingegangen. Es liegt die Annahme zugrunde, daß Eigenkapitalgeber nicht in das Unternehmungsgeschehen eingebunden sind und kaum Einblick in die internen Vorgänge haben. Die Aufgabe des Jahresabschlusses ist es, Informationen über die Ergiebigkeit der Unternehmung zu vermitteln, die an erster Stelle durch den Unternehmungsgewinn gemessen werden kann[84].

Die Bilanzgleichung lautet "Vermögensgegenstände = Kapital" bzw. "Vermögensgegenstände = Schulden + Eigenkapital"[85]. Aktiva stellen Aufwandsgüter der Unternehmung dar, die noch zum Verbrauch zur Verfügung stehen, Passiva bestehen aus Verbindlichkeiten und Eigenkapital[86].

Übertragen auf die Konzernrechnungslegung ergibt sich aus der Entity Theory, daß die wirtschaftliche Einheit rechtlich selbständiger Unternehmen als eine Ein-

---

79 Vgl. *Paton/Littleton* (1965, Accounting Standards), S. 1 - 2.

80 Vgl. *Chatfield* (1996, Entity Theory), S. 230 - 231; *Goldberg* (1965, Accounting), S. 110.

81 Vgl. *Kam* (1986, Theory), S. 395. Siehe zur deutschen Diskussion der Unternehmung mit eigener Identität die Ausführungen im Kapitel 2.2.1.

82 *Coenenberg* (1997, Jahresabschluß), S. 743.

83 Vgl. *Hendriksen/van Breda* (1991, Theory), S. 771; *Kam* (1986, Theory), S. 305; *Moonitz* (1961, Basic Postulates), S. 12 - 13.

84 Vgl. *Coenenberg* (1997, Jahresabschluß), S. 743.

85 Vgl. *Belkaoui* (1992, Theory), S. 234; *Hendriksen/van Breda* (1991, Theory), S. 771; *Kam* (1986, Theory), S. 307.

86 Vgl. *Belkaoui* (1992, Theory), S. 234.

heit mit eigener Identität betrachtet wird[87]. Es erfolgt eine vollständige Lösung ihrer Betrachtung aus dem Blickwinkel der Kapitalgeber des Mutterunternehmens[88]. Nach der Einheitstheorie verfügt die Konzernleitung aufgrund der wirtschaftlichen Abhängigkeit der Tochterunternehmens über deren gesamten Vermögensgegenstände und Schulden und hat mittels konzerninterner Transaktionen die Möglichkeit, Kapital, Liquidität und Ergebnisse der Tochterunternehmen zu ihren eigenen Gunsten zu beeinflussen[89]. Die Aktiva und Passiva der Untergesellschaften werden mit den Minderheitsgesellschaftern geteilt. Mehrheits- und Minderheitsgesellschafter werden deshalb als gleichberechtigte Eigenkapitalgeber angesehen[90]. Die Consolidated Financial Statements stellen einen "Einzelabschluß für die wirtschaftliche Einheit", nicht einen erweiterten Einzelabschluß des Mutterunternehmens dar[91].

Aufgrund der Annahme, daß alle Anteilseigner gleichgestellt sind und der Konzern eine wirtschaftliche Einheit darstellt, wird das Konsolidierungskonzept der Vollkonsolidierung favorisiert (Economic Unit Concept[92]). Danach werden unabhängig von der Beteiligungsquote des Mutterunternehmens sämtliche Vermögensgegenstände, Schulden, Erträge und Aufwendungen des Tochterunternehmens in den Konzernabschluß aufgenommen. Die bei der Erstkonsolidierung vollständig aufgedeckten stillen Lasten und Reserven werden entsprechend der jeweiligen Beteiligungsquote Mehrheits- und Minderheitsgesellschaftern zugerechnet. Daneben ist im Erwerbszeitpunkt nach der reinen Entity Theory der erworbene Goodwill, die Differenz zwischen den Zeitwerten des Reinvermögens und dem Gesamtwert des Tochterunternehmens, entsprechend der Beteiligungsquoten auf die Mehrheits- und Minderheitsgesellschafter aufzuteilen. Der Gesamtwert ergibt

---

87 Besonders bedeutende Arbeiten zur Übertragung der Entity Theory auf Consolidated Financial Statements veröffentlichten *Moonitz* und *Childs*. Siehe *Moonitz* (1961, Basic Postulates), S. 12 – 13; *Moonitz* (1951, Entity Theory); *Moonitz* (1942, Entity Approach) sowie *Childs* (1949, Statements). Sie bezeichneten die Entity auch als Economic Unit Approach oder Operational-Unit Concept. In Deutschland wird diese Theorie neben Einheitstheorie auch als ökonomisches Konzept bezeichnet. Vgl. *Kubin* (1989, Konzernrechnungslegung), S. 100; *Bartholomew/Brown/Muis* (1981, Konzernabschlüsse), S. 27.

88 Vgl. *Gingele* (1989, Abschluß), S. 91; *Kubin* (1989, Konzernrechnungslegung), S. 100; *Henderson/Peirson* (1977), S. 24.

89 Vgl. *Baetge* (1997, Konzernbilanzen), S. 9 – 11.

90 Vgl. *Baker/Lembke/King* (1996, Accounting), S. 139 - 140; *Gingele* (1989, Abschluß), S. 97; *Kam* (1986, Theory), S. 397 - 399.

91 Vgl. *Müller* (1983, Konzernabschluß), S. 218; *Childs* (1949, Statements), S. 49. Anfänglich wurden teilweise unschlüssige und begründete Ansätze zur Abgrenzung des Konzernverbunds entsprechend der Entity Theory erarbeitet. So definiert *Kohler* die Accounting Entity entsprechend dem Entity Ansatz, sieht in dem Konzernabschluß aber trotzdem eine Erweiterung des Einzelabschlusses des Mutterunternehmens. Siehe *Kohler* (1938, Consolidated Reports).

92 Vgl. *Jensen et al.* (1994, Accounting), S. 93.

sich durch Hochrechnung der Anschaffungskosten des Mutterunternehmens für den Anteil am Tochterunternehmen, wobei die Annahme zugrundeliegt, daß die Minderheitsaktionäre denselben Betrag für den Erwerb der Tochtergesellschaft aufgewendet haben wie die Mehrheitsgesellschafter[93]. Sämtliche sonstigen konzerninternen Transaktionen sind vollständig zu eliminieren, da sie aus Sicht der Entity Theory nicht mit außenstehenden Dritten getätigt wurden. Da die Minderheitsgesellschafter als Eigenkapitalgeber des Konzerns angesehen werden, erfolgt der Ausweis des Minderheitenanteils innerhalb des Konzerneigenkapitals.

Die Ermittlung des Gewinnanteils der Minderheitsgesellschafter findet im Rahmen der Gewinnverteilung nach der Ermittlung des Konzerngesamtgewinns statt[94].

Eine Antwort auf die Frage, was eine wirtschaftliche Einheit entsprechend der Entity Theory ausmacht, ist nicht direkt abzuleiten. Diese Theorie trifft keine expliziten Aussagen über die Merkmale von Verbindungen zwischen rechtlich selbständigen Unternehmen, die eine wirtschaftliche Einheit implizieren.

Die Tatsache, daß insbesondere die zunehmende Trennung von Eigentum und Verfügungsgewalt den Anstoß zur Entwicklung der Einheitstheorie gab, verdeutlicht allerdings die hohe Bedeutung, die der Leitungsmacht beigemessen wird. Insofern liegt der Schluß nahe, daß bei der Abgrenzung der rechnungslegenden Einheit auf die Verfügungsgewalt abgestellt werden sollte. Allerdings bedarf der Begriff der Verfügungsgewalt weiterer Konkretisierung, die wiederum nicht aus der Entity Theory abgeleitet werden kann. Auch die Frage, ob eine tatsächliche Verfügungsgewalt oder die Möglichkeit der Beherrschung (Control) als Abgrenzungskriterium herangezogen werden sollte, ist nicht ausschließlich unter Hinzuziehen der Einheitstheorie zu beantworten[95].

2.1.4. Parent Company Theory

Die Parent Company Theory ist zwischen der Proprietary und der Entity Theory anzusiedeln. Nach dieser Theorie wird der Konzernabschluß aus dem Blickwinkel der Anteilseigner des Mutterunternehmens aufgestellt. Minderheitsgesellschafter von Tochterunternehmen werden als außenstehende Fremdkapitalgeber angesehen[96]. Die Consolidated Financial Statements stellen einen erweiterten Abschluß

---

93 Vgl. *Bartholomew/Brown/Muis* (1981, Konzernabschlüsse), S. 27.

94 Vgl. *Kubin* (1989, Konzernrechnungslegung), S. 100.

95 *Pacter* kommt zu dem Schluß, vor dem Hintergrund der Einheitstheorie sei Control als Abgrenzungskriterium heranzuziehen, begründet dies aber nicht. Vgl. *Pacter* (1992, Consolidations), S. 39; *Pacter* (1991, Consolidation), Par. 123, 130.

96 Vgl. *Baker/Lembke/King* (1996, Accounting), S. 137 - 139; *Kam* (1986, Theory), S. 393 - 396.

des Mutterunternehmens dar. Insofern stimmt die Parent Company Theory mit der Proprietary Theory grundlegend überein.

Der Entity Theory ist hingegen die Sichtweise entliehen, die Konzernleitung verfüge aufgrund der wirtschaftlichen Abhängigkeit der Tochterunternehmen über deren gesamte Vermögensgegenstände und Schulden und habe mittels konzerninterner Transaktionen die Möglichkeit, Kapital, Liquidität und Ergebnisse der Tochterunternehmen zu ihren eigenen Gunsten zu beeinflussen[97]. Die Aktiva und Passiva der Untergesellschaften werden mit den Minderheitsgesellschaftern geteilt. Folglich soll der Konzernabschluß den Anteilseignern des Mutterunternehmens zur Verdeutlichung ihrer wirtschaftlichen Verfügungsmacht dienen.

Nach der Parent Company Theory hat bei einer Betonung des Informationsinteresses der Mehrheitsanteilseigner des Mutterunternehmens eine Quotenkonsolidierung zu erfolgen. Vor dem Hintergrund der Idee der Verfügungsgewalt der Mehrheitsgesellschafter über das Tochterunternehmen kann aus der Parent Company Theory aber auch die Notwendigkeit einer Vollkonsolidierung geschlossen werden[98]. Letztere Auslegung der Parent Company Theory wird in den USA grundsätzlich vorgenommen und auch als Modified Parent Company Ansatz bezeichnet[99].

Mit der Übernahme sämtlicher Aktiva und Passiva, Erträge und Aufwendungen werden wesentliche Elemente der Entity Theory aufgegriffen. Allerdings erfolgt zur besonderen Berücksichtigung der Mehrheitsgesellschafter nach der Parent Company Theory eine Aufdeckung der stillen Reserven und Lasten nur in Höhe ihrer Beteiligungsquote. Ein Goodwill wird für die Minderheitsaktionäre nicht errechnet. Der Minderheitenanteil wird in der Konzernbilanz als ein vom Eigenkapital und den Verbindlichkeiten gesonderter Posten ausgewiesen. Gewinnanteile der Minderheitsgesellschafter werden als Aufwand in Konzern-GuV berücksichtigt.

Für die Abgrenzung der rechnungslegenden Einheit vor dem Hintergrund der Parent Company Theory spielt die Grundidee, daß der Konzernabschluß im Interesse sowie aus der Perspektive der Eigentümer des Mutterunternehmens aufgestellt wird, eine bedeutende Rolle. Wie bei der Proprietary Theory ist wegen dieser Grundidee darauf zu schließen, daß dem Kriterium der Kapitalbeteiligung eine besondere Bedeutung beizumessen ist.

---

97 Vgl. *Baetge* (1995, Konzernbilanzen), S. 13.

98 Vgl. *Baetge* (1995, Konzernbilanzen), S. 13; *Bartholomew/Brown/Muis* (1981, Konzernabschlüsse), S. 26.

99 Vgl. *FASB* (1996, PH 1), S. 33, 158; *FASB* (1996, PH 2), S. 175.

Da bei der Erstellung von Consolidated Financial Statements nach der Parent Company Theorie gleichzeitig die Annahme zugrunde liegt, es bestehe eine wirtschaftliche Abhängigkeit der Tochterunternehmen und die Konzernleitung verfüge über die Leitungsmacht über die Tochterunternehmen, ist die Wahl von Abgrenzungskriterien unter Berücksichtigung der Leitungsmacht zu treffen.

Fraglich ist, wie durch ein Abgrenzungskriterium oder mehrere Abgrenzungskriterien sowohl die Kapitalbeteiligung als auch die Leitungsmacht ausgedrückt werden können. Die Beantwortung hängt von dem Ausmaß der Trennung von Eigentum und Verfügungsgewalt ab. Aus der Parent Company Theory kann auf dieses Ausmaß nicht unmittelbar geschlossen werden. Lediglich daß überhaupt eine Trennung vorliegt, geht aus dieser Theorie hervor.

Unter der Annahme, daß eine Kapitalbeteiligung i.d.R. auch eine Leitungsmacht impliziert, könnte bei einer 100 %-igen Beteiligung von einem Mutter-Tochter-Verhältnis ausgegangen werden. Auch bei einer Mehrheitsbeteiligung erscheint die Zurechnung zur rechnungslegenden Einheit sinnvoll. Bestünde eine Minderheitsbeteiligung an einem Unternehmen, wäre dieses nicht in den Konsolidierungskreis einzubeziehen.

Wird jedoch von einer stärkeren Trennung von Eigentum und Verfügungsgewalt ausgegangen, ist bei einer Mehrheitsbeteiligung von z.B. 55 % der Rückschluß auf eine Mutter-Tochter-Beziehung nicht ohne weiteres möglich. Die Beteiligung impliziert dann eventuell keine Leitungsmacht. Eine Einbeziehung in den Konsolidierungskreis ist vor dem Hintergrund einer stärkeren Trennung von Eigentum und Verfügungsgewalt bei hohen Minderheitsbeteiligungen oder niedrigen Mehrheitsbeteiligungen äußerst fraglich. Eine Antwort auf der Grundlage der Parent Company Theory ist nicht möglich.

Zusammenfassend ist ein vergleichenden Überblick über die dargestellten Theorien der Tabelle 2 zu entnehmen.

Als Fazit der Ableitung von Rückschlüssen auf die Abgrenzung der rechnungslegenden Einheit aus den Theorien der Konzerntheorien bleibt festzuhalten, daß die Theorien zwar Leitlinien darstellen. Die vor dem Hintergrund dieser Theorien gewonnen Aufschlüsse über die Abgrenzung der rechnungslegenden Einheit sind aber viel zu wenig konkret, um sie direkt als Rechnungslegungsvorschriften zu implementieren. Aus den Konsolidierungstheorien werden nicht konkrete Abgrenzungskriterien, sondern vielmehr nur grundlegende Konzepte abgleitet. Zur Konkretisierung dieser Konzepte und der Formulierung von Abgrenzungskriterien sind weitere Überlegungen anzustellen.

	Proprietary Theory (Quotenkonsolidierungstheorie)	Entity Theory (Einheitstheorie)	Parent Company Theory (Interessentheorie)
Zweck und Adressaten des Konzernabschlusses	Konzernabschluß = Erweiterung des Einzelabschlusses des Mutteruternehmens; wird im Interesse und aus der Perspektive der Mehrheitsanteilseigner des Mutterunternehmens aufgestellt; stellt den hinter ihrer Beteiligung stehenden Besitz dar	Konzernabschluß = "Einzelabschluß des Konzerns"; wird aus der Perspektive des Konzerns als wirtschaftliche Einheit zur Information aller Konzernbeteiligten aufgestellt	Konzernabschluß = Erweiterung des Einzelabschlusses der Mutter; wird im Interesse und aus der Perspektive der Eigentümer des Mutterunternehmens aufgestellt und stellt die hinter ihrer Beteiligung stehende wirtschaftliche Verfügungsmacht dar
Kapitalanteil der Minderheitsanteilseigner	wird eliminiert	Teil des Eigenkapitals, das vom Kapital der Mehrheit getrennt, jedoch wie dieses aufgegliedert ausgewiesen wird	Verbindlichkeit, die in einem einzelnen Betrag ausgewiesen wird
Gewinnanteil der Minderheitsanteilseigner	wird nicht berücksichtigt	Minderheitenanteil am Konzerngewinn; Komponente der Gewinnverteilung	Aufwand
Konzerngewinn	Gewinn, der den Eigentümern des Mutterunternehmen zusteht	Betrag, der allen Eigenkapitalgebern des Konzerns zusteht	Gewinn, der den Eigentümern des Mutterunternehmen zusteht
Bewertung der Aktiva und Verbindlichkeiten des Tochterunternehmens	Bewertung aufgrund der historischen Buchwerte	Erfolgt einheitlich für die Anteile der Mutter und der Minderheiten	Erfolgt für den Anteil der Mutter; für den Minderheitenanteil aufgrund der historischen Buchwerte
Behandlung von Zwischenerfolgen aus konzerninternen Lieferungen und Leistungen	Eliminierung in Höhe des Kapitalanteils des Mutterunternehmens	100 % Eliminierung bei "Downstream" und "Upstream Sales"	Bei "Downstream Sales" 100 % Eliminierung; bei "Upstream Sales" Eliminierung nur in Höhe des Kapitalanteils des Mutterunternehmens

Tabelle 2: Vergleich von Proprietary, Entity und Parent Company Theory
Quelle: In Anlehnung an *Baker/Lembke/King* (1996, Accounting), S. 142 - 143.

2.1.5. Wahl einer Theorie

Welche Theorie zur Abgrenzung der wirtschaftlichen Einheit herangezogen wird, hängt davon ab, welche der Sichtweisen, die den Theorien zugrunde liegen, die höchste Realitätsnähe zugerechnet wird. Das eine Extrem der Sichtweisen liegt in der Deckungsgleichheit vom Eigentum an einem Unternehmen und der Verfügungsgewalt über ein Unternehmen, das andere Extrem in der Trennung von Eigentum und Verfügungsgewalt. Zwischen diesen Extremen besteht ein Kontinuum. Der Proprietary Theory liegt tendenziell das Extrem der Deckungsgleichheit und der Entity Theory die Trennung von Eigentum und Verfügungsgewalt zugrunde. Die Parent Company Theory ist in der Mitte einzuordnen. In Abhängigkeit von der Annahme hinsichtlich Eigentum und Verfügungsgewalt sind, wie vorhergehend gezeigt, die Abgrenzungskriterien zu wählen. Bei einer Deckungsgleichheit zwischen Eigentum und Verfügungsgewalt, wie sie bei der Eigner Theorie angenommen wird, impliziert das Eigentum an einem Unternehmen die Verfügungsgewalt über dieses Unternehmen. Das Abgrenzungskriterium stellt die (sehr) hohe Kapitalbeteiligung dar. Bei einer Trennung von Eigentum und Verfügungsgewalt, wie sie bei der Einheitstheorie angenommen wird, impliziert Eigentum nicht zwingend eine Verfügungsgewalt. Als Abgrenzungskriterium ist die Verfügungsgewalt (z.B. Definition eines Control-Begriffs oder des Begriffs der einheitlicher Leitung). Auch eine Mischung der Kriterien Beteiligung und Verfügungsgewalt ist möglich (z.B. Konsolidierung bei bestimmten konzerntypischen Rechten, sofern eine Mindestbeteiligung in bestimmter Höhe vorliegt).

Berle/Means zeigen in Abhängigkeit von der Trennung von Eigentum und Verfügungsgewalt einige bedeutende mögliche der Auswahl von Konsolidierungskriterien auf[100]. Diese stellen nur Beispiele dar. Viele weitere Varianten der Abgrenzung sind denkbar:

a) Control Through Almost Complete Ownership: Sofern an einem Unternehmen alle oder fast alle Anteile gehalten werden und nicht viele weitere Anteilseigner existieren, kann auf dieses Unternehmen aufgrund des Anteilsbesitzes eine Leitungsmacht ausgeübt werden.

b) Majority Control: Eine prinzipielle, wenn auch eingeschränkte Einheit von Eigentum und Leitungsmacht ist bei Vorliegen einer Mehrheitsbeteiligung gegeben. Dann sind allerdings bereits einige Anteilseigner nicht mehr am Entscheidungsprozeß in dem Unternehmen, an dem die Mehrheitsbeteiligung gehalten wird, beteiligt. Außerdem kann die Mehrheit nicht unbedingt sämtliche Entscheidungen alleine treffen, da für einige Entscheidungen mehr als 50 % der Stimmen notwendig sind.

---

100 Vgl. *Berle/Means* (1932, Corporation), S. 4 und 5, 69 - 84, die Verfügungsgewalt als Control (Möglichkeit der Beherrschung) fassen, Control aber nicht näher definieren. Siehe auch *Gingele* (1989, Abschluß), S. 84 - 85.

c) Control Through a Legal Device Without a Majority of Ownership: Werden stimmrechtslose Anteilspapiere ausgegeben oder liegt eine mehrstufiger Konzern vor, besteht die Möglichkeit der Beherrschung aufgrund einer Stimmrechtsmehrheit, obwohl keine Kapitalanteilsmehrheit gehalten wird.

d) Minority Control: Eine Minority Control liegt vor, wenn ein Anteilseigner über einen Minderheitsanteil an Stimmrechten verfügt und so viele der weiteren Anteile durch Stimmrechtsvollmachten auf sich vereinen kann, daß er in der Hauptversammlung dadurch über eine Mehrheit der Stimmrechte verfügt.

e) Management Control: Eine vollkommene Trennung von Eigentum und Unternehmensführung ist im Falle der Management Control gegeben. Diese liegt vor, wenn die Anteile sich im Streubesitz befinden und die Anteilseigner ihre Stimmrechte auf ein von dem Management benannte Person, das Proxy Committee, übertragen. Verkörpert durch das Management hat sich das Unternehmen dann gewissermaßen verselbständigt. Die Anteilseigner beteiligen sich nicht an der Unternehmensführung.

Eine grundlegende Aussage darüber, inwieweit heute eine Trennung von Eigentum und Verfügungsgewalt besteht, ermöglicht die Beurteilung einer Theorie der Konzernrechnungslegung als realitätsnah oder –fern. Sie impliziert auch, welches Abgrenzungskriterium heranzuziehen ist (Eigentum, Verfügungsgewalt oder welche Gewichtung der beiden Kriterien). In den heutigen Industrienationen liegen i.d.R. mehr managergeleitete als eigentümergleitete Gesellschaften vor. Somit besteht zumeist eine gewisse Trennung von Eigentum und Verfügungsgewalt. Folglich dürfte eher der Parent Company und der Entity Theory Bedeutung beizumessen sein als der Proprietary Theory[101]. Letztere geht nämlich im Gegensatz zu den tatsächlichen Gegebenheiten davon aus, daß die Eigentümerstellung grundsätzlich eine Leitungsmacht impliziert. Eine allgemeine Aussage, ob tendenziell der Parent Company oder der Entity Theory eine höhere Realitätsnähe beigemessen werden soll, erscheint kaum möglich.

Zusammenfassend ist festzuhalten, daß keine umfassenden Konzepte zur Abgrenzung der rechnungslegenden Einheit bestehend aus rechtlich selbständigen Unternehmen aus den Theorien der Konzernrechnungslegung abgeleitet werden können. Eine Konkretisierung von Abgrenzungskriterien erscheint nicht möglich.

---

101 Vgl. *AAA* (1996, CL), S. 2; *Coopers & Lybrand* (1996, CL), S. 1; *FASB* (1996, PH 1), S. 82, *FASB* (1996, PH 2), S. 117; *Price Waterhouse* (1996, CL), S. 2; *Staubus* (1985, Accounting Measurement), S. 56; *Ijiri* (1975, Accounting Measurement), S. 51; *Dilley* (1960, Accounting Concepts), S. 541.

2.2. Betriebswirtschaftliche Unternehmens- und Konzerndefinitionen

2.2.1. Unternehmung und Konzern

Es wurden zahlreiche unterschiedliche betriebswirtschaftliche Definitionen des Phänomens der wirtschaftlichen Einheit erarbeitet[102]. Dabei wird die wirtschaftliche Einheit allgemein als Unternehmung bezeichnet. Besteht die wirtschaftliche Einheit aus mehreren rechtlich selbständigen Unternehmen, wird sie in Deutschland als Konzern bezeichnet. In der deutschen Literatur hat eine Auseinandersetzung mit der wirtschaftlichen Einheit Konzern insbesondere aufgrund der Kodifizierung von diesbezüglichen Regulierungen im Aktiengesetz stattgefunden. Im folgenden wird zunächst kurz auf Definitionen der Unternehmung eingegangen, bevor der Konzern aus betriebswirtschaftlicher Sicht charakterisiert wird.

Zentrale Definitionen der Unternehmung stammen von *Gutenberg* und *Kosiol*. *Gutenberg* versteht unter einer Unternehmung die historische Erscheinungsform von Fremdbedarfsdeckungswirtschaften in einer (kapitalistischen) marktwirtschaftlichen Ordnung[103]. Eine Fremdbedarfsdeckungswirtschaft stellen solche Einzelwirtschaften/Betriebe dar, die mit dem Ziel, einen fremden Bedarf an Gütern und Dienstleistungen zu decken, die Beschaffungs-, Produktions- und Absatzwirtschaft betreiben. Sie wird auch als abgeleiteter Betrieb bezeichnet[104]. Die Unternehmung weist nach *Gutenberg* zum einen systemindifferente Merkmale[105] auf. Dazu zählt das Vorliegen von Produktionsfaktoren, die nach dem Wirtschaftlichkeitsprinzip miteinander kombiniert werden. Darüber hinaus konstituieren folgende systembezogene Merkmale die idealtypische Unternehmung:

- Das Autonomieprinzip mit Wirkung nach außen besagt, daß kein Mitbestimmungsrecht Außenstehender, insbesondere staatlicher Organe, bei der Leistungserstellung und -verwertung besteht.

- Die Tätigkeit der Unternehmung ist entsprechend dem erwerbswirtschaftlichen Prinzip auf die Gewinnmaximierung gerichtet.

---

102 Vgl. zu der Bezeichnung der wirtschaftlichen Einheit als Unternehmung bzw. Betrieb sowie zur Abgrenzung von Unternehmung und Betrieb *Grochla* (1993, Betrieb), Sp. 374 - 390.

103 Vgl. *Gutenberg* (1975, Betriebswirtschaftslehre), S. 457.

104 Vgl. *Schubert/Küting* (1981, Unternehmungszusammenschlüsse), S. 3.

105 Unter den systemindifferenten Merkmalen einer Einzelwirtschaft faßt *Gutenberg* die Bestimmungsgrößen einer Einzelwirtschaft, die unabhängig von dem vorliegenden Wirtschaftssystem gegeben sind. Vgl. *Gutenberg* (1975, Betriebswirtschaftslehre), S. 457.

- Das Privateigentum an den Produktionsmitteln steht den Personen grundsätzlich zu, die das Eigenkapital zu Verfügung stellen. Daraus wird das Prinzip der Alleinbestimmung (innere Autonomie) abgeleitet[106].

Die genannten Merkmale stellen Charakteristika einer idealtypischen Unternehmung dar. *Gutenberg* selbst wies bereits darauf hin, daß für die Beschreibung der in der Realität vorliegenden Unternehmung eine Modifikation der Charakteristika notwendig ist. Das Prinzip der Alleinbestimmung wird heute nicht mehr zwingend erfüllt, da durchaus auch andere Gruppen als die Anteilseigner und die von ihnen beauftragte Geschäftsführung, wie z.B. Arbeitnehmer, über ein Mitbestimmungsrecht verfügen[107]. Daneben stellt das Gewinnmaximierungsprinzip neben weiteren Formen die schärfste Form des erwerbswirtschaftlichen Prinzips dar[108]. Bei der äußeren Autonomie der Unternehmung handelt es sich lediglich um eine relative Selbständigkeit. Die Unternehmung ist in ein Netz von Beziehungen mit unterschiedlichen Gruppen wie den Kapitalgebern, Kunden, Lieferanten, Arbeitnehmern, Verbänden und dem Staat eingebunden. Wirtschaftliche Selbständigkeit ist als grundsätzliche Handlungsfreiheit innerhalb dieses Netzes aufzufassen. Die Unternehmung ist "weder an Anordnungen anderer Unternehmen dauernd gebunden..., noch auf Grund von Verträgen oder anderer rechtlicher oder tatsächlicher Gegebenheiten von einzelnen anderen Unternehmen dauernd abhängig"[109]. Unter Berücksichtigung dieser Modifizierungen liegt eine Definition der realtypischen Unternehmung vor.

Abweichend von der Definition der realtypischen Unternehmung im Sinne *Gutenbergs* beschreibt *Kosiol* die Unternehmung. Im Gegensatz zu *Gutenberg* faßt *Kosiol* unter einer Unternehmung auch Betriebe[110], die nicht im Privatbesitz stehen und nicht nach Gewinnmaximierung streben, und bezeichnet diese als öffentliche Unternehmungen. Diese sind abzugrenzen von den als private Unternehmungen bezeichneten Unternehmungen im Sinne *Gutenbergs*. Nach *Kosiol* zeichnet sich die Unternehmung insbesondere durch die Fremdbedarfsdeckung über den Markt, die wirtschaftliche Selbständigkeit im Sinne einer unternehmerischen Entschei-

---

106 Vgl. *Gutenberg* (1975, Betriebswirtschaftslehre), S. 457 - 486.

107 Vgl. *Pellens* (1988, Informationswert), S. 10; *Schubert/Küting* (1981, Unternehmungszusammenschlüsse), S. 4.

108 Vgl. *Schubert/Küting* (1981, Unternehmungszusammenschlüsse), S. 4.

109 *Busse von Colbe* (1964, Betriebsgröße), S. 19 - 20.

110 Grundsätzlich kann eine Unternehmung aus einem oder mehreren Betrieben bestehen. Als Betrieb oder auch Einzelwirtschaft werden die Partner von Zusammenschlüssen bezeichnet. Vgl. *Schubert/Küting* (1981, Unternehmungszusammenschlüsse), S. 4.

dungsfreiheit, die finanzielle Selbständigkeit sowie die Übernahme eines Marktrisikos aus[111].

Die (private) Unternehmung kann aus einem Betrieb oder mehreren Gliedbetrieben bestehen. Betriebe sind entweder rechtlich selbständig oder unselbständig. Eine Unternehmung, die sich aus einem rechtlich unselbständigen Gliedbetrieben zusammensetzt, wird als Einheitsunternehmung oder Einheitsgesellschaft bezeichnet. Rechtliche und wirtschaftliche Einheit stimmen hier überein[112].

Im Gegensatz zur Einheitsunternehmung setzt sich der Konzern aus rechtlich selbständigen Betrieben zusammen. Die Eigenschaften der durch *Gutenberg* definierten Unternehmung in realtypischer Betrachtung bzw. der privaten Unternehmung nach *Kosiol* erfüllt auch der betriebswirtschaftliche Konzern[113]. Als Ganzes ist er wirtschaftlich selbständig. Eine rechtliche Selbständigkeit des Konzerns ist allerdings nicht gegeben[114].

Es bestehen zahlreiche Definitionen des betriebswirtschaftlichen Konzerns, die grundlegend übereinstimmen. *Schmalenbach* definiert den Konzern als "eine durch Beherrschung zusammengehaltene Wirtschaftsgemeinschaft einer größeren Zahl von Unternehmungen"[115]. Nach *Theisen* stellt der Konzern "jede Mehrheit juristisch selbständiger wie unselbständiger Unternehmen und Betriebe ... (dar), die als wirtschaftliche Einheit in personeller, institutioneller, funktioneller oder struktureller Hinsicht zeitlich befristet oder auf Dauer ein gemeinsames wirtschaftliches Ziel verfolgen, welches im Rahmen entsprechender Planungen Berücksichtigung findet"[116]. *Busse von Colbe* und *Ordelheide* charakterisiert den Konzern als "auf Dauer angelegte Verbindung rechtlich selbständiger Unternehmen zu einer unternehmungsähnlichen wirtschaftlichen Einheit"[117].

Neben diesen Definitionen des Konzerns erfolgt in der Literatur eine konkretere Beschreibung der Merkmale dieser wirtschaftlichen Einheit. Der Konzern als Unternehmung mit rechtlich selbständigen Gliedbetrieben (Unternehmen) weist im Vergleich zur Unternehmung mit einem oder mehreren rechtlich unselbständigen Gliedbetrieben eine höhere Komplexität, Differenziertheit und Offenheit auf. Während in einer rechtlich selbständigen Unternehmung lediglich ein organisato-

---

111 Vgl. *Kosiol* (1972, Unternehmung), S. 5540 - 5542.

112 Vgl. *Schubert/Küting* (1981, Unternehmungszusammenschlüsse), S. 239

113 Vgl. *Theisen* (1991, Konzern), S. 20.

114 Vgl. *Schubert* (1998, Konzern), S. 291, Rn. 8; *Theisen*, (1991, Konzerne), S. 21; *Pausenberger* (1975, Konzerne), Sp. 2235.

115 *Schmalenbach* (1937, Finanzierungen), S. 135.

116 *Theisen* (1991, Konzerne), S. 23.

117 *Busse von Colbe/Ordelheide* (1993, Konzernabschlüsse), S. 45.

rischer Beziehungszusammenhang besteht, liegen im Konzern zusätzlich zwischen den rechtlich selbständigen Unternehmen Kapital- und/oder rechtliche bzw. zusätzliche vertragliche Beziehungen vor. Eine höhere Offenheit ist gegeben, weil die einzelnen rechtlich selbständigen Unternehmen eines Konzerns Beziehungen zu Dritten aufbauen, während bei einem rechtlich selbständigen Unternehmen lediglich das Unternehmen als Ganzes in Beziehung zu Dritten steht[118].

Die Unternehmen eines Konzerns verlieren durch die zwischen ihnen bestehenden Beziehungen ihre wirtschaftliche Selbständigkeit und bilden insgesamt eine wirtschaftliche Einheit. Nach der Definition der Unternehmung liegt in einer wirtschaftlichen Einheit wirtschaftliche Selbständigkeit im Sinne einer unternehmerischen Entscheidungsfreiheit und grundsätzliche Handlungsfreiheit vor. Übertragen auf die wirtschaftliche Einheit rechtlich selbständiger Unternehmen wird in Anlehnung daran geschlossen, daß beim Konzern grundsätzlich eine einheitliche Leitung gegeben ist.

Der Begriff der einheitlichen Leitung wird, wie bereits beschrieben, auch in § 18 AktG und § 290 Abs. 1 HGB zur Charakterisierung der wirtschaftlichen Einheit Konzern verwendet. Eine allgemeingültige Kennzeichnung der einheitlichen Leitung liegt bisher nur eingeschränkt vor. Nach *Albach* wird eine einheitliche Leitung bereits dann tatsächlich ausgeübt, "wenn die Obergesellschaft mindestens einen Entscheidungsbereich (z.B. Investitionspolitik, Personalpolitik, Absatzpolitik, Finanzpolitik) des Konzerns bearbeitet" oder "die Obergesellschaft über den Aufsichtsrat die Kontrolle des Konzernunternehmens ausübt"[119]. Aus der Sicht der Prüfung ist einheitliche Leitung "bereits dann gegeben, wenn die Konzernleitung sich in der Form gemeinsamer Beratungen vollzieht, mit dem Ziel, die Geschäftsführung der Unternehmen in den wesentlichen Fragen aufeinander abzustimmen. Auch aus einer personellen Verflechtung der Verwaltung kann sich diese Abstimmung ergeben"[120].

Als mögliche Mittel der einheitlichen Leitung werden grundsätzlich kapitalmäßige und personelle Verflechtungen sowie gesetzlich kodifizierte Vertragsformen, die ein Konzernverhältnis konstituieren, unterschieden.

2.2.2. Bindung zwischen Konzernunternehmen

Auf die Mittel der Bindung zwischen den rechtlich selbständigen Unternehmen eines Konzerns, die eine einheitliche Leitung ermöglichen bzw. konstituieren,

118 Vgl. *Pausenberger* (1975, Konzerne), Sp. 2235.
119 *Albach* (1966, Aktiengesetz), S. 33 - 34.
120 *IDW (Hrsg.)* (1996, Wirtschaftsprüfer-Handbuch), S. 1509, Rn. 160.

wird besonderes Augenmerk bei der Charakterisierung des Konzerns gelegt. Die Unternehmen eines Konzerns können in einem Gleichordnungs- oder in einem Über-/Unterordnungsverhältnis zueinander stehen. Entsprechend ist eine Bindung der Unternehmen zu wählen. Da in der Rechnungslegung bisher ausschließlich auf wirtschaftliche Einheiten rechtlich selbständiger Unternehmen abgestellt wird, in denen ein Über-/Unterordnungsverhältnis besteht, sollen im folgenden die Grundlagen der Bildung eines Unterordnungskonzerns beleuchtet werden. Grundsätzlich können die dabei aufgeführten Bindungen zwischen Unternehmen bei entsprechender Wahl aber auch im Gleichordnungskonzern die wirtschaftliche Einheit konstituieren.

- Kapitalbeteiligungen

  Bedeutende Bindungen zwischen den Einzelunternehmen einer wirtschaftlichen Einheit stellen Kapitalbeteiligungen, personelle Verflechtungen und besondere, die einheitliche Leitung konstituierende Verträge wie der Beherrschungsvertrag nach dem deutschen Aktiengesetz dar[121]. Die Beteiligung bildet das dominante Bindungsinstrument zur Bildung eines Unterordnungskonzern[122]. Unter einer Beteiligung verstehen z.B. *Godin/Wilhelmi* eine "auf Einlage beruhende ursprünglich oder abgeleitet erworbene Mitgliedschaft bei einer anderen Gesellschaft"[123]. *Busse von Colbe* faßt unter einer Beteiligung den gesellschaftsrechtlichen Anteil an einer Unternehmung (Beteiligungsgesellschaft), wenn folgende Merkmale vorliegen:

  - "Möglichkeit des Einflusses auf die Unternehmenspolitik der Beteiligungsgesellschaft,
  - Anspruch auf einen Anteil am Bilanzgewinn der Beteiligungsgesellschaft,
  - Haftung für Bilanzverluste zumindest bis zur Höhe des nominellen Kapitalanteils,
  - Anspruch auf einen Anteil am Liquidationserlös bei Auflösung der Beteiligungsgesellschaft"[124].

---

121 Siehe zu diesen grundsätzlichen Kategorien *Schubert* (1998, Konzern), S. 293 - 309, Rn. 16 - 85; *Pausenberger* (1975, Konzerne), Sp. 2236 - 2240.

122 Vgl. *Pausenberger* (1975, Konzerne), Sp. 2236.

123 *Godin/Wilhelmi* (1971, Aktiengesetz), S. 894.

124 *Busse von Colbe* (1974, Beteiligungen), Sp. 530 - 531.

Es können nicht nur einseitige Beteiligungsverhältnisse, sondern auch gegenseitige Beteiligungsverhältnisse vorliegen. Bei letzteren ist unter den verbundenen Unternehmen mindestens eine wechselseitige Beteiligung gegeben. Bei einer mehrfach wechselseitigen Beteiligung hält mindestens ein Unternehmen mehr als eine gegenseitige Beteiligung im Unternehmensverbund.

Der Abgrenzung des Konzerns anhand des Merkmals der Beteiligung liegt die Annahme zugrunde, daß eine Beteiligung einem Unternehmen Einfluß über ein anderes Unternehmen verschafft. Liegt eine Beteiligung in bestimmter Höhe vor, dann ist der Einfluß als so stark anzusehen, daß das Unternehmen, auf das der Einfluß ausgeübt werden kann, nicht mehr über wirtschaftliche Selbständigkeit verfügt. Es ist dann zur wirtschaftlichen Einheit Konzern zu zählen. Es wird in der betriebswirtschaftlichen Literatur davon ausgegangen, daß die Möglichkeit einer Beherrschung aufgrund einer Kapitalbeteiligung i.d.R. bei einer Mehrheitsbeteiligung vorliegt[125]. In Ausnahmefällen wird bei einer Kapitalbeteiligung von unter 50 % von einer wirtschaftlichen Einheit rechtlich selbständiger Unternehmen ausgegangen. Dies kann z.B. der Fall sein, wenn in einer Hauptversammlung auf Dauer über eine Präsenzmehrheit verfügt wird, eine hohe Minderheitsbeteiligung bei weiter Streuung der übrigen Anteile vorliegt, starke personelle Verflechtungen gegeben sind oder Stimmrechtsbindungsverträge geschlossen wurden[126].

- Personelle Verflechtungen

Auch durch personelle Verflechtungen kann eine wirtschaftliche Einheit rechtlich selbständiger Unternehmen entstehen. Personelle Bindungen liegen vor, wenn von einer Person bzw. mehreren Personen Leitungsaufgaben in mehreren Unternehmen wahrgenommen werden (Multisystemposition) oder ein Unternehmen über das Recht verfügt, die Aufsichts- und Leitungsorgane eines oder mehrerer anderer Unternehmen zu besetzen. Eine wirtschaftliche Einheit von Aktiengesellschaft kann darauf beruhen, daß sowohl der Vorstand als auch Aufsichtsratspositionen zweier oder mehrerer Gesellschaften von ein und derselben Person besetzt werden[127].

Personelle Verflechtungen sind zum einen als einzige Bindung zwischen rechtlich selbständigen Unternehmen möglich, die dann auch als Koalitionskonzern bezeichnet werden[128]. Sie können aber auch parallel zu anderen Konzernbin-

---

125 Vgl. *Schubert* (1998, Konzern), S. 293, Rn. 20. Siehe zu Wegen des Anteilserwerbs *Schubert* (1998, Konzern), S. 294 - 306, Rn. 23 - 74.

126 Vgl. zu diesen Beispielen *Schubert* (1998, Konzern), S. 294, Rn. 21.

127 Vgl. *Pausenberger* (1975, Konzerne), Sp. 2239.

128 Vgl. *Keller* (1990, Unternehmungsführung), S. 251 - 257.

dungen, wie z.B. einer Kapitalbeteiligung, als sogenanntes komplementäres Mittel der Bindung vorliegen[129]. Insbesondere bei Minderheitsbeteiligungen ermöglicht häufig eine zusätzliche personelle Verflechtung die Beherrschung. Auch bei Gleichordnungsverhältnissen haben personelle Verflechtungen häufig die Funktion der Verstärkung der Konzernbindung[130].

Theisen, der sich mit personellen Verflechtungen zwischen rechtlich selbständigen Unternehmen in Deutschland beschäftigt, unterscheidet zwischen gesellschafterorientierten (Interlocking Shareholdership), aufsichtsratsorientierten (Interlocking Director-Supervisorship) und geschäftsführungsorientierten (Interlocking Directorship) Verflechtungen sowie Kombinationsformen[131]. Diese Unterscheidung ist auf das US-amerikanische Board-System übertragbar.

Um das Kontinuum zwischen schwacher und starker Bindung aufgrund von gesellschafterorientierten personellen Verflechtungen zu erfassen, unterscheidet *Theisen* auf der Ebene der Gesellschafter vereinfachend bestimmte Stufen von Multisystempositionierungen:

- nahestehendes Verhältnis bzw. Verwandtschaft zwischen einzelnen oder einigen Gesellschaftern (z.B. Ehe, Geschwister),
- Organfunktionen einzelner oder einiger Gesellschafter im jeweiligen anderen Gesellschaftskreis,
- Personenidentität einzelner oder einiger Gesellschafter in zwei oder mehr Gesellschafterkreisen,
- Kombinationen der ersten drei Varianten[132].

Theisen sieht die Voraussetzungen für Bindungen von Einzelunternehmen ausschließlich aufgrund von gesellschafterorientierten Verflechtungen, die er als Interlocking Shareholdership bezeichnet, i.d.R. nur in mittelständischen und familienbezogenen Unternehmen für gegeben[133].

---

129 Vgl. *Theisen* (1991, Konzern), S. 24.

130 Vgl. *Pausenberger* (1975, Konzerne), Sp. 2239.

131 Vgl. *Theisen* (1991, Konzern), S. 24. Diese Kategorien gelten unabhängig von der Ausgestaltung rechtlicher Vorschriften eines Landes, wenn auch der Begriff der aufsichtsratorientierten Verflechtung an deutsche aktienrechtliche Regulierungen angelehnt ist.

132 Vgl. *Theisen* (1991, Konzern), S. 26.

133 Vgl. *Theisen* (1991, Konzern), S. 27.

Als Idealfall der aufsichtsratsorientierten Verflechtung wird eine Personenverbundenheit bezeichnet, sofern Gesellschafterkreise vorliegen, die sich aus unterschiedlichen Personen zusammensetzen und überwachungsfunktionssypezifische Positionen (Aufsischtsrat, Verwaltungsrat, Beirat u.a.) durch einseitigen oder welchselseitigen Austausch von Personen dieser Gesellschafterkreise besetzt werden. Dies ermöglicht eine abgestimmte bzw. koordinierte Planung und Unternehmenspolitik in den verbundenen rechtlich (und in eingeschränktem Maße auch wirtschaftlich) selbständigen Unternehmen[134]. Bei aufsichtsratsorientierten Verflechtungen können die fakultative Aufsichtsrats-Personenverbundenheit (keine rechtlichen Ansprüche auf die personelle Verknüpfung) und die funktionenspezifische Aufsichtsrats-Verbundenheit (faktisch oder vertraglich abgesicherte Anspruchsgrundlagen wie z.B. Beteiligungsverhältnisse) unterschieden werden[135].

Bei der geschäftsführungsorientierten Verflechtung sind Unternehmensführungsorgane ganz oder zu Teilen mit denselben Personen besetzt, so daß sehr gute Voraussetzungen für eine koordinierte Unternehmenspolitik gegeben sind[136].

Es wird besonders darauf hingewiesen, daß die Bedeutung personeller Verflechtungen nicht zu verkennen sei[137]. Häufig werde das Gewicht personeller Verflechtungen, besonders bei der Durchsetzung eines übergeordneten Willens, unterschätzt[138]. Besonders hohe Bedeutung kommen personellen Verflechtungen, vor allen Dingen aufsichtsratsorientierte Verflechtungen, in asiatischen Konzernen zu[139].

Holtmann unterscheidet bei seiner Untersuchung von in Konzernen auftretenden personeller Verflechtungen zwischen dem Verstand der Muttergesellschaft und dem Vorstand bzw. der Geschäftsführung der Tochtergesellschaft zwischen verschiedenen Dimensionen. Unter systematischen personellen Verflechtungen bzw. einem geschlossenen Verflechtungsmodell faßt er Verflechtungen, bei denen der Verstand der Muttergesellschaft paritätisch oder mehr-

---

134 Vgl. *Theisen* (1991, Konzern), S. 29.

135 Vgl. *Theisen* (1991, Konzern), S 30; *Decher* (1990, Verflechtungen), S. 95 - 103.

136 Zu einer Untersuchung der geschäftsführungsorientierten Verflechtungen siehe *Holtmann* (1989, Personelle Verflechtungen), S. 146 - 214.

137 Vgl. *Schubert* (1998, Konzern), S. 309, Rn. 85. Zu einer Untersuchung der personellen Verflechtungen auf der Führungsebene deutschen Konzerne siehe z.B. die Untersuchung von *Holtmann* (1989, Personelle Verflechtungen), insbesondere S. 89 - 134.

138 Vgl. *Schubert* (1998, Konzern), S. 309, Rn. 85; *Pausenberger* (1975, Konzerne), Sp. 2239; *Pausenberger* (1957, Konzernaufbau), S. 90.

139 Vgl. *Großfeld* (1994, Umfeld), S. 800.

heitlich aus den Mitgliedern des Vorstands bzw. der Geschäftsführung der Tochtergesellschaft besteht. Die stärkste von ihm beschriebene Form der Bindung aufgrund von personellen Verflechtungen liegt bei der Besetzung des Vorstandes des Mutterunternehmens und des Vorstands bzw. der Geschäftsführung des Tochterunternehmens mit denselben Personen (Doppelvorstände (bzw. -geschäftsführungen).

- Beherrschungsvertrag

Anders als in den USA, wo kein Konzernrecht besteht, wird im deutschen Aktiengesetz der Beherrschungsvertrag definiert,[140] bei dem ein Konzerntatbestand unwiderlegbar angenommen wird[141]. Der Beherrschungsvertrag verleiht einem herrschenden Unternehmen die Befugnis, eine einheitliche Leitung über die Untergesellschaft auszuüben. Sofern eine Untergesellschaft in der Rechtsform der AG oder KGaA mit Sitz im Inland vorliegt, werden die an den Beherrschungsvertrag geknüpften aktienrechtlichen Rechtsfolgen wirksam. Ein Beherrschungsvertrag kann auch mit Untergesellschaften anderer Rechtsformen geschlossen werden, allerdings ist dann nicht zwingend von einer einheitlichen Leitung auszugehen, da dann die aktienrechtlichen Rechtsfolgen nicht wirksam werden[142]. Eine Kapitalbeteiligung wird für einen Beherrschungsvertrag nicht vorausgesetzt. Allerdings werden Beherrschungsverträge häufig zwischen Unternehmen abgeschlossen, zwischen denen aufgrund einer hohen Kapitalbeteiligung bereits ein faktisches Konzernverhältnis besteht[143].

Bei einem Beherrschungsvertrag verfügt das herrschende Unternehmen gem. § 308 AktG über die rechtliche Leitungsmacht (gesetzliche Weisungsbefugnis, gesetzliches Weisungsrecht) über das untergeordnete Unternehmen, und die Untergesellschaft ist zur Befolgung der Weisungen verpflichtet. Über das Weisungsrecht verfügen die vertretungsberechtigten Personen des herrschenden Unternehmens. Adressat der Weisungen stellt der Vorstand der Untergesellschaft dar.

Die Leitungsmacht des herrschenden Unternehmens ist bestimmten Einschränkungen unterworfen. Eine Grenze stellt die Bedingung dar, daß die Weisungen im Interesse des Konzerns erfolgen müssen. So muß mindestens ein zum Kon-

---

140 Vgl. § 291 Abs. 1 S. 1 AktG.

141 Siehe zu einer Begründung, warum die anderen unter den §§ 291, 292 AktG definierten Unternehmensverträge nicht die Grundlage für eine einheitliche Leitung darstellen *Schubert/Küting* (1981, Unternehmungszusammenschlüsse), S. 272.

142 Vgl. *Schubert* (1998, Konzern), S. 307, Rn. 75 - 76.

143 Vgl. *Schubert* (1998, Konzern), S. 307, Rn. 77 – 78; *Pausenberger* (1975, Konzerne), Sp. 2237.

zern gehöriges Unternehmen aus den für ein anderes Konzernunternehmen nachteiligen Weisungen einen mittelbaren Vorteil erlangen[144]. Für die Konzerngesellschaften ggf. besonders nachteilige Weisungen können durch den Beherrschungsvertrag begrenzt werden. So wurde in § 308 Abs. 1 S. 2 AktG der Wortlaut gewählt: "bestimmt der Vertrag nichts anderes". Ein Beispiel für eine durch den Beherrschungsvertrag ausschließbare besonders nachteilige Weisung stellt die Stillegung rentabler Betriebe dar[145].

- Einheitliche Leitung beim faktische Konzern im Aktienrecht

Liegt ein faktischer Konzern des Aktienrechts vor, stellen die einzelnen konzerngebundenen Unternehmen eigene Anspruchseinheiten dar, d.h. die Eigenkapitalgeber sind lediglich am Erfolg des Unternehmens beteiligt, dem sie ihr Kapital zur Verfügung gestellt haben, und den Fremdkapitalgebern haftet ausschließlich ihre Schuldnerunternehmen[146]. Zwischen den Konzernunternehmen liegt eine einheitliche Leitung vor (§§ 17 und 18 AktG)[147]. Nach herrschender Meinung verfügt der Vorstand des herrschenden Unternehmens über das Recht, die Konzernunternehmen einheitlich zu leiten[148]. Der einheitlichen Leitung sind jedoch Grenzen gesetzt, um zu verhindern, daß zu Lasten der Eigner und Gläubiger eines Konzernunternehmens Vermögen dieses Unternehmens auf ein anderes konzerngebundenes Unternehmen übertragen wird. Zwar darf ein Konzernunternehmen zu aus seiner Sicht nachteiligem Geschäften veranlaßt werden, jedoch muß dieser Nachteil bis spätestens zum Jahresende ausgeglichen werden. Mit dem Nachteilsausgleich sind die für das Konzernunternehmen nachteiligen Geschäfte so zum Ausgleich zu bringen, als hätte dieses Geschäft zwischen unabhängigen Gesellschaften stattgefunden[149]. Der Nachteilsausgleich basiert auf dem vom Vorstand der abhängigen Gesellschaft aufzustellenden Abhängigkeitsbericht (§ 312 AktG), der vom Aufsichtsrat der abhängigen Gesellschaft und, wenn die abhängige Gesellschaft prüfungspflichtig ist, vom Abschlußprüfer zu prüfen ist (§§ 313 und 314 AktG). Unter bestimmten Bedingungen kann auf Antrag eines Aktionärs das Gericht Sonderprüfer zur Prüfung der geschäftlichen Beziehungen der Gesellschaft zu dem herrschenden

---

144 Vgl. *Emmerich/Sonnenschein* (1997, Konzernrecht), S. 348.

145 Vgl. *Schubert* (1998, Konzern), S. 308, Rn. 83.

146 Vgl. *Schildbach* (1996, Konzernabschluß), S. 21.

147 Zur Konkretisierung des aktienrechtlichen Begriffs der einheitlichen Leitung siehe Kapitel III.2.2.

148 Kritisch zum Vorliegen einer einheitlichen Leitung im faktischen Konzern äußern sich z.B. *Mestmäcker* (1967, Aktiengesetz), S. 141.

149 Siehe ausführlich zum Nachteilsausgleich *Emmerich/Sonnenschein* (1997, Konzernrecht), S. 338 - 349. Zu praktischen Problemen im Zusammenhang mit dem Nachteilsausgleich siehe *Schildbach* (1996, Konzernabschlüsse), S. 22.

Unternehmen oder einem mit ihm verbundenen Unternehmen bestellen (§ 315 AktG). Sofern ein Nachteilsausgleich unterlassen worden ist, bestehen Schadensersatzansprüche der abhängigen Gesellschaft und ggf. der Minderheitsaktionäre (§ 317 AktG).

2.2.3. Rückschlüsse auf die Abgrenzung

Die dargestellten Definitionen der Unternehmung und des Konzerns und insbesondere die charakteristischen Bindungen zwischen den Konzernunternehmen bieten gute Anhaltspunkte für die Abgrenzung der wirtschaftlichen Einheit. Im Vergleich zu der transaktionskostentheoretischen Abgrenzung sowie der Abgrenzung auf der Grundlage der Theorien der Konzernrechnungslegung ist hier eine Ableitung von Abgrenzungskriterien unproblematischer, da neben den betriebswirtschaftlichen Konzerndefinitionen ausführliche Beschreibungen der einzelnen Merkmale einer wirtschaftlichen Einheit aus rechtlich selbständigen Unternehmen erfolgen, die unmittelbar in Rechnungslegungsvorschriften übernommen werden könnten.

Einige der beschriebenen Definitionen alleine reichen zur Abgrenzung der wirtschaftlichen Einheit in der Rechnungslegung aufgrund eines mangelnden Konkretisierungsgrades i.d.R. nicht vollkommen aus[150]. Z.B. geht aus der Definition des Konzerns als "auf Dauer angelegte Verbindung rechtlich selbständiger Unternehmen zu einer unternehmungsähnlichen wirtschaftlichen Einheit"[151] nicht konkret genug hervor, welche Unternehmen als Bestandteil einer wirtschaftlichen Einheit zu betrachten sind.

Die beschriebenen Merkmale und Bindungen zwischen Konzernunternehmen sind folglich als Anhaltspunkte für die Ableitung eines Systems konkreter Kriterien zur Abgrenzung der rechnungslegenden Einheit heranzuziehen. Das zentrale Merkmal des Konzerns stellt, wie beschrieben, die einheitliche Leitung dar. Folglich liegt es nahe, bei der Abgrenzung der wirtschaftlichen Einheit auf die einheitliche Leitung durch das Management des an der Spitze einer Unternehmensgruppe stehenden Unternehmens abzustellen. Fraglich ist, ob und ggf. wie der Begriff der einheitlichen Leitung in den Rechnungslegungsvorschriften konkretisiert werden sollte. Eine Konkretisierung ist durch das Festlegen bestimmter Bindungen zwischen Konzernunternehmen möglich, bei denen eine einheitliche Leitung als gegeben betrachtet wird oder die eine Voraussetzung für eine einheitliche Leitung darstellen.

---

150 Vgl. *Busse von Colbe/Ordelheide* (1993, Konzernabschlüsse), S. 45.

151 *Busse von Colbe/Ordelheide* (1993, Konzernabschlüsse), S. 45.

Dabei tritt allerdings das Problem auf, daß in der Betriebswirtschaftslehre zwar Bindungen zwischen Konzernunternehmen beschrieben werden, aber wenige präzise Angaben darüber erfolgen, bei welcher Ausprägung z.B. bei einer kapitalmäßigen Verflechtung die Grenze zwischen Konzernunternehmen und lockereren Formen des Unternehmenszusammenschlusses vorliegt.

Einige Aufschlüsse erlauben hier allerdings die aktienrechtlichen Vorschriften. Wie beschrieben ist der Begriff der einheitlichen Leitung für die Definition des sogenannten faktischen Konzerns im AktG wesentlich. Ein faktischer Konzern liegt nach § 18 Abs. 1 AktG vor, wenn ein herrschendes und ein oder mehrere abhängige Unternehmen unter der einheitlichen Leitung des herrschenden Unternehmens zusammengefaßt sind. Unter einem abhängigen Unternehmen wird ein rechtlich selbständiges Unternehmen verstanden, auf das ein als herrschendes Unternehmen bezeichnetes anderes Unternehmen unmittelbar oder mittelbar einen beherrschenden Einfluß ausüben kann (§ 17 Abs. 1 AktG). Zur weiteren Konkretisierung wird nach dem AktG vermutet, daß ein in Mehrheitsbesitz stehendes rechtlich selbständiges Unternehmen (§ 16 AktG) von dem Unternehmen abhängig ist, das an ihm mit Mehrheit beteiligt ist (§ 17 Abs. 2 AktG). Des weiteren wird die Vermutung erhoben, daß ein abhängiges Unternehmen mit einem herrschenden Unternehmen einen Konzern bildet. Ein Vertragskonzern wird nach dem AktG bei einem Beherrschungsvertrag (§ 291 AktG) oder einer Eingliederung (§§ 319 und 320 AktG) unwiderlegbar vermutet. Das Aktiengesetz nennt also die Mehrheitsbeteiligung sowie den Beherrschungsvertrag sowie die Eingliederung als wesentliche Bindungen zwischen Unternehmen einer wirtschaftlichen Einheit Konzern.

2.3. Qualitative Merkmale von Rechnungslegungsvorschriften und –informationen

Mit der Veröffentlichung der auf der Grundlage der US-amerikanischen Rechnungslegungsvorschriften erstellten Rechnungslegungsdaten wird der Zweck verfolgt, den aktuellen und potentiellen Unternehmensbeteiligten unternehmensspezifische Informationen zu vermitteln, auf deren Grundlage sie Entscheidungen hinsichtlich ihres Unternehmensengagements treffen können[152]. "Financial Reporting is not an end in itself but is intended to provide information that is useful in making business and economic decisions"[153]. Dabei wird auf die Informationsinteressen der Eigen- und Fremdkapitalgeber abgestellt, wobei die nicht näher vom FASB begründete Hypothese zugrunde liegt, daß die für die Kapitalgeber entscheidungsrelevanten Informationen auch für die übrigen potentiellen Nutzer von

152 Vgl. *Siebert* (1996, Grundlagen), S. 131 - 135.

153 *FASB* (1997/98, SFAC No. 1), Par. 9.

Rechnungslegungsinformationen, wie z.B. Lieferanten oder Arbeitnehmer, von Interesse sind[154].

Die Entwicklung neuer Rechnungslegungsvorschriften oder die Überarbeitung bereits bestehender Vorschriften hat unter der Berücksichtigung der Informationsfunktion der Rechnungslegung zu erfolgen. Als Leitlinie für die informationsorientierte Ausgestaltung von Rechnungslegungsvorschriften wurden in der US-amerikanischen Rechnungslegung qualitative Merkmale benannt, die die nach den jeweiligen Rechnungslegungsvorschriften erstellten Rechnungslegungsdaten bzw. die Rechnungslegungsregulierungen selbst aufweisen sollen. Erfüllt eine vorgeschlagene Rechnungslegungsvorschrift die qualitativen Anforderungen, ist ihre Veröffentlichung sinnvoll. Die Änderung geltender Rechnungslegungsvorschriften wird für sinnvoll erachtet, wenn diese die qualitativen Anforderungen stärker erfüllen als die bisherigen Regulierungen.

Die qualitativen Merkmale von Rechnungslegungsvorschriften stellen eine Leitlinie für die Ausgestaltung sämtlicher Rechnungslegungsregulierungen dar. Alleine auf ihrer Grundlage kann eine Beschreibung und damit Abgrenzung der wirtschaftlichen Einheit in der Rechnungslegung nicht erfolgen, da sie anders als die bisher beschriebenen Ansätze keinen direkten Bezug zur wirtschaftlichen Einheit aufweisen. Dennoch sind sie auch bei der Ausgestaltung der Rechnungslegungsvorschriften zur Abgrenzung der wirtschaftlichen Einheit zu befolgen und beeinflussen folglich die Abgrenzungsvorschriften. Vorschläge zur Änderung geltender Vorschriften zur Abgrenzung der wirtschaftlichen Einheit sollten nur dann umgesetzt werden, wenn sie den qualitativen Anforderungen an Rechnungslegungsvorschriften in höherem Maße genügen als die bisherigen Regulierungen[155].

Die bedeutendsten qualitativen Merkmale, die bei der informationsorientierten Entwicklung von Rechnungslegungsstandards zu berücksichtigen sind, hat das FASB in SFAC No. 2 des Conceptual Framework FASB festgehalten. Werden diese Merkmale von den Rechnungslegungsregulierungen zur Abgrenzung der wirtschaftlichen Einheit erfüllt, kann von einer Entscheidungsrelevanz (Decision Usefulness) der auf diesen Vorschriften basierenden Rechnungslegungsinformationen ausgegangen werden[156].

Zu den im Conceptual Framework benannten qualitativen Charakteristika zählen Relevanz (Relevance), Verläßlichkeit (Reliability) einschließlich Neutralität

154 Vgl. *FASB* (1997/98, SFAC No. 1), Par. 30.
155 Vgl. *Wulff/Koski-Grafer* (1998, High Quality Accounting Standards), S. 188 - 189.
156 Vgl. *Mueller* (1998, Accounting Standards), S. 15 - 16.

(Neutrality) sowie Vergleichbarkeit (Comparability) unter Einbeziehung von Stetigkeit (Consistency)[157].

Als relevant sind Rechnungslegungsinformationen über die wirtschaftliche Einheit einzustufen, wenn sie die Entscheidungen von Adressaten verändern können oder Entscheidungen bestätigen und gleichzeitig die Ergebnisunsicherheiten vermindern können[158]. Konkretisiert wird das Merkmal der Relevanz durch die Unterkriterien Voraussagetauglichkeit (Predictive Value), Erwartungsüberprüfung (Feedback Value) und Aktualität (Timeliness)[159].

Das Merkmal der Verläßlichkeit wird durch die Untermerkmale der Abbildungstreue bzw. Meßbarkeit (Representational Faithfulness), der Nachprüfbarkeit bzw. Objektivität (Verifiability) und der Neutralität (Neutrality) umschrieben[160]. Sämtliche Geschäftsvorfälle sind zu erfassen und anhand von intersubjektiv nachprüfbaren Rechnungslegungsmethoden darzustellen. Bezogen auf die Abgrenzung der rechnungslegenden Einheit bedeutet dies, daß die diesbezüglichen Rechnungslegungsvorschriften die tatsächliche Einbeziehung sämtlicher zur wirtschaftlichen Einheit zu zählenden Unternehmen sicherstellen müssen. Außerdem ist eine Orientierung der Entscheidung über eine Einbeziehung von Unternehmen in die wirtschaftliche Einheit an solche Kriterien zu knüpfen, daß diese Entscheidung intersubjektiv nachprüfbar ist. Ausschließlich die Entscheidungsrelevanz der Rechnungslegungsinformationen für Kapitalmarktteilnehmer, nicht das Interesse anderer Gruppen, sind bei der Ausgestaltung der Abgrenzungsvorschriften zu berücksichtigen[161].

Das qualitative Charakteristikum der Vergleichbarkeit schließt das der Stetigkeit mit ein und erfordert von Rechnungslegungsdaten, daß auf ihrer Grundlage sowohl ein Vergleich zwischen Unternehmen derselben Branche als auch ein branchenübergreifender Vergleich möglich sein muß. Daneben müssen sie auch einem Zeitvergleich dienen. Ein Konzept zur Abgrenzung der wirtschaftlichen Einheit muß folglich eine einheitliche Vorgehensweise bei der Entscheidung über die Einbeziehung von Unternehmen in der wirtschaftliche Einheit bei unterschiedlichen Erstellern konsolidierter Abschlüsse sowie in unterschiedlichen Berichtsperioden garantieren.

Abschließend ist noch das Merkmal der Wesentlichkeit (Materiality) zu nennen. Nur im Hinblick auf die Informationsvermittlung wesentliche Sachverhalte sind in

---

157 Vgl. *FASB* (1997/98, SFAC No. 2), Par. 30.
158 Vgl. *FASB* (1997/98, SFAC No. 2), Par. 47 und 49.
159 Vgl. *FASB* (1997/98, SFAC No. 2), Par. 46 - 57.
160 Vgl. *FASB* (1997/98, SFAC No. 2), Par. 58 - 110.
161 Vgl. *Mueller* (1998, Accounting Standards), S. 15 - 16.

der Rechnungslegung abzubilden. Abgrenzungsvorschriften sollten somit nicht zur Einbeziehung unwesentlicher Unternehmen in den Kreis der wirtschaftlichen Einheit führen.

Einen Überblick über sämtliche vom FASB in SFAC No. 2 festgehaltenen Rechnungslegungsmerkmale sowie die Hierarchie dieser Merkmale geht aus Abbildung 9 hervor.

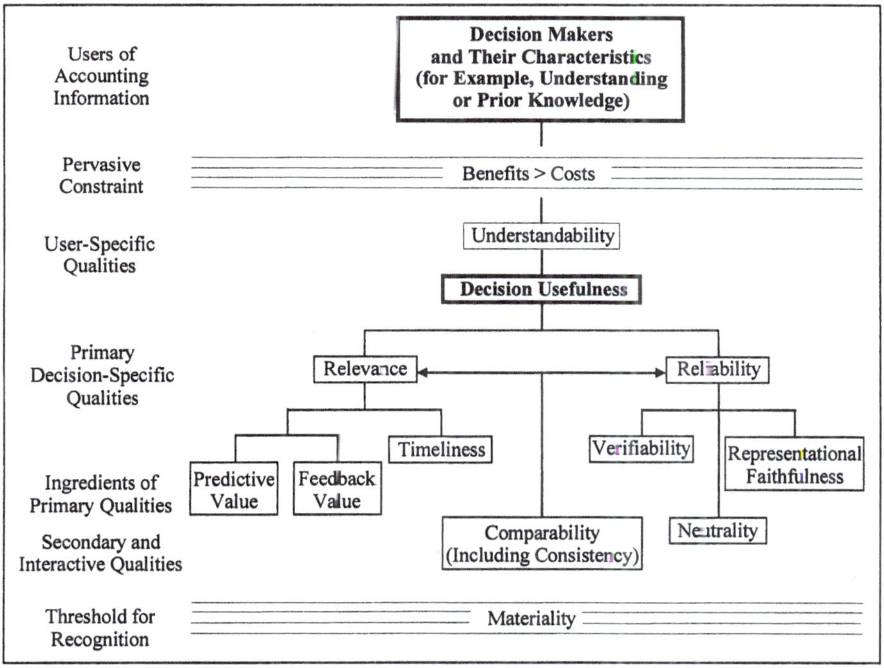

Abbildung 9: Hierarchie der Rechnungslegungsmerkmale

Quelle: *FASB* (1998/99, SFAC No. 2), Par. 33.

Neben den im Conceptual Framework festgehaltenen qualitativen Charakteristika sind von vielen Autoren weitere Merkmale benannt worden, die Rechnungslegungsdaten im Hinblick auf die Erfüllung der Informationsfunktion aufweisen sollen[162]. Erst im Jahr 1996 regte das FASB erneut die Erarbeitung von Mindestanforderungen an Rechnungslegungsstandards an. Gefolgt sind diesem Aufruf die

162 Siehe zu einem Überblick über die wichtigsten diesbezüglichen Quellen *Mueller* (1998, Accounting Standards), S. 2.

AAA (American Accounting Association), das *AICPA* (American Institute of Certified Public Accountants), die *AIMR* (Association for Investment Management and Research), das Financial Executive Institute, das Institute of Management Accountants sowie *Deloitte & Touche LLP*[163]. Auch das FASB entwickelte einen Katalog qualitativer Charakteristika[164].

Nach den vorgelegten Arbeiten sind Rechnungslegungsvorschriften insbesondere so auszugestalten, daß die darauf basierenden Rechnungslegungsdaten die im Conceptual Framework des FASB genannten qualitativen Merkmale erfüllen. Daneben ergeben sich folgende Bedingungen für die Vorschriften zur Abgrenzung der wirtschaftlichen Einheit:

- Vermeidung von Wahlrechten bei der Festlegung der in die wirtschaftliche Einheit einzubeziehenden Unternehmen (Uniformity)[165],

- Vermeidung von Spielräumen bei der Entscheidung über die Einbeziehung von Unternehmen in die wirtschaftliche Einheit, die aufgrund von unpräzisen oder mehrdeutigen Vorschriften (Unambiguous Accounting Standards) bestehen und die zu bilanzpolitischen Maßnahmen genutzt werden könnten (Simplicity, Minimal Potential for Misapplications)[166]. Dies schränkt die Vergleichbarkeit von Rechnungslegungsdaten über die wirtschaftliche Einheit ggf. ein. Gleichzeitig wird allerdings darauf hingewiesen, daß es unvermeidbar sei, Erstellern von Rechnungslegungsdaten in bestimmten Grenzen Entscheidungen abzuverlangen[167]. "A so-called cookbook full of "bright-line" rules may in some instances be counterproductive"[168]. Das Ausmaß an erforderlicher Spezifität eines Standards zur Abgrenzung der wirtschaftlichen Einheit muß im Standard-Setting-Prozeß festgelegt werden[169],

---

163 Siehe *Kaplan/Fender* (1998, Development of Comment Letters); *Knutson/Napolitano* (1998, Criteria Employed by the *AIMR*); *Linsmeier et al.* (1998, Quality of an Accounting Standard); *Rogero* (1998, High Quality Accounting Standards); *Smith* (1998, Proposals); *Wulff/Koski-Grafer* (1998, Characteristics). Zusammenfassungen der Ausarbeitungen sind abgedruckt bei *Mueller* (1998, Accounting Standards), S. 4 - 12 (ungekürzte Wiedergabe des *AAA*-Beitrags).

164 Vgl. *Mueller* (1998, Accounting Standards), S. 12 - 19.

165 Vgl. *Kaplan/Fender* (1998, Development of Comment Letters), S. 187; *Mueller* (1998, Accounting Standards), S. 13, 16.

166 Vgl. *Kaplan/Fender* (1998, Development of Comment Letters), S. 187.

167 Vgl. z.B. *Linsmeier et al.* (1998, Quality of an Accounting Standard), S. 169; *Mueller* (1998, Accounting Standards), S. 13, 16.

168 *Mueller* (1998, Accounting Standards), S. 17.

169 Vgl. *Wulff/Koski-Grafer* (1998, Characteristics), S. 191.

- Vorteilhaftigkeit des Kosten-Nutzen-Verhältnisses beim Vergleich der Situation mit den bisherigen und den vorgeschlagenen Vorschriften zur Abgrenzung der wirtschaftlichen Einheit[170],

- Klärung sämtlicher wesentlicher mit der Abgrezung der wirtschaftlichen Einheit im Zusammenhang stehender Fragen bzw. gute Begründung ihrer Ausklammerung (Comprehensiveness)[171],

- Herstellung einer Übereinstimmung der Vorschriften zur Abgrenzung der wirtschaftlichen Einheit mit denen wichtiger Länder oder mit internationalen Rechnungslegungsvorschriften, sofern dadurch auch im US-amerikanischen sozioökonomischen Umfeld eine höchstmögliche Entscheidungsrelevanz der Rechnungslegungsdaten garantiert ist[172].

In diesem Kapitel wurde beschrieben, inwieweit und auf welche Art anhand der Transaktionskostentheorie, der Theorien der Konzernrechnungslegung und der betriebswirtschaftlichen Unternehmens- und Konzerndefinitionen eine wirtschaftliche Einheit beschrieben werden kann. Leider können daraus keine sehr konkreten Aufschlüsse für die Abgrenzung der wirtschaftlichen Einheit gewonnen werden. Dennoch wurden allgemeine Aussagen zur Abgrenzung der wirtschaftlichen Einheit abgeleitet. Diese Erkenntnisse sowie die qualitativen Merkmale der Rechnungslegung werden im folgenden V. Kapitel als Grundlage für die Beurteilung von Rechnungslegungsvorschriften zur Abgrenzung der wirtschaftlichen Einheit herangezogen. Zunächst werden die Mängel der geltenden US-amerikanischen Abgrenzungsvorschriften aufgezeigt, bevor vor dem Hintergrund der vorgestellten theoretischen Ansätze zur Abgrenzung der wirtschaftlichen Einheit Vorschläge zur Änderung der US-amerikanischen Abgrenzungsvorschriften im Vergleich zu den deutschen Vorschriften beurteilt werden.

---

170 Vgl. z.B. *Kaplan/Fender*(1998, Development of Comment Letters), S. 187; *Linsmeier et al.* (1998, Quality of an Accounting Standard), S. 162; *Wulff/Koski-Grafer* (1998, Characteristics), S. 188.

171 Vgl. *Kaplan/Fender* (1998, Development of Comment Letters), S. 187.

172 Vgl. *Wulff/Koski-Grafer* (1998, Characteristics), S. 189.

Kapitel V

Vorschläge zur Änderung der US-amerikanischen Rechnungslegungsvorschriften und Beurteilung im Vergleich zu den deutschen Vorschriften

1. Consolidations and Related Matters Project des FASB

Im Zusammenhang mit dem vom FASB im Jahr 1982 aufgenommenen und bis heute auf der Agenda des FASB stehenden Consolidations and Related Matters Project wird eine Änderung der US-amerikanischen Rechnungslegungsvorschriften zur Abgrenzung der wirtschaftlichen Einheit diskutiert. Das Consolidations und Related Matters Project dient der Neuregelung der Rechnungslegung von zusammengeschlossenen Unternehmen[1]. Die Abgrenzung der rechnungslegenden Einheit behandelt das FASB in dem als Reporting Entity Project bezeichneten Teilprojekt des Consolidations and Related Matters Project. Aufgrund des "offenen" Standard-Setting-Prozesses in den USA - die Öffentlichkeit kann bis zur endgültigen Verabschiedung einer Rechnungslegungsverlautbarung zu verschiedenen Zeitpunkten hierauf Einfluß nehmen[2] - fließen auch die Änderungsvorschläge interessierter Personen und Interessenverbände in das Projekt ein.

Im folgenden werden auf der Grundlage der im vorhergehenden Kapitel geschilderten theoretischen Ansätze zur Abgrenzung der wirtschaftlichen Einheit zunächst die Mängel der geltenden US-amerikanischen Rechnungslegungsvorschriften aufgezeigt. Anschließend wird auf das Consolidations and Related Matters Project eingegangen, den Rahmen der Erarbeitung neuer Abgrenzungsvorschriften, bevor schließlich das Reporting Entity Project im einzelnen dargestellt und kritisch beleuchtet wird. Abschließend werden die US-amerikanischen Abgrenzungsvorschläge und die deutschen Abgrenzungsvorschriften vergleichend beurteilt. Als Maßstab für die Beurteilung der Rechnungslegungsvorschriften werden auch dabei die im IV. Kapitel erläuterten theoretischen Ansätze zur Abgrenzung der wirtschaftlichen Einheit herangezogen.

---

1 Vgl. *FASB* (1998/99, SFAS No. 94), Par. 4; *Weber* (1984; Consolidation), S. 93.

2 Vgl. zum US-amerikanischen Standard-Setting-Process *Pellens* (1998, Rechnungslegung), S. 102 – 103; *Miller/Redding/Bahnson* (1994, FASB), S. 66 - 80; *Nikolai/Bazley* (1994, Accounting), S. 12 – 13.

1.1. Mängel der bisherigen Abgrenzungsvorschriften

Den zentralen Grund für die Durchführung des Consolidations and Related Matters Projekts sah das FASB in der mangelnden Entscheidungsrelevanz von Jahresabschlußinformationen zusammengeschlossener Unternehmen[3]. Die bisherigen Vorschriften zur Konzernrechnungslegung sowie die damit im Zusammenhang stehenden Vorschriften, z.B. die Regulierungen zur Segmentberichterstattung, spiegelten nach Auffassung des FASB die veränderten Umweltbedingungen wie die gestiegene Diversifikation der Unternehmensaktivitäten nicht wider[4]. So konnte z.B. ARB No. 51, der seit 1959 für die Konzernrechnungslegung maßgeblich war, den Anforderungen der komplexer werdenden Unternehmenspraxis nicht mehr gerecht werden[5]. Die Konzernrechnungslegungspraxis wich von Konzern zu Konzern aufgrund der veralteten und unvollständigen Konzernrechnungslegungsvorschriften stark voneinander ab[6].

Die wesentliche Ursache für die vom FASB für ungenügend beurteilte Entscheidungsrelevanz von Consolidated Financial Statements lag seiner Ansicht nach insbesondere im Fehlen einer theoretischen und konzeptionellen Basis der Konzernrechnungslegung[7].

Nach SFAS No. 94 knüpft die Pflicht zur Erstellung von Consolidated Financial Statements an das Vorliegen eines Control-Verhältnisses an. Der Control-Begriff wird allerdings nicht durch eine Definition konkretisiert, sondern lediglich die Aussage getroffen, eine Beherrschungsmöglichkeit sei gewöhnlich bei Halten einer Stimmrechtsmehrheit gegeben[8]. Die Pflicht zur Einbeziehung in den Konsolidierungskreis wird nicht ausschließlich an das Vorliegen eines Control-Verhältnisses, sondern zusätzlich an das Halten einer Stimmrechtsmehrheit geknüpft. Ein Konsolidierungsverbot besteht bei nur vorübergehender Control oder fehlender Beherrschungsmöglichkeit[9]. Es werden zur Abgrenzung der wirtschaftlichen Einheit also die Kriterien Control und Stimmrechtsmehrheit herangezogen.

Nach der Grundidee der Transaktionskostentheorie spricht eine Vielzahl von Charakteristika der Beziehung zwischen Unternehmen dafür, daß diese Unternehmen die Transaktionen untereinander in einer hierarchischen oder hierarchienahen Koordinationsform koordinieren und dazu relationale Verträge, eventuell neoklassi-

---

3 Vgl. *Rubin* (1993, Consolidation), S. 87; *Neuhausen* (1982, Consolidation).
4 Vgl. *Sharp/Thompson* (1989, SFAS No. 94).
5 Vgl. *FASB* (1994, Report No. 254), S. 5; *Weber* (1984, Consolidation Project), S. 93.
6 Vgl. *Pahler/Mori* (1994, Accounting), S. 17; *Weber* (1984, Consolidation Project).
7 Vgl. *Pacter* (1991, Consolidation), Par. 22, S. 5.
8 Vgl. *FASB* (1997/98, SFAS No. 94), Par. 13.
9 Vgl. *FASB* (1997/98, SFAS No. 94), Par. 13.

sche Verträge abschließen. Dazu zählen z.B. die Dauerhaftigkeit des abgeschlossenen relationalen oder noeklassischen Vertrags zwischen den Unternehmen (z.B. Verträge über langjährige Lieferbeziehungen) und die Möglichkeit von Verhandlungen während des Laufzeit des Vertragsverhältnisses bzw. die schrittweise Modifikation ohne Änderung der Vereinbarungen zwischen den Vertragspartnern. Die Aussagen der Transaktionskostentheorie lassen darauf schließen, daß bei relationalen oder ggf. auch neoklassischen Vertragsverhältnissen ein Unternehmen über die Möglichkeit des starken Einflusses auf die Geschäftspolitik und -führung des anderen Unternehmens verfügt, die Besetzung wichtiger Positionen im anderen Unternehmen beeinflussen kann und daß kapitalmäßige Verflechtung vorliegen[10]. Sowohl das Kriterium der Beherrschungsmöglichkeit als auch das der Stimmrechtsmehrheit liegen diesen Charakteristika nahe, weil auch sie für eine wirtschaftliche Verbundenheit von Einzelunternehmen stehen.

Bei hierarchischer Koordination oder hierarchienaher Koordination liegen mittel- bis hochspezifische Transaktionen vor. Das sind Transaktionen, die in einem mittleren bis starken Ausmaß Investitionen erfordern. Deshalb sind sie nur sehr eingeschränkt alternativ verwendbar. Ein Beispiel für eine mittelspezifische Transaktion stellt der Transport von Gefahrengütern dar, der eine Sonderanfertigung eines Lastkraftwagens voraussetzt. Übernimmt ein Logistikunternehmen diesen Transport, muß es die Sonderanfertigung des Lastkraftwagens besitzen. Diesen Lastkraftwagen kann das Logistikunternehmen zwar auch für Transporte ungefährlicher Güter einsetzen, jedoch lassen sich ungefährliche Güter billiger in herkömmlichen Lastkraftwagen transportieren. Deshalb werden Auftraggeber bei ungefährlichen Gütern nicht gewillt sein, den gleichen hohen Preis für den Transport zu zahlen wie bei Gefahrengütern.

Die Differenz zwischen dem Wert des Einsatzes eines transaktionsspezifischen Faktors (Sonderanfertigung des Lastkraftwagens) im ursprünglichen Vertragsverhältnis (Transport von Gefahrengütern) und dem Wert bei zweitbester Verwendung (Transport von ungefährlichen Gütern) stellt die Quasirente dar. Über die Verteilung der Quasirente müssen sich die Vertragspartner sich einigen. In der Rechnungslegung sollen solche Unternehmen als Konzernunternehmen erfaßt werden, die in einem Unterordnungsverhältnis stehen. Im Sinne der Transaktionskostentheorie bedeutet dies, daß ein Unternehmen über die Möglichkeit verfügen muß, über die Quasirente bestimmen zu können. Dies ist gegeben, wenn ein Unternehmen über die Möglichkeit der Beherrschung eines anderen Unternehmens (Control) verfügt. Da die Stimmrechtsmehrheit das übliche Mittel der Beherr-

10 Zur Ableitung der Bindungen zwischen Unternehmen, die relationale oder neoklassische Verträge miteinander geschlossen haben siehe Kapitel IV.1.4.

schung darstellt, erscheinen vor dem Hintergrund die bisherigen Abgrenzungskriterien der US-amerikanischen Rechnungslegungsvorschriften sinnvoll.

Allerdings kann mit der Transaktionskostentheorie nicht erklärt werden, warum keine anderen Mittel der Beherrschung als die Stimmrechtsmehrheit in den Rechnungslegungsvorschriften berücksichtigt werden. Relationale Verträge, die im Falle der gegenseitigen und einheitlichen Kontrolle abgeschlossen werden[11], bedingen keine Stimmrechtsmehrheit, sondern können unabhängig davon z.B. auf personellen Verflechtungen beruhen. Folglich erscheint das Kriterium der Stimmrechtsmehrheit vor dem Hintergrund der Transaktionskostentheorie als zwingende Voraussetzung für eine Konsolidierung kaum geeignet.

In den geltenden Regulierungen des SFAS No. 94 kommt mit der Zielsetzung, einerseits den Kapitalgebern des Mutterunternehmens entscheidungsrelevante Informationen zu liefern, andererseits aber auch die Unternehmensgruppe als wirtschaftliche Einheit aus dem Blickwinkel aller Konzernbeteiligten widerzuspiegeln, sowohl die Parent Company Theory als auch die Entity Theory zum Vorschein[12]. Wie im IV. Kapitel gezeigt wurde, läßt sich das zur Abgrenzung der wirtschaftlichen Einheit in der Rechnungslegung herangezogenen Kriterium der Beherrschungsmöglichkeit aus beiden Theorien ableiten. Die Idee, das Kriterium der Stimmrechtsmehrheit heranzuziehen, entstammt der Parent Company Theory. In den USA spielt die Corporation als Gesellschaftsform eine bedeutende Rolle, und die Aktien der Corporations sind vielfach weit gestreut[13]. Die einzelnen Aktionäre als Eigentümer der Corporations führen die Kapitalgesellschaften nicht selber, sondern delegieren i.d.R. das Management. Die Idee des managergeleiteten statt eigentümergeleiteten Unternehmens liegt sowohl der Parent Company als auch der Entity Theory zugrunde. Folglich ist die Tatsache, daß diese Theorien von den US-amerikanischen Abgrenzungsvorschriften widergespiegelt werden, positiv zu beurteilen. Die Abgrenzung anhand des aus diesen Theorien abgeleiteten Control-Kriteriums liegt nahe. Stimmrechtsmehrheit als weiteres Kriterium neben Control bei der Konsolidierungsentscheidung heranzuziehen, läßt sich nur durch die Parent Company Theory rechtfertigen, da hier die wirtschaftliche Einheit aus Sicht der Eigenkapitalgeber betrachtet wird. Nur wenn die Möglichkeit der Beherrschung auf einem Kapitalanteil beruht, ist auch nach dieser Theorie eine Zugehörigkeit zur wirtschaftlichen Einheit gegeben. Da in den USA ein sehr hohes Ausmaß an managergeleiteten Unternehmen vorliegen dürfte, könnte es sinn-

11 Vgl. *Williamson* (1985, Insitutionen), S. 81.

12 Vgl. *Pacter* (1991, Consolidation), Par. 19.

13 Vgl. *United States Department of Commerce, Bureau of Census (Hrsg.)* (1992, Statistical Abstract), S. 534 – 537.

voll erscheinen, die Entity Theory stärker als die Parent Company Theory zu berücksichtigen als dies zur Zeit der Fall ist.

Die betriebswirtschaftlichen Definitionen des Konzerns stellen zumeist auf die einheitliche Leitung bzw. auf die wirtschaftliche Selbständigkeit der Unternehmensgruppe im Sinne unternehmerischer Entscheidungsfreiheit und grundsätzlicher Handlungsfreiheit als konstituierendes Merkmal einer wirtschaftlichen Einheit ab[14]. Eine Stimmrechtsmehrheit wird nicht neben Control als zwingende Voraussetzung für das Vorliegen einer wirtschaftlichen Einheit benannt. Folglich kann auch dieser Ansatz kaum zur Rechtfertigung des Kriteriums der Stimmrechtsmehrheit neben Control herangezogen werden.

Ein mit dem Kriterium der Stimmrechtsmehrheit verbundener Vorteil stellt die intersubjektive Nachprüfbarkeit (Veryfiability) und die daraus resultierende Verläßlichkeit der Rechnungslegungsdaten dar. Außerdem bietet SFAS No. 94 keine Wahlrechte und nur geringe Ermessensspielräume, die negative Auswirkungen auf die Verläßlichkeit der Informationen haben könnten.

Die Tatsache, daß Stimmrechtsmehrheit als einziges Abgrenzungskriterium durch die Transaktionskostentheorie und die betriebswirtschaftlichen Konzerndefinitionen kaum gerechtfertigt werden können, läßt vermuten, daß die Beachtung dieses Kriteriums einen negativen Einfluß auf die Relevanz von Rechnungslegungsdaten hat. Kriterien, wie z.B. personelle Verflechtungen, die auch ohne Stimmrechtsmehrheit vorliegen und Merkmale einer wirtschaftlichen Einheit darstellen können, wird wenig Gewicht verliehen. Der wesentliche Grund dafür dürfte darin liegen, daß eine möglichst hohe intersubjektive Nachprüfbarkeit der Rechnungslegungsdaten und möglichst geringe Ermessensspielräume vorliegen sollen. Allerdings besteht die Gefahr, daß wirtschaftliche Einheiten, bei denen nicht die Stimmrechtsmehrheit das konstituierende Merkmal bildet, nicht in Consolidated Financial Accounts abgebildet werden, obwohl sie für die von (potentiellen) Kapitalgebern zu treffenden Entscheidungen hinsichtlich des Engagements in eines der zur wirtschaftlichen Einheit gehörenden Unternehmen von Bedeutung wären. Die Verläßlichkeit der Rechnungslegungsdaten wird also zu starken Lasten der Relevanz der Daten garantiert. Es darf angezweifelt werden, daß so insgesamt eine hohe Decision Usefulness der Konzernrechnungslegungsdaten vorliegt.

Zusammenfassend ist festzuhalten, daß aus der Transaktionskostentheorie abgeleitet werden kann, daß bei einer wirtschaftlichen Einheit von Unternehmen u.a. auch eine kapitalmäßige Verflechtung dieser Unternehmen vorliegt. Auch die betriebswirtschaftlichen Definitionen des Konzerns bezeichnen Kapitalverflechtun-

---

14 Vgl. *Pausenberger* (1975, Konzerne), Sp. 2235; *Albach* (1966, Aktiengesetz), S. 33 - 34.

gen als bedeutendes Mittel der Bindung von Unternehmen im Rahmen einer wirtschaftlichen Einheit. Kapitalbeteiligungen weisen zwar auf eine wirtschaftliche Einheit hin. Daß eine Kapitalbeteiligung oder eine Stimmrechtsmehrheit jedoch eine zwingende Voraussetzung für das Vorliegen einer wirtschaftlichen Einheit darstellt, geht weder aus der Transaktionskostentheorie noch aus den betriebswirtschaftlichen Definitionen des Konzerns hervor. Die Stimmrechtsmehrheit als zusätzliches Abgrenzungskriterium neben der Beherrschungsmöglichkeit ist kaum auf der Grundlage dieser Ansätze zu rechtfertigen oder zu begründen.

1.2. Zielsetzung und Bestimmung der Inhalte des Projekts

Die Zielsetzung des Consolidations and Related Matters Project stellt angesichts der festgestellten Mängel die Verbesserung der Aussagefähigkeit von Rechnungslegungsinformationen dar[15]. Es soll eine theoretisch fundierte Überarbeitung der Konzernrechnungslegungsvorschriften und damit in Verbindung stehender Vorschriften vorgenommen werden, um so eine Erhöhung der Vollständigkeit, Relevanz und Verläßlichkeit von Konzernabschlußinformationen zu erreichen. Die Beseitigung bisher noch bestehender Inkonsistenzen in der Konzernrechnungslegungspraxis soll zudem die Vergleichbarkeit der Konzernabschlüsse verbessern[16].

Welche Fragen im einzelnen im Consolidations and Related Matters Project beantwortet werden sollen, wurde dem FASB seit 1970 von vielen Seiten vorgeschlagen. Wichtige Anregungen lieferte das *AICPA*[17]. Es begann bereits 1961 mit der Ausformulierung seiner Kritik an der bestehenden Rechnungslegungspraxis zusammengeschlossenerer Unternehmen und der Erarbeitung von Vorschlägen für die Neugestaltung bestimmter Vorschriften. Die Accounting Research Devision des *AICPA* wurde mit der Ausarbeitung einer Studie "Accounting for Intercorporate Investments" beauftragt, die allerdings nicht fertiggestellt und veröffentlicht wurde. Die zu Teilen erstellte Studie gab aber Anregungen bei der Erarbeitung von APB Opinion No. 18 "The Equity Method of Accounting for Investments in Common Stock"[18]. Von 1978 bis 1981 veröffentlichte das *AICPA* in sechs Issues Papers Kritik und Vorschläge zu bestimmten Themengebieten der Konzernrechnungslegung und damit in Zusammenhang stehender Fragen[19]. Einen Überblick über diese Issues Papers vermittelt Tabelle 3.

---

15 Vgl. *FASB* (1994, Report No. 256), S. 4.

16 *FASB* (1995, Report No. 270), S. 1

17 Vgl. ausführlich *Pacter* (1991, Consolidation), Par. 23, S. 5.

18 Vgl. *Pacter* (1991, Consolidation), Par. 24.

19 Vgl. zum Überblick über den Inhalt der Issues Papers *Pacter* (1991, Consolidation), Par. 24 - 31, S. 5 - 6. Siehe ausführlich *AICPA* (1981, Minority Interest); *AICPA* (1980, Consolidation);

Issues Paper	Datum der Veröffentlichung
1) Reporting Finance Subsidiaries in Consolidated Financial Statements	27.12.1978
2) Joint Venture Accounting	20.07.1979
3) Accounting by Investors for Distributions Received in Excess of Their Investment in a Joint Venture	08.10.1979
4) "Push Down" Accounting	30.10.1979
5) Accounting in Consolidation for Issuances of a Subsidiary's Stock	03.06.1980
6) Certain Issues That Affect Accounting for Minority Interests in Consolidated Financial Statements	17.03.1981

Tabelle 3: *AICPA*-Issues Papers zum Thema Consolidations and Related Matters

Das erste Issues Paper kritisiert die weite Auslegung des ARB No. 51, wonach Tochterunternehmen, deren Tätigkeit von der anderer Konzernunternehmen abweicht (Nonhomogeneous Subsidiariy), i.d.R. aus dem Konsolidierungskreis ausgeschlossen werden. Issues Papers 2 beschäftigt sich mit der Methode zur Berücksichtigung von Investments an Joint Ventures im Konzernabschluß. In Issues Paper 3 erörtert das *AICPA* die Behandlung von Zahlungen eines Joint Ventures an den Investor, die über dessen Beteiligung an dem Joint Venture hinausgehen, und greift damit ein spezielles Problem im Zusammenhang mit der Berücksichtigung von Joint Ventures im Konzernabschluß auf, das insbesondere in der Immobilienbranche zunehmend auftrat. Im Issues Paper 4 zum Push Down Accounting liegt der Schwerpunkt auf der Diskussion der Frage, ob die Wertansätze der Vermögensgegenstände und Schulden eines Tochterunternehmens, das bei einer Business Combination nach der Purchase Method in den Konzernabschluß einbezogenen wird, auch im Einzelabschluß der Tochterunternehmen übernommen werden sollen[20]. Wie im Rahmen der Konsolidierung die Veränderung des Beteiligungsanteils des Mutterunternehmens an einem Tochterunternehmen infolge der Ausgabe von Aktien durch das Tochterunternehmen zu berücksichtigen ist, erläutert das *AICPA* in Issues Paper 5. Im Issues Paper 6 formuliert das *AICPA* Vorschläge zur Behandlung der Minderheitenanteile bei der Eliminierung von Intercompany Profit und Losses, bei Tochterunternehmen, deren Tätigkeit von der der übrigen Kon-

---

AICPA (1979, Push Down); *AICPA* (1979, Joint Venture); *AICPA* (1979, Accounting); *AICPA* (1979, Push Down); *AICPA* (1978, Subsidiaries).

20 Vgl. zum Begriff der Business Combination *Beams* (1996, Accounting), S. 1 - 38; *Baker/Lembke/King* (1996, Accounting), S. 1 - 7; *Jensen et al.* (1996, Accounting), S. 2 - 13. Zur Purchase Method siehe *FASB* (1997/98, APB Opinion No. 16), Par. 66 - 96; Baker/Lembke/King (1996, Accounting), S. 165 - 266; *Jensen et al.* (1996, Accounting), S. 65 - 105.

zernunternehmen stark abweicht, und bei der Bilanzierung und Bewertung von marktgängigen Wertpapieren.

Auch die SEC drängte das FASB dazu, ein Projekt zum Thema Consolidations and Related Matters aufzunehmen[21]. Zu bestimmten Rechnungslegungsfragen gab sie Interim Guidances heraus, die bis zur Veröffentlichung von Verlautbarungen des FASB als Leitlinie dienen sollten. Z.B. erklärte die SEC im März 1983 in Staff Accounting Bulletin No. 51 das *AICPA* Issues Paper "Accounting in Consolidation for Issuances of a Subsidiary's Stock" zur Leitlinie, die bis zur Veröffentlichung einer neuen FASB-Verlautbarung zu diesem Thema Berücksichtigung finden sollte[22]. Insbesondere die Punkte, die in den Interim Guidances von der SEC aufgegriffen wurden, sollten vom FASB im Consolidations and Related Matters Project abschließend behandelt werden.

Anhaltspunkte für die Ausgestaltung des Projektes lieferte die SEC dem FASB auch, indem es bei *Price Waterhouse* eine Studie zum Thema "International Accounting Research Project: Consolidations/Equity Accounting" in Auftrag gab und dem FASB diese 1991 vorlegte[23]. In dieser Studie werden vergleichend für die Länder Australien, Kanada, Frankreich, Deutschland, Italien, Japan, die Niederlande, Großbritannien und die Vereinigten Staaten die angewandten Konsolidierungsmethoden und die Vorgehensweise bei der Equity-Bewertung von Beteiligungen dargestellt. Die vergleichende Analyse machte bedeutende Unterschiede deutlich. Z.B. zeigt die Studie hinsichtlich der Abgrenzung des Konzerns in der Rechnungslegung, daß die Zusammensetzung des Konsolidierungskreises i.d.R. ausschließlich nach einem Control-Kriterium statt - wie nach US-GAAP - nach den Kriterien Control und Stimmrechtsmehrheit bestimmt wird. Daneben verdeutlicht die Studie, daß der Ausschluß von Tochterunternehmen aus dem Konsolidierungskreis aufgrund abweichender Tätigkeit in den untersuchten Ländern zumeist restriktiver als nach den damals geltenden US-GAAP gehandhabt wird oder sogar gesetzlich ausgeschlossen ist[24].

Eine Orientierungshilfe bei der Festlegung der Inhalte des Consolidations and Related Matters Project boten dem FASB des weiteren die Überlegungen zur Ausgestaltung der Konzernrechnungslegungsvorschriften und der damit in Verbindung stehenden Vorschriften, die das International Accounting Standards Board (IASC) und Standard-Setting Bodies anderer Länder anstellten. Eine Überarbeitung der Konzernrechnungslegungsvorschriften fand in den Ländern der EU

---

21 Vgl. *Pacter* (1991, Consolidation), Par. 33 - 34
22 Vgl. *SEC*, (1997, SAB No. 51).
23 Vgl. *Price Waterhouse LLP* (1991, Consolidations).
24 Vgl. *Pacter* (1991, Consolidation), Par. 36 - 38, S. 7.

statt, wo die 7. EU-Richtlinie in nationales Recht transformiert wurde. Auch Kanada, Australien, Neuseeland überarbeiteten die Vorschriften zur Konzernrechnungslegung[25].

Das FASB legte schließlich fest, im Rahmen des Consolidations and Related Matters Project folgende bestehenden Verlautbarungen zu überarbeiten:

- ARB No. 51 "Consolidated Financial Statements",
- APB Opinion No. 18 "The Equity Method of Accounting for Investments in Common Stock",
- SFAS No. 12 "Accounting for Certain Marketable Securities" sowie
- SFAS No. 14 "Financial Reporting for Segments of a Business Enterprise".

Zu Rechnungslegungsproblemen, die in den Issues Papers des *AICPA* aufgegriffen, aber bisher noch nicht in FASB-Verlautbarungen behandelt wurden, plante das FASB die Veröffentlichung neuer Vorschriften.

Bezüglich der Konzernrechnungslegung soll sich das Consolidations and Related Matters Project auf die Berücksichtigung von Mutter-Tochter-Beziehungen, Joint Ventures und sonstige bedeutende Beziehungen zwischen Unternehmen, die durch Investments in Equity Securities oder vertraglich begründet sind, beziehen.

1.3. Überblick über die Teilprojekte

1.3.1. Unterteilung des Consolidations and Related Matters Project

Das FASB unterteilte das Consolidations and Related Matters Project ursprünglich in fünf Teilprojekte[26], deren Bearbeitung unterschiedliche Dringlichkeitsgrade beigemessen werden. Einen Überblick über die Teilprojekte, deren zentrales Thema sowie die jeweils bisher erarbeiteten Veröffentlichungen des FASB bietet Tabelle 4.

25 Vgl. *Pacter* (1991, Consolidation), Par. 40 - 48, S. 8 - 9.

26 Vgl. *FASB* (1995, ED), Par. 41; *Pahler/Mori* (1994, Accounting), S. 17 – 18; *FASB* (1989, Report No. 198), S. 3.

Teilprojekt	Thema	bisherige Veröffentlichungen
Consolidation Policy and Procedures	Aufstellungspflicht, Abgrenzung des Konsolidierungskreises und Konsolidierungsverfahren	SFAS No. 94 (1987) Discussion Memorandum (1991) Preliminary Views (1994) Exposure Draft (1995) Exposure Draft (1999)
Disaggregated Disclosures	Offenlegung disaggregierter Informationen	Research Report (1993) Invitation to Comment (1993) 2 Staff Papers (1995) Exposure Draft (1996) SFAS No. 131 (1997)
New Basis Accounting	Neubewertung im Einzelabschluß des Tochterunternehmens	Discussion Memorandum (1991)
Unconsolidated Entities	Einbeziehung nicht vollkonsolidierter Unternehmen in den Konzernabschluß	Bisher noch kein Entwurf
Similar Matters for Not-for-Profit Organizations (NPO)	Fragen der konsolidierten Rechnungslegung für gemeinnützige Organisationen	Bisher noch kein Entwurf

Tabelle 4: Ursprüngliche Teilprojekte des Consolidations and Related Matters Project des FASB

Im Verlauf des Consolidations and Related Matters Project änderte das FASB dessen Unterteilung. Es bezog die Arbeit nicht mehr nur auf Business Enterprises, sondern auch auf Not-for-Profit Organizations (NPO). Damit ging das ursprünglich fünfte Teilprojekt im ersten auf[27]. Das New Basis Project wurde im August 1996 von der Agenda des FASB gestrichen, weil zu dem Zeitpunkt anderen laufenden Projekten eine höhere Priorität eingeräumt wurde. Einige Diskussionspunkte dieses Projektes wurden in anderen aufgenommen, und das Board erwägt eine Wiederaufnahme des New Basis Projects in unbestimmter Zukunft.

1.3.2. Consolidation Policy and Procedures Project

Das auch als Reporting Entity Project bezeichnete Teilprojekt Consolidation Policy and Procedures, mit dem ein theoretisch fundiertes Konzept für die rechnungslegende Einheit Konzern (Reporting Entity) entwickelt werden soll, bildet dem Mittelpunkt des Consolidations and Related Matters Projects. Zur Diskussion stehen hier die Pflicht zur Aufstellung eines Konzernabschlusses, die Abgrenzung des Konsolidierungskreises und die Konsolidierungsmethoden[28].

---

27 Vgl. *FASB* (1997, Consolidations); *FASB* (1994, Preliminary Views), Par. 5 im Gegensatz zu *Bossio/Dion* (1995, Consolidated), S. 46; *Pacter* (1991, Consolidation), Par. 7 - 10, S. 2.

28 Vgl. *FASB* (1989, Report No. 198), S. 3.

Die erste Stufe des in zwei Phasen unterteilten Reporting Entity Projects wurde mit der Verabschiedung des in den vorherigen Kapiteln erläuterten SFAS No. 94 im Oktober 1987 abgeschlossen[29], der zu einer Änderung von ARB No. 51, APB Opinion No. 18 und ARB No. 43 Chapter 12 führt und verbindlich ist für Geschäftsjahre, die nach dem 15.12.1988 enden.

Die Regelungen des SFAS No. 94 wurden allerdings bereits bei ihrer Veröffentlichung stark dafür kritisiert, eher eine Beschreibung der Rechnungslegungspraxis darzustellen als durchdachte, auf die Aufgabe der Konzernrechnungslegung hin konzipierte konkrete Vorschriften[30]. Es konnten durch SFAS No. 94 bei weitem nicht sämtliche Mängel der US-amerikanischen Konzernrechnungslegungsvorschriften beseitigt werden. Auch hinsichtlich der Abgrenzung des Konsolidierungskreises in Konzernabschlüssen bestand noch kein Konsens unter den Board-Mitgliedern des FASB, sondern die Vorschriften zur Abgrenzung des Konsolidierungskreises sind im Gegenteil besonders umstritten[31].

So wurde vom FASB eine auf die erste Stufe aufbauende zweite Stufe des Consolidation Policy and Procedures Projects aufgenommen, die der Erarbeitung eines umfassenden Konzepts zur Abgrenzung der rechnungslegenden Einheit Konzern sowie der Regelung der Vorgehensweise bei der Konsolidierung dienen soll. In dem von *Pacter* verfaßten und 1991 vom FASB herausgegebenen Discussion Memorandum "Consolidation Policy and Procedures" wurden folgende zentrale Fragen formuliert, deren Beantwortung in der zweiten Stufe des Projekts angestrebt wird:[32]

- Soll die Pflicht zur Erstellung eines Konzernabschlusses und die Einbeziehung in den Konsolierungskreis an dieselben Kriterien gebunden werden?

- Welche Kriterien sollen herangezogen werden, um über die Einbeziehung eines Tochterunternehmens in den Konsolidierungskreis zu entscheiden?

- Wie ist bei der Wahl eines Control-Kriteriums die Definition dieses Kriteriums auszugestalten?

- Nach welcher Konsolidierungsmethode soll die Erstkonsolidierung erfolgen?

- Sollen Intercompany Transactions voll oder quotal eliminiert werden?

---

29 Vgl. *FASB* (1994, Report No. 254), S. 10; *Gingele* (1989, Abschluß), S. 1 8.

30 Vgl. *Miller/Redding/Bahnson* (1994, FASB), S. 126; *Pacter/Rosman* (1992, Debate), S. 22.

31 Vgl. *FASB* (1997/98, SFAS No. 94), Par. 26; *Fitzsimons/Rude* (1995, Consolidation Policy), S. 91; *Baliga* (1994, Statements), S. 22; *Hylton* (1988, Statements), S. 75.

32 Vgl. *Pacter* (1991, Consolidation), S. 10 – 11.

- Wie sollen die Anteile von Minderheitsgesellschaftern im Konzernabschluß berücksichtigt werden?
- Inwieweit sollen die Bilanzierungs- und Bewertungsmethoden im Konzernabschluß vereinheitlicht werden?

Im weiteren Verlauf des Consolidation Policy and Procedures Projekts veröffentlichte das FASB 1994 die "Priliminary Views on major issues related to Consolidation Policy"[33]. 1995 wurde ein Exposure Draft "Consolidated Financial Statements: Policy and Procedures" herausgegeben[34].

Inzwischen konzentriert sich das FASB auf die Erarbeitung eines Standards zur Consolidation Policy und läßt die Arbeit zum Thema Consolidation Procedures ruhen. Diese soll erst nach Veröffentlichung einer Verlautbarung zu Fragen der Abgrenzung der Reporting Entity wieder aufgegriffen werden[35]. 1999 veröffentlichte das FASB den Exposure Draft "Consolidated Financial Statements: Purpose and Policy", in dem es die 1995 unterbreiteten Vorschläge zur Regelung der Consolidation Policy modifizierte und erweiterte[36].

1.3.3. Weitere Teilprojekte

Das zweite Teilprojekt des Consolidations and Related Matters Projects, das Segment Disclosures Project (vormals Disaggregated Disclosures), diente der Überarbeitung der Vorschriften des SFAS No. 14 "Financial Reporting for Segments of a Business Enterprise". Insbesondere die Association for Investment Management and Research (*AIMR*) und das *AICPA* Special Committee on Financial Reporting (Jenkins Committee) riefen das FASB dazu auf, die Regulierungen zur Segmentberichterstattung neu zu gestalten[37]. Das in Zusammenarbeit mit dem Accounting Standards Board des Canadian Institute of Chartered Accountants bearbeitete Projekt wurde mit der Veröffentlichung von SFAS No. 131 "Disclosures about Segments of an Enterprise and Related Information" im Juni 1997 abgeschlossen.

Im Teilprojekt Unconsolidated Entities beschäftigt sich das FASB mit Fragestellungen im Zusammenhang mit Investments in Corporations und Partnerships ein-

---

33 Vgl. *FASB* (1994, Consolidation Policy).

34 Vgl. *FASB* (1995, ED).

35 Vgl. *FASB* (1999, ED), Par. 173; *FASB* (1998, Consolidations), S. 2.

36 Vgl. FASB (1999, ED).

37 Vgl. *AIMR* (1993, Reporting), S. 59 - 61; *AICPA* (1994, Reporting). In diesen beiden Studien wurden ausführliche Vorschläge zur Neugestaltung der US-amerikanischen Rechnungslegungsregulierungen formuliert, die für notwendig gehalten wird, um eine Entscheidungsrelevanz von Rechnungslegungsinformationen zu gewährleisten.

schließlich Gemeinschaftsunternehmen, auf die kein beherrschender Einfluß ausgeübt werden kann. Die Arbeit wurde Ende 1996 aufgenommen. Das FASB beteiligt sich an der Erarbeitung eines Papers "Reporting Interests in a Joint Venture: A Proposal to Harmonize International Accounting Standards" in Zusammenarbeit mit Repräsentanten der Standard Setting Bodies der G4+1 Länder (Australien, Kanada, Großbritannien, Neuseeland und das IASC). Des weiteren befindet sich eine Studie in Vorbereitung, die Aufschluß darüber geben soll, wie die Adressaten von Rechnungslegungsinformationen den Nutzen von Abschlüssen in Abhängigkeit von unterschiedlichen Methoden der Bewertung von Beteiligungen an Joint Ventures beurteilen[38].

Da die Abgrenzung der wirtschaftlichen Einheit im Teilprojekt Consolidation Policy and Procedures behandelt wird, finden die weiteren Teilprojekte, die sich mit dieser Thematik nicht auseinandersetzen, im folgenden keine weitere Berücksichtigung. Es erfolgt eine ausführliche Darstellung des im Rahmen des Teilprojektes Consolidation Policy and Procedures vom FASB entwickelten Konzepts zur Abgrenzung der rechnungslegenden Einheit. Diese bezieht sich schwerpunktmäßig auf die neueste Veröffentlichung des FASB im Rahmen der Überarbeitung der Konsolidierungsvorschriften, den Exposure Draft "Consolidated Financial Statements: Policy and Procedures" von 1995. Darüber hinaus erfolgt vergleichend zu den bisher geltenden Vorschriften eine Beurteilung der Vorschläge vor dem Hintergrund der Transaktionskostentheorie, der Theorien der Konzernrechnungslegung, der betriebswirtschaftlichen Definitionen des Konzerns und der Informationsorientierung der Rechnungslegung.

Gleichzeitig werden die wichtigsten Kritikpunkte zu den Vorschlägen des FASB sowie aufgezeigte Alternativen erläutert, die in Letters of Comment und bei einem vom FASB veranstalteten Public Hearing zu dem Exposure Draft dargelegten wurden. Aus der Vielzahl der Letters of Comment und Public Hearing Beiträge werden die ausgewählt, die repräsentativ für die allgemein geübte Kritik sind und die vorgebrachten Meinungen detailliert begründen. Die Vielzahl der aufgeführten Kritikpunkte an den Vorschlägen des FASB soll jedoch nicht den falschen Anschein erwecken, die Regelungen des Exposure Draft fänden keinerlei Zustimmung und Unterstützung. Insbesondere die Vorschriften zur Consolidation Policy werden von mit der Rechnungslegung in Verbindung stehenden Personen unterstützt.

---

38 Vgl. zum Projekt "Unconsolidated Entities" *FASB* (1998, Consolidations), S. 1.

2. Anwendungsbereich des Exposure Draft von 1995

Die Vorschläge des FASB zur Abgrenzung des Konsolidierungskreises beziehen sich sowohl auf Business Enterprises als auch auf Not-for-Profit Organizations. Sowohl Mutter- als auch Tochterunternehmen sind unabhängig von der Rechtsform definiert[39].

Eine Ausnahme von dem Anwendungsbereich formuliert das FASB für Unternehmen, die entsprechend den US-amerikanischen Rechnungslegungsvorschriften grundsätzlich alle Vermögensgegenstände, einschließlich der Beteiligungen an Tochterunternehmen, und grundsätzlich alle Schulden zum Fair Value bewerten und Wertänderungen erfolgswirksam im Statement of Net Income oder Financial Performance berücksichtigen[40]. Beispiele für solche Unternehmen stellen Defined Benefit Pension Plans dar, die Wertänderungen in einem Statement of Changes in Net Assets Available for Benefits erfolgswirksam berücksichtigen sowie Mutual Funds und ähnliche Investmentunternehmen, die Wertänderungen erfolgswirksam in einem Statement of Operations erfassen[41]. Die Vorschläge des Exposure Draft ändern somit nicht die Behandlung von Beteiligungen, die unter den Anwendungsbereich des SFAS No. 76 "Extinguishment of Debt", des SFAS No. 87 "Employers' Accounting for Pensions", des SFAS No. 106 "Employers' Accounting for Postretirement Benefits Other Than Pensions" oder des SFAS No. 112 "Employers' Accounting for Postemployment Benefits" fallen[42].

Der Grund für den Ausschluß dieser Unternehmensbeteiligungen aus dem Anwendungsbereich der Konzernrechnungslegungsvorschriften besteht darin, daß ihre Jahresabschlüsse einem besonderen Zweck dienen, sie ein besonderes Tätigkeitsumfeld haben und sich für sie besondere Rechnungslegungspraktiken durchgesetzt haben, so daß hier ein nicht zu vernachlässigender Unterschied zu For-Profit und Not-for-Profit Unternehmen vorliegt[43]. Z.B. besteht der Zweck des Jahresabschlusses eines Defined Benefit Pension Plans darin, "to provide financial information that is useful in assessing the plans's present and future ability to pay benefits when due"[44], und kann bei einer Rechnungslegung nach den Vorschriften des Exposure Draft nicht in derselben Weise erzielt werden wie bei Rechnungslegung nach den speziellen Vorschriften für Defined Benefit Pension Plans.

---

39 Vgl. *FASB* (1995, ED), Par. 4.
40 Vgl. *FASB* (1995, ED), Par. 4, 98.
41 Vgl. *FASB* (1995, ED), Par. 98.
42 Vgl. *FASB* (1995, ED), Par. 6.
43 Vgl. *FASB* (1995, ED), Par. 95.
44 *FASB* (1997/98, SFAS No. 35), Par. 5.

Den Anwendungsbereich neuer Konzernrechnungslegungsvorschriften unabhängig von der Rechtsform zu gestalten und sowohl auf For-Profit als auch auf Not-for-Profit Entities zu beziehen, wird grundsätzlich unterstützt[45]. Wenige Kritiker sprechen sich gegen ein einziges Statement für For-Profit und Not-for-Profit Entities aus, da sie von unterschiedlichen Bedürfnissen der Ersteller und Nutzer von Financial Statements dieser beiden Gruppen ausgehen. Ihrer Meinung nach kann den unterschiedlichen Informationsinteressen der Adressaten von For-Profit und Not-for-Profit Entities nur durch unterschiedliche Rechnungslegungsvorschriften entsprochen werden[46].

Die Vorschläge zur Festlegung des Anwendungsbereichs spiegeln die betriebswirtschaftliche Definition der Unternehmung wider, wie sie z.B. von *Kosiol* erarbeitet wurde. Im Gegensatz zu *Gutenberg*, der nicht nach Gewinn strebende gemeinnützige Organisationen nicht unter den Begriff der Unternehmung ordnet[47], faßte *Kosiol* darunter sowohl erwerbswirtschaftliche als auch gemeinnützige Organisationen[48]. Übereinstimmend abstrahieren die betriebswirtschaftlichen Definitionen der Unternehmung bzw. des Konzerns von der Rechtsform der beteiligten Unternehmen.

Starke Kritik wird an der Ausnahmeregelung für Unternehmen, die substanziell ihre Vermögensgegenstände und Schulden zu Fair Values bewerten und Wertänderungen erfolgswirksam berücksichtigen, geübt. Bemängelt wird, Investmentgesellschaften dürften nicht grundsätzlich von dem Anwendungsbereich der Abgrenzungsvorschriften ausgeschlossen werden[49]. Investmentbanken wie beispielsweise *Morgan Stanley*, die u.a. Securities und andere Financial Instruments mit der Absicht kaufen, diese innerhalb eines kürzeren Zeitraums wieder zu verkaufen, bewerten diese Investments nach den derzeitigen Rechnungslegungsvorschriften i.d.R. zum Fair Value. Auch die in Verbindung mit Merchant Banking Activities gekauften Equity Securities werden zum Zwecke der Weiterveräußerung erworben und sind zum Fair Value zu bewerten. Da bei Investmentgesellschaften nicht grundsätzlich eine Bewertung der Schulden zu Fair Values erfolgt, fallen diese unter den vom FASB vorgeschlagenen Anwendungsbereich der Abgrenzungsvorschriften.

---

45 Vgl. *Arthur Andersen LLP* (1995, LC), S. 8; *Deloitte & Touche LLP* (1995, LC), S. 1.

46 Vgl. *KPMG Peat Marwick* (1995, LC), S. 2.

47 Vgl. *Gutenberg* (1975, Betriebswirtschaftslehre), S. 457 - 486.

48 Vgl. *Kosiol* (1972, Unternehmung), S. 5540 - 5542.

49 Vgl. *Arthur Andersen LLP* (1995, LC), S. 8; *Coopers & Lybrand LLP* (1995, LC), S. 2; *KPMG Peat Marwick* (1995, LC), S. 6; *Financial Management Devision der Securities Industry Association* (1995, LC), S. 2.

Investmentgesellschaften betonen, sie investierten häufig in Unternehmen mit unterschiedlichen Tätigkeitsbereichen und zögen vielmehr einen Nutzen aus dem Verkauf des Investments als aus der laufenden Geschäftstätigkeit des Unternehmens[50]. Die von Investmentgesellschaften durchgeführten Transaktionen würden sich von Operating Company Investments unterscheiden, so daß eine einheitliche Behandlung nicht angebracht wäre. Bei Anwendung der Abgrenzungsvorschriften durch Investmentgesellschaften lägen signifikant verzerrte und nur eingeschränkt aussagekräftige konsolidierte Abschlüsse vor[51].

Die Investmentgesellschaften, die die Ausnahmevorschriften zum Anwendungsbereich der Abgrenzungsvorschriften kritisieren, schlagen alternativ vor, solche Unternehmen nicht zur Anwendung der Abgrenzungsvorschriften zu verpflichten, die im wesentlichen ihre Vermögensgegenstände, nicht aber ihre Schulden, zum Fair Value bewerten[52]. Auch eine generelle Ausnahmeregelung für Investmentgesellschaften wird angeregt[53]. Das FASB lehnt die grundsätzliche Ausklammerung sämtlicher Investmentgesellschaften aus dem Anwendungsbereich der neuen Konzernrechnungslegungsvorschriften entschieden ab. Diese Haltung begründet sie damit, daß viele Investmentgesellschaften zwar Teile ihrer Vermögensgegenstände zu Fair Values bewerten, auf wesentliche Teile der Vermögensgegenstände aber einen anderen Wertmaßstab anwenden. Daneben fehle eine klare Definition des Begriffs der Investmentgesellschaft, die als Basis für eine Ausnahmeregelung dienen könne[54]. Das Fehlen einer klaren Definition des Begriffs der Investmentgesellschaft erkennen auch die Befürworter einer Ausnahmeregelung für Investmentgesellschaften als Problem an. Sie fordern vom FASB, eine Definition festzulegen, auf der eine Ausnahmeregelung basieren kann[55].

Für Investmentgesellschaften bestehen spezielle Rechnungslegungsvorschriften, die sich zu Teilen von den allgemeinen US-GAAP unterscheiden. Nach den ausschließlich für Investmentgesellschaften geltenden Vorschriften werden im Einzelabschluß von Investmentgesellschaften alle Vermögensgegenstände, aber nicht grundsätzlich sämtliche Schulden zum Fair Value bewertet. Liegen Tochterunternehmen in der Form von Investmentgesellschaften vor und würden diese Unternehmen in den Konsolidierungskreis einbezogen, fände bei der Kapitalkonsolidierung eine Neubewertung ihres Eigenkapitals statt. Den Konzernabschlußadressa-

---

50 Vgl. *FASB* (1995, ED), Par. 96.

51 Vgl. *Morgan Stanley Group Inc.* (1996, LC), S. 1 – 2; *Financial Management Devision der Securities Industry Association* (1995, LC), S. 2.

52 Vgl. *Arthur Andersen LLP* (1995, LC), S. 8. *Coopers & Lybrand LLP* (1995, LC), S. 2; *KPMG Peat Marwick* (1995, LC), S. 6.

53 Vgl. *Price Waterhouse LLP* (1995, LC), S. 6.

54 Vgl. *FASB* (1995, ED), Par. 98.

55 Vgl. *Price Waterhouse LLP* (1995, LC), S. 6

ten lägen damit Informationen über die Fair Values der Schulden von Investmentgesellschaften vor. Eine Neubewertung der Schulden wird in den Einzelabschlüssen der Investmentgesellschaften hingegen nicht vorgenommen. Dies spricht für die Vorgehensweise des FASB, nicht generell Investentmentgesellschaften aus dem Konsolidierungskreis auszuschließen. Die Vermutung liegt nahe, daß sich Investmentgesellschaften für ihren Ausschluß aus dem Konsolidierungskreis einsetzen, da ihnen in den Einzelabschlüssen die Möglichkeit gewährt wird, hohen Fair Values der Vermögensgegenstände relativ niedrige Werte der Schulden gegenüberzustellen.

Zu den bisherigen Vorschriften, die durch die neuen Abgrenzungsregulierungen außer Kraft gesetzt würden, zählen – bis auf wenige Paragraphen – der ARB No. 51 als auch SFAS No. 94. Lediglich die Par. 22 und 23 des ARB No. 51, die sich auf Combined Financial Statements beziehen, und Par. 14 des SFAS No. 94, der die Angabepflichten zu Tochterunternehmen, die trotz Haltens einer Stimmrechtsmehrheit in den Jahren 1986 und 1987 nicht konsolidiert wurden, erläutert, behalten ihre Gültigkeit[56]. Außer Par. 22 und 23 des ARB No. 51 und Par. 14 des SFAS No. 94 würden sämtliche Vorschriften des ARB No. 51 und SFAS No. 94 ihre Gültigkeit verlieren. Weitere Rechnungslegungsvorschriften, die durch die neuen Vorschriften zur Rechnungslegung der wirtschaftlichen Einheit abgelöst würden, nennt das FASB umfassend in Appendix C "Amendments to Existing Pronouncements" des Exposure Draft 1995. Dazu zählen mehrere *AICPA* Accounting Interpretations[57].

3. Control-Konzept nach dem Exposure Draft von 1995

3.1. Control als einziges Konsolidierungskriterium

Das FASB zog unterschiedliche Abgrenzungskonzepte bei der Erarbeitung neuer Abgrenzungsvorschriften in Betracht. Folgende, allerdings nicht überschneidungsfreie grundsätzliche Möglichkeiten der Abgrenzung wurden in der Diskussion berücksichtigt[58]:

- Kapitalbeteiligung oder Anteil an den Stimmrechten (Ownership) in einer bestimmten Höhe als einziges Abgrenzungskriterium: Zum einen kann die Kon-

56 Vgl. *FASB* (1995, ED), Par. 5.

57 Siehe zu den einzelnen Änderungen bestehender Verlautbarungen zur Rechnungslegung *FASB* (1995, ED), Par. 212 - 228.

58 Vgl. *Pacter* (1991, Consolidation), Par. 119.

solidierungspflicht ausschließlich an das Kriterium geknüpft werden, daß ein Unternehmen eine Kapitalbeteiligung in bestimmter Höhe an einem anderen Unternehmen hält oder über einen Anteil der Stimmrechte in bestimmter Höhe verfügt. Selbst wenn keine Möglichkeit der Beherrschung eines der beiden Unternehmen über das andere besteht, hat dann eine Konsolidierung zu erfolgen.

- Beherrschungsmöglichkeit (Control) als einziges Abgrenzungskriterium: Zum anderen wurde diskutiert, die Konsolidierungspflicht an das Vorliegen der Möglichkeit eines Unternehmens zur Beherrschung eines anderen Unternehmens zu knüpfen. Die Beteiligungshöhe stellt dann einen Indikator für die Möglichkeit der Beherrschung eines Unternehmens durch ein anderes Unternehmen dar, aber kein zwingend zu erfüllendes, paralleles Kriterium.
- Beherrschungsmöglichkeit (Control) und ein weiteres Kriterium wie Kapitalbeteiligung oder Anteil der Stimmrechte (Ownership) oder ökonomischer Nutzen (Economic Benefit) in einer bestimmten Höhe als separate Abgrenzungskriterien. Insbesondere der Begriff des ökonomischen Nutzens wäre durch weitere Definition zu konkretisieren.
- Unter der vierten Kategorie sind alle sonstigen Möglichkeiten einzuordnen.

Im FASB liegt ein Konsens vor, daß nur solche Abgrenzungskonzepte in Frage kommen, wonach bei einer Konsolidierung eine Beherrschungsmöglichkeit (Control) vorliegen muß[59].

Auch in den bisherigen Konzernrechnungslegungsvorschriften wurde grundsätzlich davon ausgegangen, daß die Möglichkeit einer Beherrschung eine Voraussetzung für die Einbeziehung von Unternehmen in den Konsolidierungskreis darstellt. Allerdings bildete die Stimmrechtsmehrheit ein zusätzliches zwingend zu erfüllendes Kriterium. "There is a presumption that consolidated statements are ... usually necessary for a fair presentation when one of the companies in the group ... has a controlling financial interest"[60]. Das FASB kam bei der Erarbeitung des SFAS No. 94 zu dem Ergebnis, daß "the concept should be based primarily on control rather than on ownership of a majority voting interest[61]". Auch die entsprechenden SEC-Vorschriften beurteilen Control als unabdingbares Kriterium bei der Konsolidierung von Tochterunternehmen. "Consolidation of an entity, notwithstanding the lack of technical majority, is necessary to present fairly the financial position and results of operations of the registrant, because of the exi-

---

59 Vgl. *FASB* (1996, ED), Par. 73.
60 *FASB* (1997/98, ARB No. 51), Par. 1.
61 *FASB* (1997/98, SFAS No. 94), Par. 20.

stence of a parent-subsidiary relationship by means other than record ownership of voting stock"[62].

Ob ein Control-Kriterium alleine oder in Zusammenhang mit einem Ownership- bzw. Economic Interest-Kriterium eine Konsolidierungspflicht begründen soll, ist stark umstritten. Das FASB schlägt vor, die Pflicht zur Einbeziehung eines Unternehmens in den Konsolidierungskreis ausschließlich an die Bedingung zu knüpfen, daß eine Beherrschungsmöglichkeit, eine Control, über dieses Unternehmen vorliegt[63]. Sofern ein Tochterunternehmen einmal in den Konsolidierungskreis einbezogen worden ist, kommt ein Ausschluß erst bei wegfallender Beherrschungsmöglichkeit in Frage[64].

Da nach Auffassung des FASB ein Unternehmen, das über die Möglichkeit der Beherrschung eines anderen Unternehmens verfügt, unabhängig von dem Vorhandensein einer Kapitalbeteiligung oder dem Halten von Stimmrechten an diesem Unternehmen über die Nutzung der Vermögensgegenstände dieses Unternehmens bestimmen kann[65], lehnt es ein Ownership-Kriterium als zweites Konsolidierungskriterium neben Control ab. Nicht Ownership, sondern alleine die Möglichkeit der Beherrschung eines Unternehmens rechtfertigt nach Ansicht des FASB die Übernahme sämtlicher Vermögensgegenstände und Schulden des Tochterunternehmens in den Konzernabschluß[66]. Allerdings dürfte das Vorliegen einer hohen Kapitalbeteiligung und das Halten eines hohen Anteils an Stimmrechten sehr häufig mit der Control zusammenfallen. Während viele Nutzer und Ersteller von Konzernabschlüssen sich für Control und ein zweites Konsolidierungskriterium stark machen, findet auch die Haltung des FASB eine große Gruppe von Befürwortern[67].

Da das FASB zukünftig auf Control als einziges Konsolidierungskriterium abstellen möchte, die neuen Abgrenzungsvorschriften aber sowohl für erwerbswirtschaftliche als auch für gemeinnützige Organisationen gelten sollen, würden nicht nur die Abgrenzungsvorschriften des SFAS No. 94, sondern auch die Abgrenzungsvorschriften des SOP 94-3 "Reporting of Related Entities by Not-for-Profit Organizations" durch die neuen Abgrenzungsvorschläge abgelöst. Bisher hat eine Not-for-Profit Organization (NPO) nach SOP 94-3 ein Unternehmen nur dann zu konsolidieren, wenn es daran eine Beteiligung hält.

---

62 *SEC* (1997, Regulation S-X), Rule 3A-02.
63 Vgl. *FASB* (1995, ED), Par. 9, 83.
64 Vgl. *FASB* (1995, ED), Par. 9.
65 Vgl. *FASB* (1995, ED), Par. 85 - 87.
66 Vgl. *FASB* (1996, PH 1), S. 208.
67 Vgl. *FASB* (1995, ED), Par. 74.

Gegen ein Ownership-Kriterium als Abgrenzungskriterium neben Control sprechen sich z.B. das *AICPA*, *Deloitte & Touche* und *KPMG Peat Marwick* aus. Ihrer Ansicht nach sind z.B. von Krankenhäusern oder Universitäten - unabhängig von einer Beteiligung - Stiftungen in den Konsolidierungskreis einzubeziehen, wenn die Stiftungen ausschließlich zur Beschaffung finanzieller Mittel für die Krankenhäuser oder Universitäten gegründet wurden. Daß ein Krankenhaus oder eine Universität eine Stiftung gründet und deren Zweck und Tätigkeit bei der Gründung bereits festlegt, wird von den Vertretern dieser Auffassung als Ausübung eines konzerntypischen Rechts betrachtet[68].

Die Transaktionskostentheorie besagt, daß dann eine hierarchische Koordinationsform effizient ist, wenn auf Dauer spezifische Transaktionen zwischen rechtlich selbständigen Unternehmen häufig durchgeführt werden[69]. Es müssen also über einen längeren Zeitraum häufig spezifische Güter oder Leistungen von einem Unternehmen in das andere Unternehmen über eine technisch trennbare Schnittstelle hinweg übertragen werden. Eine spezifische Transaktion liegt vor, wenn zur Übertragung der Güter oder Leistungen hohe Investitionen erforderlich sind. Auf Dauer werden häufige spezifische Transaktionen z.B. dann durchgeführt, wenn sich ein Automobilhersteller und ein Getriebehersteller vertraglich einigen, daß der Getriebehersteller für zwei Jahre monatlich eine bestimmte Stückzahl von speziell auf die Automobile des Automobilherstellers abgestimmte Getriebe liefert und wenn der Getriebehersteller hohe Investitionen tätigen muß, bevor er diese speziell abgestimmten Getriebe produzieren kann. Im IV. Kapitel wurde abgeleitet, daß in diesen Fällen die Möglichkeit der Einflußnahme auf den Vertragspartner und von Verhandlungen während der Laufzeit der Vertragsverhältnisse sowie kapitalmäßige und personelle Verflechtungen gegeben sein dürften.

Wenn auf Dauer spezifische Transaktionen zwischen rechtlich selbständigen Unternehmen häufig durchgeführt werden, dürfte i.d.R. eine Möglichkeit der Beherrschung vorliegen. Auf der Grundlage des Control-Kriteriums können also die Unternehmen zur wirtschaftliche Einheit zusammengefaßt werden, bei denen hierarchische Koordinationsformen vorliegen. Die Wahl des Control-Kriteriums als Abgrenzungskriterium erscheint somit vor dem Hintergrund der Transaktionskostentheorie sinnvoll.

Mit dem vorgeschlagenen Control-Konzept setzt das FASB, beleuchtet vor dem Hintergrund der Theorien der Konzernrechnungslegung, vorrangig die Entity Theory um. Nach dieser Theorie stellt die Unternehmung eine eigenständige wirt-

---

68 Vgl. *FASB* (1996, PH 1), S. 25 - 29; *FASB* (1996, PH 2), S. 115; *AICPA* (1995, LC), S. 3; *KPMG Peat Marwick* (1995, LC), S. 5.

69 Vgl. *Williamson* (1985, Institutions), S. 70 - 75.

schaftliche Einheit mit eigener Identität dar. Die Reichweite der Leitungsmacht bestimmt die Gruppe der zur wirtschaftlichen Einheit gehörenden Unternehmen. Folgerichtig stellt das FASB auf Control als Abgrenzungskriterium ab. Der Bereich, auf den die Eigenkapitalgeber des Mutterunternehmens beherrschenden Einfluß ausüben können, stellt wie nach den vom FASB vorgeschlagenen Abgrenzungsvorschriften auch im Sinne der Einheitstheorie die wirtschaftliche Einheit dar.

Der Wechsel von der stärkeren Umsetzung der Parent Company Theory bei der Abgrenzung der wirtschaftlichen Einheit in der Rechnungslegung zur Umsetzung der Entity Theory ist in den USA nicht unumstritten. Für die Entity Theory sprechen sich z.B. das *FASC des AAA*, die *AIMR* sowie *Deloitte & Touche* aus[70]. Befürworter der Parent Company Theorie stellen hingegen z.B. das *Coopers & Lybrand, Arthur Andersen* und *Price Waterhouse* dar[71]. Begründet wird die Befürwortung der einen oder anderen Theorie allerdings kaum.

Auch bei einer Beleuchtung des vom FASB gewählten Control-Kriteriums mit den betriebswirtschaftlichen Definitionen der Unternehmung und des Konzerns lassen sich die Änderungsvorschläge begründen. In den betriebswirtschaftlichen Definitionen der wirtschaftlichen Einheit wird das Vorliegen einer Leitungsmacht (Control) in einer Gruppe rechtlich selbständiger Unternehmen als eines der wesentlichen, die wirtschaftliche Einheit konstituierenden Merkmale qualifiziert[72].

3.2. Grundlegende Ausgestaltung der Control

Da das FASB sich für Control als einziges Konsolidierungskriterium entschieden hat, steht die Definition des Control Begriffs im Mittelpunkt des Reporting Entity Projects[73]. Mehrere unterschiedliche Definitionen hat das FASB im Laufe des Projekts bereits diskutiert. Im Discussion Memorandum von 1991 schlug es die Definition von Control als "power of one entitiy to direct or cause the direction of the management and operating and financing policies of another entity"[74] vor. In den 1994 herausgegebenen Preliminary Views zur Consolidation Policy modifizierte das FASB diese Begriffsbestimmung und definierte Control über eine rechtlich selbständiges Unternehmen als "power over its assets - the power to use

---

70 Vgl. *AAA* (1996, CL), S. 2; *FASB* (1996, PH 1), S. 82; *FASB* (1996, PH 2), S. 117.

71 Vgl. *Coopers & Lybrand* (1996, CL), S. 1; *FASB* (1996, PH 1), S. 33; *FASB* (1996, PH 1), S. 135; *FASB* (1996, PH 2), S. 174; *Price Waterhouse* (1996, CL), S. 2.

72 Vgl. *Albach* (1966, Aktiengesetz), S. 33 – 34; *Schmalenbach* (1937, Finanzierungen), S. 135.

73 Zu einem Vergleich des vom FASB vorgeschlagenen Control-Begriffs mit der einheitlichen Leitung gem. § 290 Abs. 1 HGB und der möglichen Kontrolle gem. § 290 Abs. 2 HGB siehe Kapitel V.5.1.

74 *Pacter* (1991, Consolidation), Par. 122

or direct the use of the individual assets of an entitiy to achieve the objectives of the controlling entity[75]. Mit dem letzten Teilsatz (to achieve the objectives of the controlling entity) sollten die Unterschiede zwischen den Zielen bei Business Enterprises und Not-for-Profit Organizations Berücksichtigung finden. Diese Unterscheidung ließ das FASB im folgenden aufgrund der sich überschneidenden Charakteristika von Business Enterprises und Not-for-Profit Organizations wieder fallen[76].

Nach dem im Jahr 1995 vom FASB herausgegebenen Exposure Draft liegt ein Control-Verhältnis zwischen Mutter- und Tochterunternehmen vor, wenn das Mutterunternehmen grundsätzlich über die Macht verfügt, die Vermögensgegenstände des Tochterunternehmens wie die eigenen zu nutzen oder über die Nutzung der Vermögensgegenstände des Tochterunternehmens wie über die der eigenen zu bestimmen ("power over its assets - power to use or direct the use of the individual assets of another entity in essential the same way as the controlling entity can use its own assets"[77]). Der Grund für die Einbeziehung eines Unternehmens besteht in der Möglichkeit, einen zukünftigen Nutzen aus den Vermögensgegenständen des kontrollierten Unternehmens zu ziehen[78]. Diese Definition stellt eine Erweiterung der im Discussion Memorandum ursprünglich vorgeschlagen Definition dar[79].

Indem das FASB auf die Möglichkeit der Beherrschung, nicht auf die tatsächliche Beherrschung abstellt, trägt sie der Tatsache Rechnung, daß Rechnungslegungsvorschriften nicht nur die wirtschaftliche Einheit abgrenzen, sondern dabei auch Organisations- und Koordinationsregeln darstellen müssen. D.h. die Abgrenzungsvorschriften sind vor dem Hintergrund der vorhandenen Interessenvielfalt auszugestalten[80]. Ein Kriterium der tatsächlichen Beherrschung böte der Leitung der wirtschaftlichen Einheit u.U. die Möglichkeit, auf die Zusammensetzung des Konsolidierungskreises so Einfluß zu nehmen, daß eine vorteilhafte Erfolgsdarstellung erreicht wird. Sie könnte ggf. einzelne Unternehmen, auf die sehr wohl eine einheitliche Leitung ausüben könnte bzw. die unter einheitlicher Leitung stehen, aus dem Kreis zur wirtschaftlichen Einheit zählender Unternehmen ausschließen. Dies könnte durch das Zurückhalten von Informationen über ihre Verhaltensweisen oder durch das Anpassen ihrer Verhaltensweisen erfolgen. Eine

---

75 Vgl. *FASB* (1994, Consolidation Policy), Par. 7.
76 Vgl. *FASB* (1996, ED), Par. 78 - 79.
77 *FASB* (1995, ED), Par. 10; *FASB* (1995, ED), Par. 73.
78 Vgl. *FASB* (1997, ED), Par. 79.
79 Vgl. *FASB* (1996, ED), Par. 76.
80 Vgl. *Busse von Colbe/Ordelheide* (1993, Konzernabschlüsse), S. 45; *Ordelheide* (1986, Konzern), S. 497.

einheitliche Leitung würde von nicht an der wirtschaftlichen Einheit Beteiligten nicht erkannt oder unter bilanzpolitischen Gesichtspunkten nicht ausgeübt.

Ein Control-Verhältnis versetzt das Mutterunternehmen in die Lage, auf grundsätzlich zwei Arten die Vermögensgegenstände des Tochterunternehmens zu nutzen oder über ihre Nutzung zu bestimmen[81]. Eine Möglichkeit besteht darin, die Geschäftspolitik (Policies) sowie die Capital und Operating Budgets festzulegen. Capital Budgets umfassen u.a. Programme zur Bewertung und zum Kauf von Vermögensgegenständen sowie zu ihrer Finanzierung[82]. Operating Budgets beinhalten z.B. die Beschaffung von Ressourcen, ausgenommen Kapitalressourcen und die Allokation sämtlicher Ressourcen[83].

Die andere Möglichkeit, bei einem Control-Verhältnis eine Beherrschung auszuüben, besteht in der Einstellung und Entlassung von Mitarbeitern des Tochterunternehmens, die für die Implementierung der von dem Mutterunternehmen festgelegten Geschäftspolitik zuständig sind, sowie der Festlegung ihrer Entlohnungshöhe[84].

Dem Control-Konzept des FASB liegt das Verständnis zugrunde, daß ein Mutterunternehmen die Vermögensgegenstände seines Tochterunternehmens zur Erzielung eines zukünftigen ökonomischen Nutzens einsetzen kann. Ohne Beherrschungsmöglichkeit wäre dies nicht möglich. Keine andere Gruppe, z.B. die nicht kontrollierenden Gesellschafter, ist dazu in der Lage[85]. Werden lediglich Anteile an einem Unternehmen gehalten, handelt es sich um Control über einen spezifischen Vermögensgegenstand statt um generelle Control sämtlicher Vermögensgegenstände. Während jeder Anteilseigner einen Nutzen aus seinem Kapitalanteil an dem Unternehmen zieht, kann ausschließlich der über eine Beherrschungmöglichkeit verfügende Anteilseigner die Nutzung der gesamten Vermögensgegenstände des Unternehmens auf die Erzielung eines ökonomischen Nutzens ausrichten. Die ihm obliegenden Treuepflichten (Fiduciary Responsibilities) gegenüber den übrigen Shareholdern bilden dabei die Grenzen. Diese Grenzen sind nicht so eng gezogen, daß die Erzielung eines ökonomischen Nutzens aus den gesamten Vermögensgegenständen eines Unternehmens unmöglich ist.

Charakteristika eines Control-Verhältnisses bzw. der Nutzen aus einem Control-Verhältnis stellen die Möglichkeiten eines Mutterunternehmens dar, (a) das Service Potential oder den zukünftigen wirtschaftlichen Nutzen der Vermögensge-

81 Siehe dazu *FASB* (1995, ED), Par. 10 (a) und (b).
82 Vgl. *FASB* (1995, ED), Par. 10 (a).
83 Vgl. *FASB* (1995, ED), Par. 10 (a).
84 Vgl. *FASB* (1995, ED), Par. 10 (b).
85 Vgl. *FASB* (1995, ED), Par. 147.

genstände des Tochterunternehmens zu erhalten und somit den eigenen Nutzen zu steigern und (b) den Zugang Dritter zu dem Service Potential oder zukünftigen wirtschaftlichen Nutzen der Vermögensgegenstände des Tochterunternehmens zu regulieren oder zu verhindern[86]. Es liegen also die im Conceptual Framework aufgeführten Charakteristika eines Assets vor[87].

Konkrete Beispiele für die Erzielung eines ökonomischen Nutzens durch das Mutterunternehmen im Rahmen eines Control-Verhältnisses stellen die Veranlassung des Verkaufs knapper Rohstoffe vom Tochterunternehmen an das Mutterunternehmen zu niedrigeren Preisen als unter den Marktpreisen sowie die Erlangung des Zugangs zu den geographischen Märkten, Kunden, Patenten usw. des Tochterunternehmens dar[88].

Ein Unternehmen kann immer nur durch ein einziges anderes Unternehmen kontrolliert werden, d.h. Control ist unteilbar. Dies gilt auch dann, wenn das kontrollierende Unternehmen die Beherrschungsmöglichkeit an Manager oder andere Unternehmen delegiert oder die Beherrschungsmöglichkeit nicht ausübt[89].

Im Zusammenhang mit der Auffassung des FASB über die grundlegende Ausgestaltung von Control wird insbesondere diskutiert, ob tatsächlich die genannten Möglichkeiten der Beherrschung die Einflußnahmemöglichkeiten darstellen, die in der Realität starke Bindungen zwischen Unternehmen und somit ihre wirtschaftliche Zusammengehörigkeit konstituieren. Das FASB greift Sachverhalte wie z.B. den Einfluß auf die Geschäftspolitik und die personelle Besetzung der führenden Organe des Unternehmens auf, die auch im Rahmen der betriebswirtschaftlichen Definitionen des Konzerns genannt werden[90].

Kritiker bezweifeln im einzelnen z.B., ob ein Unternehmen jemals über die in Par. 10, insbesondere Par. 10 (a) dargestellte Möglichkeit der Beherrschung der Capital Budgets verfügen kann. Dazu sei eine äußert geringe Einflußnahmemöglichkeit der Minderheitsgesellschafter erforderlich, die i.d.R. aufgrund vorliegender Gesetze und zwischen den Unternehmensbeteiligten geschlossener Verträge nicht vorlägen[91].

---

86 Vgl. *FASB* (1995, ED), Par. 146.

87 Vgl. *FASB* (1997/98, SFAC No. 6), Par. 26 - 31.

88 Vgl. *FASB* (1995, ED), Par. 11, 147.

89 Vgl. *FASB* (1995, ED), Par. 10.

90 Vgl. *IdW (Hrsg.)* (1997, Wirtschaftsprüfer-Handbuch), S. 1509, Rn. 160; *Albach* (1966, Aktiengesetz), S. 33 - 34.

91 Vgl. *General Electric Company* (1995, LC), S. 4.

Alternativ wird bspw. eine stärkere Betonung der Einflußnahmemöglichkeit auf die gewöhnliche Geschäftstätigkeit (Ordinary Course of Business Decisions) gefordert. Diesem Vorschlag liegt die Idee zugrunde, daß der ökonomische Nutzen aus einem Control-Verhältnis mit einem Tochterunternehmen im Rahmen der gewöhnlichen Geschäftstätigkeit erzielt wird. In einem noch vom FASB zu erarbeitenden Katalog sollen Kriterien festgelegt werden, deren Erfüllung auf eine Beherrschung der gewöhnlichen Geschäftstätigkeit schließen lassen. Das FASB lehnt diese Definition als realitätsfern und zu vage ab. Die gewöhnliche Geschäftstätigkeit unterscheide sich von Unternehmen zu Unternehmen und sei daher nicht durch wenige allgemeingültige und abschließende Kriterien zu umschreiben[92].

Ein Control-Verhältnis setzt nach dem Verständnis des FASB nicht eine vollkommen unbegrenzte Beherrschungsmöglichkeit voraus. Eine Beschränkung der Control kann aus Regulierungen oder der Beschaffenheit der Vermögensgegenstände des Tochterunternehmens resultieren. Auch Begrenzungen der Entscheidungsmacht eines beherrschenden Unternehmens aufgrund von Fremdkapital, Leasing-Verträgen oder anderen Verträgen sind möglich. Des weiteren liegt eine eingegrenzte Control vor, wenn ein Unternehmen eine Not-for-Profit Organisation (NPO) kontrolliert, die an diese NPO gerichteten Spenden aber nur zu bestimmten Zwecken verwendet werden dürfen. Es ist davon auszugehen, daß die Tätigkeit der NPO trotzdem auf die Erbringung eines Nutzens für das kontrollierende Unternehmen ausgerichtet werden kann[93]. Eine Beschränkung der Control kann aus den gesetzlichen Vorschriften zum Minderheitenschutz resultieren. Dazu zählen u.a. die Vorschriften hinsichtlich der Treuepflichten (Fiduciary Responsibilities), denen Mehrheitsaktionäre nachkommen müssen[94]. Nur bei den von Trustees einzuhaltenden Treuepflichten bei der Gesellschaftsform des Trusts ist davon auszugehen, daß zumeist in Verbindung mit den Regelungen der Gründungsurkunde (Trust Instrument), die die Verwendung und den Verwendungszweck der Vermögensgegenstände des Trust sehr genau umreißen, eine Beherrschungsmöglichkeit nicht besteht. Ansonsten verwehren Treuepflichten die Möglichkeit einer Beherrschung nach Auffassung des FASB nicht[95].

Über diese Ausführungen hinausgehende Aussagen des FASB zu Beschränkung der Beherrschungsmöglichkeit liegen nicht vor. Nach Meinung von Kritikern stellen die vom FASB angeführten Grenzen der Control nur eine oberflächliche

---

92 Vgl. *FASB* (1996, PH 1), S. 124; *General Electric Company* (1995, LC), S. 4, 6.

93 Vgl. *FASB* (1995, ED), Par. 12, 148.

94 Vgl. *FASB* (1995, ED), Par. 81, 149. Vgl. zur Treuepflicht bei der Corporation *Bungert* (1994, Gesellschaftsrecht), S. 28; *Merkt* (1991, Gesellschaftsrecht), S. 410 – 443; *Henn/Alexander* (1983, Corporations), S. 625 - 661.

95 Vgl. *FASB* (1995, ED), Par. 81, 150.

und unkonzeptionelle Behandlung der Grundidee dar, daß trotz gewisser Beschränkungen einer Beherrschungsmöglichkeit eine Konsolidierung zu erfolgen hat. Z.B. wird von Kritikern vorgebracht, die Bedeutung des gesetzlichen Minderheitenschutzes für die Entscheidung über eine Konsolidierung sei vom FASB zu konkretisieren. Daneben wird darauf hingewiesen, daß nicht ausschließlich auf die gesetzlichen Restriktionen zum Minderheitenschutz abzustellen ist, sondern auch auf vertragliche[96].

Ein umfassender Katalog der Vetorechte, die den nicht kontrollierenden Gesellschaftern nicht zustehen dürfen, sofern andere Gesellschafter als kontrollierende Gesellschafter klassifiziert und zur Aufnahme des kontrollierten Unternehmens in den Konsolidierungskreis verpflichtet werden sollen, sind nach Ansicht einiger Kritiker in die Vorschriften zur Konsolidierung aufzunehmen[97]. Nach *KPMG Peat Marwick* soll eine Konsolidierung z.B. nicht stattfinden, wenn zwar eine Kapital- und Stimmrechtsmehrheit vorliegen, eine Beherrschungsmöglichkeit und/oder der Nutzen Kapitalmehrheit aber aufgrund von Vetorechten der Minderheitsgesellschafter hinsichtlich signifikanter Unternehmensangelegenheiten (z.B. Kauf, Verkauf von Vermögensgegenständen, Durchführung einer Kapitalerhöhung) nicht bei den Mehrheitsgesellschaftern liegt[98]. *General Electric* zählt zu den Vetorechten, die einer Control entgegenstehen können, z.B. solche Rechte, mit denen Transaktionen zwischen dem "kontrollierten" Unternehmen und den "kontrollierenden" Gesellschaftern oder Entscheidungen über die Unternehmensstrategie rückgängig gemacht bzw. verhindert werden können[99].

Das FASB lehnt die Festlegung eines Katalogs von Vetorechten ab[100]. Implizit muß auch bei Anwendung des SFAS No. 94 oder der vorgeschlagenen Abgrenzungsvorschriften eine Einschätzung darüber erfolgen, ob den "nicht kontrollierenden" Gesellschaftern Beherrschungsrechte in einem solchen Ausmaße zustehen, daß eine Konsolidierung bei den "kontrollierenden" Gesellschaftern nicht mehr angebracht ist[101]. Gegen die Benennung einer Liste von Vetorechten bringt das FASB das Argument vor, nur für den Einzelfall könne entschieden werden, ob

---

96 Vgl. *General Electric Company* (1995, LC), S. 4.

97 Vgl. *FASB* (1996, PH 1), S. 123, 128; *Arthur Andersen LLP* (1995, LC), S. 10; *General Electric Company* (1995, LC), S. 6; *Coopers & Lybrand LLP* (1995, LC), S. 4; *Price Waterhouse LLP* (1995, LC), S. 7.

98 Vgl. *FASB* (1996, PH 2), S. 8; *KPMG Peat Marwick* (1995, LC), S. 3.

99 Vgl. *FASB* (1996, PH 1), S. 121; *General Electric Company* (1995, LC), S. 6.

100 Vgl. *FASB* (1996, PH 2), S. 12.

101 Vgl. *FASB* (1996, PH 1), S. 125.

Control besteht oder durch Vetorechte verhindert wird. Eine allgemeingültige Aussage sei nicht möglich[102].

3.3. Formen der Control

Das FASB unterscheidet zwischen dem juristischen (Legal Control) und dem ökonomischen (Effective Control) Control-Konzept[103]. Sowohl durch Legal als auch durch Effective Control wird nach den Vorschlägen des FASB die Pflicht zur Aufstellung eines Konzernabschlusses begründet[104]. Dabei ist nicht relevant, ob es sich um eine direkte oder indirekte Beherrschungsmöglichkeit handelt[105].

Als Legal Control wird die Beherrschungsmöglichkeit aufgrund des Haltens ausreichender nicht bedingter Stimmrechte zur Bestimmung der Mehrheit der Board-Mitglieder bei einer Corporation, aufgrund von Bestimmungen im Partnership Agreement oder aufgrund anderer vertraglicher Vereinbarungen bezeichnet[106]. Sie beruht auf juristisch nachweisbaren Gegebenheiten und ihre Durchsetzbarkeit ist gesetzlich oder vertraglich gesichert[107]. Die Stimmrechtsmehrheit stellt die gängigste Erscheinungsform von Legal Control dar[108]. Beherrschungsmöglichkeiten, die nicht unter Legal Control einzuordnen sind, gelten als Effective Control. In der Regel besteht eine Effective Control aufgrund großer Minderheitsanteile in Verbindung mit weiteren Begleitumständen, die eine Beherrschung ermöglichen[109].

Sowohl die Transaktionskostentheorie als auch die Theorie der Konzernrechnungslegung und die betriebswirtschaftlichen Definitionen des Konzerns stellen nicht nur auf juristisch nachweisbare Beherrschungsmöglichkeiten ab. So geht z.B. aus der Einheitstheorie nicht hervor, daß eine Leitungsmacht, das nach dieser Theorie wesentliche konstituierende Merkmal einer wirtschaftlichen Einheit, auf gesetzlichen oder vertraglichen Regelungen beruhen muß. Es werden die wirtschaftlichen Tatbestände betrachtet, die Art ihrer Begründung spielt eine untergeordnete Rolle. Insofern erscheint es gerechtfertigt, daß das FASB nicht ausschließlich auf Legal, sondern auch auf Effective Control abstellt.

Beurteilt vor dem Hintergrund der qualitativen Merkmale, die Rechnungslegungsvorschriften und -informationen aufweisen sollen, ist die Berücksichtigung von

---

102 Vgl. *FASB* (1996, PH 2), S. 113 - 114.
103 Vgl. zu der Ausgestaltung von Legal und Effective Control *FASB* (1995, ED), Par. 13 - 15.
104 Vgl. *FASB* (1995, ED), Par. 13.
105 Vgl. *FASB* (1995, ED), Par. 13.
106 Vgl. *FASB* (1995, ED), Par. 13.
107 Vgl. *Baker/Lembke/King* (1996, Accounting), S. 125.
108 Vgl. *FASB* (1995, ED), Par. 13; *FASB* (1996, PH 2), S. 184
109 Vgl. *FASB* (1995, ED), Par. 13.

Effective Control jedoch nicht unproblematisch. Eine positive Auswirkung könnte die Einbeziehung von Unternehmen aufgrund von Effective Control in den Konsolidierungskreis auf die Relevanz (Relevance) von Konzernabschlußinformationen haben. Relevant sind Rechnungslegungsdaten über die wirtschaftliche Einheit, wenn sie die Entscheidungen der Adressaten verändern oder bestätigen und gleichzeitig Ergebnisunsicherheiten vermindern können[110].

Besteht eine enge wirtschaftliche Verbundenheit zweier rechtlich selbständiger Unternehmen, die jedoch nicht auf gesetzlichen oder vertraglichen Regelungen beruht, dann wäre nach dem vorgeschlagenen Konzept eine Einbeziehung in den Konsolidierungskreis ggf. geboten. Anders als bei alleinigem Abstellen auf Legal Control (z.B. auf Stimmrechtsmehrheit wie nach SFAS No. 94) würde im Konzernabschluß umfassender abgebildet, auf welche Unternehmen das Mutterunternehmen einen Einfluß ausüben kann.

Diskutiert wird aber, ob durch das Effective Control Konzept die Verläßlichkeit (Reliability) der Konzernabschlußinformationen eingeschränkt wird. Zwischen den Kriterien Relevanz und Reliability besteht ein Konflikt. Als verläßlich sind Rechnungslegungsdaten zu beurteilen, wenn sie abbildungstreu bzw. meßbar, nachprüfbar und neutral sind[111]. Insbesondere die hohe Subjektivität der Vorschriften und die daraus resultierende eingeschränkte bzw. fehlende intersubjektive Nachprüfbarkeit der vom Konzernabschlußersteller gefaßten Entscheidungen wird als Nachteil des Effective Control Konzepts von Kritikern hervorgestellt. Beispielsweise ist bei Halten einer hohen Minderheitsbeteiligung die Beurteilung der Wahrscheinlichkeit notwendig, mit der die übrigen Anteilseigner eines Unternehmens gemeinsam gegen den Besitzer der hohen Minderheitsbeteiligung handeln, so daß dieser nicht mehr über eine Beherrschungsmöglichkeit verfügt[112]. Die Subjektivität erschwere auch die Prüfung des Konzernabschlusses, da der Prüfer u.U. das Vorliegen von Effective Control schlecht oder nicht beurteilen kann[113]. Der weite Ermessensspielraum hinsichtlich der Zusammensetzung des Konsolidierungskreises könnte zu bilanzpolitischen Maßnahmen (Gamesmanship) mißbraucht werden[114]. *General Electric* sieht z.B. die Gefahr für gegeben, daß Muttergesellschaften aufgrund des Ermessensspielraums eines Effective Control-

110 Vgl. *FASB* (1997/98, SFAC No. 2), Par. 47 und 49.

111 Vgl. *FASB* (1997/98, SFAC No. 2), Par. 58 - 110.

112 Vgl. *Price Waterhouse LLP* (1995, LC), S. 3.

113 Vgl. *Ernst & Young LLP* (1995, LC), S. 3; *KPMG Peat Marwick* (1995, LC), S. 1; *Price Waterhouse LLP* (1995, LC), S. 2.

114 Vgl. *FASB* (1996, PH 1), S. 41; *The Coca Cola Company* (1996, LC), S. 1, 5; *Ernst & Young LLP* (1995, LC), S. 3; *Price Waterhouse LLP* (1995, LC), S. 2.

Konzepts Finance Affiliates nicht konsolidieren, wenn dies unter bilanzpolitischen Gesichtspunkten von Vorteil ist[115].

Derartige Befürchtungen erscheinen durchaus berechtigt. Ob die Verläßlichkeit der Rechnungslegungsinformationen aufgrund von Ermessensspielräumen bei der Abgrenzung der wirtschaftlichen Einheit eingeschränkt werden könnte, hängt insbesondere von den Anreizen des Managements zu opportunistischem Verhalten (Incentives to Behave Opportunistically) ab. Darüber, daß bilanzpolitische Maßnahmen nicht unwahrscheinlich sind, dürfen nicht die gegenteiligen Ergebnisse vereinzelter empirischer Studien hinwegtäuschen, wie z.B. die der Studie von *Mian/Smith*[116] und *Whittred*[117]. Sie stellen nur Tendenzaussagen hinsichtlich des Umgangs mit einem weiten Ermessensspielraum bei der Konsolidierungsentscheidung dar, denn in ihnen wird nur eine kleine Gruppe von Konzernabschlußerstellern untersucht, und sie beziehen sich nicht konkret auf die Einführung der vom FASB vorgeschlagenen Konsolidierungsvorschriften.

Die Studie *von Mian/Smith*[118] bezieht sich auf die Einführung neuer Konsolidierungsvorschriften durch SFAS No. 94. Durch die Einführung von SFAS No. 94 wurde - wie vom FASB bei der zukünftigen Regulierung der Consolidation Policy beabsichtigt - der Konsolidierungskreis erweitert[119]. *Mian/Smith* untersuchen die Determinanten für Konsolidierungsentscheidungen in bezug auf Finance Subsidiaries. Sie kommen zu dem Ergebnis, daß die Entscheidung über die Einbeziehung von Finance Subsidiaries in den Konsolidierungskreis primär auf Basis des Ausmaßes an wirtschaftlichen Verbundenheit zwischen Mutter- und Tochterunternehmen gefällt wird. Anhaltspunkte für ein stark opportunistisches Verhalten und Ausnutzen der Ermessensspielräume seitens der Manager mit dem Ziel, möglichst niedrige Schulden in den Konzernbilanzen auszuweisen, stellen sie nicht fest.

Zu ähnlichen Ergebnissen kommt *Whittred*, der in einer Studie untersucht, wie stark Ermessensspielräume hinsichtlich der Zusammensetzung des Konsolidierungskreises, die die australischen Konzernrechnungslegungsvorschriften einräumen, zu bilanzpolitischen Zwecken genutzt werden[120]. Auch nach seinen Erkenntnissen nutzen die Ersteller von Konzernabschlüssen Ermessensspielräume

---

115 Vgl. *General Electric Company* (1995, LC), S. 2 - 3.
116 Vgl. *Mian/Smith* (1990, Unconsolidated Reporting).
117 Vgl. *Whittred* (1994, Contract Cost); *Whittred* (1987, Reporting).
118 Vgl. *Mian/Smith* (1990, Unconsolidated Reporting).
119 Vgl. *FASB* (1996, PH 1), S. 35; *AAA* (1995, LC), S. 3 – 4.
120 Vgl. *Whittred* (1994, Contracting Cost); *Whittred* (1987, Reporting).

zur Gestaltung des Konsolidierungskreises unter bilanzpolitischen Gesichtspunkten nicht stark aus[121].

Für weite Ermessensspielräume hinsichtlich der Zusammensetzung des Konsolidierungskreises, wie mit dem Effective Control Konzept vom FASB vorgesehen, plädieren z.B. die *AAA* und *Coopers & Lybrand*[122]. Sie schließen sich der Meinung des FASB an, das Management sei am besten dazu befähigt, über das Vorliegen von Effective Control zu entscheiden. Der Umgang des Managements mit anderen Rechnungslegungsvorschriften, die ebenso weite Ermessensspielräume gewähren (z.B. SFAS No. 52 zur Währungsumrechnung), hätten gezeigt, daß diese gewissenhaft und nicht zu stark unter bilanzpolitischen Gesichtspunkten ausgefüllt werden[123]. Selbst bei einer eventuellen Nutzung des Ermessensspielraums, den das Effective Control Konzept mit sich bringt, werde die wirtschaftliche Einheit doch tendenziell besser in den Rechnungslegungsinformationen abgebildet, als wenn bei ausschließlich auf Legal Control basierenden Abgrenzungsvorschriften grundsätzlich die Unternehmen nicht in den Konsolidierungskreis einbezogen werden, bei denen die Einschränkung der wirtschaftlichen Selbständigkeit nicht auf juristisch nachweisbaren Gegebenheiten beruht.

Es darf vermutet werden, daß bei einem Legal und Effective Control Konzept die Erhöhung der Relevanz die Verminderung der Verläßlichkeit übersteigen könnte, so daß diesem Konzept dem reinen Legal Control Konzept vorzuziehen wäre. Folglich findet das vom FASB vorgeschlagene Konzept in den USA neben der beschriebenen Kritik auch eine breite Unterstützung[124].

Für den Fall, daß das FASB an dem Effective Control-Konzept festhalten will, fordern Kritiker des Konzepts das FASB zur Formulierung klarerer Hinweise für die Bestimmung einer Effective Control auf. Z.B. sei für den Fall einer Control aufgrund eines hohen Minderheitenanteils die Höhe der Wahrscheinlichkeit festzulegen, mit der die anderen Gesellschafter nicht geschlossen gegen den Halter des großen Minderheitenanteils agieren dürfen, damit noch von einer Control des Minderheitsgesellschafters ausgegangen werden kann[125]. Eine solche Konkretisierung der Effective Control nimmt das FASB durch die Nennung konkreter Situa-

121 Vgl. *FASB* (1996, PH 1), S. 36.

122 Vgl. *FASB* (1996, PH 1), S. 43.

123 Vgl. *FASB* (1996, PH 1), S. 200.

124 Vgl. *FASB* (1996, PH 1), S. 199; *AAA* (1995, LC), S. 2; *Coopers & Lybrand LLP* (1995, LC), S. 3. Das Control-Konzept des FASB wird auch von der *AIMR*, einer Gruppe von 50.000 Analysten, Money Mangern und anderen Investment Professionals unterstützt. Vgl. *FASB* (1996, PH 1), S. 82. Zu Gegenmeinungen siehe *Arthur Andersen LLP* (1995, LC), S. 2; *Price Waterhouse LLP* (1995, LC), S. 3.

125 Vgl. *Price Waterhouse LLP* (1995, LC), S. 7.

tionen vor, in denen eine Effective Control widerlegbar anzunehmen ist. Zusätzlich nennt es auch Indikatoren einer Effective Control und führt sehr detaillierte Beispiele für Effective Control-Verhältnisse an. Diese Konkretisierungen der Effective Control werden im folgenden noch näher beschrieben.

Weitere Kritik an dem Konzept von Legal und Effective Control besteht darin, daß diese Vorschriften nicht ausreichend auf die zur Segmentberichterstattung abgestimmt seien. Es könne vorkommen, daß nach dem Effective Control Konzept eine Gesellschaft in den Konsolidierungskreis einbezogen wird, die nach dem bei der Segmentberichterstattung zu berücksichtigenden Mangement Approach nicht als Segment klassifiziert wird[126]. Z.B. sieht die *Coca Cola Company* ihr "Core Business" in der Getränkeherstellung, nicht in der Getränkeabfüllung. Sie hält an den mit ihr zusammenarbeitenden Abfüllunternehmen zumeist eine große Minderheitsbeteiligung und konsolidiert sie deshalb bisher nicht. Nach den neuen Vorschriften wäre eine Konsolidierung i.d.R. notwendig. Trotzdem würden die Abfüllunternehmen nach dem Management Approach nicht in die Segmentberichterstattung aufgenommen werden, da sie nicht zum "Core Business" zählen[127].

Das FASB vertritt die Meinung, die durch die Einführung der Vorschläge zur Abgrenzung der wirtschaftlichen Einheit in der Rechnungslegung entstehenden zusätzlichen Kosten seien nicht signifikant. Zum einen würden bereits nach SFAS No. 94 viele Tochterunternehmen in den Konsolidierungskreis einbezogen. Die Anzahl der zu konsolidierenden Unternehmen steige zwar bei Befolgung der vorgeschlagenen Regelungen zur Abgrenzung des Konsolidierungskreises[128]. Die Tochterunternehmen, die aufgrund der vorgeschlagenen Vorschriften im Vergleich zu der Berücksichtigung des SFAS No. 94 zusätzlich in den Konsolidierungskreis aufgenommen würden, seien größtenteils gemäß SFAS No. 94 nach der Equity-Methode im Konzernabschluß bewertet worden. Weil dazu Informationen über diese Unternehmen verarbeitet werden mußten, komme es aufgrund der neuen Konsolidierungsvorschriften kaum zu einer kostspieligen Erhebung zusätzlicher Informationen[129]. Hingegen vertreten z.B. *General Electric* und *Price Waterhouse* die Ansicht, im Vergleich zu den Vorschriften des SFAS No. 94 komme es bei einer Befolgung der im Exposure Draft 1995 vorgestellten Vorschläge des FASB bei einer Vielzahl von Muttergesellschaften zu einem wesentlichen Anstieg der Anzahl der in den Konsolidierungskreis einzubeziehenden Tochterunternehmen[130]. Insbesondere die Branchen Handel sowie Real Estate sind nach ihrer

---

126 Vgl. *The Coca Cola Company* (1996, LC), S. 5. Vgl. *The Coca Cola Company* (1996, LC), S. 5 - 6. Vgl. *Ernst & Young LLP* (1995, LC), S. 3.

127 Vgl. *FASB* (1996, PH 1), S. 84.

128 Vgl. *FASB* (1995, ED), Par. 51.

129 Vgl. *FASB* (1995, ED), Par. 48 - 51.

130 Vgl. *General Electric Company* (1995, LC), S. 1; *Price Waterhouse LLP* (1995, LC), S. 1.

Meinung davon betroffen, mehr Unternehmen in den Konsolidierungskreis einzubeziehen[131]. Es wird die Ansicht vertreten, die bei einer Equity Bewertung benötigten Informationen seien weitaus weniger detailliert als bei einer Konsolidierung, so daß sehr wohl Kosten der Beschaffung weiterer Informationen auftreten[132].

Zusammenfassend ist festzuhalten, daß das FASB sich für eine Ausgestaltung des Control-Begriffs entschieden hat, bei dem das Vorliegen einer Beherrschungsmöglichkeit und damit die Frage der Konsolidierung nicht von dem Vorhandensein einer Stimmrechtsmehrheit abhängig gemacht wird. Eine Kapitalbeteiligung wird nicht als zwingende Voraussetzung für ein Mutter-Tochter-Verhältnis gesehen. Sogar bei fehlender Kapitalbeteiligung wäre eine Konsolidierung notwendig, sofern eine Beherrschungsmöglichkeit gegeben ist[133].

Dieser Ansatz bietet einerseits die Chance, daß umfassend die Gesellschaften im Konzernabschluß konsolidiert werden, über die ein Mutterunternehmen eine Leitungsmacht ausüben kann, was die Relevanz von Konzernabschlußdaten steigern könnte. Er birgt andererseits jedoch die Gefahr, daß der Konzernabschlußersteller unbeabsichtigt eine Effective Control nicht erkennt, eine nicht bestehende Effective Control annimmt oder beabsichtigt die hohen Ermessensspielräume zu bilanzpolitischen Maßnahmen nutzt. Allerdings versucht das FASB, die Ermessensspielräume im Zusammenhang mit dem Effective Control Konzept durch die Vorgabe von Fällen widerlegbarer Vermutung von Effective Control sowie durch die Beschreibung von Indikatoren für Effective Control einzuengen. Diese Fälle sowie Indikatoren werden im folgenden näher erläutert. Trotz des Versuchs des FASB, den Ermessensspielraum möglichst einzugrenzen, dürfte das Effective Control Konzept bilanzpolitische Maßnahmen eröffnen. Dies wirkt sich negativ hinsichtlich der Verläßlichkeit der Konzernrechnungslegungsdaten aus und stellt einen wesentlichen Mangel des Effective Control Konzepts dar.

3.4. Fälle widerlegbarer Vermutung der Effective Control

Das Vorliegen einer Beherrschungsmöglichkeit ist i.d.R. dann offensichtlich, wenn es sich um Legal Control handelt. Nach Auffassung des FASB kann die schwierigere Beurteilung, ob Effective Control gegeben ist, durch das Management eines Unternehmens aufgrund seines hohen Informationsstandes am besten getroffen werden. Zur Unterstützung beschreibt das FASB in Par. 14 des Exposure Draft 1995 Fälle, bei denen es das Vorliegen einer Effective Control für sehr

131 Vgl. *FASB* (1996, PH 2), S. 180.
132 Vgl. *The Coca Cola Company* (1996, LC), S. 6.
133 Vgl. *FASB* (1995, ED), Par. 13.

wahrscheinlich hält, und an die es deshalb eine widerlegbare Vermutung von Effective Control knüpft[134].

Die Fälle des Par. 14 stellen keine abschließende Beschreibung aller Umstände dar, unter denen Effective Control gegeben sein kann[135]. Auch wenn keiner der beschriebenen Fälle vorliegt und somit Effective Control nicht widerlegbar zu vermuten ist, hat eine Überprüfung der Beziehung zwischen rechtlich selbständigen Unternehmen auf Effective Control zu erfolgen[136].

Wie im vorhergehenden Kapitel zu den Ansätzen zur Abgrenzung einer wirtschaftlichen Einheit dargelegt, können aus der Transaktionskostentheorie und der Theorie der Konzernrechnungslegung kaum konkrete Abgrenzungskriterien abgeleitet werden. Anhand dieser Ansätze ist folglich nur eingeschränkt eine Beurteilung der sehr konkreten vom FASB genannten Fälle widerlegbarer Effective Control möglich. Da auch in den betriebswirtschaftlichen Definitionen nicht umfassend die konkreten Bindungsmittel genannt werden, in denen von einer einheitlichen Leitung ausgegangen werden kann, eignen sich auch diese nur eingeschränkt zu einer Beurteilung der vom FASB genannten Fälle einer widerlegbaren Vermutung der Effective Control. Eher möglich erscheint ihre kritische Beleuchtung vor dem Hintergrund der qualitativen Merkmale der Rechnungslegung, so daß darauf im folgenden verstärkt eingegangen wird.

Das FASB nennt die folgenden Fälle, bei denen eine Effective Control widerlegbar anzunehmen ist:

- Hohe Minderheitsbeteiligung

Effective Control besteht i.d.R. dann, wenn das Mutterunternehmen über eine große Minderheitsbeteiligung an den stimmberechtigten Anteilen eines anderen Unternehmens verfügt und keine anderen Gesellschafter bzw. Gruppen anderer Gesellschafter vorliegen, die eine wesentliche (signifikante) Beteiligung an diesem Unternehmen halten. Als Richtwert nennt das FASB eine Minderheitsbeteiligung von 40 %[137].

- Einflußmöglichkeiten bei der Wahl des Board of Directors

Effective Control wird auch widerlegbar angenommen, wenn ein Unternehmen in naher Vergangenheit die Möglichkeit demonstrierte, die Nominierung von Kandi-

---

134 Vgl. *FASB* (1995, ED), Par. 14 (a) - (f) i.V.m. Par. 151 - 157.
135 Vgl. *Ernst & Young LLP* (1995, LC), S. 3.
136 Vgl. *FASB* (1995, ED), Par. 15.
137 Vgl. *FASB* (1995, ED), Par. 14 (a).

daten für die Wahl des Board of Directors eines anderen Unternehmens zu dominieren und bei der Wahl der Board Mitglieder die Mehrheit der Stimmen abzugeben[138]. Obwohl eine Präsenzmehrheit häufig aufgrund einer großen Minderheitsbeteiligung besteht, ist eine bestimmte Mindestbeteiligungshöhe für die Erfüllung dieses Kriteriums nicht zwingend erforderlich[139].

Die unter Par. 14 (a) und (b) aufgeführten Umstände (großer Minderheitsanteil an Stimmrechten, keine anderen bedeutenden Minderheitsanteile an Stimmrechten sowie Präsenzmehrheit bei der Wahl der Board Mitglieder) treten häufig zusammen auf. Über eine Präsenzmehrheit kann ein Unternehmen aber ggf. auch dann verfügen, wenn es weniger als 40 % der Stimmrechte hält[140]. Die Präsenzmehrheit stellt ein eigenständiges Kriterium zur Vermutung von Control dar[141].

Einige Kritiker sehen bei den in Par. 14 (a) und (b) des Exposure Draft geschilderten Fälle eine Beherrschungsmöglichkeit nicht als gegeben an[142]. Andere Kritiker, die hier zwar von einer Control ausgehen, sind sich nicht über die Art der Beweise einig, die ein nach Par. 14 (a) oder (b) zunächst als Mutterunternehmen eingestuftes Unternehmen erbringen muß, um die Annahme einer Effective Control zu widerlegen[143]. Gegner der Par. 14 (a) und (b) kritisieren des weiteren, daß die Beherrschungsmöglichkeit des Mutterunternehmens in diesen Fällen jeweils von der Verhaltensweise der übrigen Gesellschafter abhängt[144]. Der Halter eines großen Minderheitenanteils kontrolliere nicht das Abstimmungsverhalten der übrigen Gesellschafter, so daß diese ihm die Möglichkeit der Beherrschung des Unternehmens durchaus entziehen könnten[145]. Es werde nicht weiter berücksichtigt, daß die Bereitschaft der übrigen Gesellschafter, im Sinne eines großen Minderheitsgesellschafters zu wählen, zukünftig u.U. nicht mehr vorliege[146].

- Umwandelbare Wertpapiere

Eine widerlegbare Vermutung von Effective Control ist des weiteren zu treffen, sofern ein Unternehmen über die einseitige Möglichkeit (Unilateral Ability) verfügt, sich eine Stimmrechtsmehrheit an einem anderen Unternehmen zu verschaffen, weil es Wertpapiere oder andere Rechte hat, die nach seinem eigenen Willen

138 Vgl. FASB (1995, ED), Par. 14 (b).
139 Vgl. *FASB* (1995, ED), Par. 152.
140 Vgl. *FASB* (1995, ED), Par. 152.
141 Vgl. *FASB* (1995, ED), Par. 14 (b).
142 Vgl. *The Coca Cola Company* (1996, LC), S. 2.
143 Vgl. *The Coca Cola Company* (1996, LC), S. 3; *Ernst & Young LLP* (1995, LC), S. 4.
144 Vgl. *AICPA* (1995, LC), S. 5; *Arthur Andersen LLP* (1995, LC), S. 3
145 Vgl. *The Coca Cola Company* (1996, LC), S. 3; *Ernst & Young LLP* (1995, LC), S. 4.
146 Vgl. *The Coca Cola Company* (1996, LC), S. 3; *Ernst & Young LLP* (1995, LC), S. 4.

unabhängig von Dritten (einseitig) in eine Stimmrechtsmehrheit umgewandelt werden können[147]. Die beschriebene unilaterale Möglichkeit kann z.B. vorliegen, wenn ein Unternehmen im Besitz von Wandelobligationen eines anderen Unternehmens ist, bei deren Umwandlung es die Stimmrechtsmehrheit erlangt[148].

Das FASB formuliert die Nebenbedingungen, daß der erwartete Nutzen der Umwandlung die damit verbundenen Kosten übersteigt[149]. Außerdem wird eine Beherrschungsmöglichkeit nur dann vermutet, wenn die Umwandlung der Securities oder anderer Rechte nicht vom Eintritt zukünftiger Ereignisse abhängt. Weil unter den beschriebenen Gegebenheiten eine Beherrschungsmöglichkeit gegeben, aber inaktiv ist, wird auch von einer latenten Beherrschungsmöglichkeit (Latent Control) gesprochen[150].

Daß entsprechend Par. 14 (c) aufgrund einer unilateralen Möglichkeit zur Erlangung der Stimmrechtsmehrheit durch Umwandlung von Wertpapieren oder anderer Rechte eine Effective Control besteht, wird von Kritikern mit dem Argument verneint, erst die Umwandlung selbst führe zu einem Control-Verhältnis. Zuvor handele es sich lediglich über die Möglichkeit, Control zu erlangen, nicht um Control zum Bilanzstichtag[151]. Unter Berücksichtigung der Unteilbarkeit von Control sei das Unternehmen nicht in den Konsolidierungskreis des die umwandelbaren Wertpapiere haltenden Unternehmens einzubeziehen, sondern ggf. von dem Unternehmen zu konsolidieren, das augenblicklich tatsächlich über eine Beherrschungsmöglichkeit verfügt[152].

Probleme ergeben sich auch im Rahmen der Kosten-Nutzen-Überlegungen, die aufgrund von Par. 14 (c) notwendig sind. Ökonomisch unvorteilhaft wäre z.B. eine Wandlung von Wandelschuldverschreibungen zur Erlangung einer Beherrschungsmöglichkeit, wenn die Zinszahlungen bei Halten der Wandelschuldverschreibungen den Nutzen aus einem Control-Verhältnis übersteigen[153]. Nur schwierig läßt sich der Nutzen einer Wandlung von Securities oder anderer Rechte schätzen und mit den Kosten, die mit der Wandlung verbunden sind, vergleichen[154]. Insbesondere der aus einer Beherrschungsmöglichkeit resultierende Nutzen ist kaum quantifizierbar.

---

147 Vgl. FASB (1995, ED), Par. 14 (c).
148 Vgl. *Pacter* (1991, Consolidation), Par. 178.
149 Vgl. *FASB* (1995, ED), Par. 14 (c).
150 Vgl. *FASB* (1995, ED), Par. 153.
151 Vgl. *The Coca Cola Company* (1996, LC), S. 3; *Ernst & Young LLP* (1995, LC), S. 3, 5.
152 Vgl. *AICPA* (1995, LC), S. 3 - 4.
153 Vgl. *AICPA* (1995, LC), S. 6.
154 Vgl. *Ernst & Young LLP* (1995, LC), S. 5.

- Gründung eines Unternehmens und Sicherung bestimmter Einflußnahmemöglichkeiten

Eine Effective Control liegt nach Auffassung des FASB auch dann i.d.R. vor, wenn eine Gesellschaft (Creator) ein Unternehmen gegründet hat, an dem es keine stimmberechtigten Anteile hält[155]. Als weitere Bedingung wird genannt, daß bei dem Unternehmen Bestimmungen in der Gründungsurkunde (Charter), der Satzung (Bylaws) oder dem Gründungsdokument bei Gründung eines Business Trust (Trust Instrument) vorliegen[156], die a) nur durch den Creator geändert werden können und b) vorsehen, daß die Tätigkeiten des Unternehmens durch den Creator bestimmt werden können und zukünftige Zahlungsüberschüsse oder ein anderer zukünftiger wirtschaftlicher Nutzen dem Gründer zukommt[157].

Grundsätzlich wird die Gründungsurkunde so ausgestaltet, daß sie ein möglichst weites Tätigkeitsfeld eröffnet. Indem ein Unternehmen ein anderes gründet und die Gründungsurkunde/Satzung des Unternehmens oder das Trust Instrument entsprechend gestaltet, können die Tätigkeiten eines Unternehmens oder eines Trusts jedoch bewußt beschränkt und damit der Einsatz der Vermögensgegenstände zu einem bestimmten Nutzen festgelegt werden. Auch ohne das Halten von Stimmrechten kann sich dadurch das Gründungsunternehmen einen beherrschenden Einfluß verschaffen[158].

Par. 14 (d) bezieht sich auf Effective Control über eine Special Purpose Entity (SPE). Allerdings definiert das FASB den Begriff der SPE nicht[159]. Neben der Identifizierung der SPE bleiben bei der Bestimmung einer Effective Control über eine SPE weitere bedeutende Fragen vom FASB ungeklärt[160].

---

155 In einer Corporation ist die ausschließliche Ausgabe von stimmrechtslosen Aktien nicht möglich. Es muß mindestens eine Gattung stimmberechtigter Aktien geben und eine Aktie dieser Gattung muß sich mindestens in Publikumsbesitz befinden. Vgl. *Merkt* (1991, Gesellschaftsrecht), S. 255.

156 Zu der auch als Articles of Incorporation bezeichneten Gründungsurkunde der Corporation sowie zu den Bylaws und zum Trust Instrument, dem bei Gründung eines Business Trust einzureichenden Gründungsdokument, siehe *Merkt* (1991, Gesellschaftsrecht), S. 124 - 126, 178 - 194 und 194 - 196.

157 Vgl. *FASB* (1995, ED), Par. 14 (d).

158 Vgl. *FASB* (1995, ED), Par. 154.

159 Vgl. *Ernst & Young LLP* (1995, LC), S. 10.

160 Vgl. *FASB* (1996, PH 1), S. 153; *Arthur Andersen LLP* (1995, LC), S. 4; *AICPA* (1995, LC), S. 6; *Deloitte & Touche LLP* (1995, LC), Appendix S. 2; *Ernst & Young LLP* (1995, LC), S. 9.

Liegen SPE mit dem Zweck der Securitization[161] vor, bestehen nach Auffassung einiger Kritiker zwischen dem Exposure Draft "Accounting for Transfers and Servicing of Financial Assets and Extinguishments of Liabilities" (Transfers Exposure Draft) und dem Exposure Draft zur Konsolidierung Inkonsistenzen. In beiden Exposure Drafts wird Legal Control als eine Form der Beherrschungsmöglichkeit über eine Securitization SPE genannt und übereinstimmend definiert. Während nach dem Exposure Draft zur Konsolidierung auch auf Effective Control abgestellt wird, ist Effective Control nach dem Transfers Exposure Draft keine Form der Beherrschungsmöglichkeit. Liegt Effective Control im Sinne des Exposure Draft zur Konsolidierung vor, werden folglich die SPE nach den beiden Exposure Drafts unterschiedlich behandelt. Nach dem Exposure Draft zur Konsolidierung ist eine SPE dann in den Konsolidierungskreis einzubeziehen, während nach dem Transfers Exposure Draft keine Konsolidierung erfolgen würde[162].

Um diese Inkonsistenzen aufzuheben, wird vorgeschlagen, SPE vom Anwendungsbereich der Konsolidierungsvorschriften auszuschließen und ihre bilanzielle Behandlung ausschließlich im Transfers Statement festzulegen[163]. Andere Kritiker sprechen sich aufgrund der Komplexität des Bilanzierungsproblems hinsichtlich sämtlicher Arten von SPE zur Erstellung einer getrennten Verlautbarung aus. Dabei sollten die typischen Arten von SPE (Leasing of Buildings oder Equipment, Securitization of Receivables, Research and Development Activities und Start-Up Operations) behandelt werden[164]. Beispielsweise hält *Price Waterhouse* eine Behandlung aller SPE in einer Verlautbarung zur Konsolidierung aufgrund der mannigfaltigen Ausgestaltungsmöglichkeiten von SPE für nicht möglich[165].

- Möglichkeit der Auflösung eines Unternehmens

Eine weitere vom FASB formulierte Gegebenheit, in der das Vorliegen einer Effective Control widerlegbar anzunehmen ist, besteht darin, daß ein Unternehmen über die einseitige Möglichkeit (Unilateral Ability) verfügt, ein anderes Unternehmen aufzulösen und sich, vorbehaltlich der Ansprüche Dritter gegen die Vermögensgegenstände dieses Unternehmens, die Beherrschungsmöglichkeit über

---

161 Unter Securitization wird ein Prozeß verstanden, durch den illiquide Forderungen wie z.B. Kredite in liquide Forderungen umgewandelt werden, die verkauft und unter Dritten gehandelt werden können. Vgl. *Paxson/Wood* (1997, Finance), S. 164.

162 Vgl. *Coopers & Lybrand LLP* (1995, LC), S. 4 - 5; *Deloitte & Touche LLP* (1995, LC), Appendix S. 2.

163 Vgl. *Coopers & Lybrand LLP* (1995, LC), S. 5.

164 Vgl. *FASB* (1996, PH 2), S. 5; *KPMG Peat Marwick* (1995, LC), S. 4 – 5.

165 Vgl. *FASB* (1996, PH 2), S. 185 - 187.

diese Vermögensgegenstände anzueignen[166]. Ob in dem in Par. 14 (e) geschilderten Fall tatsächlich eine Beherrschungsmöglichkeit vorliegt, ist umstritten[167].

- Sole General Partner

Wenn ein Unternehmen einziger General Partner einer Limited Partnership ist, wird Effective Control widerlegbar angenommen. Der General Partner einer Limited Partnership haftet unbeschränkt, während die Haftung der Limited Partner auf die Einlage beschränkt ist. Daneben obliegt dem Sole General Partner die Geschäftsführung, und er besitzt eine Einzelvertretungsmacht[168].

Eine Effective Control liegt in diesem Falle i.d.R. wegen der gesellschaftsrechtlichen Vorschriften zur Limited Partnership vor, die grundsätzlich dem General Partner weitreichendere Befugnisse einräumen als den Limited Partners[169]. Allerdings kann in den Limited Partnership Agreements[170] die Kompetenz der Limited Partners zu Lasten der General Partners erweitert werden (z.B. Vetorecht bei bestimmten Entscheidungen). Das FASB weist explizit darauf hin, daß dann ein Unternehmen, das Sole General Partner ist, ggf. nicht über eine Beherrschungsmöglichkeit über die Limited Partnership verfügt[171].

Die Annahme einer Beherrschungsmöglichkeit eines Sole General Partners über eine Limited Partnership (Par. 14 f) wird sehr stark diskutiert. Im Mittelpunkt der Diskussion stehen die Fragen,

- wie stark die Control eines Sole General Partners eingeschränkt ist bzw. ob er überhaupt über Control verfügt,
- ob eine Konsolidierung von Limited Partnerships durch einen Sole General Partner ohne Vorliegen einer Beteiligung (ggf. in einer bestimmten Höhe) sinnvoll ist.

---

166 Vgl. *FASB* (1995, ED), Par. 14 (e). Wie in dem unter ED Par. 14 (a) beschriebenen Fall liegt auch hier Latent Control vor. Vgl. *FASB* (1995, ED) Par. 153.

167 Vgl. *AICPA* (1995, LC), S. 6; *Ernst & Young LLP* (1995, LC), S. 5.

168 Vgl. *FASB* (1995, ED), Par. 14 (f). Siehe zu der mit der deutschen Kommanditgesellschaft vergleichbaren Limited Partnership *Bungert* (1994, Partnership); *Merkt* (1991, Gesellschaftsrecht), S. 116 - 119.

169 Vgl. *FASB* (1995, ED), Par. 155.

170 Im Limited Partnership Agreement kann das Innenverhältnis der Gesellschafter geregelt werden. Es muß nicht aufgestellt werden, liegt aber üblicherweise vor. Vgl. *Merkt* (1991, Gesellschaftsrecht), S. 117.

171 Vgl. *FASB* (1995, ED), Par. 156.

Einige Kritiker gehen von einer beschränkten Beherrschungsmöglichkeit eines Sole General Partners aus[172]. Diese Beschränkung sei zum einen auf die dem Sole General Partner obliegenden Treuepflichten zurückzuführen. Der General Partner muß im Interesse sämtlicher Partner der Partnership handeln und darf ein evtl. divergierendes Eigeninteresse nicht verfolgen. Des weiteren grenzen häufig Partnership Agreements die Möglichkeit des Sole General Partners ein, über die Vermögensgegenstände der Limited Partnership im eigenen Sinne zu verfügen. Diese verbieten ihm z.B. häufig die Zahlung bestimmter Vergütungen an sich selbst oder die von den Limited Partners unabhängige Auflösung der Limited Partnership. Außerdem können Sole General Partners i.d.R. begründet oder auch unbegründet durch Mehrheitsbeschluß der Limited Partners ihres Amtes enthoben werden[173].

Die Beschränkungen der Verfügungsgewalt über die Vermögensgegenstände der Limited Partnership, denen ein Sole General Partner unterliegt, werden von einigen Kritikern für derart gravierend gehalten, daß sie zwar eine Beherrschungsmöglichkeit des Sole General Partners nicht grundsätzlich ausschließen, diese aber für äußerst unwahrscheinlich halten. Folglich ist ihrer Ansicht nach i.d.R. die Einbeziehung einer Limited Partnership in den Konsolidierungskreis eines Unternehmens, das als Sole General Partner dieser Limited Partnership fungiert, nicht angebracht. Vor dem Hintergrund, daß Sole General Partner i.d.R. über keine oder nur eine sehr geringfügige Beteiligung an der Limited Partnership verfügen, wird gefolgert, eine Legal Control läge i.d.R. nicht vor[174].

3.5. Indikatoren und Beispiele für Effective Control

Neben den beschriebenen Gegebenheiten, in denen eine widerlegbare Vermutung einer Effective Control zu treffen ist, stellt das FASB weitere Indikatoren dar, die auf eine Effective Control hinweisen[175]. Sofern einer oder mehrere der genannten bzw. ähnliche Indikatoren gegeben sind, ist das Vorliegen von Effective Control besonders wahrscheinlich, und das Management hat sorgfältig abzuwägen, ob eine Beherrschungsmöglichkeit vorliegt[176]. Zu einer widerlegbaren Vermutung einer Effective Control führt das Vorliegen der Indikatoren im Gegensatz zu den vorher beschriebenen Fällen nicht. Die zu einer widerlegbaren Vermutung führenden

172 Vgl. *Insignia Financial Group, Inc.* (1995, LC), S. 2 - 3.

173 Vgl. *FASB* (1996, PH 1), S. 228.

174 Vollkommen klar geht dies allerdings aus dem Comment Letter der *Insignia Financial Group, Inc.* nicht hervor. Siehe die Diskussion oben zu Par. 156 Exposure Draft 1995. Vgl. *FASB* (1996, PH 1), S. 228.

175 Vgl. *FASB* (1995, ED), Par. 158 - 159.

176 Vgl. *FASB* (1995, ED) Par. 159.

Fälle überschneiden sich teilweise mit den vom FASB genannten Indikatoren einer Effective Control. Folgende Indikatoren nennt das FASB[177]:

a) Die Möglichkeit, bei der Wahl des Board of Directors die Mehrheit der Stimmen abzugeben;

b) die Möglichkeit, die Nominierung von Mitgliedern des Board of Directors eines Unternehmens zu beherrschen und Stimmrechtsvollmachten anderer Anteilseigner zu erhalten;

c) die Möglichkeit, bei Vakanzen im Board of Directors die Directors bis zur nächsten Wahl einzusetzen;

d) das Recht auf eine Mehrheit des Reinvermögens einer Corporation bei Liquidation oder bei einer Verteilung des Reinvermögens aus einem anderen Grund als der Liquidation;

e) ein Unternehmen ist alleiniger Gründer eines anderen Unternehmens;

f) eine Unternehmensverbindung zwischen zwei oder mehreren Unternehmen, die zur Erfüllung des ökonomischen oder wohltätigen Zwecks eines oder aller beteiligten Unternehmen zusammenarbeiten müssen; z.B. eine Verbindung mit einem Unternehmen, das zu dem primären Zweck gegründet wurde, (1) Gewinne für ein anderes Unternehmen zu erwirtschaften, (2) die Schulden eines anderen Unternehmens zu zahlen oder (3) Spenden für eine bestimmte wohltätige Organisation zu beschaffen;

g) Halten eines großen Minderheitenanteils an den Stimmrechten eines Unternehmens, wenn kurz zuvor noch eine Mehrheit der Stimmrechte gehalten wurde;

h) vorteilhafte vertragliche Beziehungen zu einem Unternehmen, an dem kürzlich noch die Mehrheit der Stimmrechte gehalten wurde.

Neben den genannten Indikatoren einer Effective Control formuliert das FASB außerdem Beispiele für Mutter-Tochter-Beziehungen, um noch stärker zu verdeutlichen, in welchen Situationen tatsächlich von Control auszugehen ist[178]:

1) Beherrschung der Nominierung und Wahl von Board Directors (Par. 174 - 181),

---

177 Vgl. *FASB* (1995, ED), Par. 158 (a) - (h).

178 Vgl. *FASB* (1995, ED), Par. 173 - 211.

2) Gründung einer Limited Partnership mit einem einzigen General Partner (Par. 182 - 187),

3) Möglichkeit, die Mehrheit der Stimmrechte durch die Umwandlung von Wandelschuldverschreibungen zu erlangen (Par. 188 - 189),

4) Gründung einer SPE, die der Gründer zu seinem Nutzen einsetzt (Par. 190 - 194),

5) Gründung eines Special Benefit Leasing Entity, die der Gründer zu seinem Nutzen einsetzt (Par. 195 - 202),

6) Gründung einer Mutual Benefit Corporation (Par. 203 - 205) und

7) Gründung eines Charitable Trusts zum Nutzen einer Nof-for-Profit Organisation (NPO) (Par. 206 - 211).

Aufgrund der Überschneidungen der Indikatoren und Beispiele mit den Fällen einer widerlegbaren Vermutung von Control, wird daran sehr ähnliche Kritik geübt[179]. Diese wird für ausgesuchte Beispiele im folgenden dargelegt.

Im Beispiel 1 beschreibt das FASB den Kauf sämtlicher Stimmrechtsaktien des Unternehmens B durch Unternehmen A. Weitere Aktiengattungen werden von Unternehmen B nicht ausgegeben. Nach einigen Jahren, die Anzahl der Board Mitglieder des Unternehmens ist um 2 Mitglieder auf 9 erweitert worden, veranlaßt Unternehmen A das Unternehmen B zu einer Kapitalerhöhung durch die Ausgabe weiterer Stimmrechtsaktien. Danach verfügt Unternehmen A lediglich über einen hohen Minderheitsanteil an den Stimmrechten, während die anderen Stimmrechtsaktien sich im Streubesitz befinden (kein weiterer Anteilseigner hält mehr als 3 % der Stimmrechtsaktien). Zwei Alternativen werden vom FASB beschrieben, in denen Unternehmen A jeweils trotz fehlender Stimmrechtsmehrheit über Control verfügt.

a) Der Stimmrechtsanteil des Unternehmens A fällt auf 45 %. Unternehmen A kann die Mehrheit der Board Mitglieder des Unternehmens B mit den ihm verbleibenden Stimmrechten wählen, da nicht sämtliche Stimmen bei der Wahl abgegeben werden.

b) Der Stimmrechtsanteil des Unternehmens A fällt auf 35 %. Indem Unternehmen A andere Anteilseigner für die von ihm vorgesehene Person bei der Wahl

---

179 Vgl. *Ernst & Young LLP* (1995, LC), S. 6.

der Board Mitglieder überzeugen kann, Stimmrechtsvollmachten entsprechend ausübt usw. kann Unternehmen A die Wahl der Board Mitglieder bestimmen.

Hinsichtlich dieses Beispiels wird die Hinzunahme von zwei Varianten zur Alternative b) vorgeschlagen. Erst dadurch könnten die wichtigen hinsichtlich der Control bei einer Minderheitsbeteiligung bestehenden Fragen beantwortet werden. Die erste Variante zu Alternative b) soll den Fall behandeln, daß der Anteilsbesitz des Unternehmens A auf 35 % fällt und gleichzeitig das Management noch nicht das Ausmaß der Einflußnahmemöglichkeit des Unternehmens A auf die Board-Wahlen abschätzen kann, weil die jährlich stattfindende Gesellschafterversammlung erst in sechs bis neun Monaten erfolgen wird. Die zweite Variante soll so ausgestaltet sein, daß der Anteilsbesitz des Unternehmens A auf 35 % fällt und das Unternehmen A sich dazu entscheidet, nicht von der Möglichkeit Gebrauch zu machen, die Mehrheit der Board-Mitglieder zu bestimmen, es aber davon überzeugt ist, bei zukünftigen Wahlen die Mehrheit der Board Mitglieder aufgrund von Stimmrechtsvollmachten (Proxies) bestimmen zu können[180].

Obwohl sich dieses Beispiel bereits auf das Halten eines großen Minderheitsanteils bezieht, schlägt z.B. *Price Waterhouse* die Angabe eines weiteren Beispiels vor, das die Annahme einer Control bei Unternehmen behandelt, die einen großen Minderheitsanteil besitzen (z.B. 40 %), während kein anderer Gesellschafter bzw. keine andere organisierte Gruppe von Gesellschaftern einen signifikanten Anteil hält. Das Beispiel soll insbesondere zeigen, was unter einem signifikanten Anteil zu verstehen ist, und wann eine Entkonsolidierung notwendig ist, weil Anteile des Unternehmens in signifikanter Höhe von Dritten erworben werden[181].

In Beispiel 3 (Ability to Obtain a Majority Voting Interest by Converting Debentures) schildert das FASB eine Beherrschungsmöglichkeit des Unternehmens F über das von ihm gegründete Unternehmen G. Unternehmen F ist nicht Anteilseigner des Unternehmens G, hält aber Wandelschuldverschreibungen, so daß es sich eine Stimmrechtsmehrheit verschaffen könnte. Sämtliche Stimmrechtsanteile des Unternehmens G werden von dem Mitarbeiter des Unternehmens G gehalten, der das Unternehmen G leitet (President).

Auch hinsichtlich dieses Beispiels wird angeregt, weitere Variationen hinzuzufügen. Z.B. sei nicht klar, in welchen konkreten Situationen eine Entkonsolidierung notwendig sei[182]. Trotz der Kritik wird dieses Beispiel aber als eine gelungene

---

180 Vgl. *Price Waterhouse LLP* (1995, LC), S. 9. Zu Proxies siehe *Merkt* (1991, Gesellschaftsrecht), S. 328, 372 - 388.

181 Vgl. *Price Waterhouse LLP* (1995, LC), S. 9.

182 Vgl. *Price Waterhouse LLP* (1995, LC), S. 9.

Veranschaulicherung des Vorliegens eines Control-Verhältnisses dar, das im Zusammenhang mit einer Unternehmensgründung entsteht, betrachtet.

Beispiel 5 (Creation of a Special-Purpose Leasing Entity to Benefit the Creator) stellt das umstrittenste aller Beispiele für Effective Control dar. Das Unternehmen I verfügt über Effective Control über Unternehmen J, eine Special-Purpose Leasing Company, weil Unternehmen I Unternehmen J gegründet und in der Charter und den Bylaws des Unternehmens J den Zweck des Unternehmens festgelegt hat. Dieser Zweck besteht im Bau, dem Eigentum und dem Leasen von Geschäftshäusern an Unternehmen I. Das Lease Agreement versetzt Unternehmen I auch in die Lage, anderen den Zugang zu den Vermögensgegenständen des Unternehmens J zu verwehren und auf sämtliche Erlöse aus dem Verkauf von Vermögensgegenständen des Unternehmens J zuzugreifen. Unternehmen I hat keine Stimmrechte oder Kapitalanteile am Unternehmen J. Die Anteilseigner des Unternehmens J können die Mitglieder des Board of Directors wählen, aber nicht über die Art der Nutzung der Vermögensgegenstände des Unternehmens J bestimmen. Obwohl Unternehmen I keine Anteile an Unternehmen J hält, kontrolliert es die potentiellen Residual Benefits im Falle des Verkaufs von Unternehmen J und trägt das gesamte Risiko. Aufgrund dieser Sachlage besteht ein Control-Verhältnis zwischen Unternehme I und J.

Das vom FASB konstruierte Beispiel, in dem der Leasingnehmer zwar keine Anteile in der SPE hat, aber trotzdem einen wesentlichen Anteil der mit der Geschäftstätigkeit der Leasing SPE verbundenen Chancen und Risiken trägt, ist nach Ansicht der Kritiker in der Unternehmenspraxis häufig gegeben. Es bedarf ihrer Meinung nach einer Konkretisierung des Beispielsfalls, um Ermessensräume hinsichtlich der Behandlung von Leasing SPE einzuschränken. Z.B verdeutliche das Beispiel 5 nicht, welcher Umstand eine Konsolidierungspflicht begründe. So sei nicht deutlich, ob alleine aufgrund der Gründung von Unternehmen J durch Unternehmen I hier eine Konsolidierungspflicht vorläge[183].

Auch aufgrund bestehender Inkonsistenzen zwischen dem Exposure Draft 1995 und SFAS No. 13 "Accounting for Leases" wird das Beispiel 5 kritisiert. In SFAS No. 13 wird nicht wie im Exposure Draft 1995 zur Konsolidierung auf die rechtliche Selbständigkeit einer Leasing Special Entity abgestellt[184]. Während SFAS No. 13 eine einheitliche bilanzielle Behandlung von Leasing Transaktionen garantiere, würden nach dem Exposure Draft dieselben Transaktionen unterschiedlich behandelt werden, je nachdem, ob sie zwischen der Leasing Company und

183 Vgl. *Arthur Andersen LLP* (1995, LC), S. 11; *Coopers & Lybrand LLP* (1995, LC), S. 5; *KPMG Peat Marwick* (1995, LC), S. 5.

184 Vgl. *General Electric Company* (1995, LC), S. 10.

einer SPE oder innerhalb eines Unternehmens abgewickelt würden[185]. Z.B. drängen *Coopers & Lybrand* und *KPMG Peat Marwick* darauf, die Vorschriften des SFAS No. 13 "Accounting for Leases" nicht durch einen neuen SFAS zur Konsolidierung zu ändern. Das bedeutet, daß bei einem Operating Lease die bilanzielle Behandlung unabhängig davon sein soll, ob der Lesaing-Geber eine SPE oder ein anderes nicht verbundenes rechtlich selbständiges Unternehmen ist und davon, ob das Unternehmen, das als Leasing-Geber auftritt, vom Unternehmen gegründet wurde, mit dem der Leasing-Vertrag geschlossen wurde[186].

Daneben werden die Bedenken geäußert, die Durchsetzung der Vorschläge des FASB könnten dazu führen, daß zur Vermeidung einer Konsolidierung von Leasing SPE rechtlich selbständige SPE als Leasinggeber nicht gegründet, sondern Leasing Transaktionen innerhalb eines Unternehmens durchgeführt werden. Während rechtlich selbständige Leasing SPE nach den Vorschlägen des FASB als Tochterunternehmen im Konsolidierungskreis berücksichtigt werden müßten, wäre dies bei Leasing Transaktionen innerhalb des Unternehmens nicht der Fall. Um zu vermeiden, daß die Gründung von rechtlich selbständigen Leasing SPE von Unternehmen umgangen wird, plädieren einige Kritiker für eine Ausklammerung von Leasing SPE aus dem Anwendungsbereich des Exposure Draft zur Konsolidierung[187].

Sollte das FASB Leasing SPE in die Vorschriften zur Konsolidierung mit einbeziehen wollen, schlägt z.B. *Coopers & Lybrand* den Ausschluß der SPE aus dem Konsolidierungskreis vor, die vor dem Zeitpunkt, ab dem die neuen Konsolidierungsvorschriften in Kraft treten, die Voraussetzungen eines Operating Lease gemäß EITF-Issue 90-15 "Impact of Nonsubstantive Lessors, Residual Value Guarantees, and Other Provisions in Leasing Transactions" erfüllen[188]. Begründet wird dies damit, daß die den Operating Leases zugrundeliegenden Verträge auf der Grundlage der "alten" Konsolidierungsvorschriften ausgestaltet worden sind und dabei ggf. hohe Kosten und ein hoher Zeitaufwand angefallen sind[189]. Das FASB hält diesen Argumenten entgegen, würde es bei der Ausarbeitung neuer Rechnungslegungsregulierungen auf derartige Aspekte zu hohe Rücksicht nehmen, könne es nie zu einer Änderung von Rechnungslegungsvorschriften kommen[190].

Zusammenfassend kann das Beispiel 6 als eine Verdeutlichung eines Control-Verhältnisses eines Mutterunternehmens zu einer Leasing-Gesellschaft beurteilt

185 Vgl. *FASB* (1996, PH 1), S. 101; *AICPA* (1995, LC), S. 8 – 9.
186 Vgl. *Coopers & Lybrand LLP* (1995, LC), S. 5.
187 Vgl. *AICPA* (1995, LC), S. 8 - 9.
188 Vgl. *Coopers & Lybrand LLP* (1995, LC), S. 6.
189 Vgl. *FASB* (1996, PH 1), S. 223.
190 Vgl. *FASB* (1996, PH 1), S. 223.

werden, bei dem allerdings nicht trennscharf zu erkennen ist, ob die Beherrschungsmöglichkeit im einzelnen auf der Tatsache beruht, daß die Leasing-Gesellschaft durch das Mutterunternehmen gegründet und die Satzung nach Willen der Mutter ausgestaltet wurde, oder auf den anderen Möglichkeiten des Mutterunternehmens zur Einflußnahme. Das FASB sollte diese Unklarheiten beseitigen. Grundsätzlich stimmt die Konsolidierung von Leasing-Gesellschaften, auf die eine Beherrschung ausgeübt werden kann, mit dem Effective Control-Konzept überein.

3.6. Einbeziehungsverbot bei Temporary Control

Ein Verbot zur Einbeziehung in den Konsolidierungskreis gilt für solche Tochterunternehmen, die in der laufenden Berichtsperiode gekauft wurden und über die lediglich eine vorübergehende Beherrschungsmöglichkeit ausgeübt wird[191]. Der Ausschluß von Unternehmen aus dem Konsolidierungskreis, auf die nur vorübergehend ein beherrschender Einfluß ausgeübt werden kann, dient der Stärkung der Aussagekraft von Konzernabschlüssen. Einer starken Veränderung der Zusammensetzung des Konsolidierungskreises wird auf diese Weise entgegengewirkt.

Um die Ermessensspielräume bei der Erstellung von Konzernabschlüssen einzuengen, konkretisiert das FASB den Begriff der vorübergehenden Control. Die Möglichkeit der Beherrschung über ein im Berichtszeitraum erworbenes Tochterunternehmen ist dann als vorübergehend einzustufen, wenn das Mutterunternehmen zum Zeitpunkt des Erwerbs des Tochterunternehmens dazu verpflichtet ist, die Beherrschungsmöglichkeit innerhalb der nächsten 12 Monate aufzugeben oder wenn das Management entschieden hat, das neu erworbene Unternehmen innerhalb der nächsten 12 Monate zu veräußern und einen Plan sowie eine glaubwürdige Erklärung für diese Veräußerung vorweist[192].

Tochterunternehmen, die bereits in vorherigen Geschäftsjahren in den Konsolidierungskreis einbezogen wurden, können an einem der darauffolgenden Bilanzstichtage nicht aufgrund vorübergehender Control aus dem Konsolidierungskreis ausgeschlossen werden. Erst wenn eine Möglichkeit der Beherrschung bei diesen Unternehmen nicht mehr besteht, hat eine Entkonsolidierung zu erfolgen[193].

Eine Ausnahme von der Ein-Jahres-Regel wird dann vom FASB vorgesehen, wenn im Erwerbszeitpunkt absehbar ist, daß nicht vom Management zu beeinflussende Umstände sehr wahrscheinlich die endgültige Veräußerung des erworbenen

---

191 Vgl. *FASB* (1995, ED), Par. 16.
192 Vgl. *FASB* (1995, ED), Par. 16.
193 Vgl. *FASB* (1995, ED), Par. 92.

Unternehmens verzögern werden. Eine solche Verzögerung könnte z.B. aus dem Erfordernis einer Prüfung und der Genehmigung durch eine Regulierungsbehörde resultieren[194].

Das vom FASB vorgeschlagene Konsolidierungsverbot für vorübergehend kontrollierte, im Berichtszeitraum erworbene Tochterunternehmen findet grundsätzlich große Unterstützung[195]. Nach der Transaktionskostentheorie wird die Wahl einer optimalen Koordinationsform hauptsächlich durch die Merkmale der durchzuführenden Transaktion bestimmt. Hierarchienahe Governance Strukturen stellen u.a. dann die transaktionskostengünstige Koordinationsform dar, wenn recht häufige Transaktionen mit relativ hoher Faktorspezifität durchgeführt werden. In diesen Fällen dürften dauerhafte Vertragsverhältnisse vorliegen. Insofern erscheint ein Ausschluß von Tochterunternehmen aus dem Konsolidierungskreis nicht abwegig, wenn eine Control nur vorübergehend, nicht dauerhaft besteht[196]. Allerdings vermag vor dem Hintergrund der Transaktionskostentheorie nicht gerechtfertigt werden, die Ausnahmeregelung nur auf im Geschäftsjahr erworbene Tochterunternehmen anzuwenden, statt auf sämtliche Tochterunternehmen, über die nur eine vorübergehende Beherrschungsmöglichkeit besteht.

Eine Argumentation für die vom FASB vorgeschlagene Ausnahmeregelung ist auch anhand der qualitativen Merkmalen möglich, denen Rechnungslegungsinformationen genügen sollen. Die Begründung der Ausnahmevorschrift könnte in der Verhinderung starker kurzzeitiger Veränderungen hinsichtlich der Zusammensetzung des Konsolidierungskreises bestehen. Da vom Konzernabschlußadressaten nur in manchen Fällen, z.B. bei Auflagen der Kartellbehörde, abzuschätzen ist, daß nur eine vorübergehende Control vorliegt, würde der Adressat häufig ohne den Ausschluß der betreffenden Tochterunternehmen eine andere zukünftige Zusammensetzung des Konsolidierungskreises annehmen, als tatsächlich vorliegen wird. Die Ausnahmevorschrift würde zu einer höheren Relevanz der Konzernrechnungslegungsdaten führen. Gegen dieses Argument spricht, daß gleichzeitig eine Einbuße der Verläßlichkeit der Konzernrechnungslegungsdaten erfolgen könnte, da der Konzernabschlußersteller ein falsches Urteil über die Dauer des Control-Verhältnisses fällen und eventuell den vorliegenden Ermessensspielraum unter bilanzpolitischen Gesichtspunkten nutzen könnte.

Einen Nachteil der Ausnahmeregelung stellt die mangelnde intersubjektive Nachprüfbarkeit der Veräußerungspläne des Managements dar. Die Glaubwürdigkeit

---

194 Vgl. *FASB* (1995, ED), Par. 16.

195 Vgl. *Arthur Andersen LLP* (1995, LC), S. 5; *General Electric Company* (1995, LC), S. 10; *KPMG Peat Marwick* (1995, LC), S. 3.

196 Vgl. *Williamson* (1985, Institutions), S. 72 - 73.

der Erklärung, daß ein Tochterunternehmen innerhalb der nächsten zwölf Monate veräußert werden soll und somit nur eine vorübergehende Beherrschungsmöglichkeit vorliegt, hat insbesondere der Wirtschaftsprüfer zu beurteilen.

Insgesamt liegt trotz der Kritik an der Ausnahmeregelung bei der Berücksichtigung der Ansätze zur Abgrenzung der wirtschaftlichen Einheit der Schluß nahe, daß die mit dem Konsolidierungsverbot bei vorübergehender Control verbundenen Vorteile (höhere Stetigkeit und somit höhere Entscheidungsrelevanz) die Nachteile (eingeschränkte intersubjektive Nachprüfbarkeit der zeitlichen Beschränkung der Control, keine Abbildung der tatsächlichen wirtschaftlichen Einheit im Berichtszeitpunkt) überwiegen[197].

Kritiker haben den Begriff der vorübergehenden Beherrschungsmöglichkeit teilweise als für zu weit gefaßt, andere haben ihn für zu restriktiv bemängelt. Das zur ersten Gruppe zu zählende *AICPA* spricht sich z.B. für die Benennung der zusätzlichen Bedingungen für einen Ausschluß aus dem Konsolidierungskreis aus, daß es tatsächlich im Rahmen der Möglichkeiten des Managements liegt, das Tochterunternehmen zu veräußern. Diese Bedingung werde nur zu Teilen von der vom FASB verlangten Voraussetzung abgedeckt. Danach dürfen keine Umstände vorliegen, die vom Management nicht beeinflußt werden können und wahrscheinlich die endgültige Veräußerung des erworbenen Unternehmens verzögern[198]. Die Kritiker, die die Definition der vorübergehenden Beherrschungsmöglichkeit für zu restriktiv halten, schlagen z.B. vor, von der 12-Monats-Regel abzuweichen und allgemein bei Vorliegen der Absicht des Managements zur baldigen Veräußerung einer Beteiligung die Konsolidierung zu verbieten[199].

Die *Securities Industry Association* weist darauf hin, daß der Operating Cycle (durschnittliche Zeit zwischen dem Kauf und der endgültigen Cash Realization durch den Verkauf eines Investments) bei Merchant Banking Unternehmen etwa sieben Jahre beträgt. Weil eine Konsolidierung hier für nicht sinnvoll gehalten wird, plädiert sie dafür, für Merchant Banking Unternehmen eine Ausnahme von der Ein-Jahres-Regel zu machen und mit Orientierung an diesem Operating Cycle den Zeitraum festzulegen, innerhalb dessen eine Weiterveräußerung geplant ist[200].

Außerdem hat das FASB die Anregung erhalten, in den Konsolidierungsvorschriften die Vorgehensweise für den Fall zu klären, daß das Management seine Pläne, ein neu erworbenes Tochterunternehmen innerhalb eines Jahres nach der Akquisition weiterzuveräußern, ändert. Es wird für die Übernahme der diesbezüg-

---

197 Vgl. *General Electric Company* (1995, LC), S. 10.
198 Vgl. *AICPA* (1995, LC), S. 9.
199 Vgl. *FASB* (1996, PH 1), S. 42; *FASB* (1995, ED), Par. 90.
200 Vgl. *Financial Management Devision der Securities Industry Association* (1995, LC), S. 4- 5.

lichen Regelung in EITF Issue No. 90-6 "Accounting for Certain Events Not Addressed in Issue No. 87-11 Relating to an Acquired Operating Unit To Be Sold" plädiert. Danach ist ein neu erworbenes Tochterunternehmen, das entgegen der ursprünglichen Pläne des Managements nicht verkauft werden soll, bei Änderung der Pläne zu konsolidieren. Der Zeitpunkt der Erstkonsolidierung bezieht sich auf den Zeitpunkt der Planänderung[201].

4. Alternative Abgrenzungskonzepte

4.1. Control und Ownership als Abgrenzungskriterien

Wird neben dem Control-Kriterium ein weiteres Kriterium zur Abgrenzung des Konsolidierungskreises herangezogen, kommt, wie beschrieben, insbesondere das Ownership-Kriterium in Frage.

Sehr umstritten ist die Frage, ob und ggf. wie ein Ownership-Kriterium quantifiziert werden soll. Vorgeschlagen wird beispielsweise, auf eine signifikante Beteiligung abzustellen, ohne daß eine weitere Konkretisierung erfolgt, wann Signifikanz gegeben ist[202]. Aus Äußerungen der Befürworter dieser Regelung geht hervor, daß eine signifikante Beteiligung auch bei einem Anteil von unter 50 % bestehen kann. *Coopers & Lybrand* treffen die Aussage, daß eine signifikante Beteiligung bei Überschreiten eines bestimmten Mindestbetrags (De Minimis Amount) vorliegt[203]. Vom FASB zur Vornahme einer Quantifizierung gedrängt, liefern sie die Richtlinie, bei einer Beteiligung von 20 % und mehr sei im Einzelfall das Vorliegen eines Beherrschungsverhältnisses zu prüfen[204].

Der Vorteil, auf eine signifikante Beteiligung statt auf eine Beteiligung in bestimmter Höhe (Bright Line Rule) abzustellen, liegt darin, daß für jeden Einzelfall eine Beurteilung vor dem Hintergrund der tatsächlichen Umstände erfolgen kann. Dem Konzernabschlußersteller bietet sich aber andererseits bei dieser Regelung ein Entscheidungsspielraum, den er unter bilanzpolitischen Gesichtspunkten nutzen kann[205]. Daneben besteht die Gefahr von Fehleinschätzungen durch den Konzernabschlußersteller. Im Rahmen der Prüfung führt ein nicht konkret quantifiziertes Konsolidierungskriterium aufgrund der eingeschränkten intersubjektiven

---

201 Vgl. *Coopers & Lybrand LLP* (1995, LC), S. 7.

202 Vgl. *FASB* (1996, PH 1), S. 139, 141, 147; *FASB* (1996, PH 2), S. 178 - 179.

203 Vgl. *Coopers & Lybrand LLP* (1995, LC), S. 2.

204 Vgl. *FASB* (1996, PH 1), S. 201, 208.

205 Vgl. *Price Waterhouse LLP* (1995, PH 2), S. 175.

Nachprüfbarkeit der Konsolidierungsentscheidung zu Problemen. Diese Nachteile würden durch die Festlegung einer Bright Line vermieden, die Vorteile der Berücksichtigung der tatsächlichen Umstände aber aufgegeben[206].

Eine besonders umfangreiche Diskussion im Hinblick auf Control und ein Ownership-Kriterium zur Abgrenzung der wirtschaftlichen Einheit wird im Zusammenhang mit Unternehmen geführt, die den Sole General Partner einer Limited Partnership darstellen. Das FASB als Verfechter eines Control-Kriteriums als einziges Konsolidierungskriterium spricht sich für die Konsolidierung einer Limited Partnership durch einen Sole General Partner aus, sofern dieser, wie i.d.R. anzunehmen, über eine Beherrschungsmöglichkeit verfügt. Ob der Sole General Partner gleichzeitig auch einen Kapitalanteil oder Stimmrechte an der Limited Partnership hält und wie hoch dieser Kapitalanteil oder das Stimmrecht ggf. ist, hat danach auf das Vorliegen eines Control-Verhältnisses und die Einbeziehung in den Konsolidierungskreis keinen Einfluß. Die Befürworter von Control und Ownership als gleichzeitig zu erfüllende Konsolidierungskriterien halten hingegen eine Konsolidierung nur dann für sinnvoll, wenn ein Sole General Partner neben der Control über eine Kapitalbeteiligung oder einen Anteil an den Stimmrechten in bestimmter Mindesthöhe verfügt[207].

Die *Insignia Financial Group*[208] stellt ein Beispiel dafür dar, wie stark sich die Konzernrechnungslegungsdaten bei der Abgrenzung anhand eines Control-Kriteriums im Vergleich zur Abgrenzung anhand eines Control- in Verbindung mit einem Ownership-Kriterium unterscheiden. Sie gibt an, für das Geschäftsjahr 1994 hätte sie bei Control als einzigem Abgrenzungskriterium Vermögensgegenstände in einer Höhe ausweisen müssen, die 184 % über dem nach SFAS No. 94 auszuweisenden Betrag lägen[209]. Der Unterschied ergebe sich dadurch, daß nach SFAS No. 94 bei einer Einbeziehung in den Konsolidierungskreis neben der Beherrschungsmöglichkeit gleichzeitig eine Stimmrechtsmehrheit vorliegen muß. An

---

206 Vgl. zu den Vorteilen einer Bright Line Regelung bzw. den Nachteilen einer nicht quantifizierten Ownership-Kriteriums *FASB* (1996, PH 2), S. 177.

207 Vgl. *FASB* (1996, PH 1), S. 219 - 220, 140, 151; *Morgan Stanley Group Inc.* (1996, LC), S. 2; *AICPA* (1995, LC), S. 6; *Ernst & Young LLP* (1995, LC), S. 5; *Insignia Financial Group, Inc.* (1995, LC), S. 2.

208 *Insignia Financial Group, Inc.* ist die größte Real Estate Service Organization der USA. Sie ist hauptsächlich in den Bereichen Property Management, Asset Management, Investor Services, Partnership Administration, Mortgage Banking und Real Estate Investment Banking tätig. Sie besitzt über 1000 Sole oder Managing General Partner Interests in Real Estate Limited Partnerships. In zwei Fällen hält sie eine Anteilsmehrheit an den Limited Partnerships und konsolidiert diese. In 25 Fällen hält sie 20 - 50 % der Anteile. Bei der großen Mehrheit der Limited Partnerships, an denen die Limited Financial Group Anteile hält, belaufen sich diese auf nur 1 %.Vgl. *Insignia Financial Group, Inc.* (1995, LC), S. 1; *FASB* (1996, PH 1), S. 224.

209 Vgl. *Insignia Financial Group, Inc.* (1995, LC), S. 4; 6 - 7.

der Mehrheit der Limited Partnerships, die die *Insignia Financial Group* nach den vom FASB vorgeschlagenen Vorschriften im Vergleich zu SFAS No. 94 zusätzlich in den Konsolidierungskreis einbeziehen muß, halte sie lediglich eine Kapitalbeteiligung in Höhe von 1 %. Die *Insignia Financial Group* spricht sich für die Beibehaltung von Control und Ownership als parallele Abgrenzungskriterien aus und hält eine Konsolidierung der Limited Partnerships, an denen lediglich eine sehr kleine Kapitalbeteiligung gehalten wird, für nicht gerechtfertigt. Ihrer Auffassung nach ist nur bei Vorliegen einer Mehrheitsbeteiligung oder Stimmrechtsmehrheit eine derart hohe wirtschaftliche Verbundenheit gegeben, daß eine Konsolidierung erforderlich sei[210].

Auch im Zusammenhang mit gemeinnützigen Organisationen wird die Abgrenzung anhand eines Control- und Ownership-Kriteriums besonders diskutiert. Das FASB spricht sich auch bei Not-for-Profit Organisations gegen ein Ownership-Kriterium aus. Nach dem bisher geltenden SOP 94-3 "Reporting of Related Entities by Not-for-Profit Organizations" hat eine NPO ein Unternehmen nur dann zu konsolidieren, wenn es daran eine Beteiligung hält. Einige Kritiker plädieren auch dann für eine unveränderte Übernahme dieses Konzepts für NPO, wenn das vom FASB vorgeschlagene Control-Konzept für erwerbswirtschaftliche Unternehmen eingeführt wird[211].

Die Transaktionskostentheorie besagt, daß bei Transaktionen mit mittlerer oder hoher Spezifität hierarchische oder hierarchienahe Koordinationsformen die optimalen Governance Strukturen darstellen. Dann werden relationale Verträge zwischen den an den Transaktionen beteiligten Unternehmen geschlossen. Kapitalbeteiligungen oder Stimmrechtsmehrheiten gehen nicht zwingend mit diesen Verträgen einher, obwohl sie sicher häufig gleichzeitig anzutreffen sind. Insofern läßt sich mit der Transaktionskostentheorie ein zwingend zu erfüllendes Ownership-Kriterium neben dem Control-Kriterium kaum rechtfertigen.

Die betriebswirtschaftlichen Definitionen des Konzerns bezeichnen Kapitalverflechtungen als bedeutendes Mittel der Bindung von Unternehmen. Kapitalbeteiligungen weisen auf eine wirtschaftliche Einheit hin. Daß sie jedoch eine zwingende Voraussetzung für das Vorliegen einer wirtschaftlichen Einheit darstellen, geht aber auch aus den betriebswirtschaftlichen Definitionen des Konzerns nicht hervor. Auch auf dieser Grundlage kann Ownership als zwingendes Abgrenzungskriterium neben Control kaum begründet werden.

---

210 Vgl. *FASB* (1996, PH 1), S. 226.

211 Vgl. *FASB* (1996, PH 2), S. 103; *.Deloitte & Touche LLP* (1995, LC), S. 3; *Ernst & Young LLP* (1995, LC), S. 10.

Diese Abgrenzung der wirtschaftlichen Einheit auf der Grundlage von Control und Ownership könnte unter dem Gesichtspunkt begrüßt werden, daß bei einem Ownership-Kriterium die Entscheidung für bzw. gegen die Einbeziehung eines Unternehmens in den Konsolidierungskreis recht gut intersubjektiv nachprüfbar und somit eine hohe Verläßlichkeit der Rechnungslegungsdaten gegeben ist. Es ist allerdings zweifelhaft, ob dieser Vorteil den Nachteil überwiegt, daß dann eventuell Unternehmen nicht konsolidiert werden, zu denen das Mutterunternehmen in einer sehr engen wirtschaftlichen Beziehung steht, die aber nicht durch eine Kapitalbeteiligung begründet wird.

4.2. Control und Economic Benefit als Abgrenzungskriterien

Neben dem Ownership-Kriterium kommt auch Economic Benefit (ökonomischer Nutzen) als Konsolidierungskriterium in Betracht. Das FASB folgt dem Grundverständnis, daß bei Vorliegen eines Control-Verhältnisses das Mutterunternehmen einen ökonomischen Nutzen aus dem Tochterunternehmen ziehen kann[212]. Control impliziert also einen ökonomischen Nutzen. Insofern besteht kein Bedarf, neben dem Control-Kriterium in den Abgrenzungsvorschriften explizit auf einen ökonomischen Nutzen einzugehen. Trotzdem wird diskutiert, ob die Vorgabe beider Kriterien, der Beherrschungsmöglichkeit und des ökonomischen Nutzens, als zwei parallel notwendige Kriterien für die Konsolidierung von Vorteil wäre. Dadurch soll deutlicher herausgestellt werden, daß ein Unternehmen, auf das eine andere Gesellschaft eine Beherrschungsmöglichkeit ausüben und somit einen ökonomischen Nutzen daraus ziehen kann, in den Konsolidierungskreis einzubeziehen ist. Obwohl dieser Vorschlag im Exposure Draft 1995 nicht umgesetzt wurde, steht eine Mehrheit der Board Mitglieder des FASB der Einführung eines Economic Benefit-Kriteriums sehr positiv gegenüber[213].

Um das Kriterium des ökonomischen Nutzens praktikabel auszugestalten, wäre eine Konkretisierung und dabei auch eine Quantifizierung notwendig. Eigene Interpretationen des Begriffs des ökonomischen Nutzens der Konzernabschlußersteller könnten ansonsten die Verläßlichkeit der Konzernabschlußdaten beeinträchtigen. Da ein Mutterunternehmen aus der Verflechtung mit dem Tochterunternehmen aber durch unterschiedlichste Art und Weise ökonomischen Nutzen ziehen kann, läßt sich dieser Begriff nur schwer umfassend konkretisieren. Ein Konsens besteht bisher darüber, daß eine wesentliche Kapitalbeteiligung an einem Unternehmen einen ökonomischen Nutzen impliziert. Allerdings stellt z.B. auch eine höhere Marktmacht, über die ein Mutterunternehmen zusammen mit dem

---

212 Vgl. *FASB* (1996, PH 2), S. 14 - 15

213 So z.B. auch *FASB* (1996, PH 2), S. 103, 108; *Deloitte & Touche LLP* (1995, LC), S. 1.

Tochterunternehmen verfügt, einen ökonomischen Nutzen für das Mutterunternehmen dar.

Der Vorschlag, einen ökonomischen Nutzen als weiteres Abgrenzungskriterium neben dem Control-Kriterium in die Konsolidierungsvorschriften aufzunehmen, könnte als eine Umgehung der ausreichenden Konkretisierung des Control-Begriffs angesehen werden. Das Benefit-Kriterium scheint neben dem Control-Kriterium gefordert zu werden, weil die Definition des Control-Kriteriums nicht unproblematisch ist und mit dem Kriterium des ökonomischen Nutzens eine weitere Erklärung eines Mutter-Tochter-Verhältnisses geschaffen werden könnte. Im Hinblick auf die qualitativen Merkmale, die Rechnungslegungsinformationen erfüllen sollen[214], kann bei einer objektiven Ausgestaltung des Kriteriums des ökonomischen Nutzens der Entscheidungsspielraum, den das Control-Kriterium eröffnet, ggf. vermindert werden. Dies würde zur Steigerung der Verläßlichkeit der Konzernrechnungslegungsinformationen führen. Allerdings dürfte das Kriterium des ökonomischen Nutzen nur schwer zu definieren sein. Die Probleme der Konkretisierung des Begriffs der Control könnten somit lediglich verschoben werden auf die Definition des Begriffs des ökonomischen Nutzens. Eine Steigerung der Verläßlichkeit der Rechnungslegungsdaten wäre zweifelhaft. Folglich wäre für eine Verdeutlichung des Begriffs Control zu plädieren, statt ein weiteres, wenig faßbares Kriterium wie den ökonomischen Nutzen hinzuzuziehen.

5. Modifikationen der Abgrenzungsvorschläge durch den Exposure Draft von 1999

Im Februar 1999 veröffentlichte das FASB eine überarbeitete Fassung des im Oktober 1995 vorgelegten Exposure Draft zur Consolidation Policy mit dem Titel „Consolidated Financial Statements: Purpose and Policy“[215]. Es hat seine Ansichten darüber, wann zwischen zwei Unternehmen eine Mutter-Tochter-Beziehung besteht und wann eine Konsolidierungspflicht gegeben ist, in dem neuen Exposure Draft nur geringfügig geändert[216]. Im Exposure Draft von 1999 wird eine neue Ausnahme von dem Anwendungsbereich der Vorschriften zugelassen, der Wortlaut der 1995 vorgeschlagenen Definition des Control-Begriffs leicht abgeändert und die Anleitung zu ihrer Anwendung modifiziert und erweitert. Mit den verständlicheren und klareren Vorschriften soll eine einheitliche Vorgehensweise bei der Erstellung von Konzernabschlüssen garantiert werden.

---

214 Vgl. *Mueller* (1998, Accounting Standards); *FASB* (1997/98, SFAC No. 2).

215 Vgl. *FASB* (1999, ED).

216 Vgl. *Bossio* (1999, Consolidation Policy Revisited), S. 5.

Das FASB zog die Herausgabe eines weiteren Drafts der Veröffentlichung eines endgültigen SFAS vor, weil durch die damit verbundenen Diskussionen mit der interessierten Öffentlichkeit ggf. weitere Schwächen der Vorschriften aufgedeckt werden können und weil so eine höhere Akzeptanz der Vorschriften erwartet wird[217]. Daneben plant das FASB einen Test, ob die im Exposure Draft vorgelegten Vorschläge zur Consolidation Policy einheitliche Entscheidungen über die Einbeziehung von Unternehmen in den Konsolidierungskreis garantieren. Es rief im März 1999 dazu auf, Entscheidungssituationen zu schildern, die als Grundlage für die Tests dienen können[218].

Am Exposure Draft 1995 ist stark kritisiert worden, daß nur solche Unternehmen aus dem Anwendungsbereich der Vorschriften zur Consolidation Policy ausgenommen werden sollen, die sowohl ihre Vermögensgegenstände als auch ihre Schulden zu Fair Values bewerten. Im Exposure Draft 1999 reagiert das FASB auf diese Kritik damit, daß jetzt als Voraussetzung für den Ausschluß aus dem Anwendungsbereich gilt, daß die Vermögensgegenstände zu Fair Values bewertet werden. Die Ausnahme ist somit unabhängig von der Bewertung der Schulden[219]. Damit erweitert das FASB im Vergleich zum Exposure Draft 1995 den Kreis der Unternehmen, die nicht in den Anwendungsbereich der von ihr vorgeschlagenen Vorschriften zur Consolidation Policy fallen. Wie beschrieben sehen z.B. die Rechnungslegungsvorschriften für Investmentgesellschaften eine Bewertung der Vermögensgegenstände, jedoch nicht der Schulden zu Fair Values vor. Investmentgesellschaften werden nach dem neu vorgelegten Exposure Draft also im Regelfall nicht die Vorschriften zur Consolidation Policy befolgen müssen[220]. Dies birgt im Vergleich zu den ursprünglichen Vorschlägen des FASB die Gefahr, daß Investmentgesellschaften bei ausschließlicher Veröffentlichung eines Einzelabschlusses wesentliche Informationen nicht publizieren.

Das Konzept, Control als einziges Konsolidierungskriterium heranzuziehen, behält das FASB auch im Exposure Draft 1999 bei. Es geht nicht auf die Forderung ein, neben Control ein Ownership-Kriterium zu berücksichtigen. Allerdings veränderte das FASB den Wortlaut der Control-Definition, um so unmißverständlicher als im Exposure Draft 1995 deutlich zu machen, unter welchen Umständen es von einem Mutter-Tochter-Verhältnis zwischen zwei rechtlich selbständigen Unternehmen ausgeht. Im Exposure Draft 1995 war Control als die Möglichkeit eines Unternehmens beschrieben worden, die Vermögensgegenstände eines anderen Unternehmens zu beherrschen. In einem zweiten Schritt erläuterte das FASB

---

217 Vgl. *Bossio* (1999, Consolidation Policy Revisited), S. 5.

218 Vgl. *FASB* (1999, Request for Cases).

219 Vgl. *FASB* (1999, ED), Par. 5.

220 Vgl. *Arthur Andersen* LLP (1995, LC), S. 8; *Coopers & Lybrand LLP* (1996, LC), S. 2; *KPMG Peat Marwick* (1995, LC), S. 6.

1995, diese Möglichkeit bestehe zum einen darin, daß auf die Geschäftspolitik sowie die Capital und Operating Budgets Einfluß ausgeübt werden kann, und zum anderen darin, daß die leitenden Mitarbeiter des anderen Unternehmens eingestellt, entlassen und nach eigenem Ermessen entlohnt werden können[221].

Das FASB definiert im Exposure Draft 1999 Control als

a) die Möglichkeit eines Unternehmens, über die Geschäftspolitik eines anderen Unternehmens zu entscheiden, so daß

b) dieses Unternehmen seinen Nutzen aus dem anderen Unternehmen steigert und seine Verluste im Zusammenhang mit dem anderen Unternehmen begrenzt[222].

Die unter a) beschriebene Entscheidungsmöglichkeit ist unteilbar und wird so verstanden, daß das Mutterunternehmen

- über die Nutzung und den Zugang zu den Vermögensgegenständen des Tochterunternehmens bestimmen kann, weil ihm die Gestaltung der Geschäftspolitik des Tochterunternehmens möglich ist, und

- das Management des Tochterunternehmens, das für die Umsetzung der Geschäftspolitik zuständig ist, für dessen Tätigkeit zur Rechnung ziehen kann, insbesondere weil es das Management des Tochterunternehmens einstellen und absetzen sowie seine Entlohnung festlegen kann[223].

Das FASB stellt im Exposure Draft von 1999 bei der Definition von Control also primär auf die Entscheidungsmöglichkeit eines Mutterunternehmens über die Geschäftspolitik seines Tochterunternehmens ab. Die Möglichkeit des Mutterunternehmens, die Vermögensgegenstände des Tochterunternehmens zu beherrschen, wird in der neuen Definition als eine Folge der Entscheidungsmöglichkeit über die Geschäftspolitik betrachtet. Die Control-Definition des Exposure Draft 1999 ist also stark an die bereits im Exposure Draft 1995 vorgeschlagene Definition angelehnt. Während keine grundlegende konzeptionelle Änderung der Definition vor-

---

221 Vgl. *FASB* (1995, ED), Par. 10.

222 Vgl. *FASB* (1999, ED), Par. 6 (a) und 10. Wörtlich lautet die Definition „Control (is) the ability of an entity to direct the policies and management that guide the ongoing activities of another entity so as to increase its benefits and limit its losses from that other entity's activities. For purposes of consolidated financial statements, control involves decision-making ability that is not shared with others". *FASB* (1999, ED), Par. 6 (a).

223 Vgl. *FASB* (1999, ED), Par. 11.

liegt, verlagert das FASB aber die Sichtweise bei der Konkretisierung des Control-Begriffs.

Anders als im Exposure Draft 1995 erläutert das FASB in seinen neuen Vorschlägen, daß Control zumeist aus einer Quelle stammt, wie z.B. einem hohen Anteil an Stimmrechten an einem Unternehmen. Eine Beherrschungsmöglichkeit kann aber auch auf mehreren unterschiedlichen Rechten beruhen, z.B. auf Rechten, die einem Unternehmen aufgrund von Bestimmungen in den Articles of Incorporation bzw. dem Partnership Agreement zustehen, und auf Rechten aufgrund von Verträgen mit Haltern von Stimmrechten. Die Möglichkeit, Nutzen aus einem anderen Unternehmen zu ziehen, ergibt sich z.B. aus dem Halten von nicht stimmberechtigten Kapitalanteilen[224].

Wie bisher geht das FASB von der Unteilbarkeit der Control aus (Control als Exclusionary Power). Aufgrund der Diskussionen, die durch den Exposure Draft 1995 hervorgerufen wurden, beschreibt es die Unteilbarkeit von Control nun umfassender[225]. Das FASB stellt klar, daß z.B. keine Mutter-Tochter-Beziehung besteht, wenn die Geschäftstätigkeit des vermeintlich kontrollierten Unternehmens nur dann in einer bestimmten Weise fortgesetzt werden kann, wenn ein anderer Kapitalgeber, Partner oder ein anderes Unternehmen dem zustimmen muß[226].

Das FASB legt im Exposure Draft 1999 des weiteren dar, daß die Entscheidungsrechte eines Agenten oder Managers über die Geschäftspolitik eines Unternehmens deutlich von den diesbezüglichen Entscheidungsrechten eines Mutterunternehmens abweichen. Der Unterschied besteht darin, daß die Entscheidungsrechte eines Mutterunternehmens nicht wie die des Agenten oder Managers abgeändert werden können und daß dem Mutterunternehmen die Entscheidungsrechte nicht auf dieselbe Weise wie dem Manager oder Agenten entzogen werden können[227].

Am Exposure Draft 1995 wurde bemängelt, daß Beschreibungen von Fällen fehlen, in denen zwar eine Begrenzung der Control eines Mutterunternehmens durch Rechte Dritter vorliegt, trotzdem aber eine Beherrschungsmöglichkeit gegeben ist. In den Par. 39 – 47 des Exposure Draft 1999 schildert das FASB ausführlich solche Situationen[228]. Z.B. verfügt ein Mutterunternehmen über begrenzte Control, wenn es einem Minderheitsgesellschafter, einem Gläubiger oder einer Gewerkschaft ein Veto-Recht bei der Besetzung der Stelle des Chief Operation Officers

224 Vgl. *FASB* (1999, ED), Par. 10.
225 Vgl. *FASB* (1999, ED), Par. 11.
226 Vgl. *FASB* (1999, ED), Par. 40.
227 Vgl. *FASB* (1999, ED), Par. 13.
228 Zur Kritik siehe *Arthur Andersen LLP* (1995, LC), S. 10; *General Electric Company* (1995, LC), S. 6; *Coopers & Lybrand LLP* (1995, LC), S. 4; *Price Waterhouse LLP* (1995, LC), S. 7.

einräumt. Das Recht, das Management des Unternehmens zu bestimmen und einzustellen, das einem Mutterunternehmen laut der Definition von Control zusteht,[229] ist dann begrenzt. Trotzdem besteht eine Control, sofern das Mutterunternehmen das Management des anderen Unternehmens für dessen Tätigkeit zur Rechnung ziehen kann. Dies ist z.B. der Fall, wenn das Mutterunternehmen unabhängig von anderen Stimmrechtshaltern einen Interims-Chief Operating Officer bestellen kann[230].

Schützende Veto-Rechte, mit denen die Minderheitsgesellschafter, Limited Partners und Gläubiger i.d.R. bestimmte Vorgehensweisen des Mutterunternehmens unterbinden können, die die Control eines Mutterunternehmens aber nicht aufheben, stellen u.a. Vorschriften in einigen Einzelstaatenrechten dar, wonach eine qualifizierte Mehrheit (z.B. 2/3) der Anteilseigner notwendig ist, um Entscheidungen wie z.B. die Änderung der Articles of Incorporation oder Fusionen durchzusetzen[231].

Das FASB verdeutlicht in dem neuen Exposure Draft explizit, daß dem Mutterunternehmen nicht das exklusive Recht zustehen muß, Nutzen aus einem Tochterunternehmen zu ziehen. Auch andere Anteilseigner als das Mutterunternehmen, Fremdkapitalgeber sowie andere Unternehmensbeteiligte profitieren häufig von dem Einfluß, den das Mutterunternehmen auf das Tochterunternehmen ausübt[232].

Die Ausführungen zur Begrenzung der Control eines Mutterunternehmens durch Rechte anderer Unternehmensbeteiligter verdeutlichen die Position des FASB wesentlich deutlicher als der Exposure Draft 1995. Eine abschließende Liste sämtlicher Rechte, die einem Mutter-Tochter-Verhältnis entgegenstehen, wie sie von einigen Kritikern gefordert wurde, stellt das FASB aber auch im Exposure Draft 1999 nicht auf. Dies erscheint angesichts der Vielfalt denkbarer Einzelfälle auch kaum möglich. Folglich verbleibt ein Ermessensspielraum für den Konzernabschlußersteller. Das FASB verleiht damit dem Merkmal der Relevanz von Rechnunglegungsdaten mehr Gewicht als dem der Verläßlichkeit.

Eine weitere Neuerung des Exposure Draft 1999 besteht darin, daß das FASB Fälle nennt, in denen das Vorliegen einer Control in jedem Fall zu überprüfen ist. Es führt im einzelnen folgende Gegebenheiten auf:[233]

---

229 Vgl. *FASB* (1999, ED), Par. 11 zweiter Teil des Absatzes (b), Par. 40
230 Vgl. *FASB* (1999, ED), Par. 11 erster Teil des Absatzes (b), Par. 40.
231 Vgl. *FASB* (1999, ED), Par. 45.
232 Vgl. *FASB* (1999, ED), Par. 14.
233 Vgl. *FASB* (1999, ED), Par. 15.

- Zunahme bzw. Abnahme von Stimmrechten oder Rechten, die Mitglieder des Leitungsorgans zu wählen oder zu bestimmen,

- Zunahme bzw. Abnahme von Securities, wie z.B. unwandelbare Vorzugsaktien, Stock Options oder Wandelschuldverschreibungen, die dem Halter die Möglichkeit einräumen, einen maßgeblichen Anteil an Stimmrechten zu erlangen oder das Recht zu bekommen, die Mitglieder des Leitungsorgans zu wählen oder zu bestimmen,

- wesentliche Beteiligung an der Gründung oder der Finanzierung eines Unternehmens, z.B. die Gestaltung wichtiger Bestimmungen der Articles of Incorporation oder Bereitstellung eines wesentlichen Anteils des Kapitals des Unternehmens,

- Erhalt oder Abgabe des Rechts, die Geschäftstätigkeit eines Unternehmens einzustellen,

- Erhalt oder Abgabe des Rechts, bei einer Liquidation des Unternehmens Einfluß auf die Verteilung der Vermögensgegenstände zu nehmen.

Wie im Exposure Draft 1995 gibt das FASB auch im Exposure Draft 1999 Fälle vor, in denen das Vorliegen einer Control widerlegbar zu vermuten ist. Gleichzeitig geht es dabei auf Situationen ein, in denen eine Beherrschungsmöglichkeit wahrscheinlich ist, und ersetzt damit die im Exposure Draft 1995 formulierten Indikatoren einer Control[234]. Neu ist die Trennung der Ausführungen für Corporations, Partnerships und andere Rechtsformen von Unternehmen[235]. Die Formulierungen der Fälle einer widerlegbaren Vermutung von Control wurden leicht modifiziert.

Wie nach dem Exposure Draft 1995 folgt aus dem Fehlen einer widerlegbaren Vermutung einer Control nicht die Vermutung einer fehlenden Beherrschungsmöglichkeit. Statt dessen ist auch dann zu prüfen, ob ein Mutter-Tochter-Verhältnis vorliegt. Das FASB räumt ein, eine klare Definition von Control würde die Notwendigkeit von Fällen einer widerlegbaren Vermutung von Control eigentlich aufheben. In der Vergangenheit lag bei der Entscheidung über die Einbeziehung von Tochterunternehmen in den Konsolidierungskreis jedoch ein sehr geringer Ermessensspielraum vor (50 % der Stimmrechte gem. SFAS No. 94). Das FASB befürchtet nun, daß einige Anwender der Consolidation Policy-Vorschriften in Zukunft nicht von dieser einfachen Regel abweichen wollen und

---

234 Vgl. *FASB* (1995, ED), Par. 158 (a) – (h).

235 Vgl. zu diesen Fällen *FASB* (1999, ED), Par. 18 – 23.

daß die Zweifel anderer an der einheitlichen Anwendung der weiten Control-Definition des neuen Exposure Draft sehr hoch sind. Um dem entgegenzuwirken, hält es trotz der modifizierten Control-Definition des Exposure Draft 1999 die Formulierung von Fällen einer widerlegbaren Vermutung von Control für notwendig und gerechtfertigt[236].

Für die Corporation rückt das FASB im Vergleich zum Exposure Draft 1995 die Rechte eines Mutterunternehmens stärker in den Vordergrund, anhand derer die Zusammensetzung und die Handlungen des Board of Directors des kontrollierten Unternehmens bestimmt werden können. Dies geschieht aus der Überzeugung heraus, daß insbesondere diese Rechte für die Leitung einer Corporation und damit für die Entscheidungsmöglichkeit über die Geschäftspolitik einer Corporation von herausragender Bedeutung sind[237].

Control ist widerlegbar zu vermuten, wenn eine Corporation bzw. ihre Tochterunternehmen über die Mehrheit der Stimmrechte bei der Wahl des Leitungsorgans einer Corporation oder das Recht, die Mehrheit der Mitglieder des Leitungsorgans zu benennen, verfügt[238]. Nach dem Exposure Draft 1995 mußte diese Einflußmöglichkeit der Corporation in der Vergangenheit bereits demonstriert worden sein, während es nun auf das tatsächliche Vorliegen dieser Einflußmöglichkeit zum Bilanzstichtag ankommt[239].

Die widerlegbare Vermutung einer Beherrschungsmöglichkeit bei einer hohen Minderheitsbeteiligung wurde unverändert in den Exposure Draft 1999 übernommen[240].

Eine Control ist des weiteren widerlegbar zu vermuten, wenn eine Corporation über die einseitige Möglichkeit (Unilateral Ability) verfügt, a) eine Mehrheit der Stimmrechte bei der Wahl der Mitglieder des Leitungsorgans einer Corporation zu erlangen oder b) aufgrund umwandelbarer Wertpapiere die Möglichkeit zu erlangen, die Mehrheit der Mitglieder des Leitungsorgans einer Corporation zu bestimmen[241]. Das FASB greift mit dieser Vorschrift den bereits in Exposure Draft 1995 in Par. 14 (c) erarbeiteten Vorschlag wieder auf, verzichtet jedoch nun auf die Nebenbedingung, daß der erwartete Nutzen der Umwandlung die damit verbundenen Kosten übersteigen muß.

---

236 Vgl. *Bossio* (1999, Consolidation Policy Revisited), S. 7.
237 Vgl. *FASB* (1999, ED), Par. 18.
238 Vgl. *FASB* (1999, ED), Par. 18 (a).
239 Vgl. *FASB* (1995, ED), Par. 14 (b) und *FASB* (1999, ED), Par. 18 (a).
240 Vgl. *FASB* (1995, ED), Par. 14 (a) und *FASB* (1999, ED), Par. 18 (b).
241 Vgl. *FASB* (1999, ED), Par. 18 (c).

Zusätzlich erläutert das FASB im Exposure Draft 1999 den Fall, daß Unternehmen A durch Umwandlung seiner Wertpapiere eine Control über das Unternehmen C erlangen kann, Unternehmen B allerdings derzeit die Mehrheit der Mitglieder des Leitungsorgans bestimmen kann und somit tatsächlich über Control verfügt. Für diesen Fall war stark diskutiert worden, welche der beiden Corporations, A oder B, das Unternehmen C als Tochterunternehmen in seinen Konsolidierungskreis einzubeziehen hat. Nach der nun dargelegten Auffassung des FASB ist Unternehmen B als das Mutterunternehmen von Unternehmen C zu betrachten, und es hat Unternehmen C zu konsolidieren[242].

Der im Exposure Draft 1995 geschilderte Fall der widerlegbaren Vermutung einer Control bei Gründung eines Unternehmens und Sicherung bestimmter Einflußnahmemöglichkeiten wurde leicht abgewandelt[243]. Er bezieht sich auf die Control einer Corporation über eine andere Corporation ohne gewähltes Leitungsorgan oder mit einem Leitungsorgan mit beschränkter Autorität. Dies ist z.B. bei Closely Held Corporations mit speziellen Zwecken gegeben. Eine Control ist in diesen Fällen u.a. dann widerlegbar zu vermuten, wenn die übergeordnete Corporation die Entscheidungsmöglichkeiten und Pflichten innehat, die i.d.R. einem Board of Directors zukommen, wenn diese Corporation über Rechte zur Änderung der Satzung der untergeordneten Corporation verfügt oder wenn sie signifikante Risiken und Chancen im Zusammenhang mit der untergeordneten Corporation trägt[244]. Diese Bestimmung dürfte inhaltlich zu demselben Ergebnis führen, wie mit der entsprechenden Vorschrift des Exposure Draft 1995 beabsichtigt. Der nun gewählte Wortlaut verdeutlicht die Position des FASB jedoch klarer.

Für Partnerships erläutert das FASB, über eine Control verfügten hier i.d.R. die Partner, da diese über die Geschäftspolitik der Partnership bestimmen und die Partnership leiten. Dies gilt auch für Partnerships, die nur durch einen einzigen Partner geleitet werden, und für die Form der Limited Partnership[245]. Während nach Exposure Draft 1995 Par. 14 (f) Control widerlegbar anzunehmen war, wenn ein Unternehmen einziger General Partner einer Limited Partnership ist,[246] wird diese Vorschrift im neuen Exposure Draft erweitert. Nun wird widerlegbar von einer Beherrschungsmöglichkeit ausgegangen, sofern ein Unternehmen General Partner einer Limited Partnership ist und kein anderer Partner oder eine organi-

242 Vgl. *FASB* (1999, ED), Par. 18.
243 Vgl. *FASB* (1995, ED), Par. 14 (d).
244 Vgl. *FASB* (1999, ED), Par. 19.
245 Vgl. *FASB* (1999, ED), Par. 20, 21.
246 Vgl. *FASB* (1995, ED), Par. 14 (f).

sierte Gruppe von Partnern mit der Befugnis existiert, die Limited Partnership aufzulösen oder den General Partner auszutauschen[247].

Hinsichtlich Trusts und anderer Unternehmensverbindungen formuliert das FASB keine widerlegbare Vermutung einer Control, sondern trifft die Aussage, daß diese Unternehmensformen i.d.R. keine Mutter-Tochter-Beziehung implizieren. Für Trusts erklärt das FASB, ein Control-Verhältnis sei nur dann wahrscheinlich, wenn der Treuhänder (Trustee) oder der Gründer (Grantor) gleichzeitig Gesellschafter (Beneficiary) des Trusts ist, was allerdings nur äußerst selten vorkomme[248]. Da insbesondere bezüglich Trusts und anderen Gesellschaftsformen viele Diskussionen über die Notwendigkeit der Konsolidierung geführt wurden, geht das FASB auf diesen Punkt bei der Schilderung von Beispielen für Mutter-Tochter-Verhältnisse im Anhang A des Exposure Draft 1999 noch näher ein. So klärt es dort u.a., wann Control für den Fall gegeben ist, daß der Treuhänder eines Trusts gleichzeitig Gesellschafter des Trusts ist.

Das FASB geht im Exposure Draft 1999 nun auch auf Franchising als Form des Unternehmenszusammenschlusses ein. Franchising hat - auch in Deutschland - insbesondere auf dem Dienstleistungssektor (z.B. McDonald's, Eismann, Coca Cola, Wienerwald, verschiedene Autovermieter) und im Handel (Benetton, Yves Rocher) weite Verbreitung gefunden. Das FASB versteht Franchising so, daß ein Franchise-Nehmer gegen eine Franchise-Gebühr die Rechte erhält, ein rechtlich selbständiges Unternehmen unter Nutzung bestimmter Produkte, Markennamen, Know-how oder ähnlichem zu führen. I.d.R. besteht die vertragliche Vereinbarung aus einer Art Lizenzvertrag, der durch weitere Verträge, wie z.B. Liefer-, Kauf- und Managementverträge, ergänzt wird[249]. Der Franchise-Nehmer kann z.B. durch das Franchise Agreement verpflichtet werden, ein bestimmtes Management- oder Marketingsystem zu befolgen[250]. Eine Kapitalbeteiligung liegt jedoch häufig nicht vor[251].

Nach Ansicht des FASB verfügt bei dieser Ausgestaltung des Franchising der Franchise-Geber i.d.R. nicht über die Möglichkeit, über die Nutzung der Vermögensgegenstände des Franchise-Nehmers zu bestimmen oder den Franchise-Nehmer davon abzuhalten, andere Unternehmen zu besitzen und hier mit konkurrierenden Franchise-Gebern zusammenzuarbeiten. Während ein Franchise-Geber das Recht hat, das Franchise Agreement zu beenden, sofern der Franchise-Nehmer sich nicht an die Verträge hält, liegt die Kontrolle über die Vermögensgegenstände

247 Vgl. *FASB* (1999, ED), Par. 21.
248 Vgl. *FASB* (1999, ED), Par. 22.
249 Vgl. *Rumer* (1994, Kooperationen und Joint Ventures), S. 25.
250 Vgl. *FASB* (1999, ED), Par. 79.
251 Vgl. *FASB* (1999, ED), Par. 80.

des Franchise-Unternehmens zumeist beim Franchise-Nehmer Das Franchise-Unternehmen kann sogar dann weitergeführt werden, wenn das Franchise Agreement und damit die Zusammenarbeit von Franchise-Geber und Franchise-Nehmer beendet wird. Deshalb verfügt ein Franchise-Geber nach Meinung des FASB i.d.R. nicht über Control über das Franchise-Unternehmen. Er muß das Franchise-Unternehmen somit nicht in seinen Konsolidierungskreis einbeziehen[252].

Allerdings betont das FASB, daß Franchise Agreements in Ausnahmefällen zu einer engeren wirtschaftlichen Verbundenheit zwischen Franchise-Geber und – Nehmer führen als oben für den Regelfall beschrieben. Dies ist der Fall, sofern Franchise Agreements sehr restriktive Rechte einräumen oder zusammen mit anderen Verträgen abgeschlossen werden, die den Franchise-Nehmer verpflichten, auf die Zusammenarbeit mit anderen Franchise-Gebern zu verzichten oder außerhalb der Franchise-Aktivitäten keinen anderen Geschäftstätigkeiten nachzugehen. Weiterhin besteht eine sehr enge wirtschaftliche Verbundenheit von Franchise-Geber und –Nehmer, wenn der Franchise-Geber als Fremdkapitalgeber des Franchise-Unternehmens auftritt und diesem im Franchise Agreement vorschreibt, auf welche Art und Weise die Vermögensgegenstände einzusetzen sind. Der Franchise-Geber hält in einigen Fällen einen hohen Anteil der stimmberechtigten Aktien eines Franchise-Unternehmens, Stock Options oder Wandelschuldverschreibungen. Liegen derart „enge" Franchise-Beziehungen vor, muß für jeden Einzelfall geprüft werden, ob das Franchise-Unternehmen nicht doch ein Tochterunternehmen darstellt und deshalb zu konsolidieren ist[253].

Im Vergleich zu den im Exposure Draft 1995 genannten Beispielen für Control-Verhältnisse hat das FASB einige hinzugefügt bzw. bestehende modifiziert, um damit konkretere Beispiele für Mutter-Tochter-Verhältnisse zu geben[254]. Nun erläutert es im Exposure Draft 1999 folgende Fälle:

1) Beherrschung der Nominierung und Wahl von Board Directors (Par. 87 – 94),

2) Erlangen der Möglichkeit, die Nominierung und Wahl von Board Directors zu beherrschen (Par. 95 – 100),

3) Gründung einer Limited Partnership mit einem einzigen General Partner (Par. 101 – 108),

4) Möglichkeit, die Mehrheit der Stimmrechte durch die Umwandlung von Wandelschuldverschreibungen zu erlangen (Par. 109 – 114),

252 Vgl. *FASB* (1999, ED), Par. 80.
253 Vgl. *FASB* (1999, ED), Par. 80.
254 Vgl. zu den Beispielen im Exposure Draft von 1995 *FASB* (1995, ED), Par. 174 – 211.

5) Möglichkeit, die Mehrheit der Stimmrechte aufgrund einer Kaufoption zu erlangen (Par. 115 – 123),

6) Gründung einer SPE, die der Gründer zu seinem Nutzen einsetzt (Par. 124 – 161),

7) Gründung einer Special Purpose Corporation zur Akquisition, Herstellung und Nutzung von Vermögensgegenständen (Par. 132 – 140),

8) Gründung eines Special Purpose Trust zur Investition in (Lease) Immobilien (Par. 141 – 153),

9) Gründung einer Special Purpose Mutual-Benefit Corporation (Par. 154 – 157),

10) Gründung eines Charitable Trusts zum Nutzen einer gemeinnützigen Organisation (Par. 158 – 164).

Der Fall 1 (Beherrschung der Nominierung und Wahl von Board of Directors), wurde z.B. bereits im Exposure Draft 1995 aufgeführt, ist jetzt jedoch modifiziert worden. Auf die Anregungen zum Exposure Draft 1995 reagiert das FASB, indem es hier Control-Verhältnisse schildert, bei dem Unternehmen A eine Minderheitsbeteiligung an Unternehmen B hält. Geschildert wird der Fall, daß Unternehmen A über 45 % der Stimmrechte an B verfügt und 10 Tage vor der Veröffentlichung seines Geschäftsberichts die Nominierung der von ihm gewünschten Board Mitglieder des Unternehmens B veranlaßt. Da die Ergebnisse der Wahl der Board Mitglieder von Unternehmen B erst nach dem Bilanzstichtag von Unternehmen A bekannt werden, ist in dieser Situation ein Abwägen notwendig, ob ein Effective Control-Verhältnis vorliegt. Da bei Unternehmen B im Verlauf der letzten fünf Jahre jeweils 80 % der Stimmen bei der Wahl der Mitglieder des Board of Directors abgegeben wurden (Unternehmen A, das 60 % der Stimmrechte hielt, gab stets sämtliche Stimmen ab, die anderen Gesellschafter jedoch entsprechend weniger) und nicht zu erwarten ist, daß die anderen Gesellschafter ihr Verhalten bei der Abstimmung ändern werden, ist hier auf das Vorliegen von Effective Control zu schließen. Sofern der Stimmrechtsanteil von Unternehmen A nach drei weiteren Jahren auf 35 % fällt, aber auch weiterhin enge Verbindungen zu den Board Mitgliedern des Unternehmens B bestehen und die Geschäftspolitik von Unternehmen B somit stark von Unternehmen A geprägt wird, besteht auch dann noch eine Effective Control[255].

---

255 Vgl. *FASB* (1999, ED), Par. 87 – 94.

Die neu hinzugefügten Beispiele behandeln hauptsächlich Beziehungen mit Trusts oder Unternehmen, deren Geschäftstätigkeit auf einen speziellen Zweck ausgerichtet ist. Hinsichtlich dieser Punkte waren im Rahmen der Diskussion des Exposure Draft 1995 sehr viele Fragen aufgeworfen worden, die nun u.a. anhand dieser Beispiele geklärt werden sollen. Z.B. geht das FASB auf den Fall ein, daß ein Unternehmen K den Trust M gründet und mit 100 Mio. US-$ ausstattet. Der Trust M soll laut Trust Instrument dieses Kapital zum Nutzen für die Charity L investieren. Dazu sollen die 100 Mio. US-$ stets bei Trust M verbleiben, während die erwirtschaftete Rendite an die Charity L fließt. Bei Charity L entscheidet der Board of Directors über die Verwendung der Gelder. Unternehmen K hat als Treuhänder von Trust M die Bank N eingesetzt. Bank N kann nur in dem Fall seines Amtes als Treuhänder enthoben und von Charity L ersetzt werden, wenn er gegen das Trust Agreement verstößt. Bank N erhält für seine Treuhänder-Tätigkeit einen jährlichen Betrag, der dem Marktpreis für vergleichbare Dienstleistungen entspricht[256].

Das FASB stellt klar, daß unter diesen Umständen das Unternehmen K nicht über die Möglichkeit verfügt, den Trust M zu beherrschen, da es keinen Nutzen aus den Aktivitäten des Trusts ziehen kann. Auch Charity L kontrolliert Trust M nicht, weil es nicht über dessen Geschäftspolitik bestimmen kann. Seine Kompetenzen, unter bestimmten Umständen Bank N als Treuhänder abzusetzen, reichen nicht weit genug, als daß dies als Möglichkeit betrachtet werden kann, das Management von Trust M, das für die Umsetzung der Geschäftspolitik zuständig ist, für dessen Tätigkeit zur Rechnung ziehen. Ebenso besteht zwischen Trust M und Bank N kein Control-Verhältnis, da die Bank nicht frei über die Geschäftspolitik des Trusts bestimmen kann[257].

Wie bei der Beurteilung der Vorschläge des FASB zur Consolidation Policy im Exposure Draft 1995 aufgezeigt, sind anhand der Transaktionskostentheorie, der Theorien der Konzernrechnungslegung sowie der betriebswirtschaftlichen Definitionen der Unternehmung und des Konzerns nur sehr allgemeine Bewertungen der Vorschläge zur Consolidation Policy möglich. Folglich sind die leichten Änderungen der Vorschläge durch den Exposure Draft 1999 kaum durch diese Ansätze konkret zu beurteilen. Statt dessen können lediglich die bereits abgeleiteten allgemeinen Aussagen auch auf diese Vorschläge übertragen werden.

Einen Maßstab, der für die vergleichende Beurteilung der Vorschläge des Exposure Draft 1995 und 1999 herangezogen werden kann, stellen die qualitativen Merkmale der Rechnungslegungsvorschriften und -informationen dar. In dem Ex-

---

256 Vgl. *FASB* (1999, ED), Par. 158.
257 Vgl. *FASB* (1999, ED), Par. 159 – 161.

posure Draft von 1999 stellt das FASB - anders als in seinen Vorschlägen von 1995 - explizit dar, daß die Vorschriften zur Consolidation Policy so ausgestaltet sein sollen, daß die in SFAC No. 2 „Qualitative Characteristics of Accounting Information" genannten und umschriebenen qualitativen Merkmale von Rechnungslegungsinformationen vorliegen. So soll garantiert werden, daß die Konzernrechnungslegungsdaten ihre insbesondere in SFAC No. 1 Par. 40 sowie SFAC No. 4 Par. 9 und 43 festgelegte Informationsaufgabe erfüllen[258].

Im einzelnen erläutert das FASB in dem Exposure Draft 1999 die Merkmale Relevanz, Verläßlichkeit und Vergleichbarkeit, wobei es die diesbezüglichen Ausführungen der Concepts Statements zusammenfaßt. Es geht auf die wichtigsten Kritikpunkte am Exposure Draft 1995 ein, die im Hinblick auf die qualitativen Merkmale geübt wurden. Das FASB erläutert, inwiefern die entsprechenden Vorschriften dennoch gerechtfertigt werden können bzw. wie die modifizierten Vorschriften des Exposure Draft 1999 die Kritik ausräumen. So nimmt es beispielsweise Stellung zu den Bedenken, das Effective Control-Konzept führe zu einer inkonsistenten Anwendung der Vorschriften. Das FASB stimmt der Auffassung zu, daß „Brigth-Line Rules" sehr objektive und quantifizierbare Kriterien darstellen. In jedem Fall ein Unternehmen zu konsolidieren, an dem eine 51 %-ige Beteiligung gehalten wird, führe jedoch nicht zu vergleichbaren Rechnungslegungsdaten, die über die wirtschaftliche Lage einer wirtschaftlichen Einheit entscheidungsrelevant informieren[259]. Auch zu der Kritik, die Konsolidierungsvorschriften würden Entscheidungsspielräume für den Bilanzierenden einräumen und somit intersubjektive Nachprüfbarkeit sowie ausreichende Schranken für bilanzpolitische Maßnahmen fehlen, nimmt das FASB Stellung. Seiner Auffassung nach kann aufgrund der komplexen Beziehungen zwischen Unternehmen eine Entscheidung über die Konsolidierung nicht ohne das persönliche Ermessen des Erstellers von Konzernabschlüssen getroffen werden, sofern entscheidungsrelevante Konzernabschlußinformationen gewonnen werden sollen. Der Nachteil der eingeschränkten Verläßlichkeit würde durch den Vorteil relevanter Rechnungslegungsdaten stark aufgewogen[260].

Zusammenfassend dürfte geschlossen werden können, daß die Veränderungen, die das FASB im Exposure Draft 1999 gegenüber dem Exposure Draft 1995 vorgenommen hat, zu einer Verdeutlichung der Konsolidierungsvorschriften geführt haben. Sie garantieren eine einheitlichere Anwendung der Vorschriften und damit eine bessere Verläßlichkeit der Konzernabschlußdaten. Grundsätzlich hat das FASB sich aber auch weiterhin dafür entschieden, zwischen den konfligierenden

---

258 Vgl. *FASB* (1999, ED), Par. 179 – 202.
259 Vgl. *FASB* (1999, ED), Par. 195.
260 Vgl. *Bossio* (1999, Consolidation Policy Revisited), S. 8; *FASB* (1999, ED), Par. 196.

Kriterien Relevanz und Verläßlichkeit, die entscheidungsrelevante Rechnungslegungsinformationen ausmachen, das Kriterium der Relevanz höher zu bewerten als das der Verläßlichkeit.

6. Beurteilung im Vergleich zu den deutschen Abgrenzungsvorschriften

6.1. Wesentliche Unterschiede

Wie beschrieben, ist zum einen ein Einfluß der US-amerikanischen Vorschriften auf die Rechnungslegung in Deutschland aufgrund der Arbeit des Deutschen Rechnungslegungs Standards Committee (DRSC) anzunehmen. Dieses ist u.a. mit der Entwicklung von Empfehlungen zur Anwendung der Grundsätze über die Konzernrechnungslegung betraut und lehnt sich dabei an den international anerkannten Rechnungslegungsstandards, also auch an den US-GAAP, an[261].

Daneben können gem. § 292a HGB börsennotierte Mutterunternehmen unter bestimmten Voraussetzungen von der Pflicht zur Aufstellung eines Konzernabschlusses und -lageberichts nach dem HGB befreit werden, wenn sie einen Konzernabschluß und -lagebericht nach international anerkannten Rechnungslegungsstandards, zu denen neben den IAS auch die US-GAAP zählen, aufstellen[262].

Da eine Umsetzung der US-amerikanischen Vorschläge zur Änderung der Vorschriften zur Abgrenzung der wirtschaftlichen Einheit auch für einen Teil der deutschen Unternehmen eine hohe Bedeutung hätte, werden im folgenden die vom FASB erarbeiteten Abgrenzungsvorschläge und die deutschen Vorschriften zur Abgrenzung der wirtschaftlichen Einheit vergleichend beurteilt.

Die Differenzen zwischen den vorgeschlagenen US-amerikanischen und den deutschen Abgrenzungsvorschriften liegen zum einen in der unterschiedlichen Ausgestaltung des US-amerikanischen Control-Konzepts sowie dem deutschen Konzept der einheitlichen Leitung und dem deutschen Control-Konzept. Das vom FASB vorgeschlagene Control-Konzept ist als umfassender und flexibler einzustufen als das deutsche Konzept der einheitlichen Leitung (§ 290 Abs. 1 HGB). Das FASB schlägt vor, nicht wie nach dem deutschen Konzept der einheitlichen Leitung auf

---

261 Vgl. zur Arbeit des DRSC *Moxter* (1998, DRSC); *Pellens/Bonse/Gassen* (1998, Perspektiven), S. 789 - 791.

262 Vgl. zu § 292a *Pellens/Bonse/Gassen* (1998, Perspektiven), S. 785 - 788; *Peemöller/Geiger* (Kapitalaufnahmeerleichterungsgesetz), S. 1099 - 3104; *Busse von Colbe* (1997, Internationalisierung).

die tatsächliche Ausübung einer Leitung, sondern auf die Möglichkeit der Beherrschung abzustellen. Gleichzeitig hat nach dem Konzept der einheitlichen Leitung eine Beteiligung gemäß § 271 HGB vorzuliegen, während eine Beteiligung nach dem neu entwickelten US-amerikanischen Control-Konzept keine Voraussetzung für das Vorliegen eines Mutter-Tochter-Verhältnisses darstellt. Allerdings dürfte faktisch häufig bei einem Control-Verhältnis eine Beteiligung gegeben sein.

Auch im Vergleich zum deutschen Control-Konzept (§ 290 Abs. 2 HGB) ist das US-amerikanische Control-Konzept umfassender, da nach den Vorschlägen des FASB zur Abgrenzung der wirtschaftlichen Einheit die Mittel einer Beherrschungsmöglichkeit nicht abschließend aufgeführt werden. Der deutsche Gesetzgeber hat im deutschen Control-Konzept drei konkrete konzerntypische Rechte festgelegt. Das deutsche Control-Konzept stellt ausschließlich auf rechtliche Mittel der Beherrschung ab (Legal oder de jure Control), das US-amerikanische hingegen zusätzlich auf wirtschaftliche Verhaltensweisen (Effective oder de facto Control). Nach den Vorschlägen des FASB besteht somit die Möglichkeit, daß eine Control aufgrund nicht in § 290 Abs. 2 HGB aufgeführter Rechte begründet wird. Dies ist der Fall bei nicht in § 290 Abs. 2 HGB aufgeführten Legal Control-Verhältnissen und Effective Control-Verhältnissen, wie z.B. der Möglichkeit, die Mehrheit der Board-Mitglieder eines Unternehmens zu bestimmen, obwohl keine Anteile an diesem Unternehmen gehalten werden (Exposure Draft 1999 Par. 18 (a)), oder dem Vorliegen von wandelbaren Wertpapieren (Exposure Draft 1999 Par. 14 (c)).

Im Vergleich zu den Unterschieden zwischen dem geltenden US-amerikanischen Control-Konzept und den deutschen Konzepten des § 290 HGB dürften die Unterschiede zwischen dem vorgeschlagenen Control-Konzept des FASB und den deutschen Konzepten des § 290 HGB de jure tendenziell etwas größer geworden sein. Der Grund besteht darin, daß nach den geltenden US-amerikanischen Vorschriften auch bei weiter Auslegung ohne eine Beteiligung nicht von einer Möglichkeit der Beherrschung ausgegangen wird, wohl aber nach dem vorgeschlagenen US-amerikanischen Control-Konzept. § 290 Abs. 1 (einheitliche Leitung) sowie § 290 Abs. 2 Nr. 1 HGB (Mehrheit der Stimmrechte) und § 290 Abs. 2 Nr. 2 HGB (Recht der Bestimmung der Mehrheit der Mitglieder des Verwaltungs-, Leitungs- oder Aufsichtsorgans bei gleichzeitiger Gesellschafterstellung) setzten anders als die vorgeschlagenen US-amerikanischen Abgrenzungsvorschriften das Halten von Anteilen voraus. Faktisch dürfte sich der daraus ergebende Unterschied hinsichtlich der Zusammensetzung des Konsolidierungskreises jedoch in Grenzen halten, weil im Falle einer Control nach den US-amerikanischen Vorschlägen zumeist eine Beteiligung vorliegen dürfte.

Unverändert zur bisherigen Situation würde bei Durchsetzung der Vorschläge des FASB der Unterschied bestehen bleiben, daß nach den US-amerikanischen Vorschriften die Pflicht zur Konzernrechnungslegung an die Börsennotierung eines Unternehmens geknüpft wird und nicht an die Rechtsform, Größe oder Branche. Hingegen ist nach § 290 HGB die Konzernrechnungslegungspflicht davon abhängig, daß Mutterunternehmen in der Rechtsform der Kapitalgesellschaft vorliegen. Nach § 11 PublG werden Mutterunternehmen - mit Ausnahme der nach dem HGB bereits verpflichteten Kapitalgesellschaften - großer Konzerne zur Konzernrechnungslegung verpflichtet. Daneben haben nach § 340i HGB Kreditinstitute und nach § 341i HGB Versicherungsunternehmen, auch wenn sie nicht in der Rechtsform der Kapitalgesellschaft geführt werden, unabhängig von ihrer Größe einen Konzernabschluß und –lagebericht nach den §§ 290 ff. HGB zu erstellen.

Ebenso bliebe bei einer Umsetzung der Vorschläge des FASB der bereits vorher gegebene Unterschied zwischen US-amerikanischen und deutschen Vorschriften bestehen, daß nach den US-GAAP eine Befreiung von der Pflicht zur Aufstellung von Teil-Consolidated Financial Statements nicht gewährt wird. Weiterhin wären sämtliche börsennotierte Unternehmen zur Konzernrechnungslegung verpflichtet. Dagegen bestehen im deutschen Gesetz Vorschriften zur Befreiung von der Pflicht des Mutterunternehmens zur Aufstellung eines Konzernabschlusses (§§ 291 und 292 HGB)[263].

Eine wesentliche Verminderung der Differenzen zwischen den US-amerikanischen und deutschen Abgrenzungsvorschriften brächte die Implementierung der Vorschläge des FASB hinsichtlich der Regulierungen zur Konsolidierungspflicht. Das FASB hat sich dazu entschieden, die Konsolidierungspflicht in Zukunft nicht mehr an eine Control im Zusammenhang mit Stimmrechtsmehrheit, sondern alleine an das Vorliegen von Control zu binden. Diese Vorgehensweise - Begründung sowohl der Konzernrechnungslegungspflicht als auch der Konsolidierungspflicht durch ein Mutter-Tochter-Verhältnis - wird auch vom deutschen Gesetzgeber gewählt.

Wie bei dem Vergleich der bisher geltenden US-amerikanischen mit den deutschen Vorschriften zur Konsolidierungspflicht am Beispiel des Franchising aufgezeigt werden konnte, sind Fälle möglich, in denen bei gleicher Ausgangslage nach den geltenden US-amerikanischen Vorschriften ein Franchise-Unternehmen nicht in den Konsolidierungskreis einbezogen wird, während nach den deutschen Vor-

---

263 Zu den deutschen Vorschriften zur Befreiung von der Pflicht des Mutterunternehmens zur Aufstellung eines Konzernabschlusses siehe *Siebourg* (1998, § 291); *Siebourg* (1998, § 292); *Schnicke/Kilgert* (1995, § 291); *Schnicke/Kilgert* (1995, § 292); *Busse von Colbe/Ordelheide* (1993, Konzernabschlüsse), S. 55 – 61 sowie Kapitel III.2.2.

schriften eine Konsolidierung erfolgt. Dies ist z.B. der Fall, wenn der Franchise-Geber eine einheitliche Leitung über das Franchise-Unternehmen ausübt, aber lediglich eine Kapitalbeteiligung von 30% am Franchise-Unternehmen hält. Nach Umsetzung der Änderungsvorschläge des FASB wäre dieser Unterschied aufgehoben. Dann dürfte das Franchise-Unternehmen zu konsolidieren sein[264].

Anders als nach deutschem Recht liegt auch nach dem neu erarbeiteten Abgrenzungskonzept des FASB kein Konsolidierungswahlrecht vor. Im Fall erheblicher andauernder Beschränkungen der Ausübung der Rechte des Mutterunternehmens (§ 296 Abs. 1 Nr. 1) und auch bei nur vorübergehender Beherrschungsmöglichkeit (§ 296 Abs. 1 Nr. 3) sehen die US-amerikanischen Regelungen kein Wahlrecht, sondern i.d.R. ein Konsolidierungsverbot vor. Einen vergleichenden Überblick über Konsolidierungswahlrechte und -verbote liefert Tabelle 5. Sie verdeutlicht, daß bei Implementierung der Vorschläge des FASB kaum neue Unterschiede zu den deutschen Vorschriften auftreten, die nicht bereits zwischen SFAS No. 94 und dem HGB bestehen[265]. Die Abweichung besteht lediglich darin, daß nach den geplanten Vorschriften ein Konsolidierungsverbot aufgrund einer Weiterveräußerungsabsicht nur bei Unternehmen besteht, für die die Weiterveräußerungsabsicht bereits im Zeitpunkt bestand, in dem sie erworben wurden. Nach den bisherigen US-GAAP führte eine Weiterveräußerungsabsicht unabhängig davon, zu welchem Zeitpunkt sie gefaßt wurde, zu einem Konsolidierungsverbot.

Tatbestand	**Änderungsvorschläge des FASB**	**HGB**
Abweichende Tätigkeit des TU	Konsolidierungspflicht	Konsolidierungsverbot (§ 295 HGB)
Beeinträchtigung der Ausübung der Rechte des MU in bezug auf das Vermögen oder die Geschäfte des TU durch erhebliche und andauernde Beschränkungen	Konsolidierungsverbot	Konsolidierungswahlrecht (§ 296 Abs. 1 Nr. 1)
Unverhältnismäßige Kosten oder Verzögerungen bei der Beschaffung der nötigen Angaben	Grundsätzliche Konsolidierungspflicht, aber Beachtung des Materiality-Grundsatzes	Konsolidierungswahlrecht (§ 296 Abs. 1 Nr. 2)
Halten der Anteile am TU zum Zwecke der Weiterveräußerung	Konsolidierungsverbot, sofern TU in der Berichtsperiode erworben wurde	Konsolidierungswahlrecht (§ 296 Abs. 1 Nr. 3)

264 Vgl. *FASB* (1999, ED), Par. 80.

265 Siehe die entsprechende Tabelle in Kapitel III.4.2.

Tatbestand	Änderungsvorschläge des FASB	HGB
Einbeziehung von untergeordneter Bedeutung	grundsätzlich Konsolidierungspflicht, aber Beachtung des Materiality-Grundsatzes	Konsolidierungswahlrecht (§ 296 Abs. 2)

Tabelle 5: Ausnahmen von der Vollkonsolidierung nach den vorgeschlagenen US-amerikanischen und den deutschen Vorschriften

Der Unterschied, daß nach den US-amerikanischen Konzernrechnungslegungsvorschriften ein Tochterunternehmen mit abweichender Tätigkeit in den Konsolidierungskreis einzubeziehen ist, während nach § 295 HGB die Einbeziehung untersagt ist, sofern ein den tatsächlichen Verhältnissen entsprechendes Bild der Vermögens-, Finanz- und Ertragslage ansonsten nicht vermittelt wird, bleibt auch bei Umsetzung der US-amerikanischen Vorschläge zur Änderung der Konsolidierungsvorschriften bestehen.

Insgesamt dürften die Abgrenzungsvorschläge des FASB den deutschen Abgrenzungsvorschriften näher kommen als die bisher geltenden US-amerikanischen Abgrenzungsregulierungen. Der Grund liegt insbesondere darin, daß zukünftig nicht mehr das Control-Kriterium in Verbindung mit dem Kriterium der Stimmrechtsmehrheit zur Abgrenzung der wirtschaftlichen Einheit herangezogen werden soll, sondern ausschließlich das Control-Kriterium.

Die Verminderung der Differenzen zwischen den US-amerikanischen und deutschen Abgrenzungsvorschriften würde dazu führen, daß die Voraussetzungen des § 292a HGB eher erfüllt sind als zuvor. Ein Konzernabschluß nach den US-amerikanischen Vorschriften hat nur dann befreiende Wirkung nach § 292a HGB, wenn neben anderen Voraussetzungen auch diejenige erfüllt ist, daß nach den US-amerikanischen Rechnungslegungsgrundsätzen das Mutterunternehmen und seine Tochterunternehmen gem. § 290 HGB unbeschadet der §§ 295 und 296 HGB in diesen Konzernabschluß einbezogen werden.

Zwar hält das DRSC bereits die geltenden US-amerikanischen Abgrenzungsvorschriften mit den deutschen für vereinbar, insbesondere wenn die Konsolidierungswahlrechte des § 296 HGB entsprechend ausgeübt werden. Seiner Ansicht nach werden nach den geltenden US-amerikanischen Abgrenzungsvorschriften all die Tochterunternehmen in den Konsolidierungskreis einbezogen, die auch nach den deutschen Vorschriften konsolidiert werden müssen. Daneben ist nach dem DRSC die Konsolidierung von Unternehmen zulässig, die nach den US-amerikanischen aber nicht nach den deutschen Abgrenzungsvorschriften Tochterunternehmen darstellen[266].

Diese Stellungnahme erscheint aufgrund der bereits aufgezeigten Unterschiede zwischen den bestehenden US-amerikanischen und den deutschen Abgrenzungsvorschriften jedoch angreifbar. Es ist möglich, daß ein Unternehmen nach den deutschen Vorschriften in den Konsolidierungskreis einzubeziehen ist, nach den geltenden US-amerikanischen Vorschriften jedoch nicht. Dies wäre z.B. der Fall, wenn an einem einheitlich geleiteten Unternehmen ein Stimmrechtsanteil von 30 % gehalten würde. Nach § 290 Abs. 1 HGB wäre dieses Unternehmen in den Konsolidierungskreis einzubeziehen, während nach SFAS No. 94 aufgrund fehlender Stimmrechtsmehrheit eine Einbeziehung nicht zwingend ist. Daß das DRSC dennoch die beschriebene Stellung bezogen hat, dürfte nicht zuletzt auf die Erwartungshaltung an seine Verlautbarungen zurückzuführen sein, wonach US-amerikanischen und IAS-Abschlüssen möglichst eine befreiende Wirkung zukommen soll.

Selbst bei Implementierung der Änderungsvorschläge des FASB dürfte eine uneingeschränkte Vereinbarkeit mit den deutschen Abgrenzungsvorschriften nicht ohne weiteres bestätigt werden. Zwar wäre danach die Einbeziehung eines Tochterunternehmens nicht mehr an das Kriterium der Stimmrechtsmehrheit gebunden. Grundsätzlich wären sämtliche Tochterunternehmen zu konsolidieren. Weil gleichzeitig das US-amerikanische Control-Konzept tendenziell weiter ausgelegt ist als § 290 HGB, dürften nach der Umsetzung der Änderungsvorschläge sämtliche nach § 290 HGB zu konsolidierenden Tochterunternehmen auch in einem US-GAAP-Abschluß zu konsolidieren sein.

Allerdings würde weiterhin der Unterschied bestehen bleiben, daß Tochterunternehmen mit abweichender Tätigkeit nach US-GAAP zu konsolidieren sind, nach § 296 HGB jedoch nicht. Das DRSC sieht auch in diesem Punkt keinen Hinderungsgrund für die Erstellung eines befreienden US-GAAP-Konzernabschlusses. Sofern in einem US-GAAP-Abschluß ein Tochterunternehmen mit abweichender Tätigkeit konsolidiert wird, hält das DRSC trotzdem die Vorschrift des § 295 HGB für i.d.R. erfüllt. Nach seiner Ansicht fördert die Einbeziehung von Tochterunternehmen mit abweichender Tätigkeit grundsätzlich die Vermittlung eines den tatsächlichen Verhältnissen entsprechenden Bildes der Vermögens-, Finanz- und Ertragslage. Ein Konsolidierungsverbot wird somit nach dem DRSC i.d.R. nicht vorliegen, weil dies nur gilt, wenn ein den tatsächlichen Verhältnissen entsprechendes Bild der Vermögens-, Finanz- und Ertragslage bei einer Konsolidierung nicht gewährt wäre. Sind in Einzelfällen bei einer Konsolidierung doch Be-

---

266 Vgl. *DRSC* (1999, E-DRS 1), Par. 4 – 5.

einträchtigungen gegeben, können diese nach Meinung des DRSC durch zusätzliche Erläuterungen ausgeräumt werden[267]. Die Stellungnahme des DRSC läßt auch in diesem Punkt erkennen, daß im Rahmen des § 292a HGB eine möglichst weite Öffnung der Rechnungslegung in Deutschland für US-GAAP und IAS erwirkt werden soll. Sie steht konträr zu der Grundidee des § 295 HGB, so daß fraglich erscheint, ob tatsächlich eine Vereinbarkeit gegeben ist.

Bei der Anwendung der US-amerikanischen Vorschriften durch deutsche Konzernunternehmen wäre weiterhin zu prüfen, ob sich aus den deutschen Rechtsformen für Tochtergesellschaften besondere Probleme ergeben. Eine solche Rechtsform stellt z.B. die GmbH & Co. KG dar, eine Kommanditgesellschaft, bei der als - meist einziger - Komplementär eine GmbH beteiligt ist. Diese wird im Prinzip den Kapitalgesellschaften zugeordnet[268]. Die Definition des Tochterunternehmens nach den US-amerikanischen Abgrenzungsvorschriften beruht jedoch ausschließlich auf dem Kriterium der Beherrschungsmöglichkeit. Die Rechtsform wird im US-amerikanischen wie auch im deutschen Rechnungslegungssystem nicht für die Kennzeichnung eines Tochterunternehmens herangezogen. Folglich dürften sich aus den deutschen Rechtsformen von Tochterunternehmen keine Probleme ergeben.

Daneben kann in Frage gestellt werden, ob angesichts der Schutzvorschriften des deutschen Konzernrechts für faktische Konzerne eine Control im Sinne der US-amerikanischen Rechnungslegungsvorschriften überhaupt möglich ist. So wurde diskutiert, ob eine einheitliche Leitung hier gegeben sein kann[269]. Da nach herrschender Meinung eine einheitliche Leitung im faktischen Konzern für möglich gehalten wird, darf davon ausgegangen werden, daß grundsätzlich auch eine Control gem. US-GAAP bzw. der Änderungsvorschläge des FASB im faktischen Konzern vorliegen kann. An den Schutzvorschriften scheitert die Einbeziehung aller Tochterunternehmen in den befreienden US-GAAP-Konzernabschluß also nicht.

6.2. Beurteilung

Wie gezeigt wurde, ist nach der Transaktionskostentheorie eine hierarchische oder hierarchienahe Koordination von Transaktionen zwischen Unternehmen optimal, wenn es sich um Transaktionen mittlerer oder hoher Spezifität handelt. Dann werden dauerhafte Vertragsverhältnisse geschlossen, die Verträge werden während

---

267 Vgl. *DRSC* (1999, E-DRS 1), Par. 6 – 9.

268 Vgl. *Kübler* (1990, Gesellschaftsrecht), S. 301 – 306.

269 Vgl. *Schildbach* (1998, Konzernabschluß), S. 21; *IDW* (1996, WP-Handbuch), Tz. 227; *Mestmäcker* (1967, Aktienrecht), S. 141.

ihrer Laufzeit schrittweise modifiziert und die Möglichkeit eines Vertragspartners, starken Einfluß auf den anderen Vertragspartner auszuüben, besteht. Dies läßt darauf schließen, daß auch starke kapitalmäßige Verflechtungen der Unternehmen häufig gegeben sein dürften. Zwingend erforderlich erscheinen diese jedoch nicht. Maßgeblich ist lediglich, daß überhaupt eine wirtschaftliche Verbundenheit von Unternehmen gegeben ist.

Für die deutschen Regulierungen kann geschlossen werden, daß in den durch § 290 HGB abgedeckten Fällen von Mutter-Tochter-Beziehungen eine hierarchische oder hierarchienahe Koordination zwischen den Unternehmen im Sinne der Transaktionskostentheorie vorliegt. Allerdings erscheint es möglich, daß danach Unternehmensverbindungen nicht berücksichtigt werden, die ebenso hierarchische oder hierarchienahe Koordinationsformen darstellen und somit der wirtschaftlichen Einheit zuzurechnen wären. Das sehr weit gefaßte vorgeschlagene Control-Konzept des FASB hingegen dürfte nicht verhindern, daß sämtliche hierarchischen oder hierarchienahen Unternehmensverbindungen als Bestandteil der rechnungslegenden Einheit erfaßt werden können. Vor dem Hintergrund der Transaktionskostentheorie beurteilt, wären also die US-amerikanischen Abgrenzungsvorschläge den deutschen Abgrenzungsvorschriften vorzuziehen oder zumindest als gleichwertig zu beurteilen. Aus der Transaktionskostentheorie sind kaum Argumente abzuleiten, die gegen eine Anwendung der US-amerikanischen Vorschläge durch deutsche Unternehmen sprechen.

Die deutschen Vorschriften mit der starken Betonung der einheitlichen Leitung sowie konzerntypischer Rechte sind eng an die Einheitstheorie mit der Grundidee des hauptsächlich managergeleiteten Unternehmens angelehnt. Aber auch das Kriterium der Beteiligung bzw. einer Gesellschafterstellung bleibt nicht unberücksichtigt. Damit wird die Idee umgesetzt, daß neben der Leitungsmacht eine Kapitalbeteiligung ein wesentliches Kennzeichen für eine wirtschaftliche Verbundenheit von Unternehmen darstellt. Die US-amerikanischen Änderungsvorschläge des FASB sind mit der ausschließlichen Wahl der Beherrschungsmöglichkeit als Abgrenzungskriterium stärker an die Entity Theory angelehnt als die deutschen Vorschriften. Faktisch zeigen die Ausführungen des FASB zu den Fällen einer widerlegbaren Vermutung von Effective Control aber, daß zumeist ein Control-Verhältnis mit einer Kapitalbeteiligung einhergehen dürfte.

Daß sich das FASB vollkommenen von dem Abgrenzungskriterium der Kapitalbeteiligung bzw. Stimmrechtsmehrheit abwendet, kann mit den betriebswirtschaftlichen Definitionen der Unternehmung und des Konzerns gerechtfertigt werden. Diese kennzeichnen eine Kapitalbeteiligung oder Stimmrechtsmehrheit nicht als zwingend erforderliches Merkmal einer wirtschaftlichen Einheit. Diese Tatsache spricht eher dafür, die US-amerikanischen Abgrenzungsvorschläge den deutschen Abgrenzungsvorschlägen vorzuziehen. Der Anwendung der Vorschläge in der deutschen Rechnungslegung steht aus dem Blickwinkel der Definitionen des Konzerns kaum etwas entgegen.

Argumente gegen die US-amerikanischen Abgrenzungsvorschläge und für die deutschen Abgrenzungsvorschriften lassen sich aus den qualitativen Charakteristika, die Rechnungslegungsvorschriften und –informationen erfüllen sollen, ableiten. Daß die US-amerikanischen Abgrenzungsvorschläge vor dem Hintergrund der Transaktionskostentheorie, der Theorien der Konzernrechnungslegung und der betriebswirtschaftlichen Konzerndefinitionen eher positiver als die deutschen Vorschriften zu beurteilen sind, spricht für eine ggf. höhere Entscheidungsrelevanz dieser Vorschläge. Allerdings stehen Relevanz und Verläßlichkeit von Rechnungslegungsinformationen in einem konkurrierenden Verhältnis. Wie gezeigt wurde, sind Rechnungslegungsdaten bei einem Effective Control Konzept weniger Verläßlich als bei einem Legal Control Konzept. Die Vermutung liegt nahe, daß die deutschen Abgrenzungsvorschriften - trotz der Modifikationen und Erweiterungen der US-amerikanischen Änderungsvorschläge im Exposure Draft 1999 - eine höhere Verläßlichkeit aufweisen als die Vorschläge des FASB, da sie dem Konzernabschlußersteller wesentlich weniger subjektive Entscheidungen abverlangen. Der deutsche Gesetzgeber berücksichtigte damit stärker als das FASB, daß mit den Abgrenzungsvorschriften nicht lediglich ökonomische Ideen über die wirtschaftliche Einheit abgebildet werden. Gleichzeitig stellen die Abgrenzungsvorschriften auch Organisations- und Koordinationsregeln dar, die unter Berücksichtigung der vorhandenen Interessenvielfalt auszugestalten sind[270]. Diesem Anspruch mögen die deutschen Vorschriften ggf. besser entsprechen als die Abgrenzungsvorschläge des FASB.

Zusammenfassend ist festzuhalten, daß kaum ein abschließendes vergleichendes Urteil über die Abgrenzungsvorschläge des FASB und die deutschen Abgrenzungsvorschriften gefällt werden kann. Das Urteil hängt davon ab, welches Gewicht der Relevanz von Rechnungslegungsinformationen auf der einen Seite und der Verläßlichkeit auf der anderen Seite beigemessen wird. Unter der Annahme, daß der Konzernabschlußersteller Ermessensspielräume nicht auszunutzen versucht und das FASB das Kriterium der Effective Control ausreichend konkretisiert, mögen eventuell nach den US-amerikanischen Abgrenzungsvorschlägen Rechnungslegungsinformationen publiziert werden, die von den Konzernabschlußadressaten im Vergleich zu denen nach deutschen Vorschriften bevorzugt werden. Da solche idealen Rahmenbedingungen jedoch nicht immer vorliegen dürften, kann eine allgemeine Aussage nicht getroffen werden. Ob und inwieweit

270 Vgl. *Busse von Colbe/Ordelheide* (1993, Konzernabschlüsse), S. 45; *Ordelheide* (1986, Konzern), S. 497.

die US-amerikanischen Abgrenzungsvorschläge zu entscheidungsrelevanteren Konzernabschlußinformationen führen werden, hängt maßgeblich von der konkreten Umsetzung des Effective Control Konzepts ab.

Kapitel VI

Zusammenfassung

Den Ausgangspunkt der vorliegenden Arbeit stellte das Bestreben dar, die Abgrenzung der wirtschaftlichen Einheit nach US-GAAP kritisch zu beleuchten. Im einzelnen wurden in dieser Arbeit folgende, thesenförmig zusammengefaßten Ergebnisse abgeleitet:

Im II. Kapitel wurde erläutert, daß die Metafunktion der Rechnungslegung im Abbau asymmetrischer Informationsverteilungen zwischen dem Management eines Unternehmens und den anderen aktuellen und potentiellen Unternehmensbeteiligten besteht. Sie ist in den einzelnen Rechnungslegungssystemen zu konkretisieren. Inwieweit die Rechnungslegung ihre Funktion erfüllt, hängt maßgeblich von der Abgrenzung der rechnungslegenden Einheit, der Bezugsgröße der Rechnungslegung, ab. Erst diese Abgrenzung ermöglicht eine Zuordnung von Informationen.

Wird nach der rechtlichen Selbständigkeit das Unternehmen als rechnungslegende Einheit abgegrenzt, ist eine uneingeschränkte Funktionsfähigkeit der Rechnungslegung lediglich bei wirtschaftlich selbständigen Unternehmen gegeben. Bei Unternehmen, die Zusammenschlüsse mit anderen Unternehmen eingehen und infolge dessen ihre wirtschaftliche Selbständigkeit verlieren, erfüllt die Rechnungslegung ihre Funktion nur eingeschränkt.

Bei der Abgrenzung der rechnungslegenden Einheit nach der wirtschaftlichen Selbständigkeit soll eine Gruppe von zusammenarbeitenden Unternehmen als Bezugsgröße der Rechnungslegung definiert werden, die aus ökonomischer Sicht eine Einheit bildet. Von den rechtlichen Unternehmensgrenzen wird bei dieser Betrachtung abstrahiert. Anders als die Funktion der Rechnungslegung des Unternehmens wird die Funktion der Rechnungslegung der wirtschaftlichen Einheit durch Unternehmenszusammenschlüsse nicht eingeschränkt.

Wie im III. Kapitel dargestellt, wird sowohl in der deutschen wie auch der US-amerikanischen Rechnungslegung bei der Abgrenzung der wirtschaftlichen Einheit dem Stufenkonzept gefolgt.

Für die Abgrenzung sind unter den deutschen Regulierungen insbesondere die §§ 290 - 296 HGB relevant. Aber auch die US-amerikanischen Abgrenzungsvorschläge können für die Rechnungslegung deutscher Unternehmen von Bedeutung sein. Gemäß § 292a HGB dürfen börsennotierte Mutterunternehmen befristet bis zum Jahr 2004 einen befreienden US-GAAP-Konzernabschluß aufstellen und veröffentlichen. Außerdem werden vom Deutschen Rechnungslegungs Standards Committee Empfehlungen für die Anwendung von Grundsätzen zur Konzernrechnungslegung erarbeitet, wobei eine Orientierung an den US-amerikanischen Rechnungslegungsregulierungen zur Abgrenzung der wirtschaftlichen Einheit möglich wäre.

Nach § 290 HGB ist eine Kapitalgesellschaft (Mutterunternehmen) zur Erstellung eines Konzernabschlusses verpflichtet, wenn sie ein anderes Unternehmen (Tochterunternehmen) einheitlich leitet und eine Beteiligung nach § 271 Abs. 1 HGB an diesem hält (§ 290 Abs. 1 HGB). Daneben unterliegt sie der Konzernrechnungslegungspflicht, wenn ihr eines der in § 290 Abs. 2 HGB vorgegebenen konzerntypischen Rechte zusteht. Befreiungsmöglichkeiten bestehen durch übergeordnete Konzernabschlüsse (§§ 291 und 292 HGB) sowie aufgrund bestimmter Größenkriterien (§ 293 HGB). Nach § 11 - 15 PublG besteht eine an Größenkriterien geknüpfte, rechtsformunabhängige Konzernrechnungslegungspflicht.

In den Konsolidierungskreis sind grundsätzlich alle Tochterunternehmen einzubeziehen, sofern eine Einbeziehung nicht nach den §§ 295 oder 296 HGB unterbleibt (§ 294 HGB). Gemäß § 295 HGB besteht ein Einbeziehungsverbot bei abweichender Tätigkeit des Tochterunternehmens. § 296 HGB sieht drei Konsolidierungswahlrechte vor. In den Quotenkonsolidierungskreis können wahlweise Gemeinschaftsunternehmen aufgenommen werden (§ 310 HGB). Zu dem Kreis der nach der Equity-Methode zu berücksichtigenden Unternehmen zählen assoziierte Unternehmen, Gemeinschaftsunternehmen, die nicht in den Quotenkonsolidierungskreis einbezogen werden, sowie Tochterunternehmen, die aufgrund eines Konsolidierungsverbots oder -wahlrechts (§§ 295 und 296 HGB) nicht in den Konsolidierungskreis einbezogen werden. Unternehmen, die nicht den genannten Kreisen zuzuordnen sind, stellen "einfache" Beteiligungsunternehmen dar.

Für die Abgrenzung der wirtschaftlichen Einheit sind im Rahmen der US-amerikanischen Vorschriften insbesondere die von der SEC veröffentlichte Regulation S-X, Rule 3A-02, Rule 1-02 sowie die vom FASB veröffentlichten ARB No. 15 sowie SFAS No. 94 relevant. Die Pflicht zur Erstellung von Consolidated Financial Statements besteht bei Vorliegen eines Control-Verhältnisses. Anders als in den deutschen Vorschriften wird ausschließlich auf die Möglichkeit der Beherrschung abgestellt. Es erfolgt nicht eine Festlegung konkreter Control-Verhältnisse wie in § 290 Abs. 2 HGB. Neben Legal wird zusätzlich Effective Control berücksichtigt. Die US-amerikanische Konsolidierungspflicht ist nicht an eine Rechtsform, Größe oder Branche, sondern an die Börsennotierung gebunden. Sie gilt also somit z.B. auch für Closely Held Corporations. Es besteht keine Befreiung von der Pflicht zur Erstellung von Consolidated Financial Statements.

In den Konsolidierungskreis sind nach den US-amerikanischen im Gegensatz zu den deutschen Vorschriften nicht grundsätzlich alle Tochterunternehmen, sondern zwingend nur die Tochterunternehmen, an denen eine Stimmrechtsmehrheit gehalten wird, einzubeziehen (SFAS No. 94 Par. 13). Handelt es sich um eine temporäre Beherrschungsmöglichkeit oder kann die Beherrschungsmöglichkeit nicht ausgeübt werden, besteht ein Konsolidierungsverbot (SFAS No. 94 Par. 13), nicht ein Wahlrecht wie nach dem HGB.

Der Quotenkonsolidierungskreis wird in den USA wesentlich enger definiert als in Deutschland. Nur Gemeinschaftsunternehmen in der Rechtsform des Undivided Interest, die bestimmten Branchen angehören, dürfen unter besonderen Umständen quotenkonsolidiert werden (AIN-APB-Opinion No. 18, #2, 2).

In den Kreis der nach der Equity-Methode zu berücksichtigenden Unternehmen sind nach den US-amerikanischen Vorschriften assoziierte Unternehmen einzubeziehen, deren Definition mit der deutschen weitgehend übereinstimmt (APB Opinion No. 18 Par. 17). Auch Beteiligungen an Gemeinschaftsunternehmen sollen nach der Equity-Methode bewertet werden (APB Opinion No. 18 Par. 16 bzw. SFAS No. 94). Wie beschrieben, gilt eine Ausnahme nur für bestimmte Gemeinschaftsunternehmen in der Rechtsform des Undivided Interest. Tochterunternehmen, die nicht in den Konsolidierungskreis einbezogen werden, sind nach der Equity-Methode zu bewerten, sofern auf sie ein maßgeblicher Einfluß ausgeübt werden kann. Eine Ausnahme bilden Tochterunternehmen, an denen eine Stimmrechtsmehrheit gehalten wird, die aber aufgrund eines Konsolidierungsverbots aus dem Konsolidierungskreis ausgeschlossen werden. Dann kommt eine Equity-Bewertung, anders als nach den deutschen Vorschriften, nicht in Frage (SFAS No. 94 Par. 15). Beteiligungen an Unternehmen, die nicht den genannten Kreisen angehören, zählen zu den "einfachen" Beteiligungsunternehmen.

Im IV. Kapitel wurde dargestellt, daß nach der Transaktionskostentheorie bei Transaktionen zwischen rechtlich selbständigen Unternehmen mit gleichen Merkmalen grundsätzlich dieselbe Koordinationsform optimal ist. Den Koordinationsformen liegen typische Vertragsformen zugrunde. Unternehmen, die Transaktionen auf der Grundlage klassischer Verträge und unter Marktkontrolle abwickeln, schränken ihre wirtschaftliche Selbständigkeit nicht ein. Eine eingeschränkte wirtschaftliche Selbständigkeit dürfte bei Unternehmen vorliegen, die Transaktionen mit anderen Unternehmen bei dreiseitiger Kontrolle (Abschluß neoklassischer Verträge) durchführen. Gegenseitige und einheitliche Kontrolle (Abschluß relationaler Verträge) führen zu noch stärker eingeschränkter wirtschaftlicher Selbständigkeit.

Je schwächer die wirtschaftliche Selbständigkeit eines Unternehmens ausgeprägt ist, desto bestimmter kann von seiner Zugehörigkeit zur wirtschaftlichen Einheit ausgegangen werden. Folglich bilden Unternehmen, die relationale Verträge abgeschlossen haben, recht wahrscheinlich eine wirtschaftliche Einheit, während Unternehmen, die klassische Verträge abgeschlossen haben, kaum zur wirtschaftlichen Einheit zu zählen sind. Besonders schwierig ist eine Aussage hinsichtlich

Unternehmen, die neoklassische Verträge miteinander geschlossen haben. Eine Einbeziehung in die wirtschaftliche Einheit kann in Einzelfällen sinnvoll sein.

Relationale, neoklassiche und klassische Vertragsverhältnisse werden im Rahmen der Transaktionskostentheorie gut beschrieben. Aus den Beschreibungen können Kriterien abgeleitet werden, die eine wirtschaftliche Einheit abgrenzen. Unternehmen einer wirtschaftlichen Einheit sind danach z.B. dadurch gekennzeichnet, daß sie auf Dauer angelegte Verträge miteinander abschließen, die Verhandlungen während der Laufzeit des Vertragsverhältnisses zulassen, daß hohe Investitionen eine Voraussetzung für die Zusammenarbeit darstellen und daß starke kapitalmäßige und personelle Verflechtung gegeben sind.

Weiterentwicklungen der Transaktionskostentheorie bestätigen teilweise diese Erkenntnisse, wie z.B. die Theorie Z. Allerdings liegen auch Überlegungen zur grenzenlosen Unternehmung vor, die hierarchienahe Koordinationsformen in Frage stellen. Wegen mangelnder Konkretheit dieser Überlegungen können hieraus kaum Rückschlüsse auf die Abgrenzung der wirtschaftlichen Einheit gezogen werden.

Aufschlüsse über die Abgrenzung der wirtschaftlichen Einheit lassen sich auch aus den Theorien der Konzernrechnungslegung gewinnen. Während der Proprietary Theory die Abgrenzung anhand des Kriteriums der Kapitalbeteiligung entspricht, kann aus der Entity Theory abgeleitet werden, daß ein Control-Kriterium heranzuziehen ist. Die Parent Company Theory legt nahe, daß sowohl Control als auch eine Kapitalbeteiligung eine Voraussetzung für die Zugehörigkeit zur wirtschaftlichen Einheit darstellen. Der Entity Theory dürfte bei der Abgrenzung der wirtschaftlichen Einheit der Vorzug vor den anderen Theorien der Konzernrechnungslegung eingeräumt werden, weil die ihr zugrundeliegenden Annahmen das tatsächliche Wirtschaftsgeschehen am realitätsgetreuesten abbilden.

Die betriebswirtschaftlichen Unternehmens- und Konzerndefinitionen definieren den Konzern als Wirtschaftsgemeinschaft oder unternehmungsähnliche Gruppe rechtlich selbständiger Unternehmen. Das Merkmal der wirtschaftlichen Einheit stellt insbesondere das Vorliegen einer einheitlichen Leitung dar. Typische Bindungen zwischen Unternehmen, die auf das Vorliegen einer wirtschaftlichen Einheit hinweisen, sind Kapitalbeteiligungen, personelle Verflechtungen und Unternehmensverträge, wie z.B. der Beherrschungsvertrag gemäß § 308 AktG. Die betriebswirtschaftlichen Unternehmungs- und Konzerndefinitionen bieten gute Anhaltspunkte für die Abgrenzung der wirtschaftlichen Einheit. Aufgrund des teilweise mangelnden Konkretisierungsgrades der Definitionen ist die Ableitung ausreichend konkreter Abgrenzungskriterien jedoch problematisch.

Die US-amerikanische Rechnungslegung hat eine Informationsfunktion, an der die Ausgestaltung von Rechnungslegungsvorschriften sich orientieren soll. Als Leitlinie wurden qualitative Merkmale benannt, die entscheidungsrelevante Rechnungslegungsdaten bzw. informationsorientierte Rechnungslegungsvorschriften charakterisieren. Aus den qualitativen Merkmalen lassen sich keine direkten Rückschlüsse auf die Abgrenzung der wirtschaftlichen Einheit gewinnen. Sie stellen aber eine Leitlinie für die Erarbeitung von Abgrenzungsvorschriften dar. Zu den wichtigsten qualitativen Merkmalen zählen die Relevanz und Verläßlichkeit von Rechnungslegungsinformationen. Rechnungslegungsvorschriften sollten möglichst wenige Wahlrechte und Entscheidungsspielräume aufweisen, in Übereinstimmung mit anderen Rechnungslegungsregulierungen stehen und Rechnungslegungsfragen umfassend klären.

Im V. Kapitel wurde festgestellt, daß die geltenden US-amerikanischen Rechnungslegungsvorschriften zur Abgrenzung der wirtschaftlichen Einheit vor dem Hintergrund der beschriebenen theoretischen Ansätze eine mangelnde theoretische Fundiertheit aufweisen. Da neben der Abgrenzung der wirtschaftlichen Einheit weitere Fragen im Zusammenhang mit der Rechnungslegung von wirtschaftlichen Einheiten nach Auffassung des FASB nicht fundiert geklärt waren, nahm es 1982 das Consolidations and Related Matters Project auf. Im als Reporting Entity bezeichneten Teilprojekt erarbeitete es Vorschläge zur Abgrenzung der wirtschaftlichen Einheit aus Mutter- und Tochterunternehmen (Konsolidierungskreis) und veröffentlichte diese zuletzt 1999 in einem Exposure Draft, der die bereits 1995 in einem Exposure Draft herausgegebenen Vorschläge modifiziert und erweitert. Ein abschließendes Statement zu der Abgrenzungsfrage liegt bisher nicht vor.

Der Anwendungsbereich der US-amerikanischen Änderungsvorschläge bezieht sich sowohl auf erwerbswirtschaftliche Unternehmen als auch gemeinnützige Organisationen. Im Mittelpunkt der Vorschläge steht das Control-Konzept. Control wird als einziges Abgrenzungskriterium gewählt, nach dem nicht nur die Pflicht zur Erstellung von Consolidated Financial Statements, sondern auch die Zusammensetzung des Konsolidierungskreises bestimmt werden soll. Dies stellt eine bedeutende Veränderung zu den bisherigen Vorschriften dar, wonach die Einbeziehung eines Unternehmens nicht nur davon abhängt, daß zu diesem ein Mutter-Tochter-Verhälnisses besteht, sondern auch davon, daß das Mutterunternehmen über eine Stimmrechtsmehrheit an diesem Tochterunternehmen verfügt. Unter Control wird die Möglichkeit eines Mutterunternehmens verstanden, die Entscheidungen über die Geschäftspolitik des Tochterunternehmens zu fällen, so daß das Mutterunternehmen seinen Nutzen im Zusammenhang mit dem Tochterunternehmen steigert und seine Verluste begrenzt[1]. Sowohl eine auf juristisch nachweisbaren Gegebenheiten beruhende Beherrschungsmöglichkeit (Legal Control) als auch eine auf anderen Gegebenheiten beruhende Beherrschungsmöglichkeit (Effective Control) wird bei der Abgrenzung des Konsolidierungskreises berücksichtigt. Um zu umreißen, in welchen Fällen eine Effective Control gegeben ist,

1 Vgl. *FASB* (1999, ED), Par. 6.

und um bilanzpolitisch motivierte Konsolidierungsentscheidungen zu verhindern, formuliert das FASB konkrete Gegebenheiten, unter denen eine Effective Control widerlegbar angenommen wird[2]. Zur weiteren Verdeutlichung wurden Indikatoren für Effective Control benannt und Beispiele für Beherrschungsverhältnisse angeführt[3]. Ein Konsolidierungsverbot besteht bei temporärer Control.

Alternativ zum Control-Konzept wurde in den USA diskutiert, Control und Ownership bzw. Control und Economic Benefit als Abgrenzungskriterien heranzuziehen. Vor dem Hintergrund der ökonomischen Ansätze stellt das Control-Konzept des FASB ein wesentlich fundierteres Abgrenzungskonzept als das bisher geltende dar. Es spiegelt die ökonomischen Tatbestände realitätsnäher wider. Bedeutendster Kritikpunkt der Änderungsvorschläge stellt das hohe Maß an Entscheidungsspielräumen dar. Der Nachteil einer eventuell eingeschränkten Verläßlichkeit der Rechnungslegungsdaten aufgrund dieser Entscheidungsspielräume dürfte vor dem Hintergrund der Decision Usefulness-Orientierung der US-amerikanischen Rechnungslegung weniger schwer wiegen als der Vorteil der ökonomisch besser begründeten Abgrenzung der wirtschaftlichen Einheit.

Ein bedeutender Unterschied zwischen den deutschen Abgrenzungsvorschriften und den US-amerikanischen Änderungsvorschlägen liegt in der Ausgestaltung des US-amerikanischen Control-Konzepts und dem § 290 HGB. Beide Abgrenzungskonzepte haben ihre Vor- und Nachteile, so daß eine abschließende Beurteilung des deutschen oder US-amerikanischen Abgrenzungskonzeptes als das bessere kaum möglich erscheint.

---

2 Vgl. *FASB* (1999, ED), Par. 18 - 23.

3 Vgl. *FASB* (1999, ED), Par. 87 – 164.

Literaturverzeichnis

AAA, Consolidated Financial ***Statements***, Supplementary Statement No. 7, Committee on Concepts and Standards, in: The Accounting Review, 1955, S. 194 - 197.

AAA, Accounting and Reporting Standards for Corporate ***Financial Statements*** - 1957 Revision, in: The Accounting Review, 1957, S. 536 - 546.

AAA, The ***Entity Concept***, in: The Accounting Review, 1965, S. 358 - 367.

AAA, ***L***etter of ***C***omment No. 27 zum Exposure Draft "Consolidated Financial Statements: Policy and Procedures", File Reference 1082-154, 18.12.1995, in: Sammlung der Letters of Comment zum Exposure Draft "Consolidated Financial Statements: Policy and Procedures", hrsg. v. FASB, Norwalk 1995.

Accountants International Study Group, Consolidated Financial ***Statements***, Plaistow 1973.

Adler, H./Düring, W./Schmaltz, K., ***Rechnungslegung*** und Prüfung der Unternehmen, 6. Aufl., Teilband 3, Stuttgart 1996, Teilbände 4 und 5, Stuttgart 1997.

AICPA, Reporting Finance ***Subsidiaries*** in Consolidated Financial Statements - Issues Paper, New York 1978.

AICPA, ***Accounting*** by Investors for Distributions Received in Excess of Their Investment in a Joint Venture - Issues Paper, New York 1979.

AICPA, ***Joint Venture*** Accounting - Issues Paper, New York 1979.

AICPA, "***Push Down***" Accounting - Issues Paper, New York 1979.

AICPA, Accounting in ***Consolidation*** for Issuance of a Subsidiary's Stock - Issues Paper, New York 1980.

AICPA, Certain Issues that Affect Accounting for ***Minority Interest*** in Consolidated Financial Statements - Issues Paper, New York 1981.

AICPA, Accounting ***Trends and Techniques***, Annual Survey of Accounting Practices Followed in 600 Stockholders' Reports, 49. Aufl., New York 1989.

AICPA, Technical Practice Aids, as of June 1, 1990, New York 1990. (***SOP, TIS***)

AICPA, Financial ***Reporting*** - A Customer Focus, New York 1994.

AICPA, ***L***etter of ***C***omment No. 26 zum Exposure Draft "Consolidated Financial Statements: Policy and Procedures", File Reference 1082-154, 18.12.1995, in: Sammlung der Letters of Comment zum Exposure Draft "Consolidated Financial Statements: Policy and Procedures", hrsg. v. FASB, Norwalk 1995.

AICPA, Professional Standards, Vol. I und II, as of June 1, 1995, New York 1995. (***SAS***)

AIMR, Financial ***Reporting*** in the 1990`s and Beyond, Charlottesville 1993.

Akerlof, G. A., The ***Market for "Lemons"***: Quality Uncertainty and the Market Mechanism, in: The Quarterly Journal of Economics, 1970, S. 488 - 500.

Albach, H., Die Organisation des Entscheidungsprozesses nach dem ***Aktiengesetz*** 1965, in: Neue Betriebswirtschaft, 1966, S. 30 - 35.

Albach, H., ***Strategische Allianzen***, strategische Gruppen und strategische Familien, in: ZfbF, 1992, S. 663 - 670.

Alchian, A. A./Demsetz, H., Production, information costs, and ***economic organization***, in: American Economic Review, 1972, S. 777 - 795.

Alchian, A. A./Woodward, S., The ***Firm*** is Dead; Long Live the Firm: A Review of Oliver E. Williamson's *The Economic Institutions of Capitalism*, in: Journal of Economic Literature, 1988, S. 65 - 79.

Arrow, K. J./Debreu, G., ***Existence of an Equilibrium*** for a Competitive Economy, in: Econometrica, 1954, S. 265 - 290.

Arthur Andersen LLP, ***L***etter of ***C***omment No. 7 zum Exposure Draft "Consolidated Financial Statements: Policy and Procedures", File Reference 1082-154, 12.12.1995, in: Sammlung der Letters of Comment zum Exposure Draft "Consolidated Financial Statements: Policy and Procedures", hrsg. v. FASB, Norwalk 1995.

Backhaus, K., Die Macht der ***Allianz***, in: Absatzwirtschaft, 1987, S. 122 - 130.

Backhaus, K./Piltz, K., Strategische ***Allianzen***, ZfbF-Sonderheft 27, Düsseldorf 1989.

Baetge, J., ***Bilanzen***, 4. Aufl., Düsseldorf 1996.

Baetge, J., ***Konzernbilanzen***, 3. Aufl., Düsseldorf 1997.

Baker, R. E./Lembke, V. C./King, T. E., Advanced Financial ***Accounting***, 3. Aufl., New York u.a. 1996.

Baliga, W., Present Views on Consolidated ***Statements***, in: Journal of Accountancy, 1994, S. 22 - 23.

Bea, F. X., Diversifikation durch ***Kooperation***, in: Der Betrieb, 1988, S. 2521 - 2526.

Beams, F. A., Advanced ***Accounting***, 6. Aufl., Englewood Cliffs 1996.

Beck, C.-F., ***Unternehmensverbindungen***, München 1976.

Belkaoui, A. R., Accounting ***Theory***, 3. Aufl., San Diego 1992.

Berle, A. A./Means, G. C., The Modern ***Corporation*** and Private Property, New York 1932.

Biener, H., Die ***Konzernrechnungslegung*** nach der 7. EG-Richtlinie des Rates der Europäischen Gemeinschaften über den Konzernabschluß, in: DB, 1983, Beilage Nr. 19/1983 zu Heft Nr. 35, S. 1 - 16.

Biener, H./Bernecke, W., ***Bilanzrichtlinien-Gesetz***, Düsseldorf 1986.

Biener, H./Schatzmann, J., ***Konzern-Rechnungslegung***, Düsseldorf 1983.

Bücking, H.-J./Orth, C., ***Offene Fragen*** und Systemwidrigkeiten bei den neuen Rechnungslegungs- und Prüfungsvorschriften des KonTraG und des KapAEG, in: DB, 1998, S. 1873 - 1879.

Böcking, H.-J./Orth, C., Neue Vorschriften zur ***Rechnungslegung*** und Prüfung durch das KonTraG und das KapAEG - Ergebnisse eines kapitalmarktinduzierten Reformzwangs, in: DB, 1998, S. 1241 - 1246.

Bössmann, E., Warum gibt es ***Unternehmungen***?: Der Erklärungsansatz von Ronald H. Coase, in: Zeitschrift für die gesamte Staatswissenschaft, 1981, S. 667 - 674.

Bössmann, E., Unternehmungen, Märkte, ***Transaktionskosten***: Die Koordination ökonomischer Aktivitäten, in: WiSt, 1983, S. 105 - 111.

Bores, W., Konsolidierte ***Erfolgsbilanzen*** und andere Bilanzierungsmethoden, Leipzig 1935.

Bossio, R., ***Consolidation Policy Revisited***, in: Status Report No. 311, in: Financial Accounting Series, No. 195-C, hrsg. v. FASB, Norwalk 1999.

Bossio, R. J./Dion, G., Revisiting ***Consolidated*** Financial Statements, in: The CPA Journal, 1995, S. 46 - 49.

Bronder, C./Pritzl, R., Ein konzeptioneller ***Ansatz zur Gestaltung und Entwicklung Strategischer Allianzen***, in: Meilen- und Stolpersteine bei Kooperationen, hrsg. v. Bronder, C./Pritzl, R., Frankfurt a.M. 1992, S. 17 - 44.

Budde, W. D., Normsetzungsbefugnis eines deutschen ***Standard Setting Body***, in: DStR, 1998, S. 1181 - 1187.

Budde, W. D./Seif, F. T., ***§ 294***, in: Beck'scher Bilanzkommentar: der Jahresabschluß nach Handels- und Steuerrecht; Konzernabschluß, Prüfung, Offenlegung, §§ 238 - 339, 3. Aufl., München 1995, S. 1395 - 1407.

Budde, W. D./Seif, F. T., ***§ 295***, in: Beck'scher Bilanzkommentar: der Jahresabschluß nach Handels- und Steuerrecht; Konzernabschluß, Prüfung, Offenlegung, §§ 238 - 339, 3. Aufl., München 1995, S. 1415 - 1421.

Budde, W. D./Seif, F. T., ***§ 296***, in: Beck'scher Bilanzkommentar: der Jahresabschluß nach Handels- und Steuerrecht; Konzernabschluß, Prüfung, Offenlegung, §§ 238 - 339, 3. Aufl., München 1995, S. 1421 - 1429.

Budde, W. D./Suhrbier, H., ***§ 310***, in: Beck'scher Bilanzkommentar: der Jahresabschluß nach Handels- und Steuerrecht; Konzernabschluß, Prüfung, Offenlegung, §§ 238 - 339, 3. Aufl., München 1995, S. 1634- 1651.

Budde, W. D./Raff, I., ***§ 311***, in: Beck'scher Bilanzkommentar: der Jahresabschluß nach Handels- und Steuerrecht; Konzernabschluß, Prüfung, Offenlegung, §§ 238 - 339, 3. Aufl., München 1995, S. 1651- 1658.

Büchs, M. J., Zwischen ***Markt und Hierarchie***: Kooperationen als alternative Koordinationsform, in: ZfB-Ergänzungsheft 1/1991, S. 1 - 37.

Buhbe, M., ***Ökonomische Analyse*** von Eigentumsrechten, Frankfurt u.a. 1980.

Bundesministerium der Justiz, ***Beschlußempfehlung*** und Bericht des Rechtsausschusses, Bundestags-Drucksache 13/9909 vom 12.2.1998.

Bungert, H., ***Gesellschaftsrecht*** in den USA, München 1994.

Bungert, H., Die (Registered) Limited Liability ***Partnership*** - Neueste Variante des Konzepts der Personengesellschaft in den USA, in: RIW, 1994, S. 360 - 367.

Busse von Colbe, W., ***Beteiligungen***, in: Handbuch der Betriebswirtschaft, hrsg. v. Grochla, E./Wittmann, W. 4. Aufl., 1974, Sp. 530 - 542.

Busse von Colbe, W., Die Planung der ***Betriebsgröße***, Wiesbaden 1964.

Busse von Colbe, W., Der Konzernabschluß als Bemessungsgrundlage für die ***Gewinnverwendung***, in: Bilanz- und Konzernrecht, Festschrift für Goerdeler, hrsg. v. Havermann, H., Düsseldorf 1987, S. 61 - 77.

Busse von Colbe, W., ***Internationalisierung*** der deutschen Konzernrechnungslegung als Kür oder Pflicht? - zum Regierungsentwurf eines KapAEG, in: Aktien- und Bilanzrecht: Festschrift für Bruno Kropff, hrsg. v. Forster, K.-H. et al., Düsseldorf 1997, S. 417 - 429.

Busse von Colbe, W., Aktuelle Fragen der ***Konzernverfassung*** aus betriebswirtschaftlicher Sicht, in: Revision und Rechnungslegung, hrsg. v. Helbling, C./Boemle, M./Glaus, B. U., Zürich 1988, S. 245 - 255.

Busse von Colbe, W./Chmielewicz, K., Das neue ***Bilanzrichtlinien-Gesetz***, in: DBW, 1986, S. 289 - 347.

Busse von Colbe, W./Ordelheide, D., ***Konzernabschlüsse***: Rechnungslegung für Konzerne nach betriebswirtschaftlichen Grundsätzen und gesetzlichen Vorschriften, Wiesbaden 1993.

Carson, G. C., Intercompany Profits in ***Consolidated Statements***, in: The Journal of Accounting, 1923, S. 390 - 391.

Carson, G. C., Elimination of ***Intercompany Profits*** in Consolidated Statements, in: The Journal of Accounting, 1923, S. 1 - 6.

Chatfield, M., ***Entity Theory***, in: The History of ***Accounting***: An International Encyclopedia, hrsg. v. Chatfield, M., New York u.a. 1996 S. 230 - 231.

Chatfield, M., ***Proprietory Theory***, in: The History of ***Accounting***: An International Encyclopedia, hrsg. v. Chatfield, M., New York u.a. 1996, S. 479 - 481.

Childs, W. H., Consolidated Financial ***Statements*** - Principles and Procedures, Ithaca 1949.

Claaßen, M.-P., Der beherrschende Einfluß (***Control***) im Gesellschafts- und Wirtschaftsrecht der Bundesrepublik Deutschland und den Vereinigten Staaten von Amerika, Bielefeld 1984.

Coase, R. H., The Nature of the ***Firm***, in: Economica, 1937, S. 386 - 405.

Coase, R. H., The problem of ***social cost***, in: Journal of Law and Economics, 1960, S. 1 - 44.

Coenenberg, A. G., ***Jahresabschluß*** und Jahresabschlußananlyse: Grundfragen der Bilanzierung nach betriebswirtschaftlichen, handelsrechtlichen und internationalen Grundsätzen, Landsberg/Lech 1997.

Coopers & Lybrand LLP, ***L***etter of ***C***omment No. 2 zum Exposure Draft "Consolidated Financial Statements: Policy and Procedures", File Reference 1082-154, 20.12.1995, in: Sammlung der Letters of Comment zum Exposure Draft "Consolidated Financial Statements: Policy and Procedures", hrsg. v. FASB, Norwalk 1995.

C&L Deutsche Revision, ***Kapitalmarktorientierung*** deutscher Unternehmen. Industriestudie, ORT 1998.

Debus, C., Haftungsregelungen im ***Konzernrecht***: eine ökonomische Analyse, Frankfurt a.M. u.a. 1990.

Deloitte & Touche LLP, ***L***etter of ***C***omment No. 12 zum Exposure Draft "Consolidated Financial Statements: Policy and Procedures", File Reference 1082-154, 13.12.1995, in: Sammlung der Letters of Comment zum Exposure Draft "Consolidated Financial Statements: Policy and Procedures", hrsg. v. FASB, Norwalk 1995.

Demsetz, H., The ***Cost*** of Transacting, in: Quarterly Journal of Economics, 1964, S. 33 - 53.

Deutscher Bundestag, ***Drucksache 4/171*** vom 03.02.1962, Begründung zum Entwurf eines Aktiengesetzes, S. 92 - 263.

Deutscher Bundestag, ***Drucksache 13/9909*** vom 12.2.1998, Beschlußempfehlung und Bericht des Rechtsausschusses zu dem Gesetzentwurf der Bundesregierung - Drucksache 13/7141 - Entwurf eines Gesetzes zur Verbesserung der Wettbewerbsfähigkeit deutscher Konzerne an internationalen Kapitalmärkten und zur Erleichterung der Aufnahme von Gesellschafterdarlehen (Kapitalaufnahmeerleichterungsgesetz - KapAEG).

Dilley, D. R., An American Viewpoint on ***Accounting Concepts***, in: The Canadian Chartered Accountant, 1960, S. 540 - 546.

Drebin, A. R., Advanced ***Accounting***, 5. Aufl., Cincinnatti 1982.

Dreger, K.-M., Der ***Konzernabschluß***, Wiesbaden 1969.

DRSC, Standards – Entwurf-**DRS 1** vom 18. März 1999, http://www.drsc.de/-5_3a.html, 20.5.1999.

Drukarczyk, J., Verschuldung, Konkursrisiko, Kreditverträge und Marktwert von ***Aktiengesellschaften***, in: Kredit und Kapital, 1981, S. 287 - 319.

Dusemond, M./Weber, C.-P./Zündorf, H., ***§ 301***, in: Handbuch der Konzernrechnungslegung, Kommentar zur Bilanzierung und Prüfung, hrsg. v. Küting, K./Weber, C.-P., Stuttgart 1998, S. 1153 - 1454.

Ebke, W. F., Die ***Konzernierung*** im US-amerikanischen Recht, in: Das Gesellschaftsrecht der Konzerne im internationalen Vergleich: ein Symposium des Max-Planck-Instituts für Ausländisches und Internationales Privatrecht, hrsg. v. Mestmäcker, E.-J./Behrens, P., Baden-Baden 1991, S. 279 - 327.

Eckes, B./Weber, C.-P., ***§ 302***, in: Handbuch der Konzernrechnungslegung, Kommentar zur Bilanzierung und Prüfung, hrsg. v. Küting, K./Weber, C.-P., Stuttgart 1998, S. 1455 - 1489.

Eisolt, D., Die rechtlichen ***Grundlagen*** der amerikanischen Konzernrechnungslegung, in: AG, 1993, S. 209 - 233.

Eisolt, D., ***Konzernrechnungslegungspflicht*** nach HGB und US-amerikanischen Vorschriften, in: WPg, 1993, S. 344 - 353.

Emmerich, V./Sonnenschein, J., ***Konzernrecht*** - Das Recht der verbundenen Unternehmen bei Aktiengesellschaft, GmbH, Personengesellschaften, Genossenschaft, Verein und Stiftung, 6. Aufl., München 1997.

Erlei, M., Der Beitrag der Spieltheorie zur Analyse von Organisationen aus der Sicher der Neuen Institutionenökonomik, in: Ein halbes Jahrhundert Spieltheorie, hrsg. v. Holler, M., S. 271 – 301.

Ernst & Young LLP, ***L***etter of ***C***omment No. 25 zum Exposure Draft "Consolidated Financial Statements: Policy and Procedures", File Reference 1082-154, 18.12.1995, in: Sammlung der Letters of Comment zum Exposure Draft "Consolidated Financial Statements: Policy and Procedures", hrsg. v. FASB, Norwalk 1995.

Ewert, R., ***Rechnungslegung***, Gläubigerschutz und Agency-Probleme, Wiesbaden 1986.

FASB, Status ***Report No. 198***, in: Financial Accounting Series, Financial Accounting Series, No. 76, hrsg. v. FASB, Norwalk 1989.

FASB, Preliminary Views on Major Issues Related to ***Consolidation Policy***, in: Financial Accounting Series, No. 140-B, hrsg. v. FASB, Norwalk 1994.

FASB, ***Request for Cases***, http://www.rutgers.edu/Accouting/raw/fasb/project/-consol.html, 26.4.1999.

FASB, Status ***Report No. 254***, in: Financial Accounting Series, Financial Accounting Series, No. 139, hrsg. v. FASB, Norwalk 1994.

FASB, Status ***Report No. 256***, in: Financial Accounting Series, Financial Accounting Series, No. 141-A, hrsg. v. FASB, Norwalk 1994.

FASB, ***E***xposure ***D***raft: Proposed Statement of Financial Accounting Standards - Consolidated Financial Statements: Policy and Procedures, in: Financial Accounting Series, No. 154-D, hrsg. v. FASB, Norwalk 1995.

FASB, ***E***xposure ***D***raft: Proposed Statement of Financial Accounting Standards - Consolidated Financial Statements: Purpose and Policy, in: Financial Accounting Series, No. 194-D, hrsg. v. FASB, Norwalk 1999.

FASB, Status ***Report No. 270***, in: Financial Accounting Series, No. 155-A, hrsg. v. FASB, Norwalk 1995.

FASB, ***P***ublic ***H***earings on Consolidated Financial Statements Policy and Procedures, Teil ***1*** und Teil ***2***, Norwalk 1996.

FASB, Discussion of Board Agenda Projects as of April 1, 1997 - ***Consolidations*** and Related Matters, URL: http://www.rutgers.edu/Accounting/raw/-fasb/tech/tech5.htm, 23.7.1997.

FASB, Original Pronouncements, Vol. 1 und 2, 1997/98er Aufl., Norwalk 1997/98. ***(AIN, APB Opinion, ARB, FIN, AICPA-Interpretations, SAB, SFAC, SFAS)***.

FASB, Discussion of Board Agenda Projects as of July 1, 1998 - ***Consolidations and Related Matters***, URL: http://www.rutgers.edu/Accounting/raw/fasb/-tech/consol1.htm, 12.10.1998.

Faß, J., ***Konzernierung*** und konsolidierte Rechnungslegung: eine Analyse der Eignung des Konzernabschlusses als Informationsinstrument und als Grundlage der Ausschüttungsbemessung konzernverbundener Unternehmen, Frankfurt a.M. u.a. 1992.

Financial Management Division of the Securities Industry Association, ***L***etter of ***C***omment No. 16 zum Exposure Draft "Consolidated Financial Statements: Policy and Procedures", File Reference 1082-154, 18.12.1995, in: Sammlung der Letters of Comment zum Exposure Draft "Consolidated Financial Statements: Policy and Procedures", hrsg. v. FASB, Norwalk 1995.

Financial Management Division of the Securities Industry Association, Accounting Issues Memorandum - Accounting for ***Merchant Banking Investments*** by Brokers and Dealers in Securities, ohne Ortsangabe 1995.

Fitzsimons, A. P./Rude, J. A., Possible Revision to ***Consolidation Policy*** Could Change Fundamental Aspects of Financial Statements, in: Commercial Lending Review, 1995, S. 90 - 95.

Finney, H. A./Miller, H. E., Principles of ***Accounting*** - Advanced, 5. Aufl., Englewood Cliffs 1960.

Förschle, G./Glaum, M./Mandler, U., ***Internationale Rechnungslegung*** und Kapitalaufnahmeerleichterungsgesetz - Meinungswechsel bei Führungskräften deutscher Unternehmungen?, in: DB, 1998, S. 2281 - 2288.

Förschle, G./Kofahl, G., ***§ 293***, in: Beck'scher Bilanzkommentar: der Jahresabschluß nach Handels- und Steuerrecht; Konzernabschluß, Prüfung, Offenlegung, §§ 238 - 339, 3. Aufl., München 1995, S. 1395 - 1407.

Forum Europaeum Konzernrecht, ECLR - ***Konzernrecht*** für Europa, in: ZGR, 1998, S. 672 - 772.

Frankenberg, P., ***Jahresabschlüsse*** im internationalen Vergleich - Analyse US-amerikanischer und deutscher Unternehmen, Wiesbaden 1993.

Fuchs, H./Gerloff, O., Die konsolidierte ***Bilanz***, Köln 1954.

Fülbier, R. U., ***Regulierung der Ad-hoc-Publizität*** – Ein Beitrag zur ökonomischen Analyse des Rechts, Wiesbaden 1998.

Furubotn, E. G./Pejovich, S., ***Property Rights*** and Economic Theory: A Survey of Recent Literature, in: Journal of Economic Literature, 1972, S. 1137 - 1162.

Furubotn, E. G./Pejovich, S. (Hrsg.), The economics of ***property rights***, Cambridge 1974.

Geiger, A., Ökonomische Analyse des ***Konzernhaftungsrecht***s, Bergisch Gladbach/Köln 1993.

General Electric Company, *Le*tter of *C*omment No. 30 zum Exposure Draft "Consolidated Financial Statements: Policy and Procedures", File Reference 1082-154, 18.12.1995, in: Sammlung der Letters of Comment zum Exposure Draft "Consolidated Financial Statements: Policy and Procedures", hrsg. v. FASB, Norwalk 1995.

Gerybadze, A., ***Strategic alliances*** and process redesign: effective management and restructuring of cooperative projects and networks, New York 1995.

Gingele, R., Der konsolidierte ***Abschluß*** in den Vereinigten Staaten von Amerika: rechtliche, historische und theoretische Grundlagen unter besonderer Berücksichtigung des Konsolidierungskreises und der Kapitalkonsolidierung, Frankfurt a.M. u.a. 1989.

Godin, F./Wilhelmi, H., ***Aktiengesetz***: vom 6. September; Kommentar, begründet von Godin, F./Wilhelmi, H., Neubearbeitung von Wilhelmi, S., 4. Aufl., Berlin 1971.

Goldberg, L., An Inquiry Into the Nature of ***Accounting***, Menasha 1965.

Goldberg, V., ***Regulation*** and Administered Contracts, Bell Journal, 1976, S. 426 - 448.

Griffin, C. H. et al., Advanced ***Accounting***, 6. Aufl, Homewood/Boston 1991.

Grochla, E., ***Betrieb***, Betriebswirtschaft und Unternehmung, in: Handwörterbuch der BWL, Band I, 5. Aufl., Stuttgart 1993, Sp. 374 - 390.

Großfeld, B., Bilanzielles und kulturelles ***Umfeld***, in: WPg, 1994 S. 795 – 803.

Grossman,S. J./Hart, O. D., Teh ***Costs and Benefits*** of Ownership: A Theory of Vertical an Lateral Integration, in: Journal of Political Economy, 1986, S. 691 – 719.

Grossman, S. J./Hart, O. D., An analysis of the ***principal-agent problem***, in: Econometrica, 1983, S. 7 - 46.

Gutenberg, E., Über ***japanische Unternehmungen***, Wiesbaden 1960.

Gutenberg, E., Grundlagen der ***Betriebswirtschaftslehre***, Band I: Die Produktion, 21. Aufl., Heidelberg/New York 1975.

Haller, A., *F*inancial *A*ccounting ***S***tandards ***B***oard, in: DBW, 1990, S. 265 - 268.

Haller, A., Die "*G*enerally *A*ccepted *A*ccounting ***P***rinciples", in: ZfbF, 1990, S. 751 - 777.

Harms, J. E., ***§ 303***, in: Handbuch der Konzernrechnungslegung, Kommentar zur Bilanzierung und Prüfung, hrsg. v. Küting, K./Weber, C.-P., Stuttgart 1998, S. 1491 - 1521.

Harried, A. A./Imdieke, L. F./Smith, R. E., Advanced ***Accounting***, 3. Aufl., New York u.a. 1985.

Havermann, H., ***Rechnungslegung*** im Wandel - Nationale und internationale Entwicklungstendenzen ausgewählter Bereiche, Köln 1980.

Havermann, H., Offene Fragen der ***Konzernrechnungslegung***, in: Bericht über die Fachtagung 1986 des IdW in Deutschland e.V., hrsg. v. IdW, Düsseldorf 1986, S. 43 - 51.

Henderson, J. M./Quandt, R. E., ***Mikroökonomische Theorie***: Eine mathematische Darstellung, 5. Aufl., München 1983.

Hendriksen, E. S./van Breda, M. F., Accounting ***Theory***, 5. Aufl., Homewood u.a. 1991.

Henn, H. G./Alexander, J. R., Laws of ***Corporations*** and other Business Enterprises, 3. Aufl., St. Paul 1983.

Heydemann, B./Koenen, S., Die ***Abgrenzung*** des Konsolidierungskreises in Theorie und Praxis, in DB, 1992, S. 2253 - 2260.

Hintner, O., ***Betriebszusammenschlüsse***, in: Handwörterbuch der Betriebswirtschaft, hrsg. v. Seischab, H./Schwantag, K., Band I, 3. Aufl., Stuttgart 1956, Sp. 1027 - 1035.

Holtmann, M., ***Personelle Verflechtungen*** auf Konzernführungsebene, Wiesbaden 1989.

Hopt, K. J., Vom Aktien- und Börsenrecht zum ***Kapitalmarktrecht***, in: ZHR, 1976, S. 201 – 235.

Hoyle, J. B., Advanced ***Accounting***, 3. Aufl., Plano 1991.

Hylton, D. P., On the Usefulness of Consolidated Financial ***Statements***, in: The CPA Journal, 1988, S. 74 - 77.

IDW (Hrsg.), ***Wirtschaftsprüfer-Handbuch*** 1996, Handbuch für Rechnungslegung, Prüfung und Beratung, Band I, Düsseldorf 1996.

Ijiri, Y., Theory of ***Accounting Measurement***, AAA Studies in Accounting Research No. 10, Sarasota 1975.

Insignia Financial Group, Inc., ***L***etter of ***C***omment No. 15 zum Exposure Draft "Consolidated Financial Statements: Policy and Procedures", File Reference 1082-154, 15.12.1995, in: Sammlung der Letters of Comment zum Exposure Draft "Consolidated Financial Statements: Policy and Procedures", hrsg. v. FASB, Norwalk 1995.

Jarillo, C. J., On Strategic ***Networks***, in: Strategic Management Journal, 1988, S. 31 - 41.

Jensen, D. L. et al., Advanced ***Accounting***, 3. Aufl., New York u.a. 1994.

Jensen, C. J./Meckling, W. H., ***Theory of the Firm***: Managerial Behavior, Agency Costs and Ownership Structure, in: Journal of Financial Economics, 1976, S. 305 – 360.

Kallfass, H. H., Ökonomische Analyse der ***Konzernbildung***, in: Das Gesellschaftsrecht der Konzerne im internationalen Vergleich, hrsg. v. Mestmäcker, E.-J./Behrens, P., 1991, S. 19 - 48.

Kam, V. M., Accounting ***Theory***, New York u.a. 1986.

Kaplan, D./Fender, E. A, The ***Development of Comment Letters*** on FASB Proposals by the AICPA Accounting Standards Executive Committee, in: Accounting Horizons, Juni 1998, S. 184 - 187.

Kieso, D. E./Weygandt, J. J., Intermediate ***Accounting***, 9. Aufl., New York u.a. 1998.

Kirchner, C., Ansätze zu einer ökonomischen Analyse des **Konzernrechts**, Jahrbuch für Neue Politische Ökonomie, hrsg. v. Boettcher, E./Herder-Dornreich, P./Schenk, K.-E., Tübingen 1984, S. 223 - 251

Knutson, P. H./Napolitano, G. U., ***Criteria Employed by the AIMR*** Financial Accounting Policy Committee in Evaluating Financial Accounting Standards, in: Accounting Horizons, Juni 1998, S. 170 - 176.

Koberstein, G., ***Unternehmungszusammenschlüsse***, Essen 1955.

Kohler, E. L., Some Tentative Propositions Underlying ***Consolidated Reports***, in: The Accounting Review, 1938, S. 63 - 77.

Koppensteiner, H.-G., ***§ 17*** AktG, in: Kölner Kommentar zum AktG, 2. Auflage 1988, Band 1, Stand 1986.

Koppensteiner, H.-G., ***§ 18*** AktG, in: Kölner Kommentar zum AktG, 2. Auflage 1988, Band 1, Stand 1986.

Kosiol, E., Die ***Unternehmung*** als wirtschaftliches Aktionszentrum, Einführung in die Betriebswirtschaftslehre, Reinbek bei Hamburg 1972.

KPMG Peat Marwick, ***L***etter of ***C***omment No. 34 zum Exposure Draft "Consolidated Financial Statements: Policy and Procedures", File Reference 1082-154, 21.12.1995, in: Sammlung der Letters of Comment zum Exposure Draft "Consolidated Financial Statements: Policy and Procedures", hrsg. v. FASB, Norwalk 1995.

Kropff, B., ***Aktiengesetz***, Düsseldorf 1965.

Kübler, F., ***Gesellschaftsrecht*** - Die privatrechtlichen Ordnungsstrukturen und Regelungsprobleme von Verbänden und Unternehmen, 3. Aufl., Heidelberg 1990.

Küting, K., Der Entscheidungsrahmen einer unternehmerischen ***Zusammenarbeit,*** in: Unternehmerische Zusammenarbeit - Beiträge zu Grundsatzfragen bei Kooperation und Zusammenschluß, hrsg. v. Küting, K./Zink, K. J., Münster 1983, S. 1 - 35.

Küting, K., Ein erneutes Plädoyer für eine ***Einheitsbesteuerung***, in: DB, 1990, S. 489 - 497.

Küting, K., Grundlagen der unternehmerischen ***Zusammenarbeit***, in: DStR, Beilage zu Heft 4, 1990, S. 1 - 20.

Küting, K./Köthner, R./Zündorf, H., ***§ 311,*** in: Handbuch der Konzernrechnungslegung, Kommentar zur Bilanzierung und Prüfung, hrsg. v. Küting, K./Weber, C.-P., Stuttgart 1998, S. 1711 - 1749.

Küting, K./Weber, C.-P. (Hrsg.), Handbuch der ***Konzernrechnungslegung***, Kommentar zur Bilanzierung und Prüfung, Stuttgart 1998, S. 1153 - 1454.

Küting, K./Zink, K. J., Unternehmerische ***Zusammenarbeit*** - Beiträge zu Grundsatzfragen bei Kooperation und Zusammenschluß, Münster 1983.

Larkin, S. P./Bebout, E. W./Lenz, J. W., ***SEC Reporting*** Requirements, in: Accountants' Handbook, hrsg. v. Carmichael, D. R./Lilien, S. B./Mellmann, M., 7. Aufl., New York u.a. 1991/95, Chapter 3.

Laule, G., ***Gesellschaftsrecht*** der USA, in: Rechnungslegung, Prüfung, Wirtschaftsrecht und Steuern in den USA, hrsg. v. Sonnemann, E., Wiesbaden 1989, S. 205 - 232.

Lehertshuber, B., Unternehmensvertragsrecht und ***Konzernhandelsbilanz***, Frankfurt a.M. u.a. 1986.

Linsmeier, T. J. et al., American Accounting Association's Financial Accounting Standards Committee: Criteria for Assessing the ***Quality of an Accounting Standard***, in: Accounting Horizons, Juni 1998, S. 161 - 162.

Lissmann, K., ***Joint Ventures*** erfolglich organisieren und managen: neue Märkte durch strategische Kooperationen, Planegg/München 1990.

Lott, R. W., Comparative Analysis of IAS 28, Accounting for Investments in Associates, and U.S. GAAP including APB Opinion No. 18, The ***Equity Method*** of Accounting for Investments in Common Stock, in: The IASC-U.S. Comparison Project: A Report on the Similarities and Differences between IASC Standards and U.S. GAAP - Based on a Study Undertaken by the FASB Staff, hrsg. v. Carrie B., Norwalk 1996.

Lynch, P. M., Will FASB No. 94 Close The Purest ***Captive Door***?, in: Risk Management, 1988, S. 38 - 45.

MacNeil, I. R., ***Contracts***: Adjustments of long-term economic relations under classical, neoclassical and relational contract law, in: Northwestern University Law Review, 1987, S. 845 - 906.

Marshall, A., ***Principles*** of Economics, 8. Aufl., New York 1948.

Mason, P./Davidson, S./Schindler, J. S., Fundamentals of ***Accounting***, 4. Aufl., New York u.a. 1959.

Merkt, H., US-amerikanisches ***Gesellschaftsrecht***, Heidelberg 1991.

Mestmäcker, E.-J., Zur Systemtik des Rechts der verbundenen Unternehmen im neuen ***Aktiengesetz***, in: Das Unternehmen in der Rechtsordnung, hrsg. v. K. H. Biedenkopf, 1967, S. 129 – 159.

Moonitz, M., The ***Entity Approach*** To ***Consolidated Statements***, in: The Accounting Review, 1942, S. 236 - 242.

Moonitz, M., The ***Entity Theory*** of Consolidated Statements, 2 Aufl., Brooklyn 1951.

Moonitz, M., The ***Basic Postulates*** of Accounting, Accounting Research Study No. 1, AICPA, New York 1961.

Morgan Stanley Group Inc., ***L***etter of ***C***omment No. 68 zum Exposure Draft "Consolidated Financial Statements: Policy and Procedures", File Reference 1082-154, 15.1.1996, in: Sammlung der Letters of Comment zum Exposure Draft "Consolidated Financial Statements: Policy and Procedures", hrsg. v. FASB, Norwalk 1996.

Moxter, A., ***D***eutsches ***R***echnungslegungs ***S***tandards ***C***ommittee: Aufgaben und Bedeutung, in: DB, 1998, S. 1425 - 1433.

Mueller, G., Qualitative Characteristics of Financial ***Accounting Standards***, in: ZfbF-Sonderheft zum 70. Geburtstag von Walther Busse von Colbe, 1998. (Veröffentlichung in Vorbereitung)

Mian, S. L./Smith, C. W., Incentives for ***Unconsolidated Reporting***, in: Journal of Accounting and Economics, 1990, S. 141 - 171 und S. 249 - 266.

Miller, P. B./Redding, R. J./Bahnson, P. R., The ***FASB***. The People, the Process, and the Politics, 3. Aufl., Burr Ridge u.a. 1994.

Neuhausen, B. S., ***Consolidation*** and the Equity Method - Time for an Overhaul, in: Journal of Accountancy, 1982, S. 54 - 66.

Nick, A., ***Börseneinführung*** von Tochtergesellschaften: Instrument der Konzernfinanzierung und -gestaltung, Wiesbaden 1994.

Nikolai, L. A./Bazley, J. D., Intermediate ***Accounting***, 6. Aufl., Cincinnati 1994.

Noll, B., Haftungsbeschränkungen im ***Konzern*** - Eine ökonomische Analyse, in: Jahrbuch für die Ordnung von Wirtschaft und Gesellschaft, 1992, S. 205 - 235.

Ordelheide, D., Der ***Konzern*** als Gegenstand der betriebswirtschaftlichen Forschung, in: BFuP, 1986, S. 293 - 312.

Ordelheide, D., ***Konzernerfolgskonzeption*** und Risikokoordination, in: ZfbF, 1987, S. 975 - 986.

Ouchi, W. G., Markets, Bureaucracies, and ***Clans***, in: Administrative Science Quarterly, 1980, S. 129 - 141.

Paxson, D./Wood, D. (Hrsg.), The Blackwell Encyclopedic Dictionary of ***Finance***, Cambridge 1997.

O.V., The FASB's ***consolidations*** project: where it stands, in: Journal of Accountancy, 1984, S. 93 - 97.

O.V., Technical Issues Feature - ***Consolidated*** Financial Statements, in: Journal of Accountancy, 1987, S. 63 - 87.

O.V., ***Mergers*** Boom Became a Bust, Experts Say, in: The Wall Street Journal, January 2, 1990, S. R-1.

O.V., ***Recourse***, in: The New Palgrave - Dictionary of Money & Finance, hrsg. v. Newman, P./Murray, M./Eatwell, J., London/Basingstoke 1992.

O.V., Flugverkehr / British Airways und American Airlines schmieden neue Luftfahrt-Allianz One World: Scharfe Konkurrenz für ***Lufthansa-Allianz***, in: Handelblatt, 22.9.1998, S. 13.

O.V., ***Asset Management*** / Investmentprozesse, Produkte und Marktauftritt unter jeweils eigener Markt: Bank und Versicherer kooperieren, in: Handelsblatt, 22.9.1998, S. 23.

Pacter, P., An Analysis of Issues Related to ***Consolidation*** Policies and Procedures, in: Discussion Memorandum, hrsg. v. FASB, Norwalk 1991.

Pacter, P., Revising GAAP for ***Consolidations***: Join the Debate, in: The CPA Journal, 1992, S. 38 - 47.

Pacter, P./Rosman, A., The ***Debate*** over Consolidated Statements, in: Financial Executive, 1992, S. 22 - 27.

Pahler, A. J./Mori, J. E., Advanced ***Accounting*** - Concepts and Practice, 5. Aufl, Gort Worth u.a. 1994.

Paton, W. A./Littleton, A. C., An Introduction to Corporate ***Accounting Standards***, Ann Arbor 1965.

Paulick, H., ***Gelegenheitsgesellschaft***, in: Handwörterbuch des Steuerrechts, 2. Aufl., 1981, Band I, S. 586.

Pausenberger, E., Der ***Konzernaufbau***, Versuch einer Morphologie des Konzerns, München 1957.

Pausenberger, E., ***Konzerne***, in: Handwörterbuch der Betriebswirtschaft, hrsg. v. Grochla, E./Wittmann, W., 4. Aufl. 1975, Sp. 2234 - 2249.

Pausenberger, E., Zur ***Systematik von Unternehmenszusammenschlüssen***, in: WISU, 11/1989, S. 621 - 626.

Pausenberger, E., ***Unternehmenszusammenschlüsse***, in: Handwörterbuch der Betriebswirtschaft, hrsg. v. Wittmann, W., 5. Aufl., Stuttgart 1993, Sp. 4436 - 4448.

Pellens, B., Der ***Informationswert*** von Konzernabschlüssen: eine empirische Untersuchung deutscher Börsengesellschaften, Wiesbaden 1989.

Pellens, B., ***Börseneinführung*** von Tochterunternehmen - Aktienmarktreaktionen auf die Performance des Mutterunternehmens, in: ZfbF, 1993, S. 852 - 872.

Pellens, B., ***Aktionärsschutz*** im Konzern: empirische und theoretische Analyse der Reformvorschläge der Konzernverfassung, Wiesbaden 1994.

Pellens, B., ***Internationale Rechnungslegung***, 2. Aufl., Stuttgart 1998.

Pellens, B./Bonse, A./Gassen, J., ***Perspektiven*** der deutschen Konzernrechnungslegung, in: DB, 1998, S. 785 - 792.

Pellens, B./Gassen, J., Die ***Bereitstellung von Rechnungslegungssystemen*** – Eine Aufgabe des Staates oder des Marktes?, in: Rechnungswesen als Instrument für Führungsentscheidungen, hrsg. v. Möller, H. P./Schmidt, F., Stuttgart 1998.

Pellens, B./Tomaszweski, C., ***Auswirkungen des Rechnungslegungswechsels*** zu US-GAAP bzw. IAS auf Unternehmenswerte, in: Rechnungswesen und Kapitalmarkt, hrsg. v. Gehbardt, G./Pellens, B., 1999 (Veröffentlichung in Vorbereitung).

Peemöller, V. H./Geiger, T., Änderung des HGB durch das ***Kapitalaufnahmeerleichterungsgesetz***, in: BBK, 1998, Fach 15, Seite 1097 - 1104.

Pick, J. J., ***Ausschüttungsregelung*** bei Konzernverflechtung: Versuch einer Deduktion von Ausschüttungsregeln für Konzerngesellschaften; Frankfurt a.M. 1985.

Picot, A., ***Transaktionskostenansatz*** in der Organisationstheorie. Stand der Diskussion und Aussagewert, in: DBW 1982, S. 267 - 284.

Picot, A., Die ***grenzenlose Unternehmung***, Wiesbaden 1996.

Pratt, J. W./Zeckhauser, R. J. (Hrsg.), ***Principals and agents***. The structure of business, Boston 1985.

Price Waterhouse, A Survey and Analysis of ***Consolidations***/Equity Accounting Practices in Australia, Canada, France, Germany, Italy, Japan, The Netherlands, United Kingdom, International accounting research study prepared for the Securities and Exchange Commission, New York 1990.

Price Waterhouse LLP, ***L***etter of ***C***omment No. 13 zum Exposure Draft "Consolidated Financial Statements: Policy and Procedures", File Reference 1082-154, 13.12.1995, in: Sammlung der Letters of Comment zum Exposure Draft "Consolidated Financial Statements: Policy and Procedures", hrsg. v. FASB, Norwalk 1995.

Reuschlein, H. G./Grogory, W. A., The Law of Agency and ***Partnership***, 2. Aufl., St. Paul 1990.

Richardson, G. B., The ***Organization*** of Industry, in: The Economic Journal, 1972, S. 883 - 869.

Richter, R., Sichtweise und Fragestellungen der Neuen ***Institutionenökonomik*** in: Zeitschrift für Wirtschafts- und Sozialwissenschaften, 1990, S. 571 - 591.

Ridder-Aab, C. M., Die moderne ***Aktiengesellschaft*** im Lichte der Theorie der Eigentumsrechte, Frankfurt a.M. 1980.

Rogero, L. H., Characteristics of ***High Quality Accounting Standards***, in: Accounting Horizons, Juni 1998, S. 177 - 183.

Rosenfield, P./Rubin, S., ***Consolidation***, Translation and the Equity Method, New York u.a. 1985.

Rost, P., Der internationale ***Harmonisierungsprozeß*** der Rechnungslegung, Frankfurt a.M. u.a. 1991.

Rubin, S., ***Consolidation***, Translation, and the Equity Method, in: Accountants' Handbook, hrsg. v. Carmichael, D. R./Lilien, S. B./Mellmann, M., 7. Aufl., New York u.a. 1991, Chapter 7, S. 7.1 - 7.51; Ergänzungsheft 1993, Chapter 7, S. 87 - 89.

Rudolph, B., Kreditsicherheiten als Instrument zur Umverteilung und Begrenzung von ***Kreditrisiken***, in: ZfbF, 1984, S. 16 - 43.

Rumer, K., Internationale ***Koopertionen und Joint Ventures***: Standortvorteile nutzen, neue Märkte und Technologien erschließen, Wiesbaden 1994.

Sahner, F./Sauermann, K., ***§ 294***, in: Handbuch der Konzernrechnungslegung, Kommentar zur Bilanzierung und Prüfung, hrsg. v. Küting, K./Weber, C.-P., Stuttgart 1998, S. 1041 - 1046.

Sahner, F./Sauermann, K., ***§ 295***, in: Handbuch der Konzernrechnungslegung, Kommentar zur Bilanzierung und Prüfung, hrsg. v. Küting, K./Weber, C.-P., Stuttgart 1998, S. 1047 - 1052.

Sahner, F./Sauermann, K., ***§ 296***, in: Handbuch der Konzernrechnungslegung, Kommentar zur Bilanzierung und Prüfung, hrsg. v. Küting, K./Weber, C.-P., Stuttgart 1998, S. 1053 - 1061.

Schaub, D., ***Gemeinschaftsunternehmen***, in: Handbuch der Unternehmenszusammenschlüsse, hrsg. v. Sölter, A./Zimmerer, C., München 1972, S. 179 - 194.

Schenk, G., ***Konzernbildung***, Interessenkonflikte und ökonomische Effizienz: Ansätze zur Theorie des Konzerns und ihre Relevanz für rechtspolitische Schlußfolgerungen, Frankfurt a.M. u.a. 1997.

Schierenbeck, H., Grundzüge der ***Betriebswirtschaftslehre***, 11. Aufl., München/Wien 1992.

Schildbach, T., Überlegungen zu Grundlagen einer ***Konzernrechnungslegung*** (Teil I und II), in: WPg, 1989, S. 157 - 164 und 199 - 209.

Schildbach, T., Der ***Konzernabschluß*** nach HGB, IAS und US-GAAP, 5. Aufl., München u.a. 1998.

Schildbach, T., Der handelsrechtliche ***Jahresabschluß***, 5. Aufl., Herne u.a. 1997.

Schildbach, T., Der handelsrechtliche ***Konzernabschluß***, 4. Aufl., München/Wien 1996.

Schmalenbach, E. ***Finanzierungen***, Leipzig 1937.

Schneider, D., Betriebswirtschaftslehre, Band 1: ***Grundlagen***, 2. Aufl., München u.a. 1995.

Schneider, D., Betriebswirtschaftslehre, Band 2: ***Rechnungswesen***, 2. Aufl., München 1997.

Schneider, U. H., Das Recht der ***Konzernfinanzierung***, in: ZGR, 1984, S. 497 - 537.

Schneider, U. H., Die konzernweite ***Negativklausel***: Ein Beitrag zur Anpassung von Darlehensverträgen und von Anleihebedingungen an die Konzernlage, in: Festschrift für Walter Stimpel, hrsg. v. Lutter, M./Mertens, H.-J./Ulmer, P.,Berlin/New York 1985, S. 887 - 906.

Schnicke, C./Kilger, T., ***§ 290***, in: Beck'scher Bilanzkommentar: der Jahresabschluß nach Handels- und Steuerrecht; Konzernabschluß, Prüfung, Offenlegung, §§ 238 - 339, 3. Aufl., München 1995; S. 1354 - 1374.

Schnicke, C./Kilger, T., ***§ 291***, in: Beck'scher Bilanzkommentar: der Jahresabschluß nach Handels- und Steuerrecht; Konzernabschluß, Prüfung, Offenlegung, §§ 238 - 339, 3. Aufl., München 1995, S. 1374 - 1386.

Schnicke, C./Kilger, T., ***§ 292***, in: Beck'scher Bilanzkommentar: der Jahresabschluß nach Handels- und Steuerrecht; Konzernabschluß, Prüfung, Offenlegung, §§ 238 - 339, 3. Aufl., München 1995, S. 1386 - 1395.

Schubert, W., ***Konzern*** als Zusammenschlußform, in: Handbuch der Konzernrechnungslegung, hrsg. v. Küting, K./Weber, C.-P., Stuttgart 1998, S. 289 - 324.

Schubert, W./Küting, K., ***Unternehmungszusammenschlüsse***, München 1981.

Schulte, J., ***Rechnungslegung*** und Aktienkursentwicklung, Wiesbaden 1996.

SEC, SEC Guidelines - Rules and Regulations, Boston, 1997. (***ASR, Codification, FRR, Regulation S-X, SAB***)

Shapiro, A. C., Modern Corporate ***Finance***, New York u.a. 1990.

Sharp, A. D./Thompson, J. H., ***SFAS 94***: The Prodigal Son Becomes Part of the Family Picture, in: The CPA Journal, 1989, S. 40 - 44.

Siebert, H., Ökonomische ***Analyse*** von Netzwerken, in: Managementforschung, hrsg. v. Staehle, W.H./Sydow, J., Berlin 1991, S. 291 - 311.

Siebert, H., ***Grundlagen*** der US-amerikanischen Rechnungslegung, Ziele und Inhalte der Verlautbarungen der SEC und des FASB sowie ihre Unterschiede zum deutschen Bilanzrecht, Köln 1996.

Siebourg, P., ***§ 290,*** in: Handbuch der Konzernrechnungslegung, Kommentar zur Bilanzierung und Prüfung, hrsg. v. Küting, K./Weber, C.-P., Stuttgart 1998, S. 933 - 975.

Siebourg, P., ***§ 291,*** in: Handbuch der Konzernrechnungslegung, Kommentar zur Bilanzierung und Prüfung, hrsg. v. Küting, K./Weber, C.-P., Stuttgart 1998, S. 977 - 1003.

Siebourg, P., ***§ 292,*** in: Handbuch der Konzernrechnungslegung, Kommentar zur Bilanzierung und Prüfung, hrsg. v. Küting, K./Weber, C.-P., Stuttgart 1998, S. 1005 - 1023.

Siebourg, P., ***§ 293,*** in: Handbuch der Konzernrechnungslegung, Kommentar zur Bilanzierung und Prüfung, hrsg. v. Küting, K./Weber, C.-P., Stuttgart 1998, S. 1026 - 1040.

Sigle, H., ***§ 310***, in: Handbuch der Konzernrechnungslegung, Kommentar zur Bilanzierung und Prüfung, hrsg. v. Küting, K./Weber, C.-P., Stuttgart 1998, S. 1665 - 1709.

Simon, H. A., Administrative ***Behavior***: A Study of Decision-Making Processes in Administrative Organization, New York/London 1976.

Skousen, F. K., An Introduction to the ***SEC***, 5. Aufl., Cincinnati 1991.

Smith, J. T., Responding to FASB Standard-Setting ***Proposals***, in: Accounting Horizons, Juni 1998, S. 163 - 169.

Sölter, A./Zimmerer, C., Handbuch der ***Unternehmenszusammenschlüsse***, München 1972.

Solomon, L. D. et al., ***Corporations*** Law and Policy - Materials and Problems, 3. Aufl., St. Paul 1994.

Solomons, D., The ***FASB's Conceptual Framework***: An Evaluation, in: Journal of Accountancy, 1986, S. 114 - 124.

Sonderausschluß Bilanzrichtlinien-Gesetz (SABI), Stellungnahme 1/1988: Zur Aufstellungspflicht für einen ***Konzernabschluß*** und zur Abgrenzung des Konsolidierungskreises, in: WPg, 1988, S. 340 - 343.

Staubus, G. J., The **Residual Equity** Point of View in Accounting, in: The Accounting Review, January 1959, S. 11 - 15.

Staubus, G. J., An Induced Theory of ***Accounting Measurement***, in: The Accounting Review, 1985, S. 53 - 75.

Storey, R. K., The ***Framework*** of Financial Accounting Concepts and Standards, in: Accountants' Handbook, hrsg. v. Carmichael, D. R./Lilien, S. B./Mellmann, M., 7. Aufl., New York u.a. 1991/95, Chapter 1.

Streim, H., Grundzüge der handels- und steuerrechtlichen ***Bilanzierung***, Stuttgart u.a. 1988.

Sunley, W. T., ***Intercompany Profits***, in: Journal of Accountancy, 1923, S. 310 - 313.

Sunley, W. T., ***Minority Interets*** in Intercompany Profits, in: Journal of Accountancy, 1923, S. 350 - 355.

Sydow, J., Strategische *Netzwerke* in Japan, in: ZfbF, 1991, S. 238 - 254.

Telkamp, H.-J., ***§ 305***, in: Handbuch der Konzernrechnungslegung, Kommentar zur Bilanzierung und Prüfung, hrsg. v. Küting, K./Weber, C.-P., Stuttgart 1998, S. 1557 - 1593.

The Coca Cola Company, ***L****etter of* ***C****omment No. 70 zum Exposure Draft "Consolidated Financial Statements: Policy and Procedures", File Reference 1082-154, 16.01.1996, in: Sammlung der Letters of Comment zum Exposure Draft "Consolidated Financial Statements: Policy and Procedures", hrsg. v. FASB, Norwalk 1996.

The University of Texas at Tyler, ***L****etter of* ***C****omment No. 75 zum Exposure Draft "Consolidated Financial Statements: Policy and Procedures", File Reference 1082-154, 16.1.1996, in: Sammlung der Letters of Comment zum Exposure Draft "Consolidated Financial Statements: Policy and Procedures", hrsg. v. FASB, Norwalk 1996.

Theisen, M. R., Vorüberlegung zu einer ***Konzernunternehmungslehre***, in DBW, 1988, S. 279 - 297.

Theisen, M. R., Der ***Konzern***: betriebswirtschaftliche und rechtliche Grundlagen der Konzernunternehmung, Stuttgart 1991.

Thorelli, H. B., ***Networks***: Between Markets and Hierarchies, in Strategic Mangement Journal, 1986, S. 37 - 51.

Tosh, D. E., Should We Consolidate ***Finance*** Subsidiaries?, in: Management Accounting, 1987, S. 45 - 50.

Trützschler, K., ***§ 300***, in: Handbuch der Konzernrechnungslegung, Kommentar zur Bilanzierung und Prüfung, hrsg. v. Küting, K./Weber, C.-P., Stuttgart 1998, S. 1139 - 1152.

Ulmer P., Der ***Gläubigerschutz*** im faktischen GmbH-Konzern beim Fehlen von Minderheitsgesellschaftern, in: ZHR, 1984, S. 391 - 427.

United States Department of Commerce, Bureau of Census (Hrsg.), ***Statistical Abstract*** of the United States, Washington D.C. 1992.

Vigelius, C., HGB, US-GAAP, IAS - Vergleich deutscher und internationaler ***Rechnungslegungsstandards***, Frankfurt a.M. 1997.

von Samson-Himmelstjerna, A., Überblick über die ***Gesellschaftsformen*** der Vereinigten Staaten von Amerika, in: RIW, 1983, S. 152 - 159.

Wald, A., Über einige ***Gleichungssysteme der mathematischen Ökonomie***, Zeitschrift für Nationalökonomie, 1936, S. 637 - 670.

Walras, L., ***Eléments d'économie politique*** pure ou théorie de la richesse social, Lausanne 1874.

Wallis, J. J./North, D. C., Measuring the ***Transaction Sector*** in the American Economy, 1870 - 1970, in: Long-Term Factors in American Economic Growth, Studies in Income and Wealth, hrsg. v. Engerman, St. L./Gallman, R. E., Vol. 51, Chicago/London 1988.

Watt, G. C./Hammer, R. M./Burge, M., ***Accounting*** for the multinational enterprise, Homewood 1977.

Weber, H., ***§ 304***, in: Handbuch der Konzernrechnungslegung, Kommentar zur Bilanzierung und Prüfung, hrsg. v. Küting, K./Weber, C.-P., Stuttgart 1998, S. 1523 - 1556.

Weber, J. V., The FASB's ***Consolidation*** Project: Where It Stands, in: Journal of Accountancy, 1984, S. 93 - 98.

Wiemann, H.-U., ***Unternehmenspubizität*** nach amerikanischem Kapitalmarktrecht, Baden-Baden 1987.

Williams, J. R., Miller ***GAAP*** Guide 1995, San Diego u.a. 1995.

Williamson, O. E., The Vertical ***Integration*** of Production: Market Failure Considerations, in: American Economic Review, 1971, S. 112 - 123.

Williamson, O. E., ***Markets and Hierarchies***: Analysis and Antitrust Implications, New York/London 1975.

Williamson, O. E., ***Transaction-Cost Economics***: The Governance of Contractual Relations, in: The Journal of Law and Economics, 1979, S. 233 - 261.

Williamson, O. E., The Modern ***Corporation***: Origins, Evolution, Attributes, in: Journal of Economic Literature, 1981, S. 1537 - 1568.

Williamson, O. E., ***Credible Commitments***: Using hostages to support exchanges, in: American Economic Review, 1983, S. 519 - 540.

Williamson, O. E., The Economic ***Institutions*** of Capitalism: Firms, Markets, Relational Contracting, New York/London 1985.

Williamson, O. E., Die ökonomischen ***Institutionen*** des Kapitalismus: Unternehmen, Märkte, Kooperationen, Tübingen 1990.

Whittred, G., The Derived Demand for Consolidated Financial ***Reporting***, in: Journal of Accounting and Economics, 1987, S. 259 - 285.

Whittred, G., ***Contracting Cost*** Determinants of Gaap for Joint Ventures in an Unregulated Environment, in: Journal of Accounting and Economics, 1994, S. 95 - 111.

Wöhe, G., Einführung in die Allgemeine ***Betriebswirtschaftslehre***, 19. Aufl., München 1999.

Wolk, H. I./Francis, J. R./Tearney, M. G., Accounting ***Theory*** - A Conceptual and Institutional Approach, Cincinnati 1991.

Wulff, J. K./Koski-Grafer, S., ***Characteristics*** of High Quality Accounting Standards: Perspective of the Corporate Preparer, in: Accounting Horizons, Juni 1998, S. 188 - 191.

von Wysocki, K./Wohlgemuth, M., ***Konzernrechnungslegung***, 4. Aufl., Düsseldorf 1996.

Ziegler, K. A., Versuch einer betriebswirtschaftlichen Grundlegung der ***Unternehmungszusammenschlüsse***, Mannheim 1966.

Zündorf, H., Zum Begriff des Gemeinschaftsunternehmens in ***§ 310 HGB***, in: BB, 1987, S. 1910 - 1918.

FSC
www.fsc.org
MIX
Papier | Fördert
gute Waldnutzung
FSC® C083411

Kolibri 360 GmbH
Ferdinand-Jühlke-Straße 7
99095 Erfurt, Deutschland
produktsicherheit@kolibri360.de

Druck:
CPI Druckdienstleistungen GmbH
im Auftrag der
Kolibri 360 GmbH
Ferdinand-Jühlke-Str. 7
99095 Erfurt